Primera edición facsimilar 1991 Ediciones Toledo

Reimpresión 2012
© Editorial RM, S.A. de C.V.
Río Pánuco 141, Col. Cuauhtémoc, 06500, México, D.F.

© RM Verlag, S.L.
c/ Loreto, 13-15 Local B, 08029, Barcelona, España

www.editorialrm.com • info@editorialrm.com

ISBN: 978-968-5208-06-2 Editorial RM
ISBN: 978-84-15118-47-3 RM Verlag

170

Queda prohibida la reproducción parcial o total, directa o indirecta del contenido de la presente obra, sin contar previamente con la autorización expresa y por escrito de los editores, en términos de la Ley Federal del Derecho de Autor, y en su caso de los tratados internacionales aplicables. La persona que infrinja esta disposición se hará acreedora a las sanciones legales correspondientes.

The reproduction of the contents of this work, in whole or in part, directly or indirectly, without the prior written authorization of the publishers, is strictly prohibited, and may be punishable under Mexican copyright law and/or applicable international treaties.

IMPRESO EN MÉXICO • PRINTED IN MEXICO

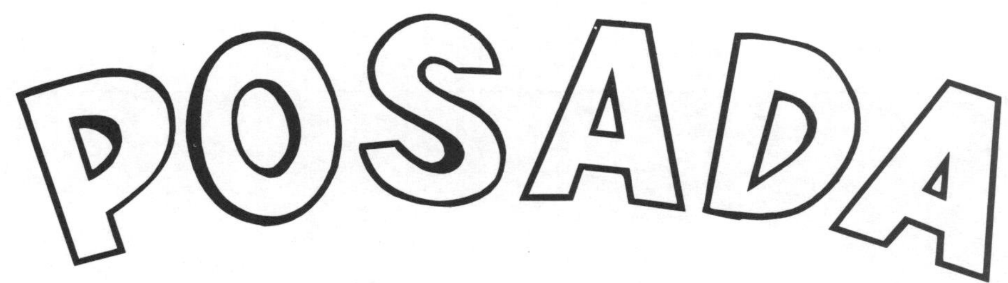

MONOGRAFÍA

DE 406 GRABADOS DE

JOSÉ
GUADALUPE
POSADA

CON INTRODUCCIÓN DE DIEGO RIVERA

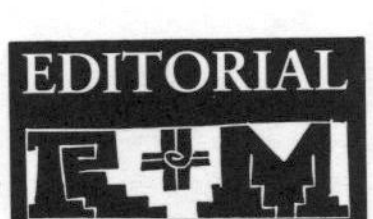

Libros
del Rincón

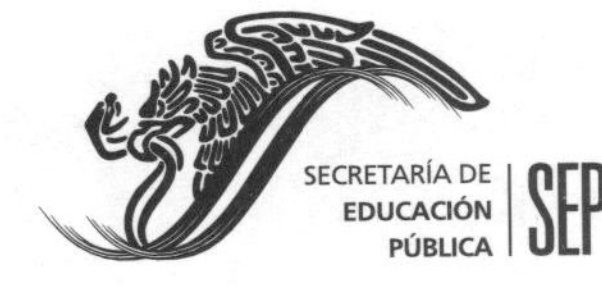

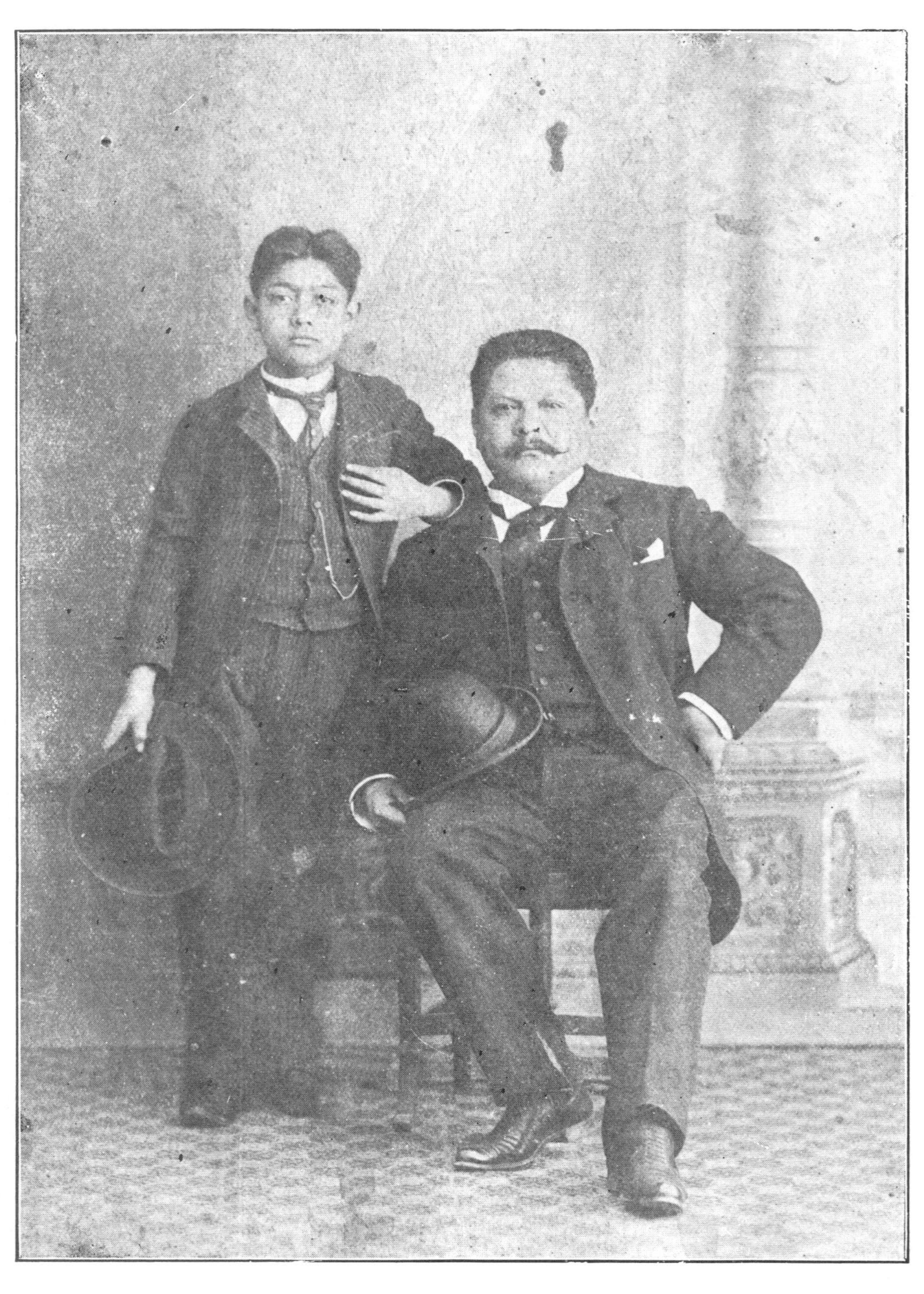

JOSE GUADALUPE POSADA Y SU HIJO

ADVERTENCIA

FOREWORD

By Frances Toor.

DE los quince mil grabados que se cuenta hizo Posada para la principal imprenta de asuntos populares de Vanegas Arroyo, todos los que no fueron destruídos o robados durante la Revolución, y, hasta donde se sabe, se están publicando aquí.

Paul O'Higgins, que tuvo la tarea de escoger y arreglar estos grabados, encontró muchos de ellos entre montones de polvo, teniendo que montarlos de nuevo. Un buen número de ellos se usa todavía en las "calaveras" o en los corridos e ilustrando canciones y oraciones religiosas.

Para conservar y reproducir la mayor parte de estas valiosas ilustraciones, hemos tenido que sacrificar nuestro deseo de publicarlas en su forma original. Cuando se imprimieron por primera vez, estaban en papel de colores, con mayores márgenes y orlados deliciosamente con antiguos diseños. Esta forma de reproducción fué respetada en el número especial de Mexican Folkways (N° 3, Vol. IV), dedicado a Posada. Más que un libro de arte, hemos formado una antología para artistas y para el público que sepa apreciar verdaderos valores.

La profecía de Diego Rivera, de que el nombre de Posada llegaría a olvidarse, casi se ha cumplido. Las masas populares, en su mayoría iletradas, que todavía usan y compran los corridos, calaveras y rezos con las ilustraciones de Posada que a su vez son productores de arte, gustan de sus dibujos, pero no pueden asociar la personalidad y el nombre del autor con su obra. Los artistas y eruditos son los que saben algo de Posada, pero solamente para unos cuantos de los más viejos su recuerdo aún está vivo.

Diego Rivera era un muchacho como de once años cuando conoció a Posada. Estudiaba en la Academia de San Carlos y acostumbraba asomarse a la tienda de Posada para ver un grabado que representaba el "Juicio Final" de Miguel Angel. El maestro se dió cuenta, llamó al joven y pronto fueron amigos.

Of the fifteen thousand cuts that Posada is said to have made for the leading publishing house of popular literature Vanegas Arroyo, all that were not worn out, or stolen during the years of revolution, are, so far as is known, published here.

Paul O'Higgins, who selected and arranged the cuts, found many of them in dust heaps; and they had to be mounted anew. A goodly number of these are still in use — calaveras or skeletons, and those illustrating ballads and prayers.

In order to conserve and to reproduce the greatest possible number of these valuable illustrations, we have sacrificed our desire to publish them in their original setting. When first reproduced they were printed on colored paper, with more space and framed by beautiful old designs. This manner of reproduction was followed in our special number of Mexican Folkways, (No. 3, Vol. IV), devoted to Posada. Rather than an art book, we are editing an anthology for artists and laymen who appreciate true values.

Diego Rivera's prophecy that one day Posada's name would be forgotten, may be said to have come to pass already. The masses, for the most part illiterate, who used to and still buy the ballads, calaveras and prayers with his ilustrations, are themselves producers of art and so see merit in the drawings, but they connect no name or personality with them The artists know who Posada was, but only to a few of the older ones is he a vivid memory.

Diego Rivera was a boy in his teens when he became acquainted with Posada. Diego was then studying in the San Carlos Academy and used to linger at Posada's shop window to admire a print of the Last Judgment by Michael Angelo. The master noticed the boy and they soon became friends.

Blas Vanegas Arroyo, que dirige ahora la casa editorial, se acuerda muy bien de Posada, pero los datos que me dió para Mexican Folkways sobre el nacimiento y la muerte de Posada y sobre su ciudad natal, estaban equivocados. Tuve la fortuna de encontrar después a un sobrino del artista que me dió buenas informaciones.

José Guadalupe Posada nació en Aguascalientes, Ags., en dos de febrero de 1851. Sus padres fueron Germán Posada y Petra Aguilar. Tuvo tres hermanos y una hermana. En 1873 se trasladó a León, Gto., donde dirigió una escuela y trabajó allí hasta 1887, en cuyo año se vino a México. Su primer taller estuvo en la calle de Santa Teresa (ahora Avenida de Guatemala), en el edificio que actualmente ocupa la Universidad Nacional, y después se cambió al número 5 de Santa Inés (ahora calle de la Moneda).

Desde el primer año que llegó a México estuvo empleado en la casa de Vanegas Arroyo con un sueldo fijo. Además de los miles de grabados que hizo para él, ilustró también periódicos como "Argos," "La Patria," "El Ahuizote" y "El Hijo del Ahuizote," todos de oposición al Gobierno de Díaz.

Posada se casó con la señorita Jesús Vela, de León, Gto. No tuvieron hijos. El único hijo de Posada nació fuera de este matrimonio, prometió haber heredado el talento del padre, pero murió joven. Posada murió en 1913.

"¿Quiénes levantarán el monumento a Posada?" pregunta Diego Rivera, y él mismo responde: "Aquellos que realizarán un día la verdadera Revolución, los obreros y campesinos de México." Al ofrecer ahora este libro de sus grabados, sentimos que estamos poniendo la primera piedra de este monumento, porque es el primer documento permanente de la obra de José Guadalupe Posada.

Blas Vanegas Arroyo, who is now head of the publishing house, remembers Posada very well, but the data he gave me and which was published in Folkways regarding Posada's place and date of birth and death were wrong. Fortunately we have since met a nephew of the artist who corrected the errors.

Guadalupe Posada was born in Aguascalientes, Aguascalientes, February 2, 1851. His parents were Germán Posada and his mother Petra Aguilar. He had three brothers and one sister. In 1873 he moved to León, Guanajuato, where he was head of a school and worked until 1887, when he came to Mexico City. His first shop was on Sta. Teresa Street (now Avenida de Guatemala), in the building at present occupied by the Rectorate of the National University, and later he moved to No. 5 of Sta. Inez, now Calle de la Moneda.

From his first year in Mexico City, he was employed by the House of Vanegas Arroyo, on a regular salary. In addition to the thousand of clichés he made for them, he also made illustrations for the "Argos," "La Patria," "El Ahuizote" and for "El Hijo del Ahuizote," all in opposition to the Díaz regime.

Posada married Señorita Jesús Vela of León, Guanajuato. They had no children. His only son was born out of wedlock and gave promise of talent in his father's field, before his death at an early age.

Posada died in 1913.

"Who will raise the monument to Posada," asks Diego Rivera, and his answer is, "Those who one day will make the true Revolution,—the workers and peasants of Mexico." In offering this book of his drawings, we feel that we are laying the cornerstone for that monument. This is the first permament record of the work of José Guadalupe Posada.

JOSE GUADALUPE POSADA

By Diego Rivera.

EN México han existido siempre dos corrientes de producción de arte verdaderamente distintas, una de valores positivos y otra de calidades negativas, simiesca y colonial, que tiene como base la imitación de modelos extranjeros para proveer a la demanda de una burguesía incapaz, que fracasó siempre en sus intentos de crear una economía nacional y que ha concluído por entregarse incondicionalmente al poder imperialista.

La otra corriente, la positiva, ha sido obra del pueblo, y engloba el total de la producción, pura y rica, de lo que se ha dado en llamar "arte popular." Esta corriente comprende también la obra de los artistas que han llegado a personalizarse, pero que han vivido, sentido, trabajado expresando la aspiración de las masas productoras. De estos artistas el más grande es, sin duda, José Guadalupe Posada, el grabador de genio.

Posada, tan grande como Goya o Callot, fué un creador de una riqueza inagotable, producía como un manantial de agua hirviente.

Posada, intérprete del dolor, la alegría y la aspiración angustiosa del pueblo de México, hizo más de quince mil grabados; así lo asegura el editor Vanegas Arroyo.

Mano de obrero, armada de un buril de acero, hirió el metal ayudado por el ácido corrosivo para arrojar los apóstrofes más agudos contra los explotadores.

Precursor de Flores Magón, Zapata y Santanón, guerrillero de hojas volantes y heróicos periódicos de oposición.

Ilustrador de los cuentos y las historias, las canciones y las plegarias de la gente pobre. Combatiente tenaz, burlón y feroz; bueno como el pan y amigo de divertirse, cuyo reducto fué un humilde taller instalado en una puerta cochera, a la vista, pero al flanco de la iglesia de Santa Inés y de la Academia de San Carlos.

There have always existed in Mexico two very well defined tendencies in the field or art,—one having positive values and the other negative qualities. The latter is imitative and colonial. It's underlying principle is the copying of foreign models in order to satisfy the demands of an incapable bourgeoisie that has always failed in its attempts to found a national economy and has ended up by surrendering itself unconditionally to imperialism.

The other tendency, the positive, has been the work of the people and comprehends the totality of production, pure and rich, which is called popular art. In this current is included also the work of the artists who have attained personality by living, feeling and working to express the aspirations of the productive masses. Of these artists, without doubt, the greatest is the genial engraver José Guadalupe Posada.

Posada, as great as Goya or Callot, an inexhaustible and rich creator, produced as copiously as a seething spring.

Posada, interpreter of the sorrows, the happiness and the anguished aspirations of the Mexican people, made more than fifteen thousand engravings. So the publisher, Vanegas Arroyo, assures us.

A worker's hand, armed with a steel graver, cut into the metal, with the aid of corrosive acid, to hurl the sharpest invectives at the exploiters; precursor of Flores Magón, Zapata and Santañón; a daring skirmisher with broadsides and heroic opposition periodicals.

Illustrator of stories, legends, songs and prayers of the poor people; a tenacious, mocking and ferocious combatant; good as gold and fond of fun. His stronghold was a humble workshop, installed in the carriage entrance at one side of the church of Sta. Inez and San Carlos Academy of Fine Arts.

¿Quiénes levantarán el monumento a Posada? Aquellos que realizarán un día la Revolución, los obreros y campesinos de México.

Posada fué tan grande, que quizá un día se olvide su nombre. Está tan integrado al alma popular de México, que tal vez se vuelva enteramente abstracto; pero hoy su obra y su vida trascienden (sin que ninguno de ellos lo sepa), a las venas de los artistas jóvenes mexicanos cuyas obras brotan como flores en un campo primaveral, después de 1923.

La producción de Posada, libre hasta de la sombra de una imitación, tiene un acento mexicano puro.

Analizando la labor de Posada, puede realizarse el análisis completo de la vida social del pueblo de México.

Los valores plásticos que contiene la obra de Posada son todos los más esenciales y permanentes de la obra de arte.

La composición de Posada, de un extraño dinamismo, mantiene, sin embargo, el equilibrio más grande de los claros y oscuros en relación a la superficie del grabado.

El equilibrio a la par que el movimiento, es la calidad máxima del arte clásico mexicano; es decir, el pre-cortesiano.

Del arte clásico mexicano es propio también el amor al carácter y el empleo, a la vez terrible y drolático, de la muerte, convertida en elemento plástico.

Posada: la muerte que se volvió calavera, que pelea, se emborracha, llora y baila.

La muerte familiar, la muerte que se transforma en figura de cartón articulada y que se mueve tirando de un cordón.

La muerte como calavera de azúcar, la muerte para engolosinar a los niños, mientras los grandes pelean y caen fusilados, o ahorcados penden de una cuerda.

La muerte parrandera que baila en los fandangos y nos acompaña a llorar el hueso en los cementerios, comiendo mole o bebiendo pulque junto a las tumbas de nuestros difuntos.

La muerte que es, en todo caso, un excelente tema para producir masas contrastadas de blanco y negro, volúmenes recientemente acusados, y expresar movimientos bien defi-

Who will raise the monument to Posada? Those who one day will make the true Revolution,—the workers and peasants of Mexico.

Posada was so great that perhaps some day his name will be forgotten! He is so integrated with the popular soul of Mexico, that perhaps his identity will become completely lost. But today his work and his life penetrate (without anyone of them being aware of it) into the veins of the young Mexican artists whose works have been budding since 1923, like flowers in a spring landscape.

The production of Posada, free even of a shadow of any imitation, has a pure Mexican quality.

Analyzing the work of Posada, a complete understanding of the social life of the Mexican people may be achieved.

The plastic values of Posada's work are the most essential and the most permanent of a work of art.

Posada's composition, which is strangely dynamic, maintains, nevertheless, the greatest equilibrium of chiaro-scuro in relation to the dimension of the engraving.

Equilibrium, as much as movement, is the greatest quality of classical Mexican art; that is, of pre-Conquest art.

Another trait of Mexican classical art is the love of character and the terrible and droll use of death converted into a plastic element.

Posada: Death that has converted itself into a *calavera*, who quarrels, gets drunk, weeps and dances.

Familiar death, transformed into a cardboard figure, moved by pulling a string.

Death in the form of sugar skulls; death to whet the children's appetites, while the grown-ups fight and are shot down or strung up dangling from ropes.

Death in the form of a dandy, who dances the fandango and accompanies us to bewail the dead in the cemeteries, eating *mole* or drinking *pulque* at the graves of our dead.

Death is, in any case, an excellent theme for the production of contrasted masses of black and white, of quickly perceived volumes, and for the expression of well defined

nidos de largos cilindroides formando bellos ángulos en la composición, magistral utilización de los huesos mondos.

Todos son calaveras, desde los gatos y garbanceras, hasta Don Porfirio y Zapata, pasando por todos los rancheros, artesanos y catrines, sin olvidar a los obreros, campesinos y hasta los gachupines.

Seguramente, ninguna burguesía ha tenido tan mala suerte como la mexicana, por haber tenido como relator justiciero de sus modos, acciones y andanzas, al grabador genial e incomparable Guadalupe Posada.

Su buril agudo no dió cuartel ni a ricos ni a pobres; a éstos les señaló sus debilidades con simpatía, y a los otros, con cada grabado les arrojó a la cara el vitriolo que corroyó el metal en que Posada creó su obra.

La distribución de blancos y negros, la inflexión de la línea, la proporción, todo en Posada le es propio, y por su calidad lo mantiene en el rango de los más grandes.

Porque Posada fué un clásico, no le subyugó nunca la realidad fotográfica, la infrarealidad, siempre supo expresar como valores plásticos la calidad y la cantidad de las cosas dentro de la super-realidad del orden plástico.

Si es indiscutible lo que dijo Augusto Renoir: que la obra de arte se caracteriza por ser "indefinible e inimitable," podemos decir que la obra de Posada es la obra de arte por excelencia. Ninguno imitará a Posada; ninguno definirá a Posada. Su obra, por su forma, es toda la plástica; por su contenido, es toda la vida, cosas que no pueden encerrarse dentro de la miserable gaveta de una definición.

movements of large cylinders that form beautiful angles in a composition,—a magisterial utilization of clean bones.

All are calaveras; the servants and street-sweepers down to Don Porfirio and Zapata, including all the ranchers; artesans and dandies, not forgetting workers, peasants and even Spaniards.

Surely no bourgeoise has had such bad luck as the Mexican in having had so just a portrayer of their customs, actions and doings, as the genial and incomparable, Guadalupe Posada.

His sharp graver spared neither rich nor poor. To the latter he showed their weaknesses with sympathy, and to the others, with each engraving he threw into their faces the vitriol that bit the metal on which Posada created his work.

The distribution of blacks and whites, the inflection of line, proportion, all in Posada is his own, and because of this quality, he ranks among the greatest.

Because Posada was a classic, photographic reality never subjugated him. He always knew how to express plastic values, the quality and quantity of things within the super-reality of the plastic order.

If what Augusto Renoir said is indisputable;—that a work of art is characterized by being inimitable and indefinable, we can affirm that the work of Posada is a work of art par excellence. No one will imitate Posada; no one will define Posada. His work, because of its form, comprehends all plastic and because of its content, comprehends all of life, things too great to be enclosed within the miserable limits of a definition!

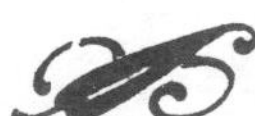

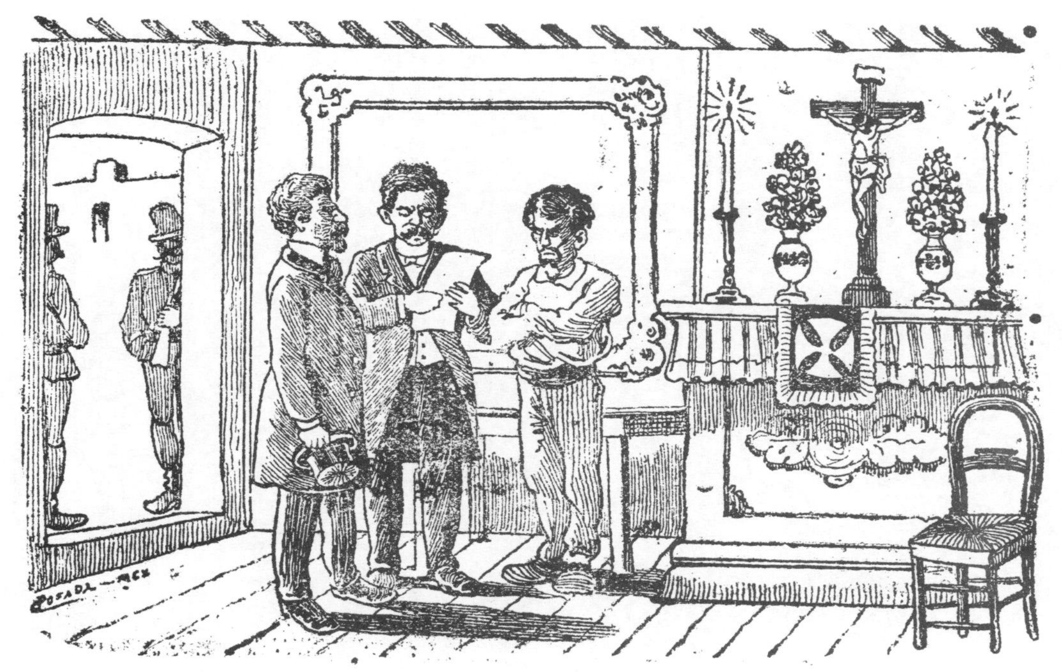

Corrido "PENA DE MUERTE"

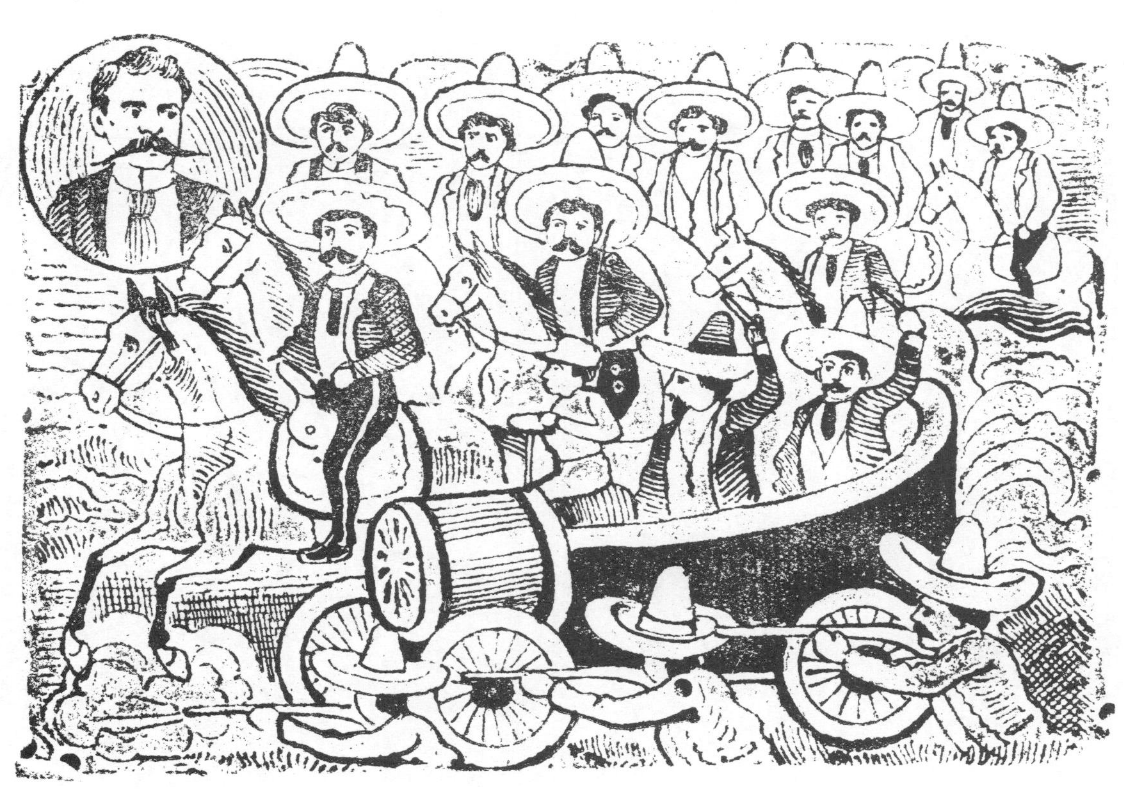

Corrido "EMILIANO ZAPATA"

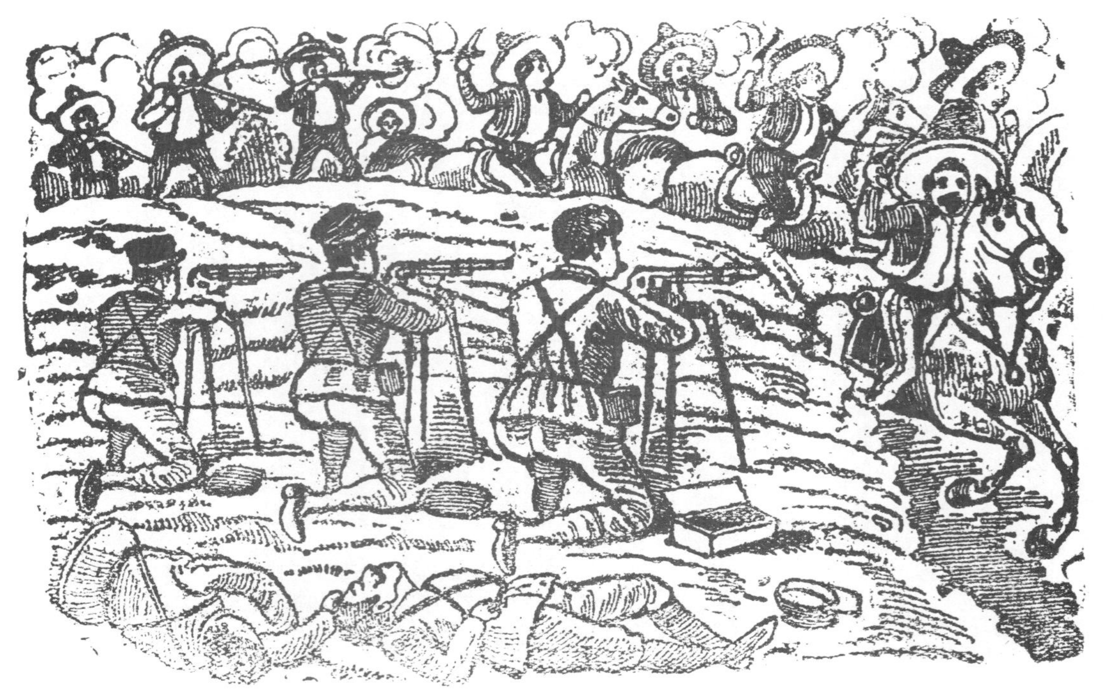

COMBATE CON LOS ZAPATISTAS

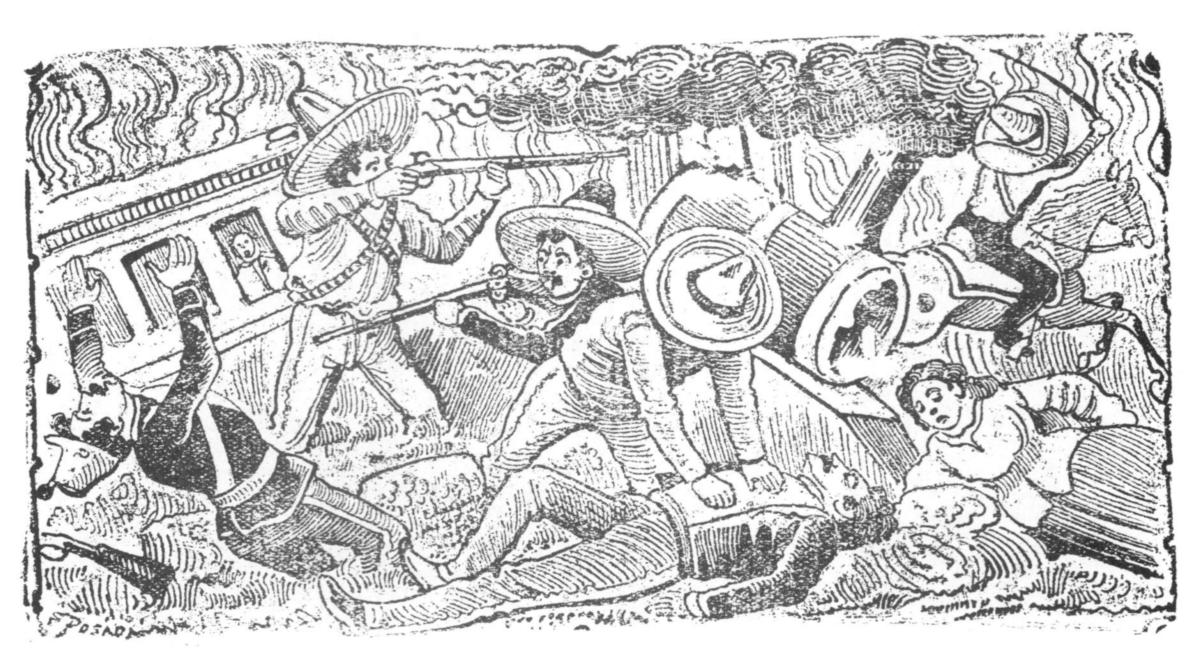

ASALTO DE ZAPATISTAS

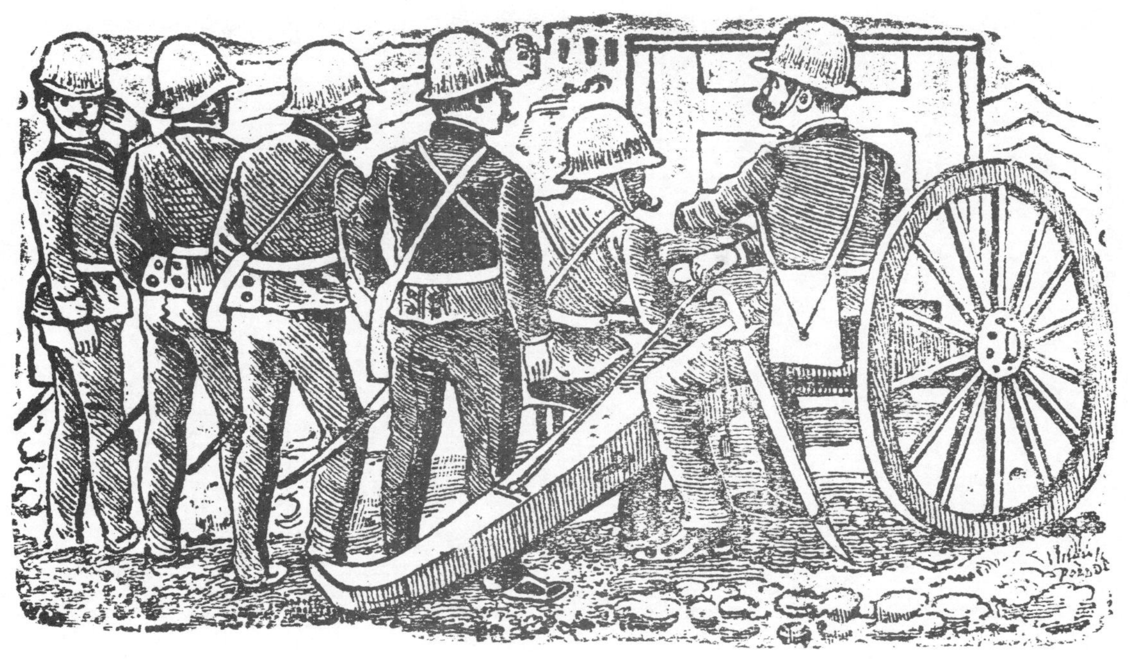

Corrido "LOS ARTILLEROS"

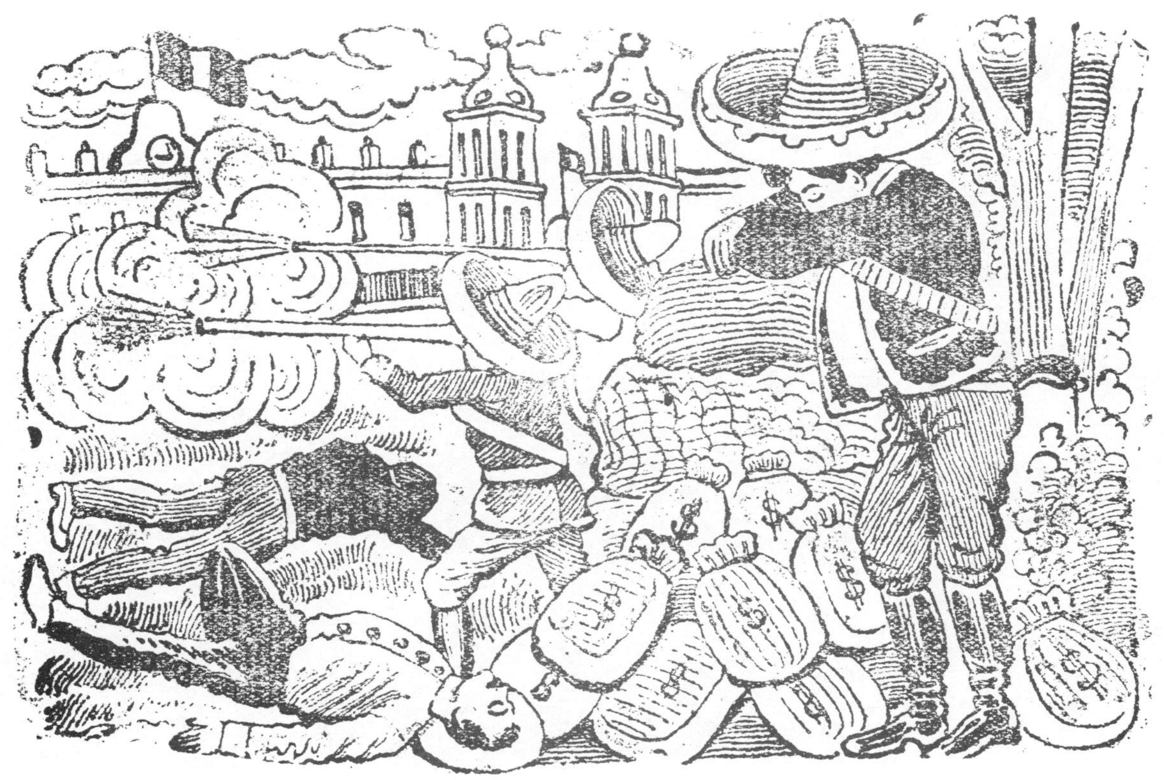

Corrido "ATAQUE A MEXICO"

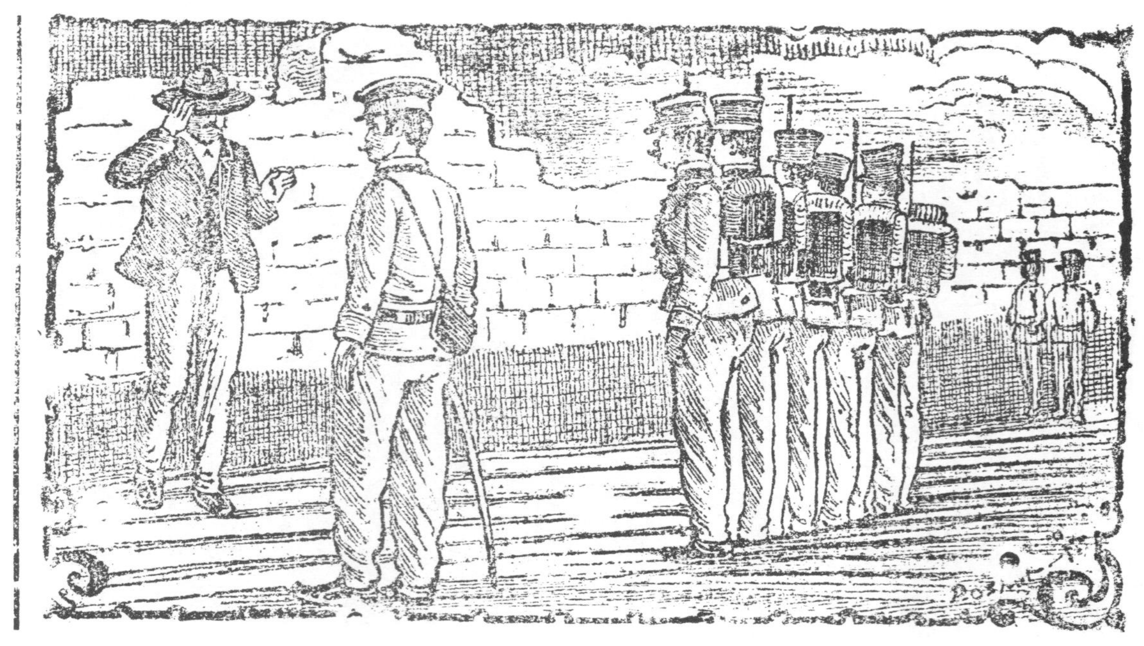

FUSILAMIENTO

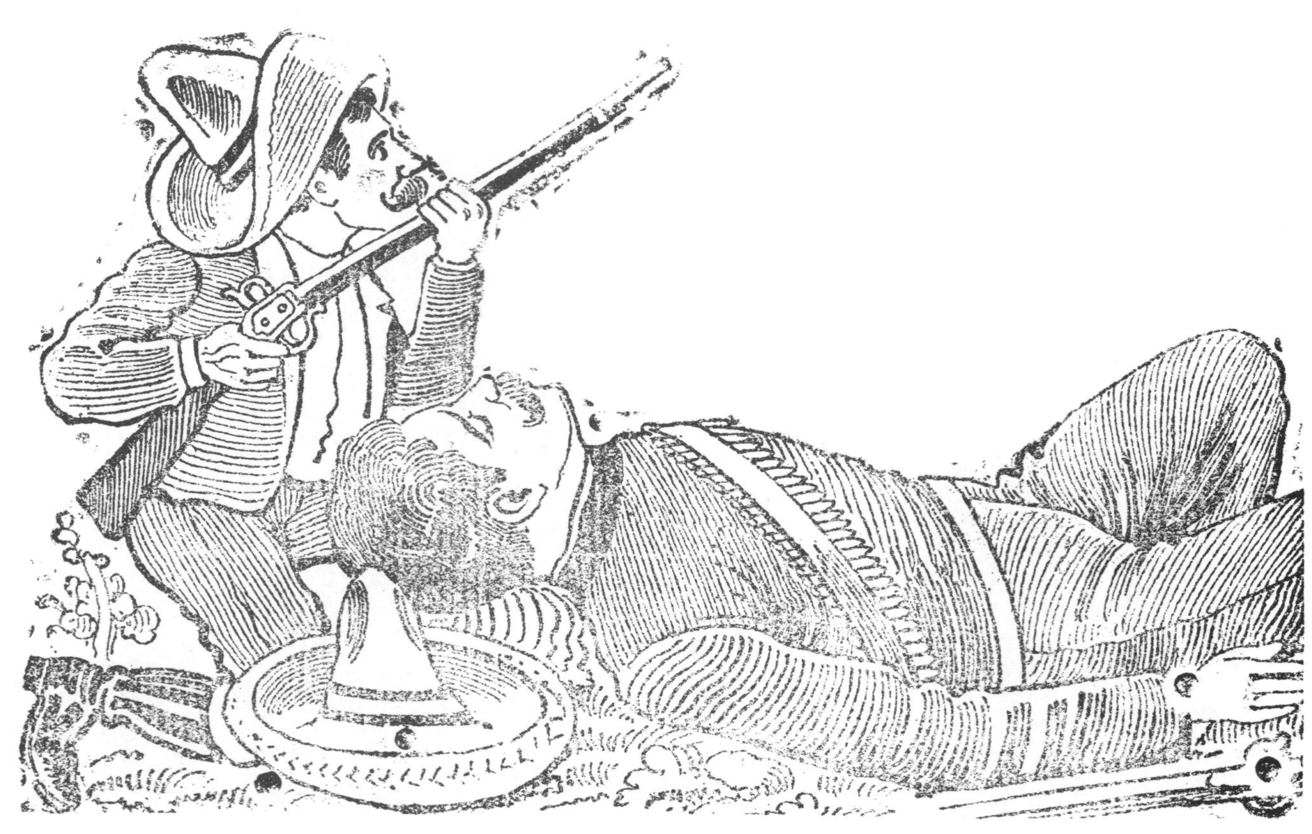

ALEGORIA DE REVOLUCIONARIOS

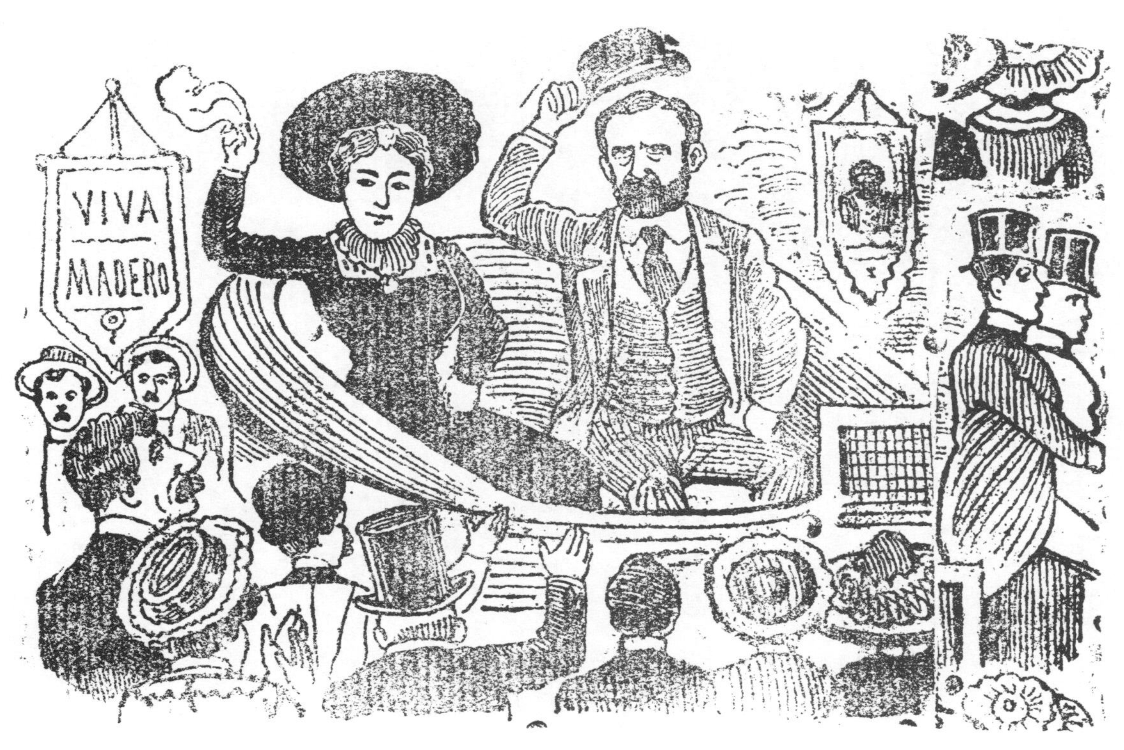

ENTRADA DE MADERO A MEXICO

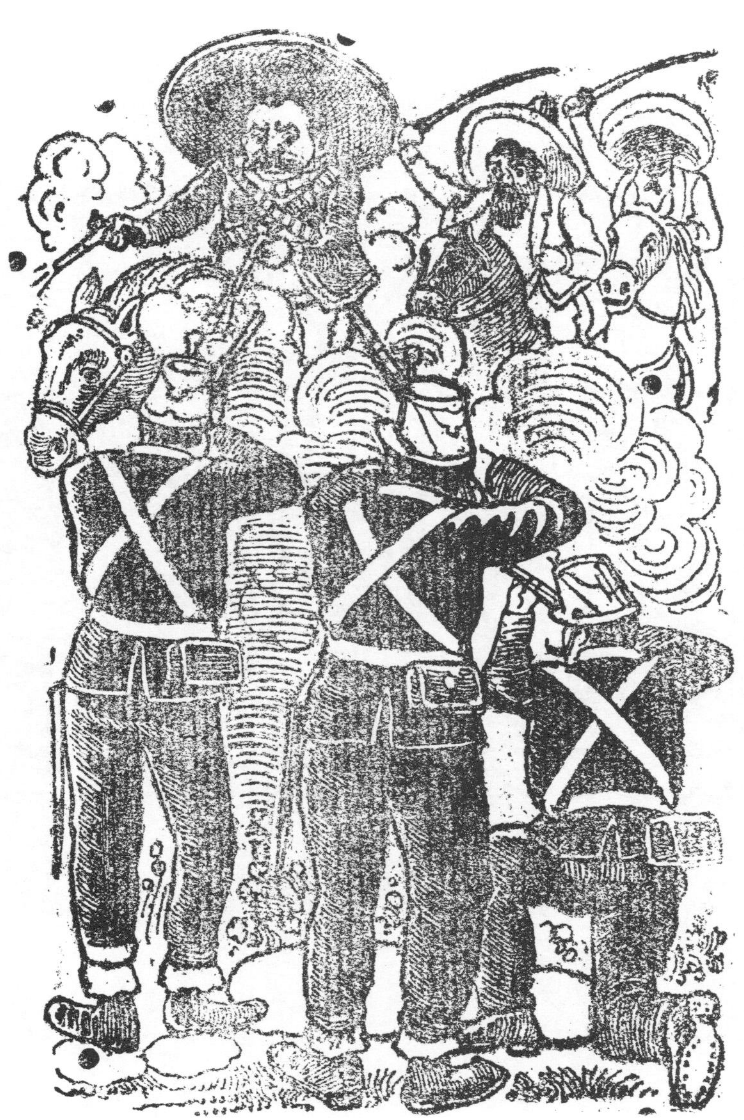

COMBATE

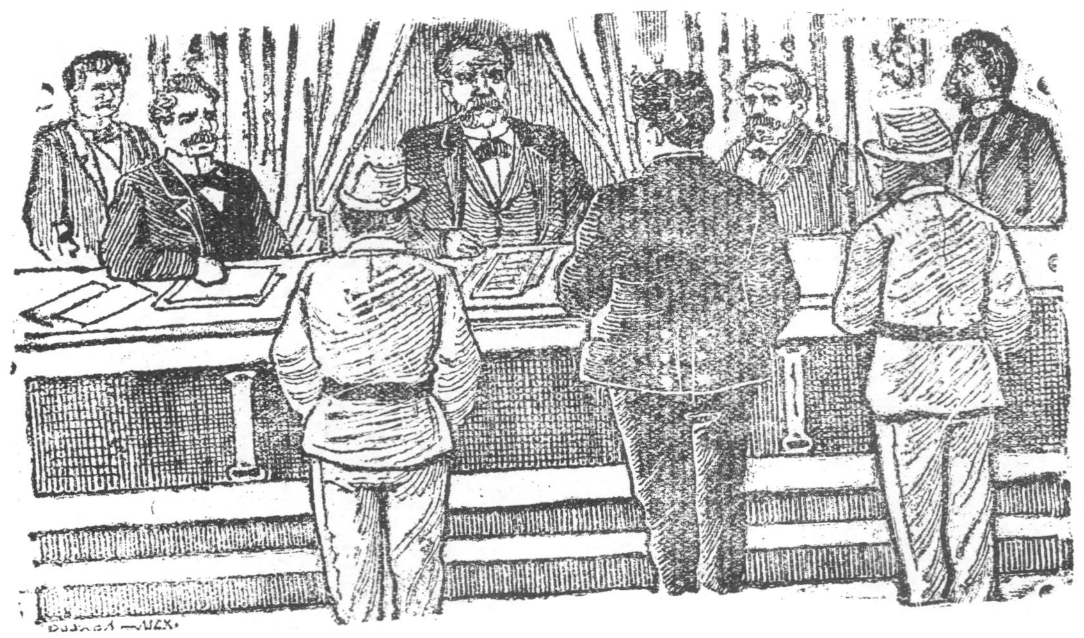

JURADO

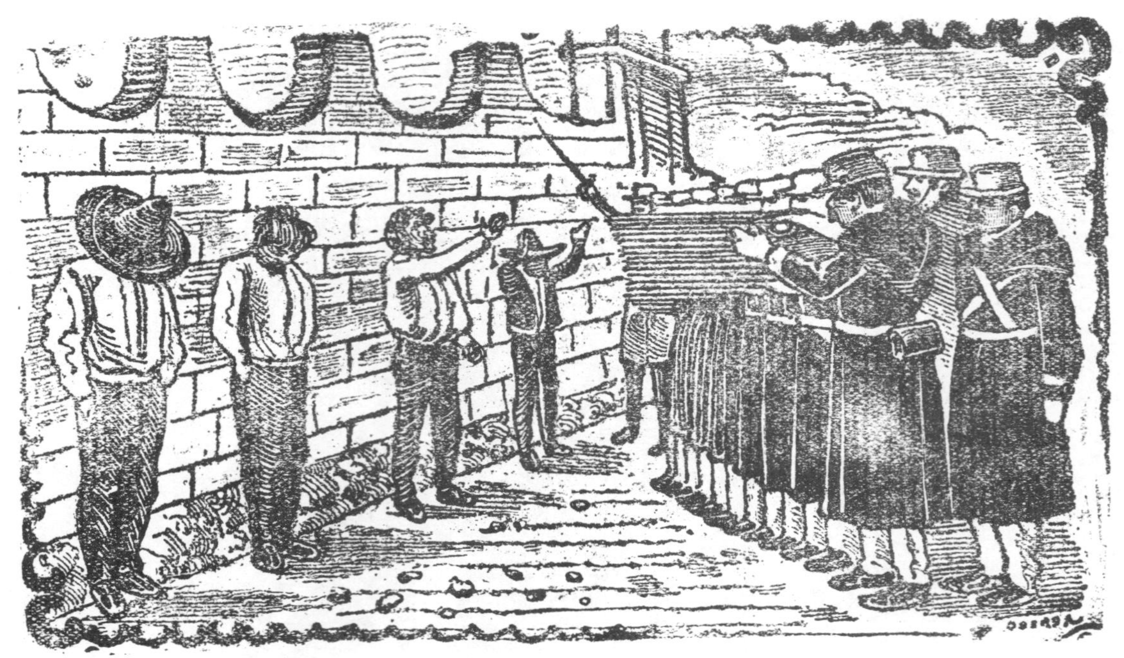

FUSILAMIENTO

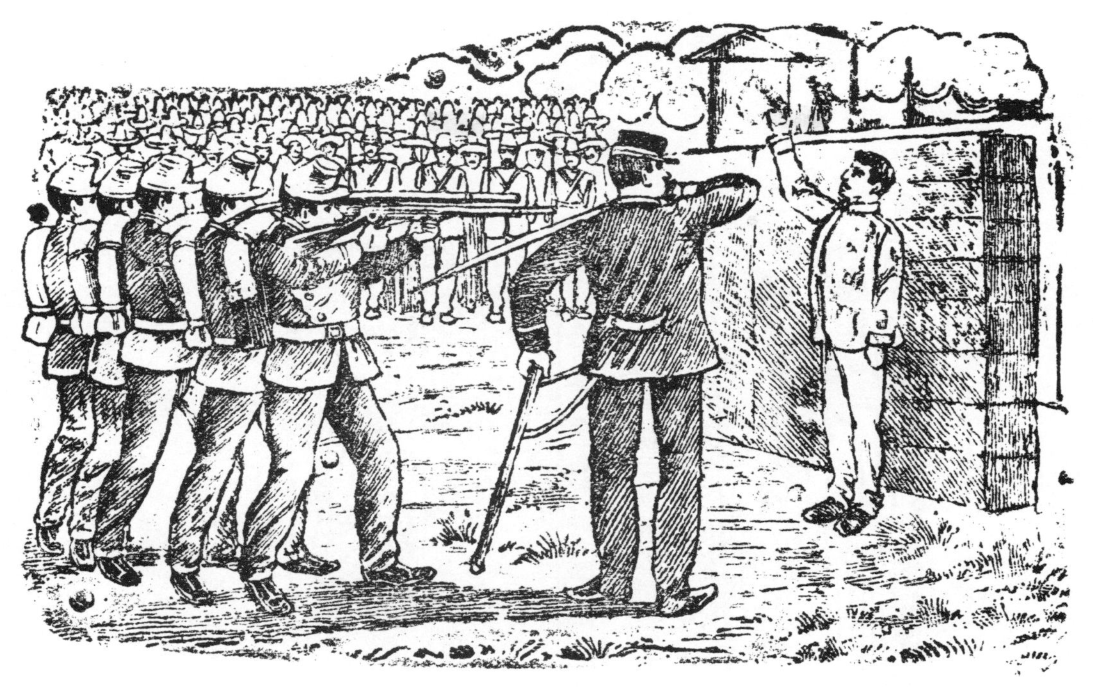

Corrido "FUSILAMIENTO DE CLODOMIRO COTA"

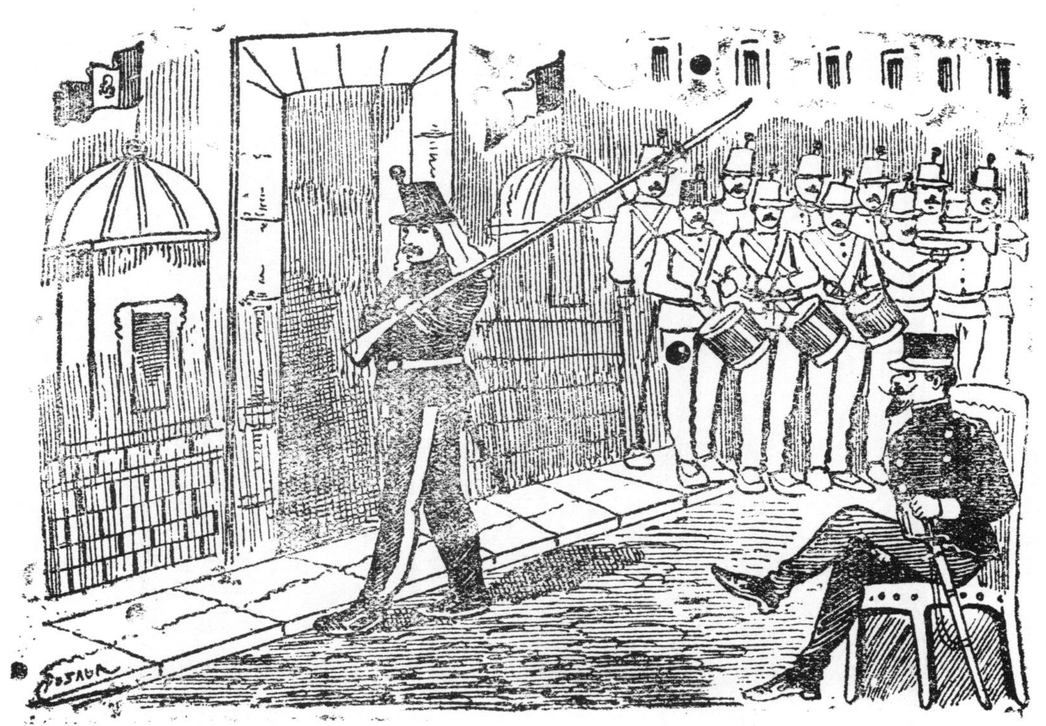

Corrido "EL 23 DE INFANTERIA"

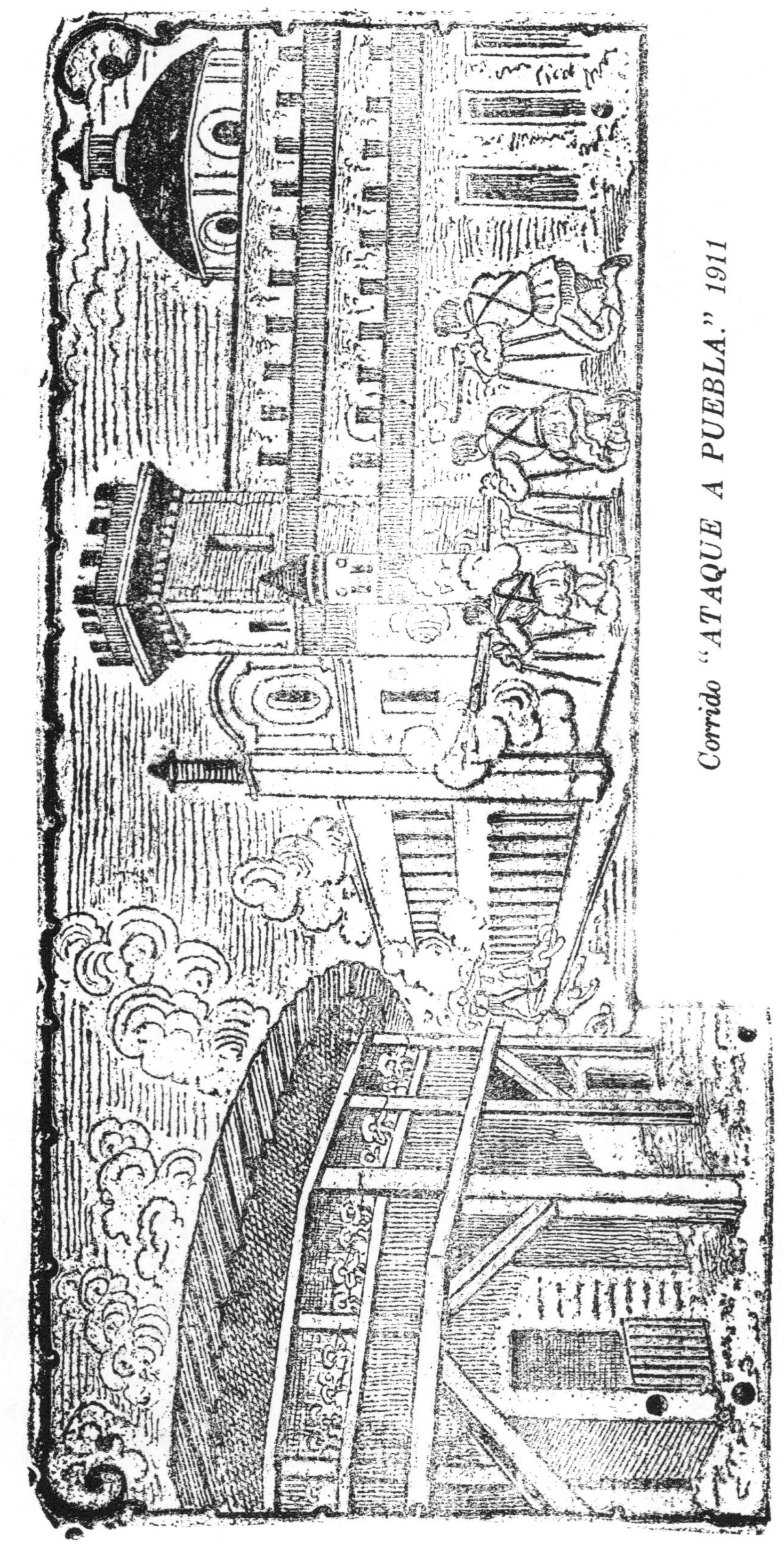

Corrido "ATAQUE A PUEBLA." 1911

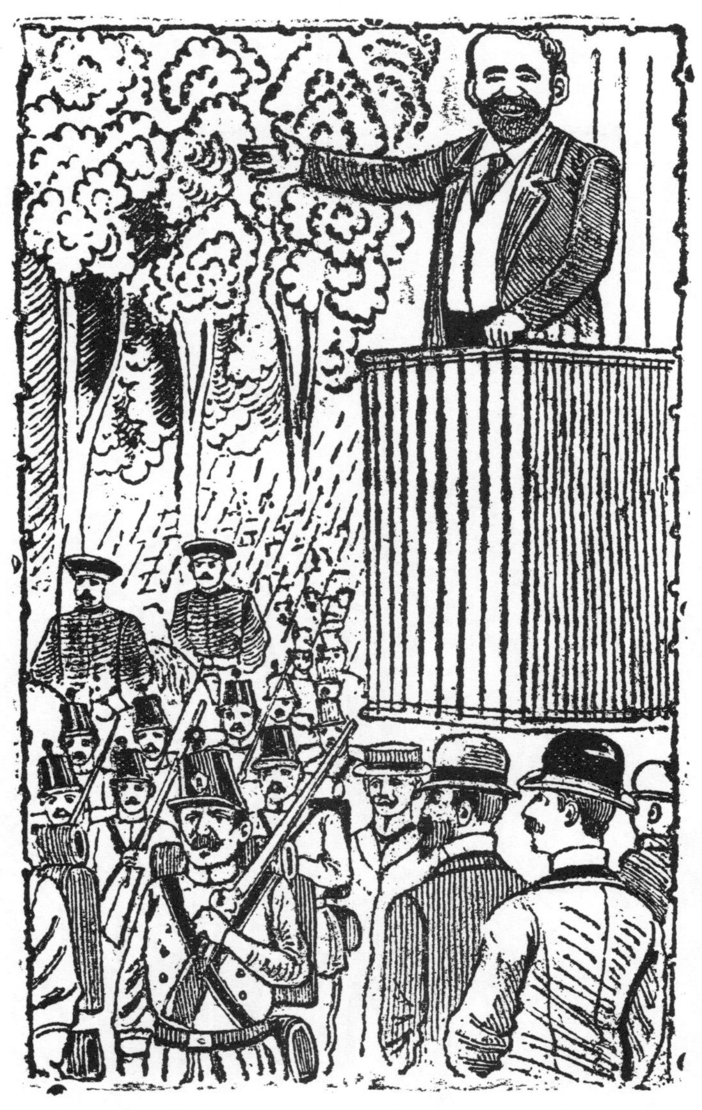

Corrido "MADERO"

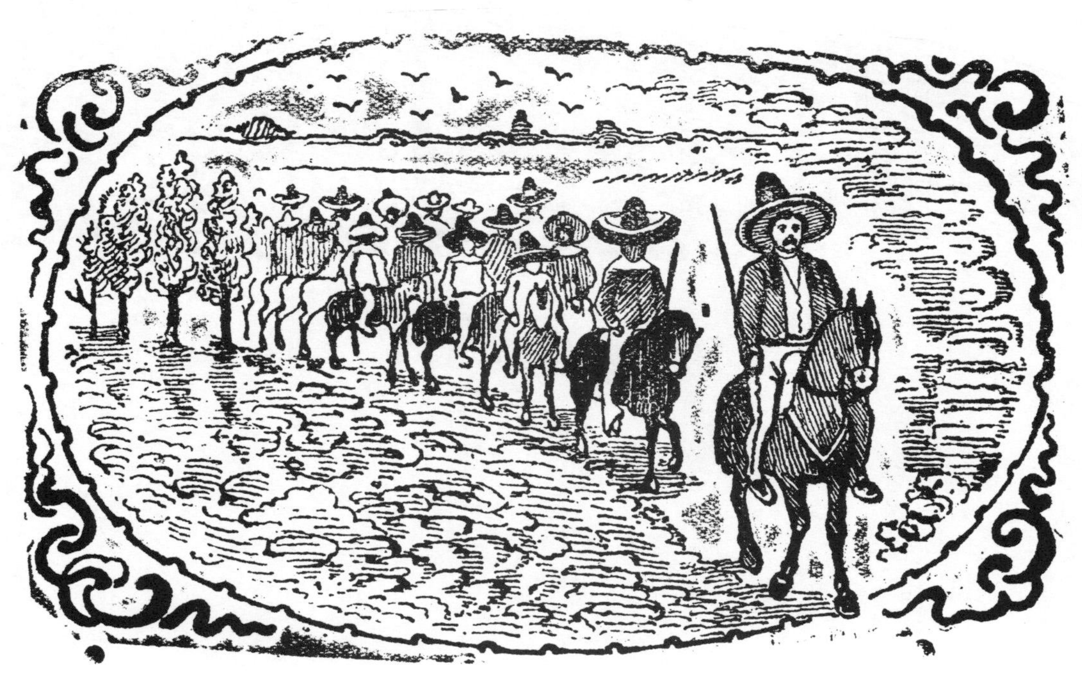

Corrido "MACARIO ROMERO"

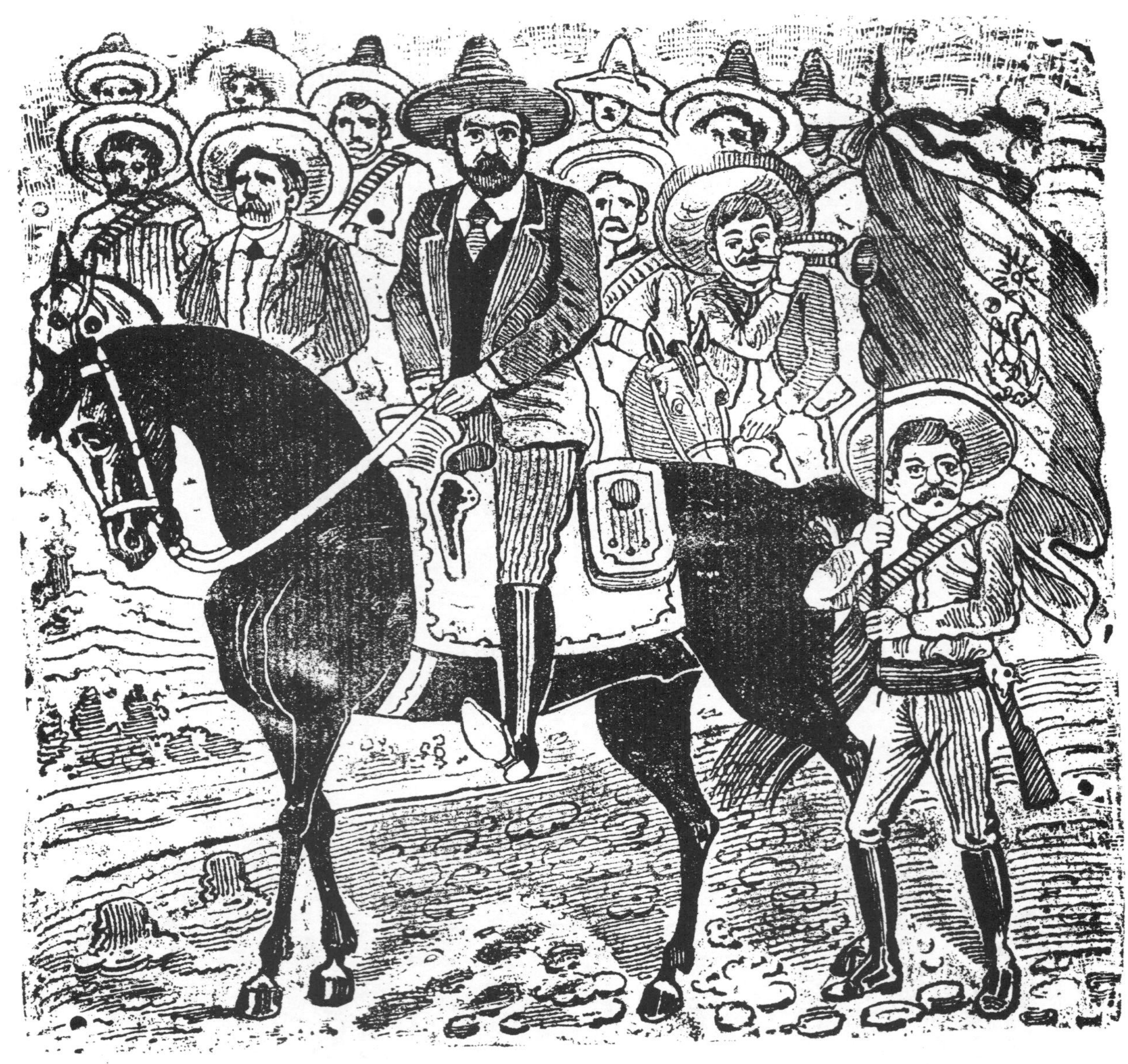

MADERO

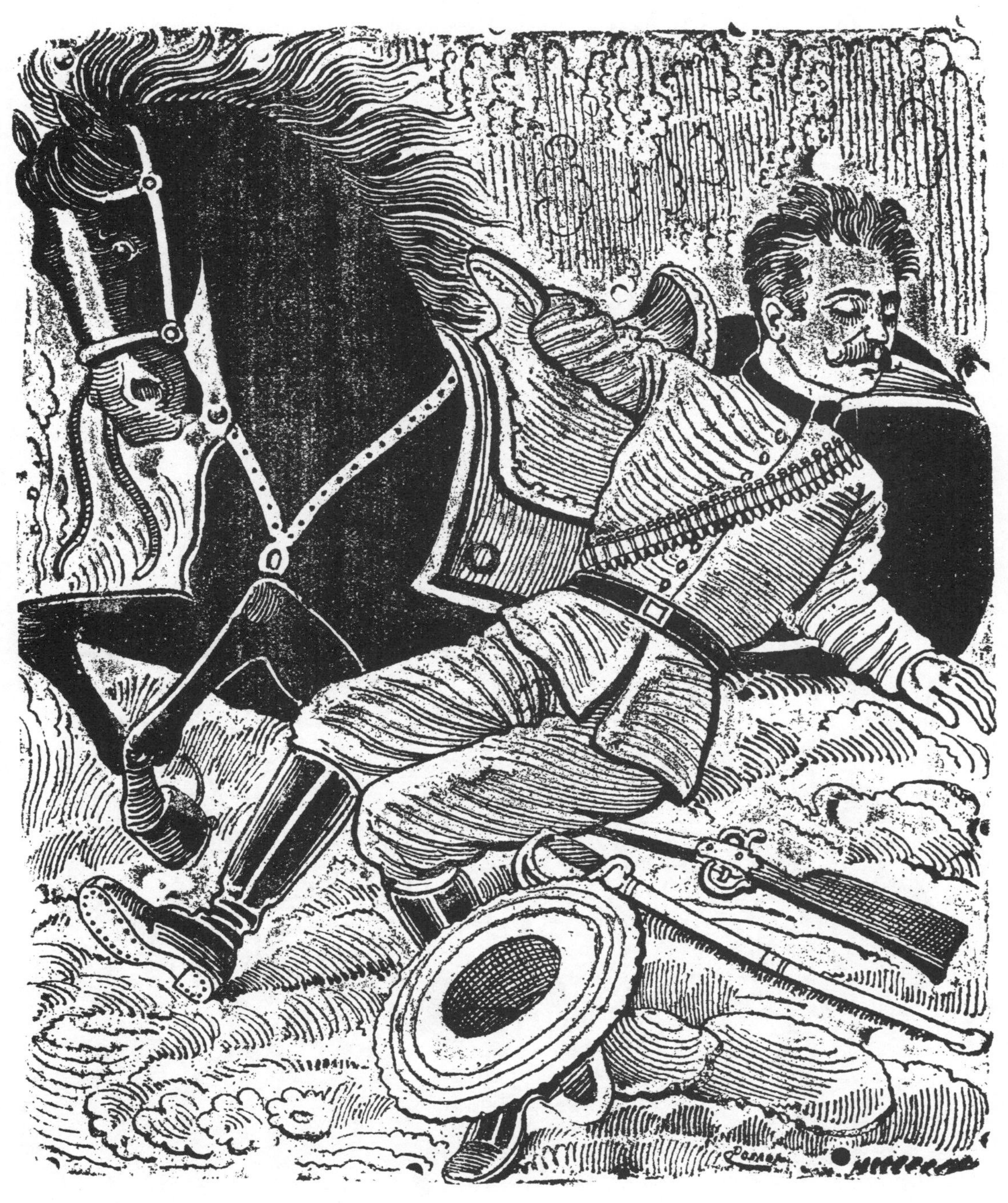

REVOLUCIONARIO

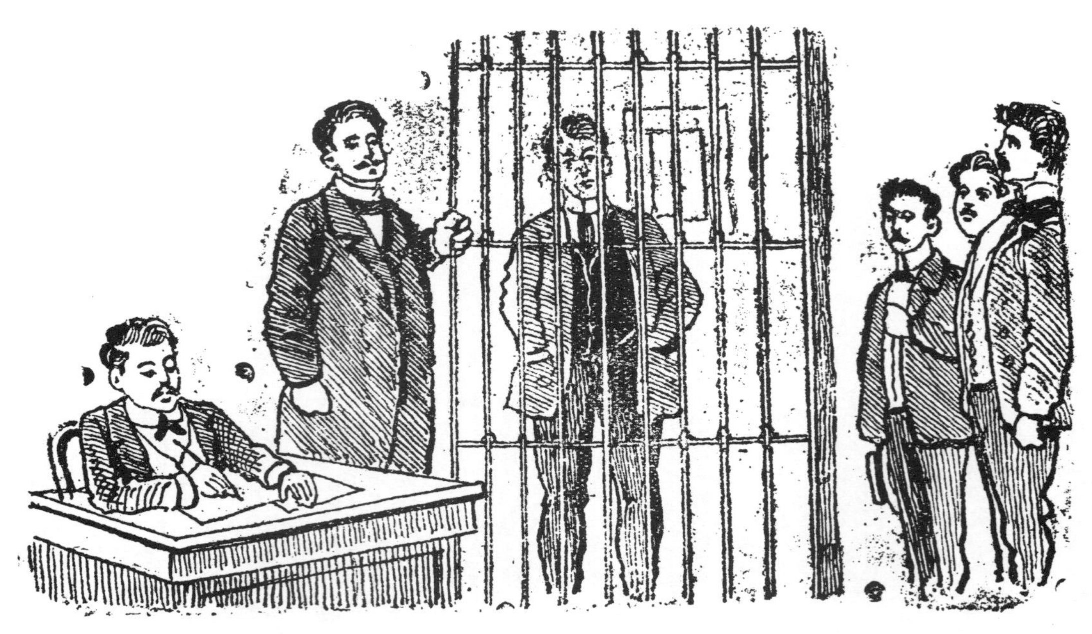

CORRIDO DEL PRESIDIARIO

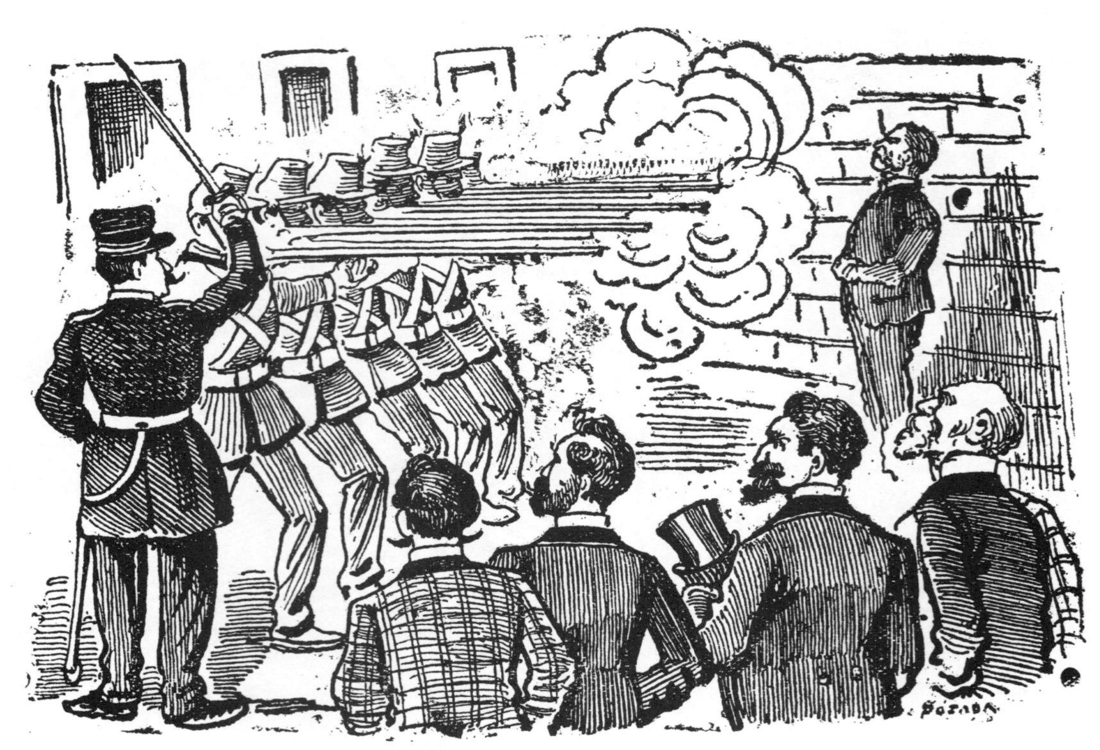

FUSILAMIENTO

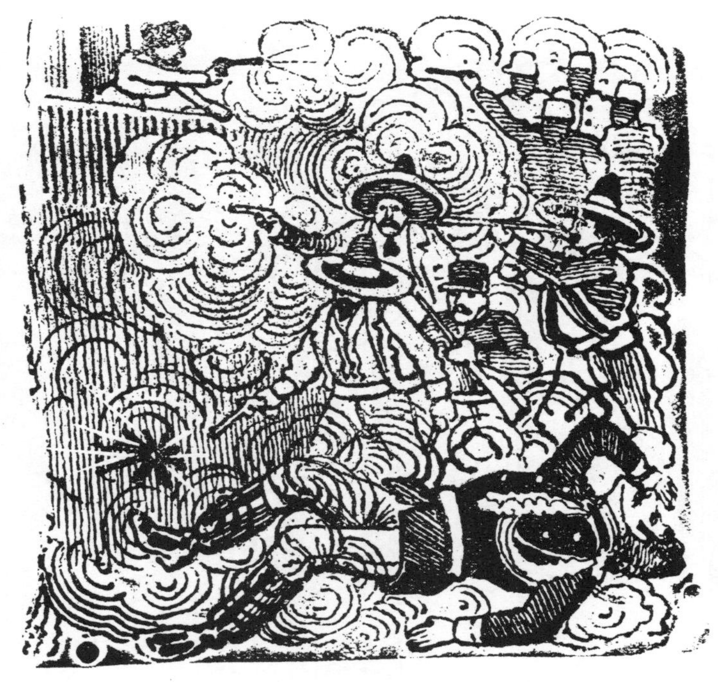

COMBATE

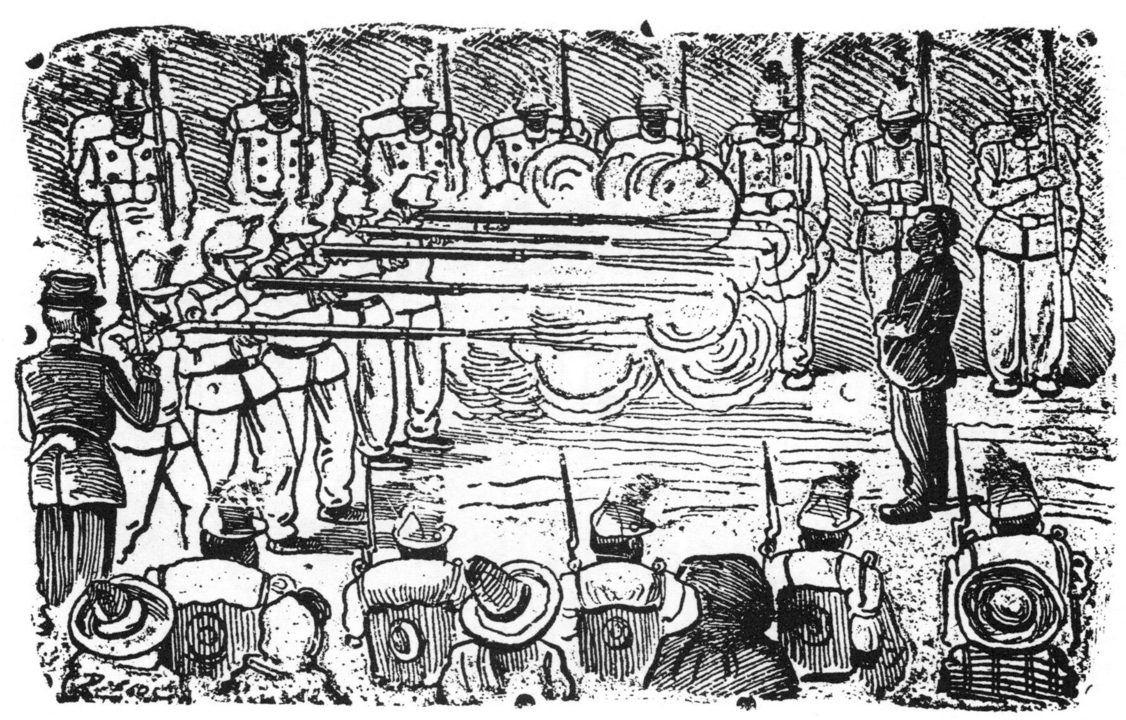

FUSILAMIENTO

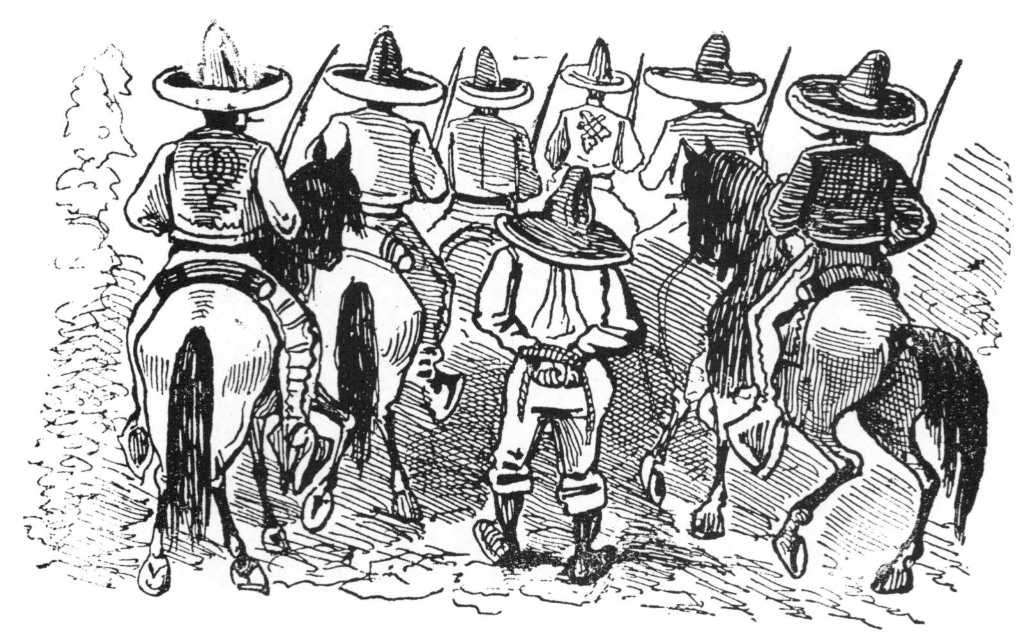

REVOLUCIONARIOS

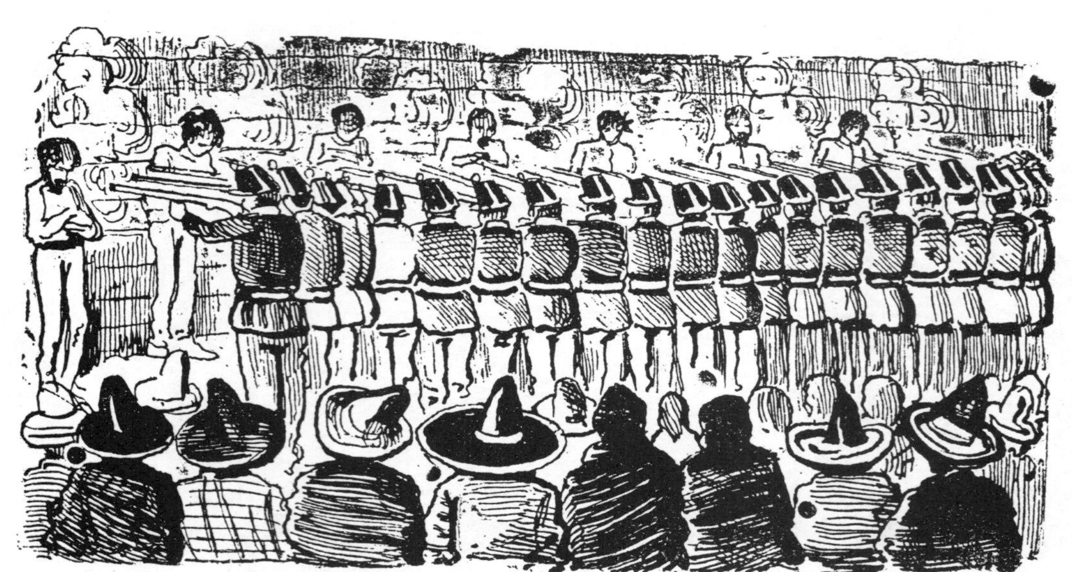

FUSILAMIENTOS

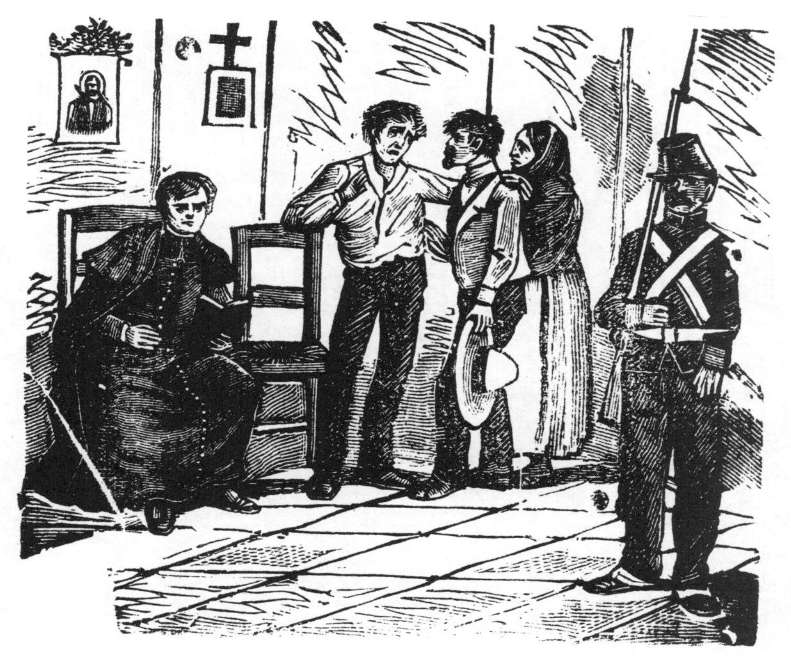

Corrido "LA CAPILLA DE UN SENTENCIADO"

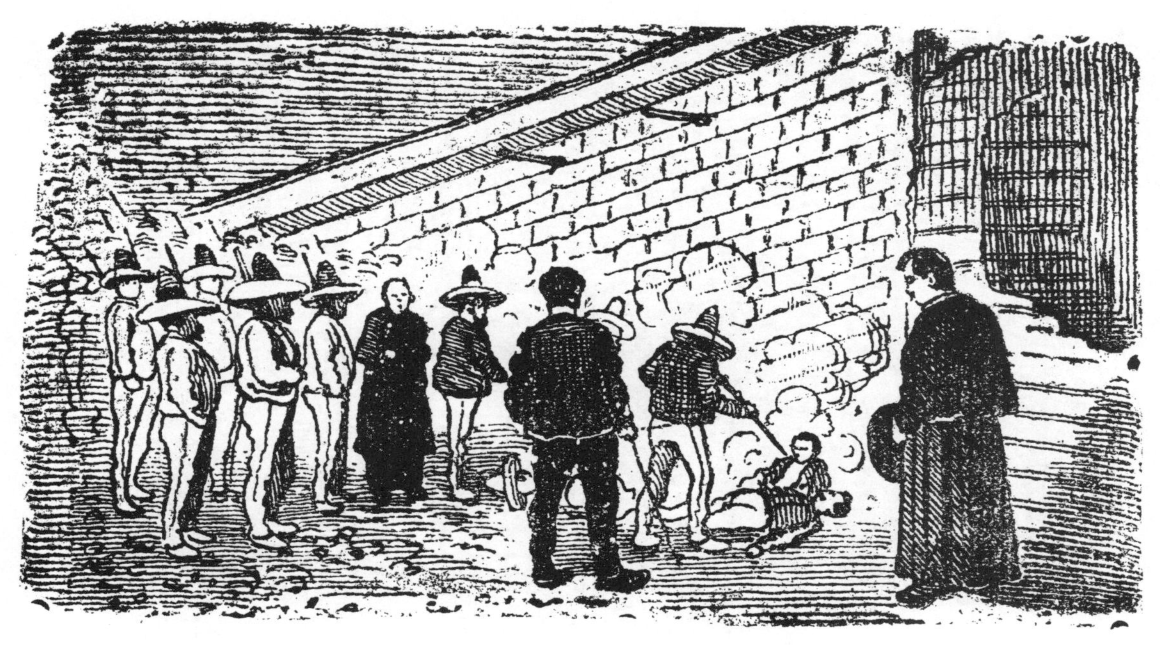

FUSILAMIENTOS

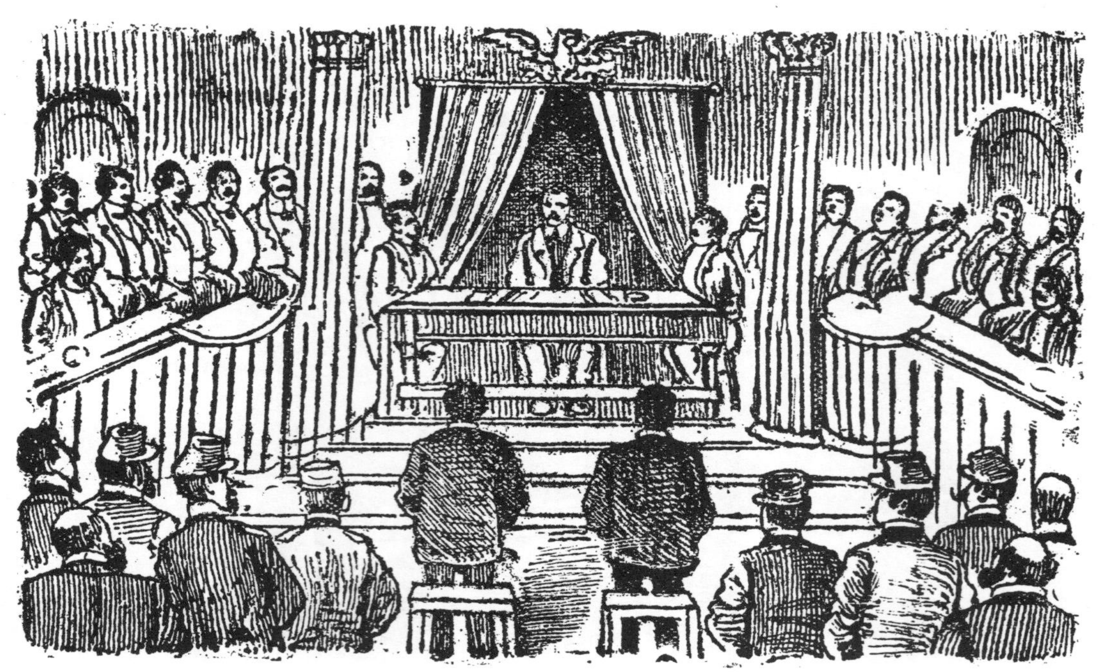

JURADO

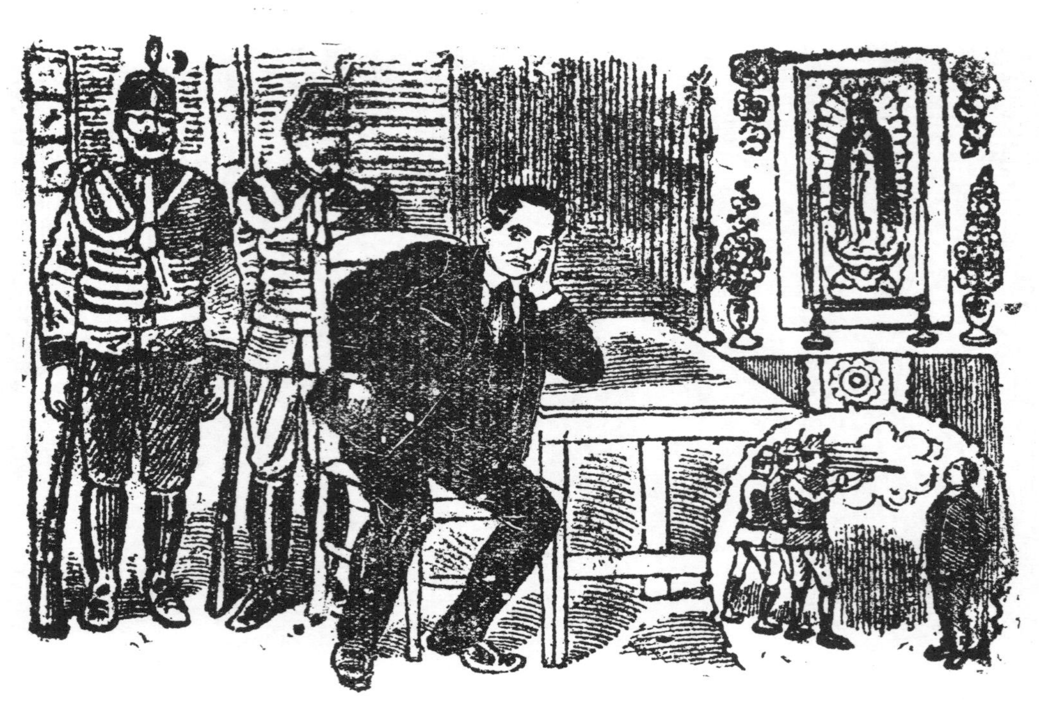

UN SENTENCIADO EN CAPILLA

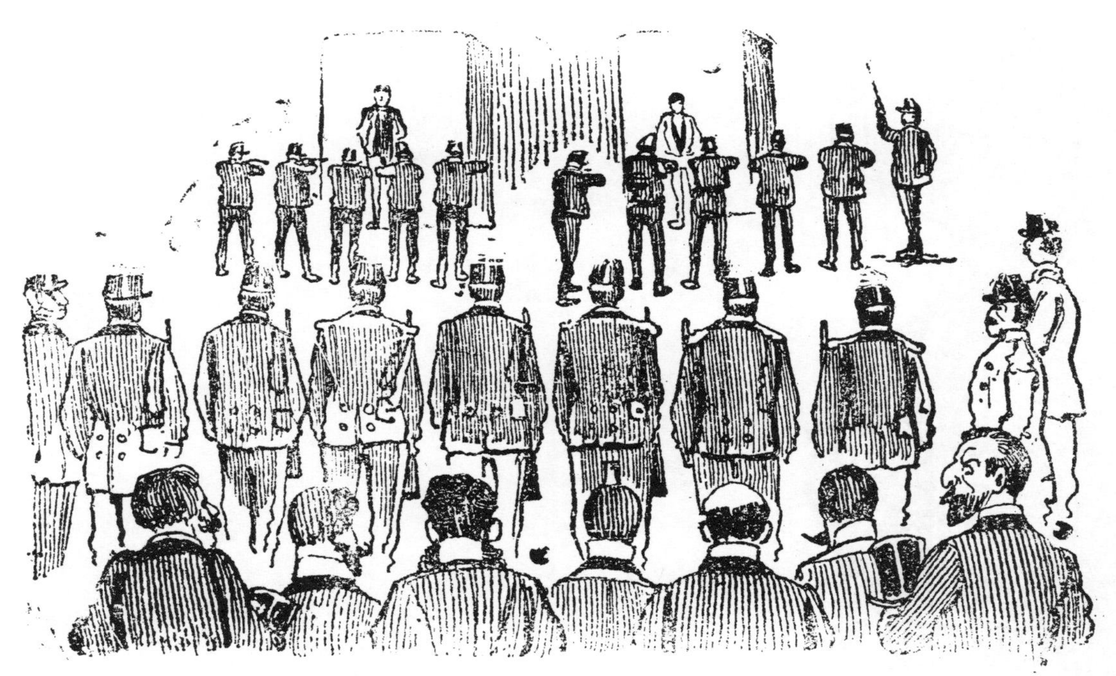

FUSILAMIENTO

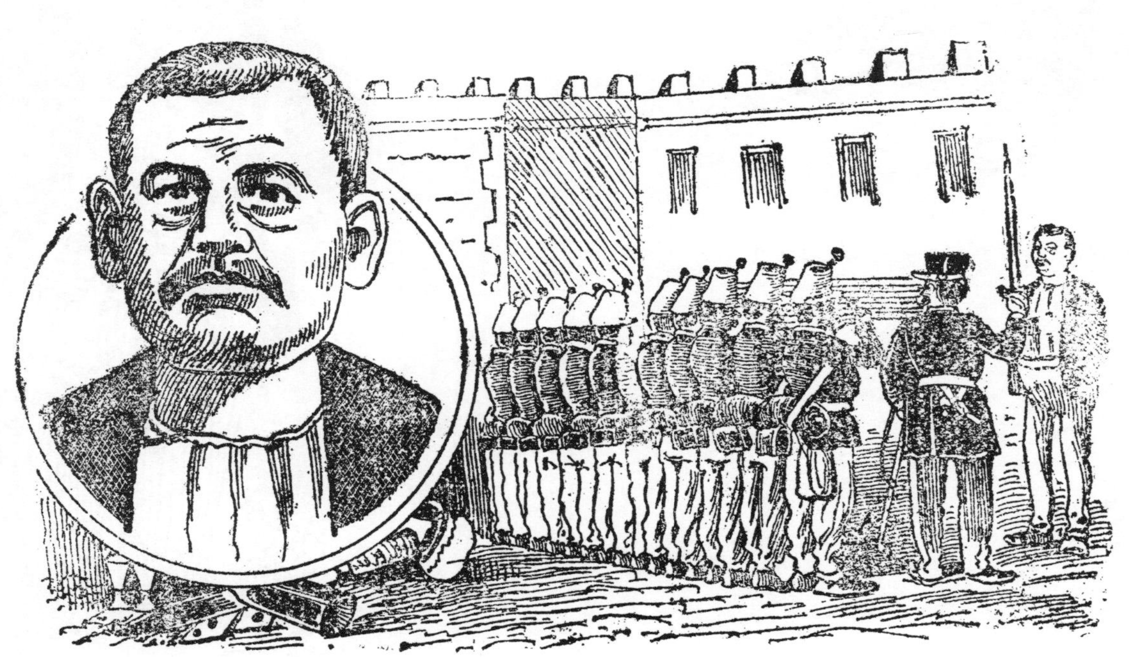

Corrido "FUSILAMIENTO DEL TIGRE DE SANTA JULIA"

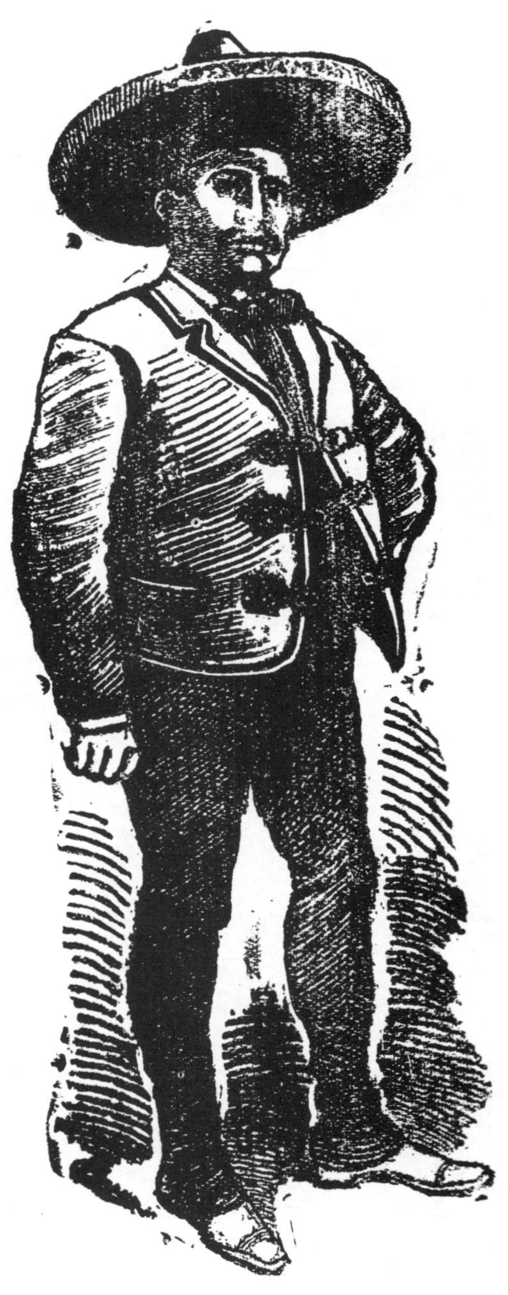

EL TIGRE DE SANTA JULIA

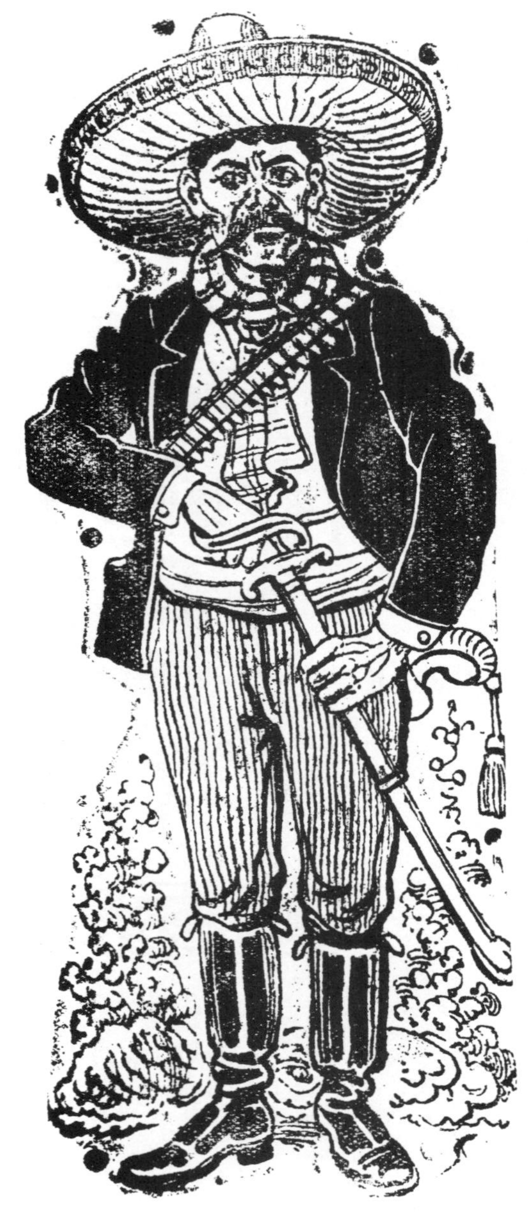

AMADOR SALAZAR

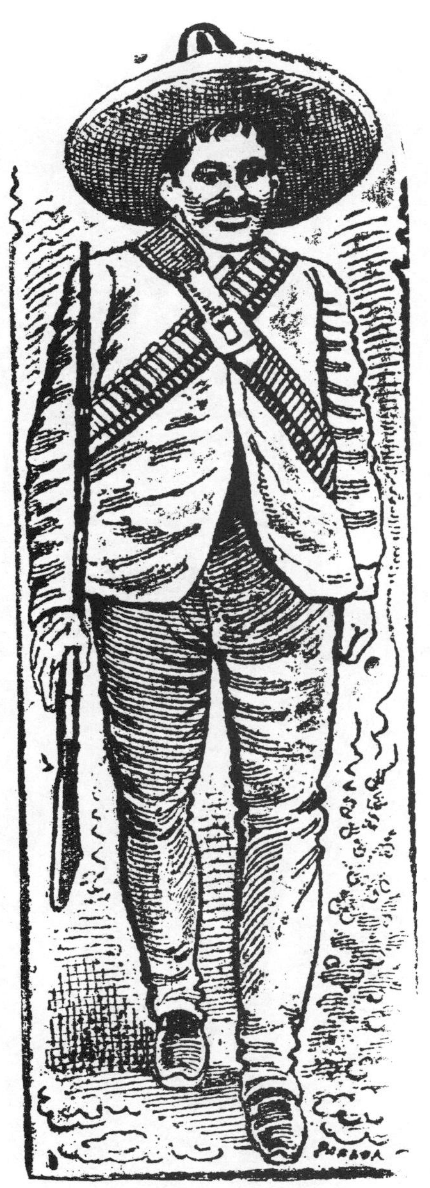

REVOLUCIONARIO

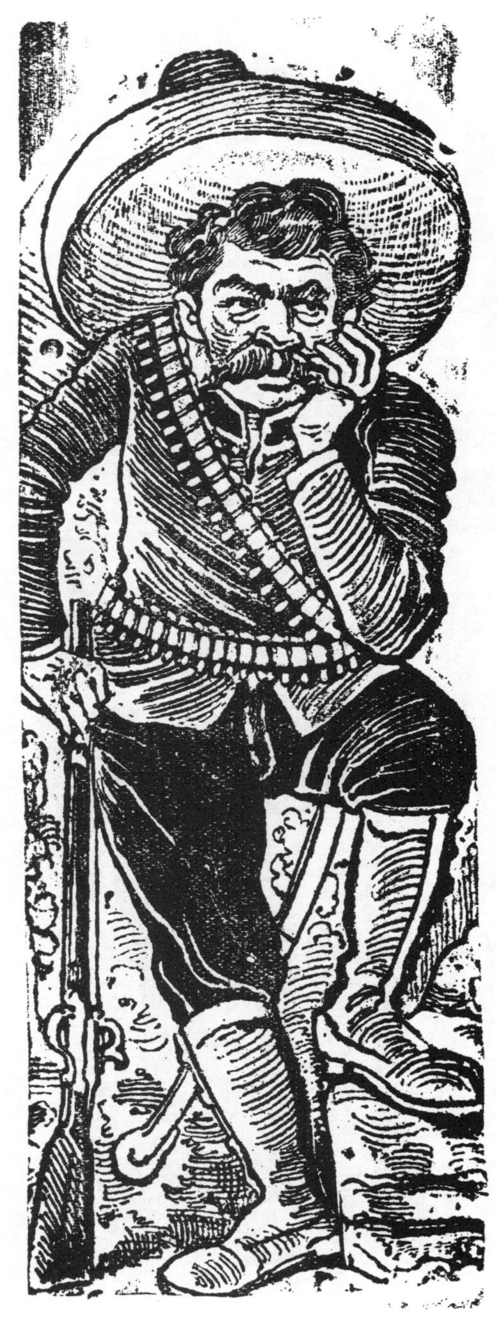

GENOVEVO DE LA O

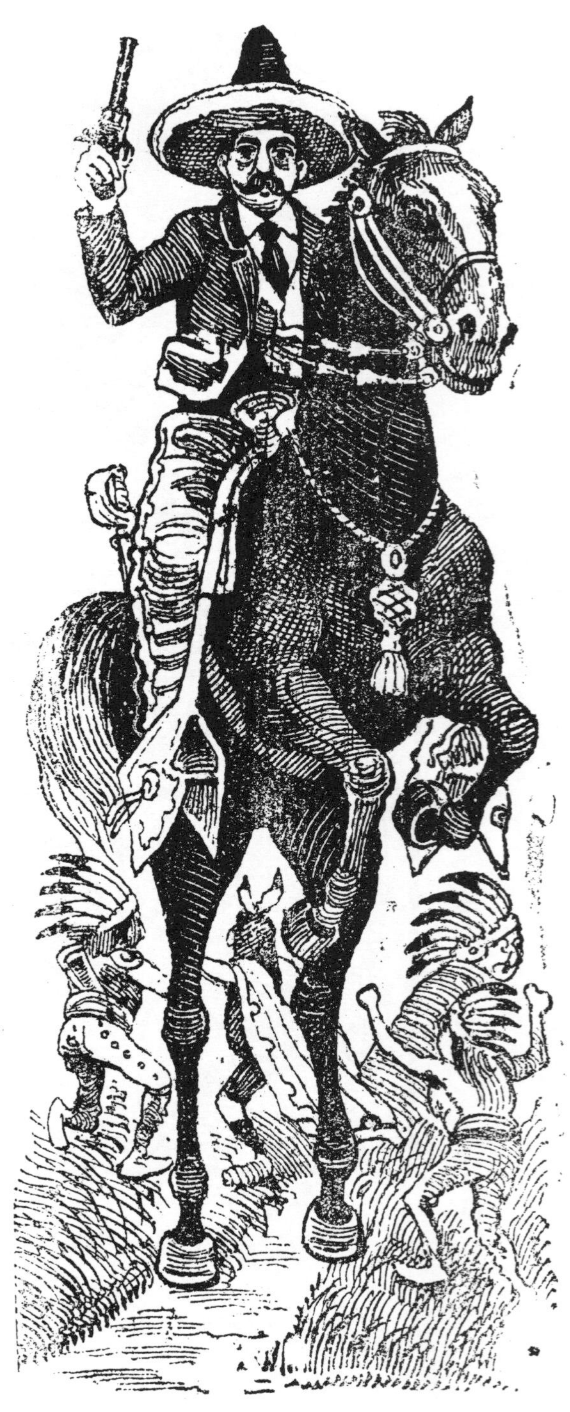

Corrido "MACARIO ROMERO"

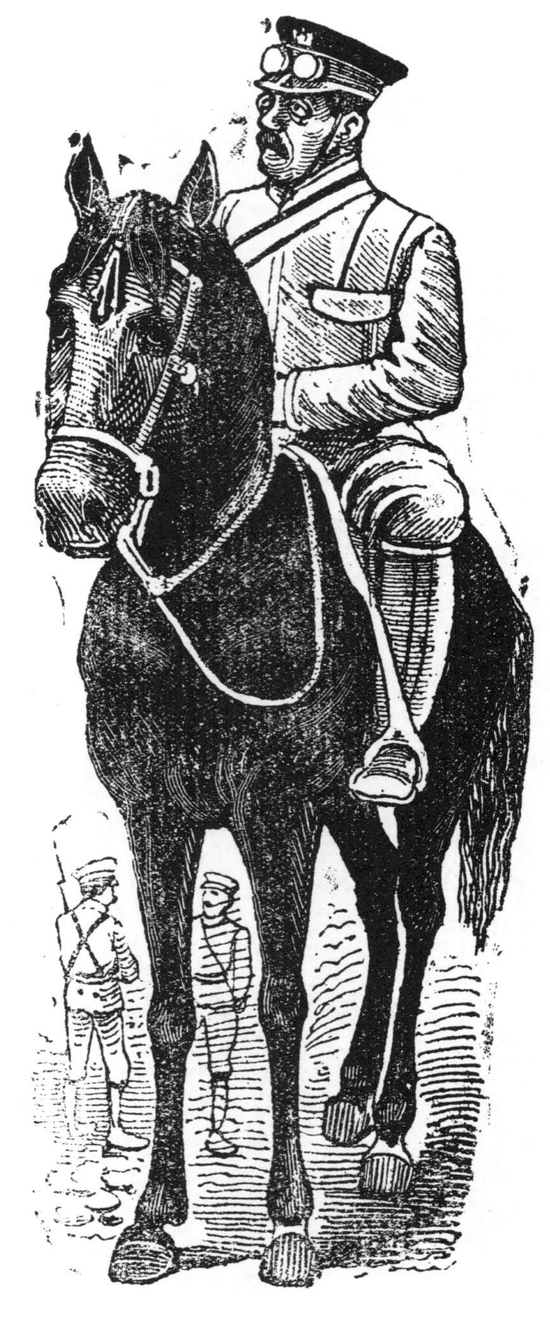

VICTORIANO HUERTA

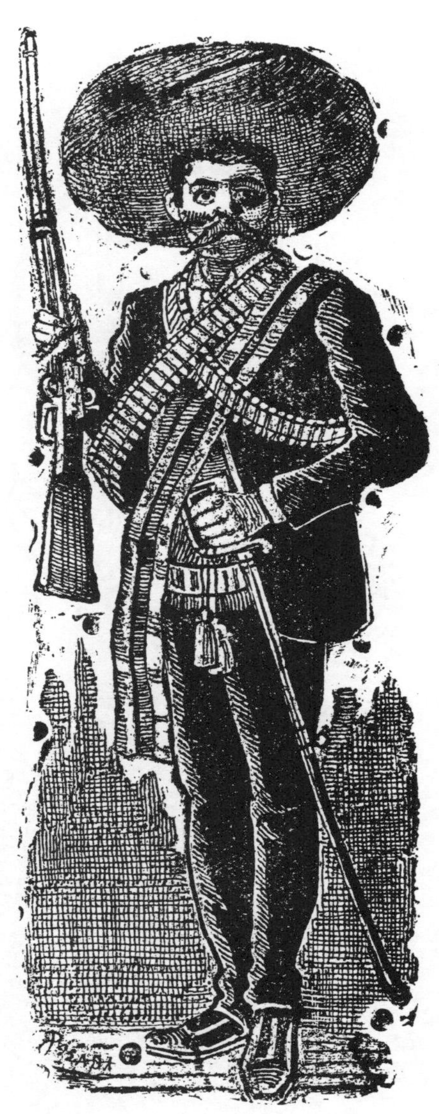

ZAPATA

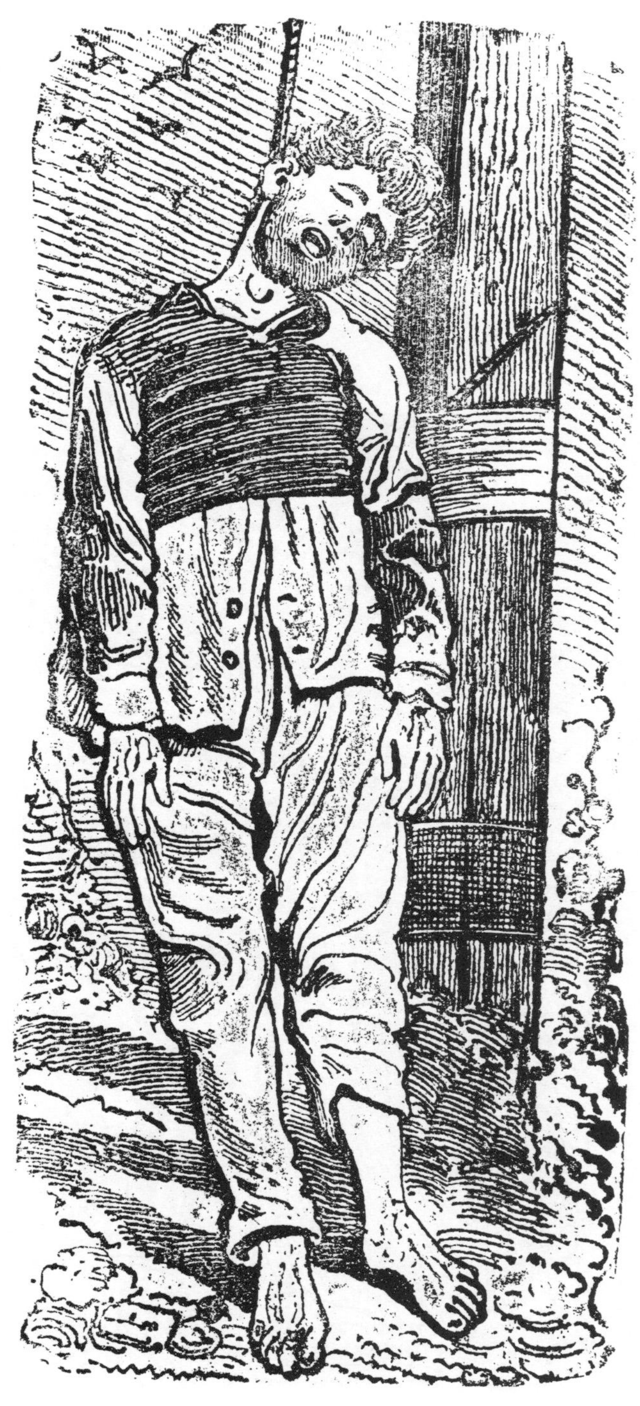

REVOLUCIONARIO

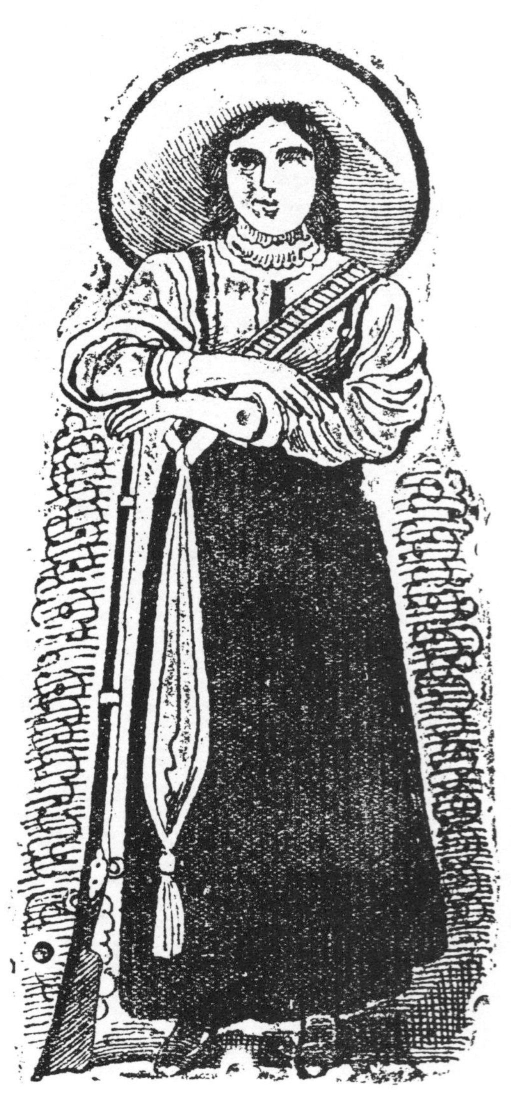

Corrido "LA CORONELA"

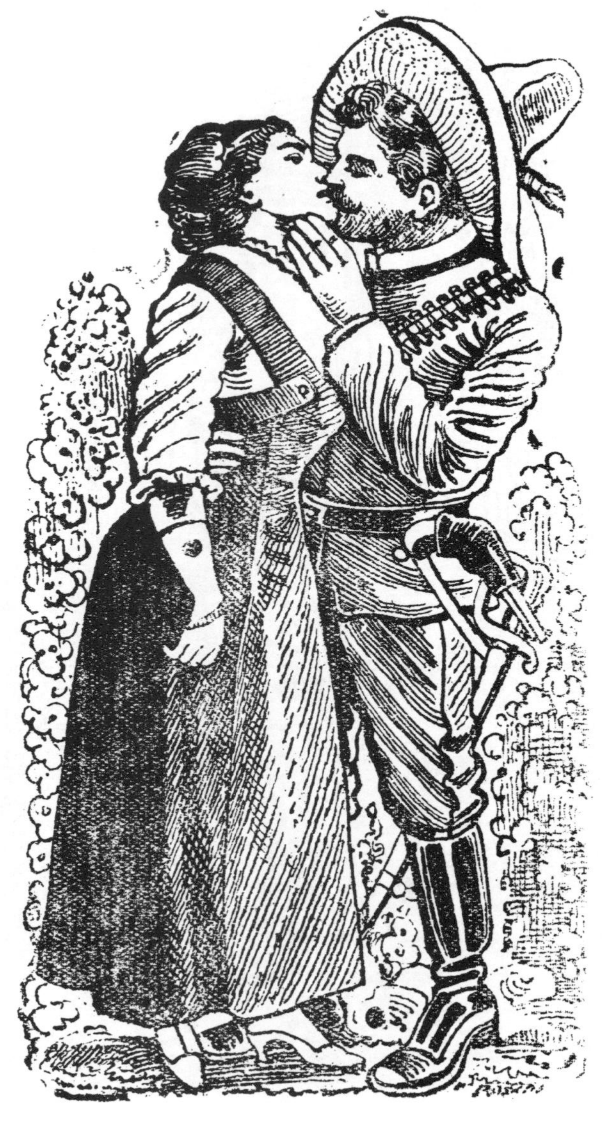

REVOLUCIONARIO

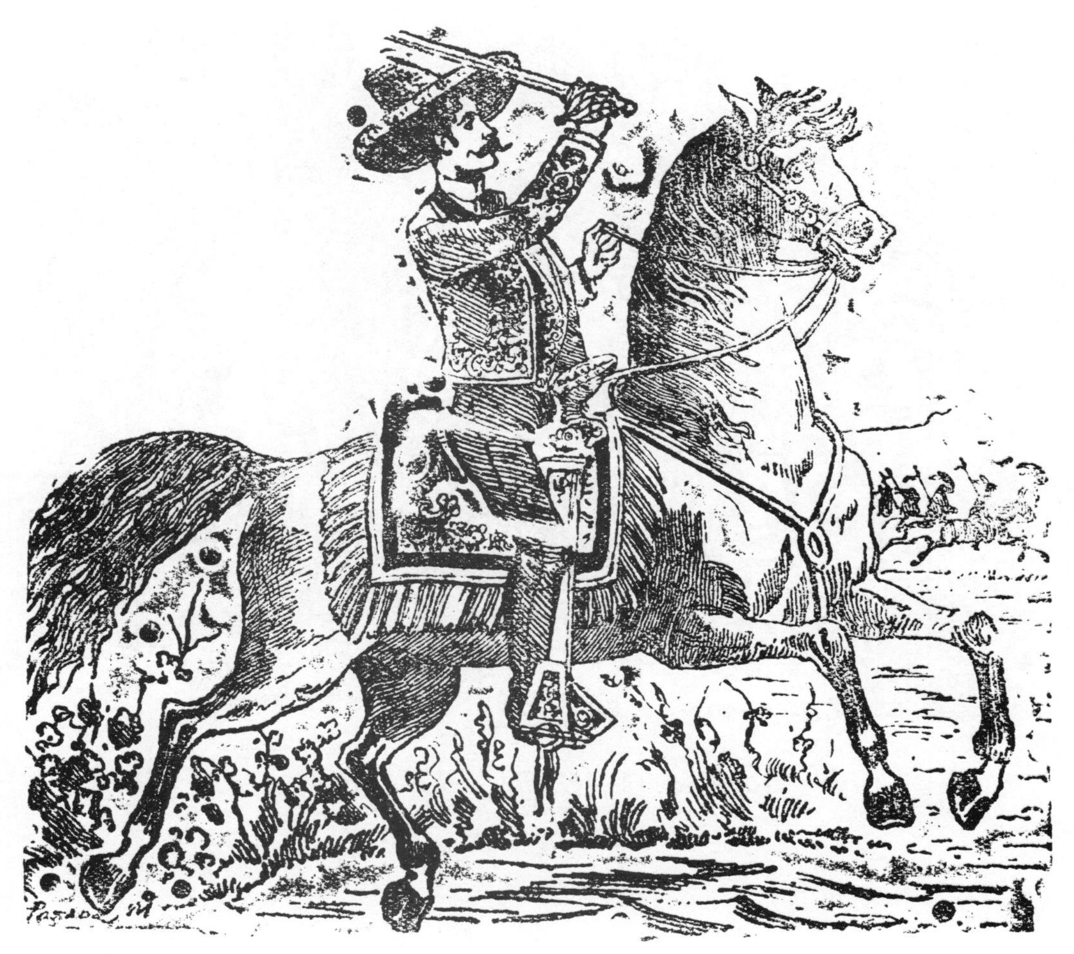

Corrido "MACARIO ROMERO"

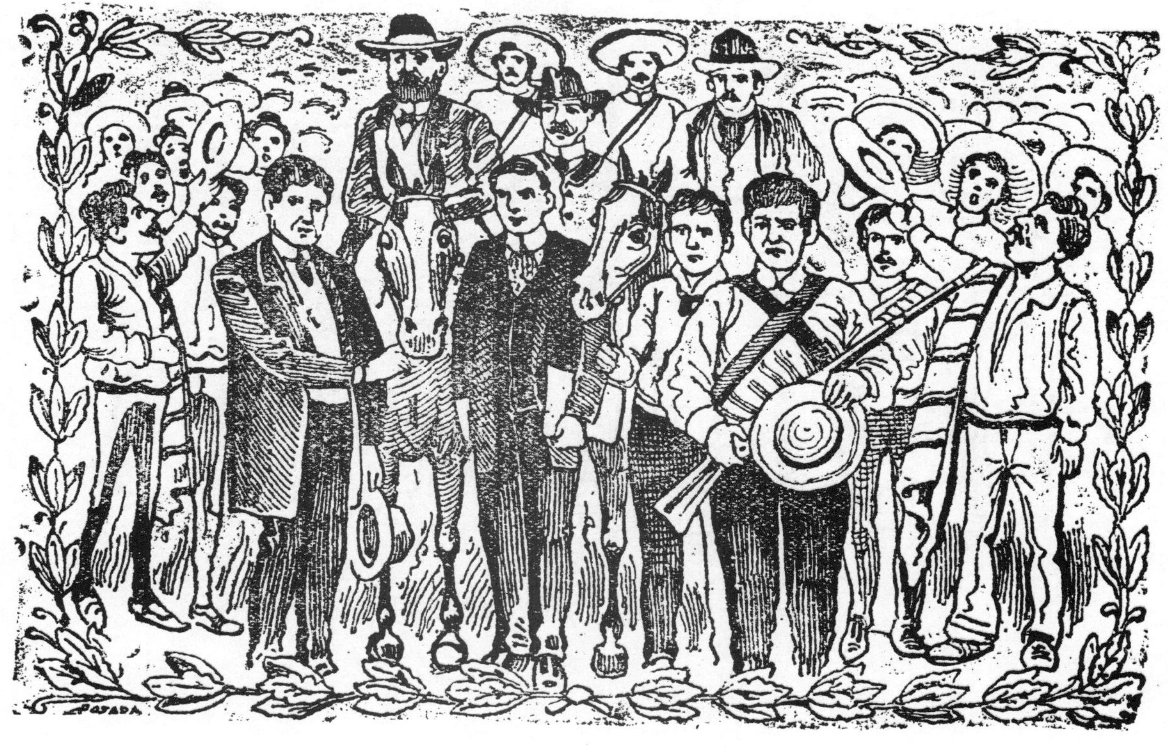

Corrido "EL TRIUNFO DE MADERO"

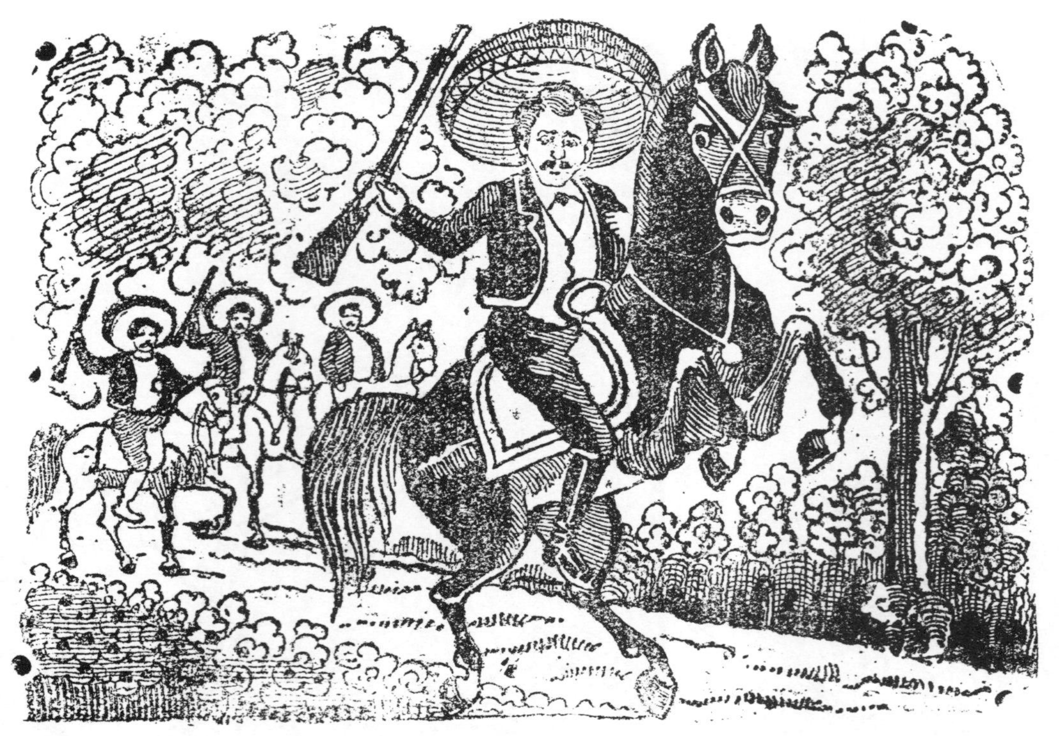

Corrido "MACARIO ROMERO"

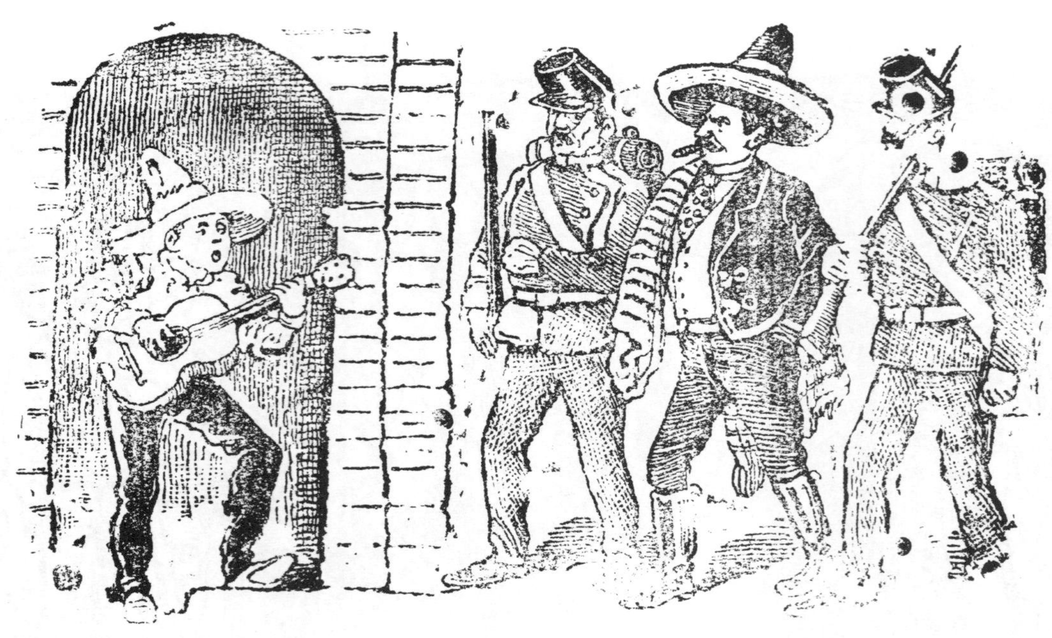

Corrido "VALENTIN MANCERA"

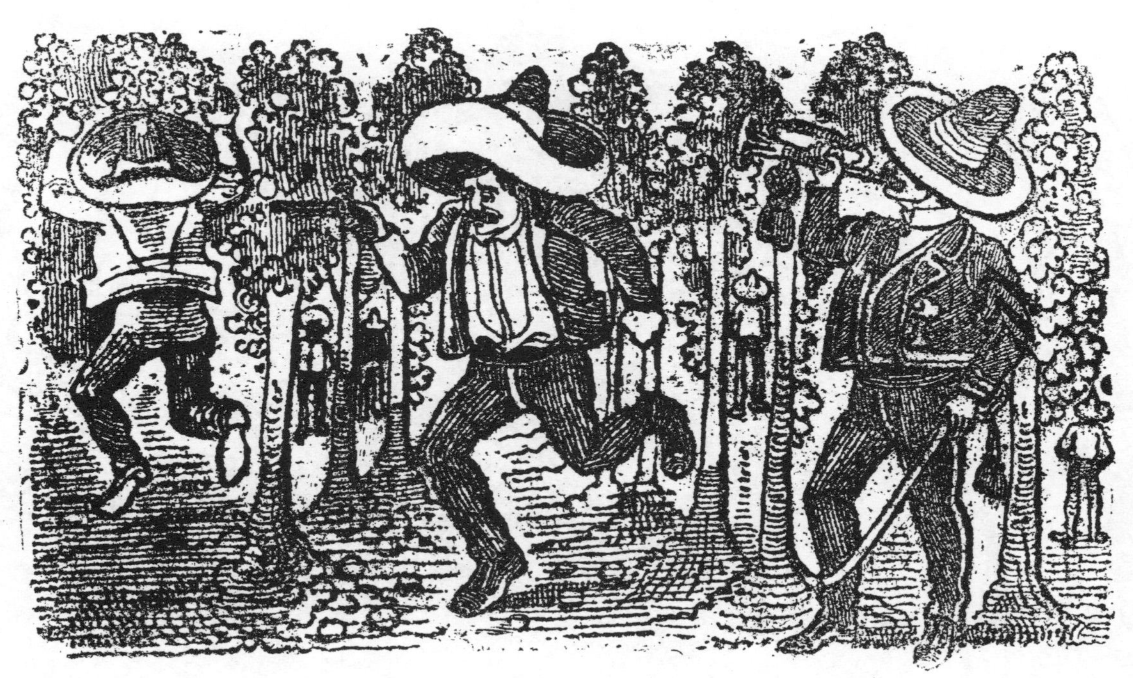

Corrido "HERACLIO BERNAL"

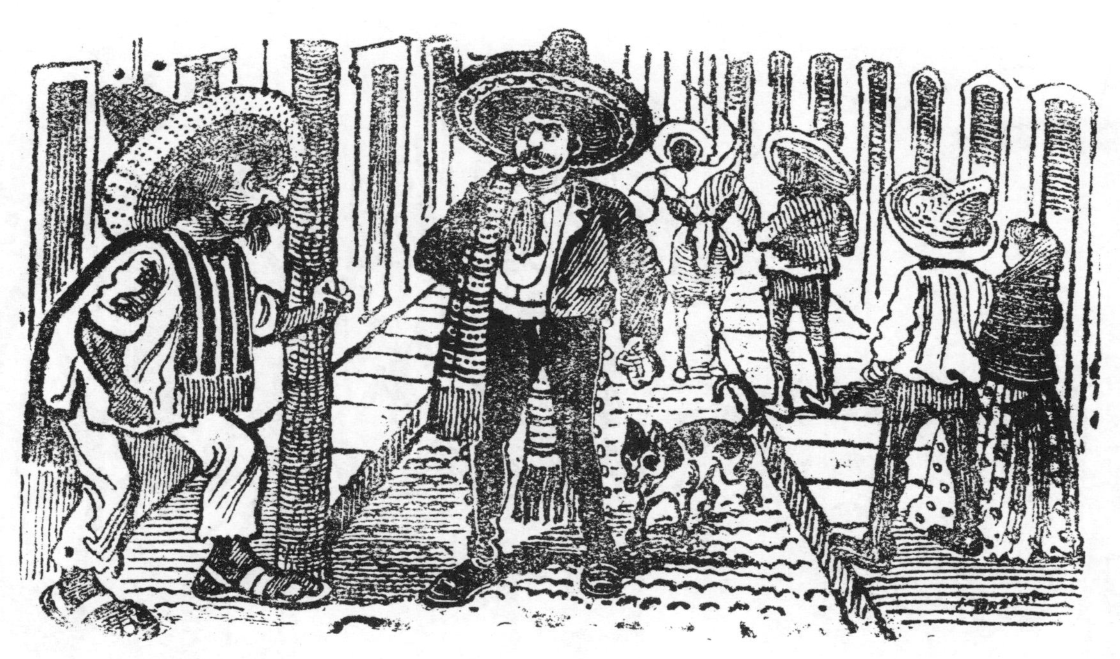

Décimas "LINO ZAMORA"

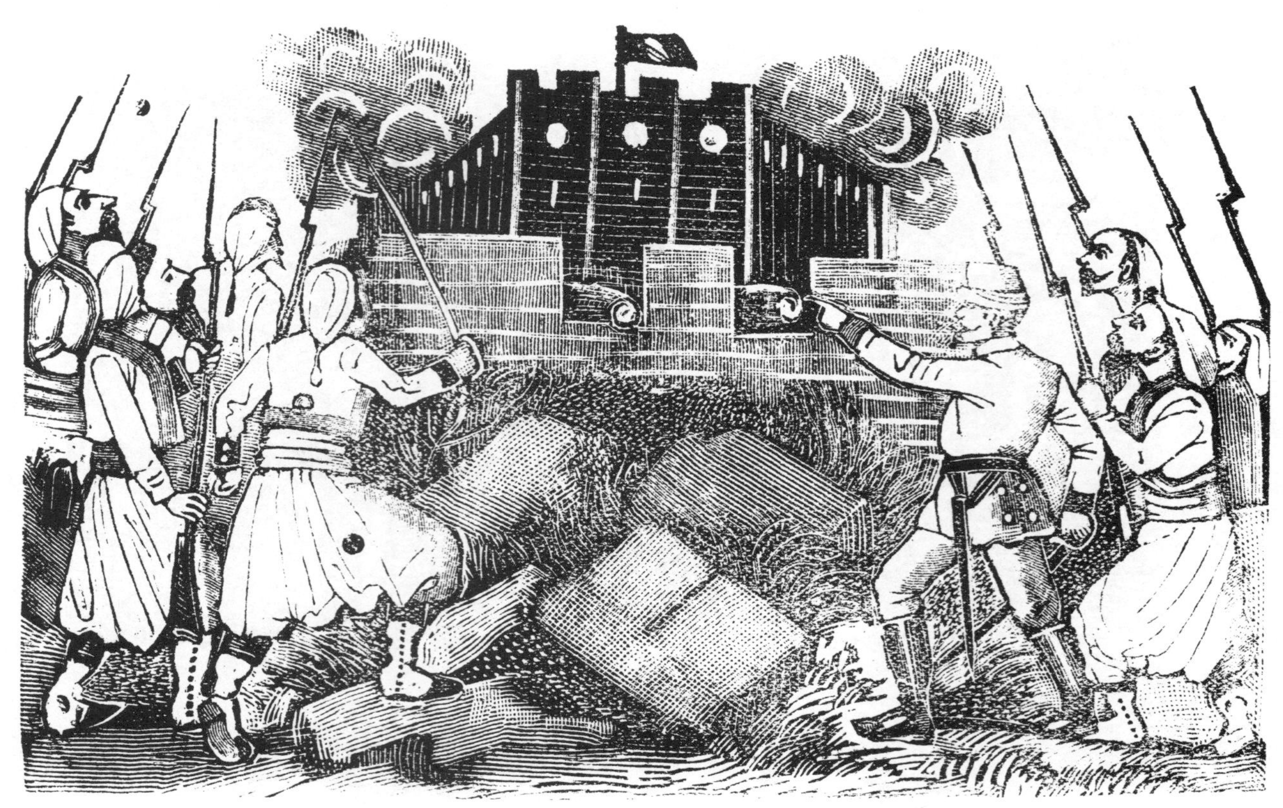

Cuento "5 DE MAYO"

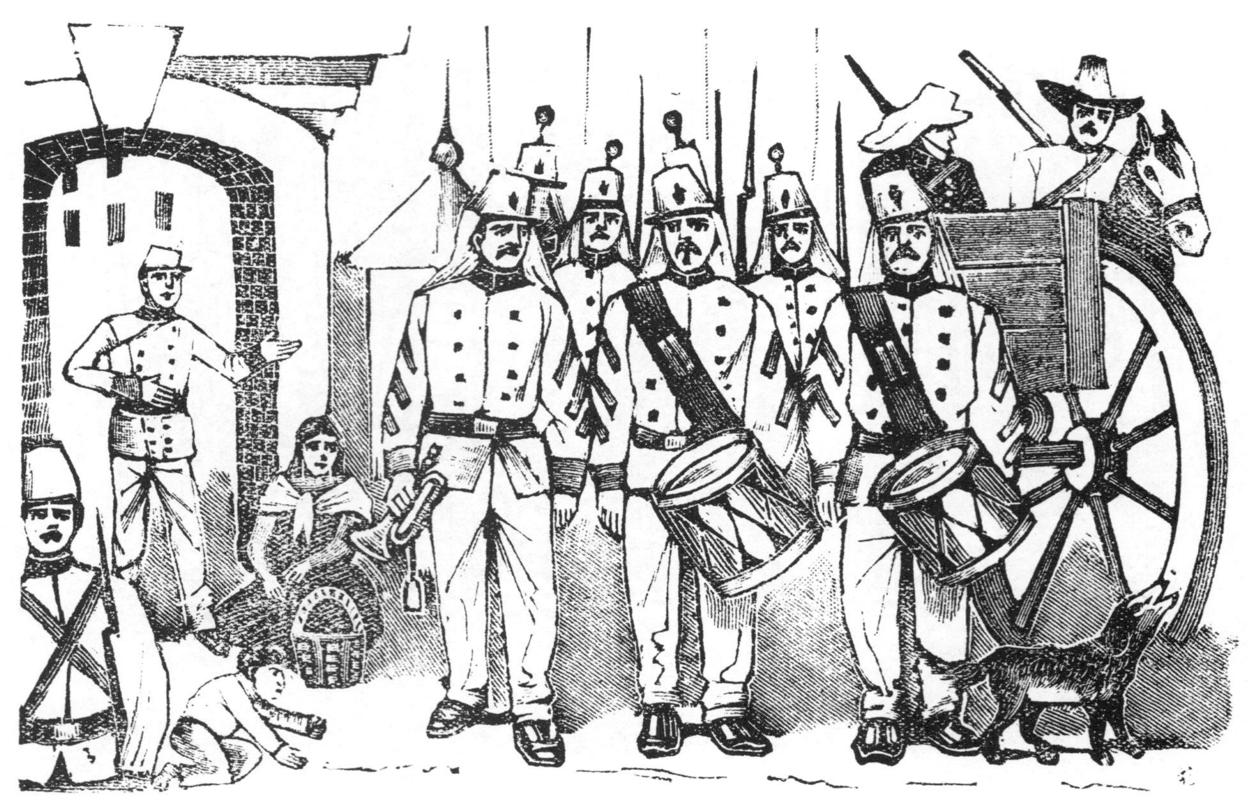

Cuento "LA GORRA DEL CUARTEL"

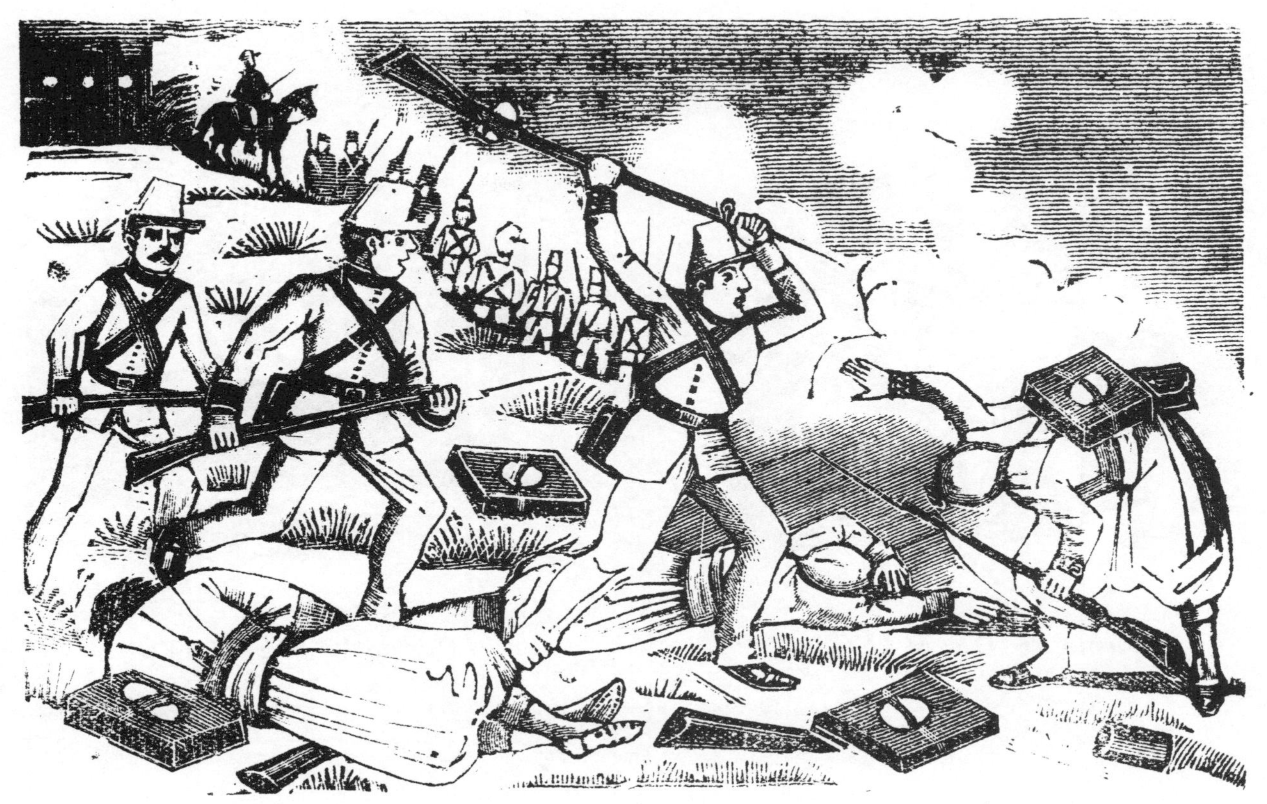

Cuento "5 DE MAYO"

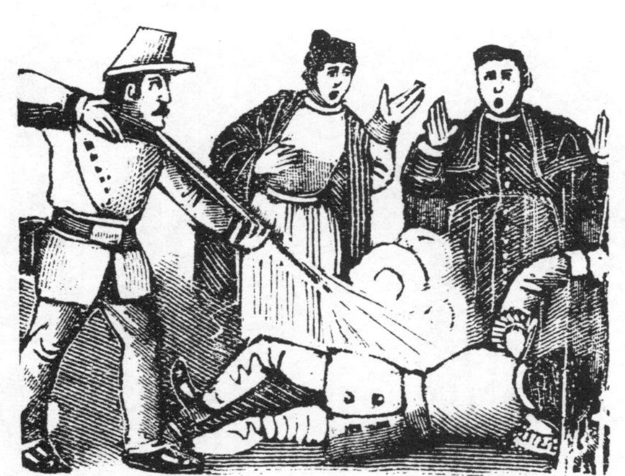

Cuento "LA GORRA DEL CUARTEL"

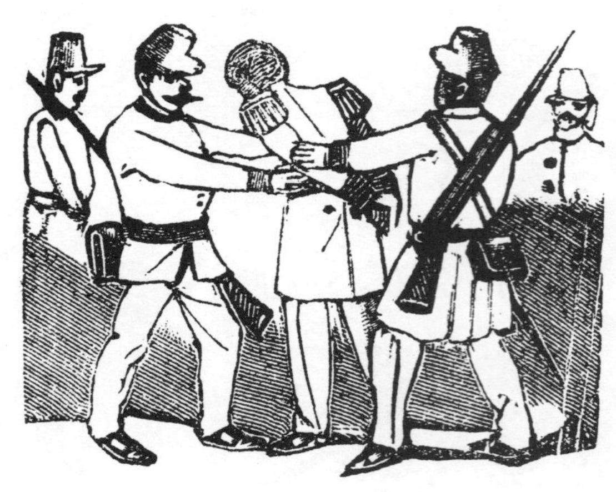

Cuento "5 DE MAYO"

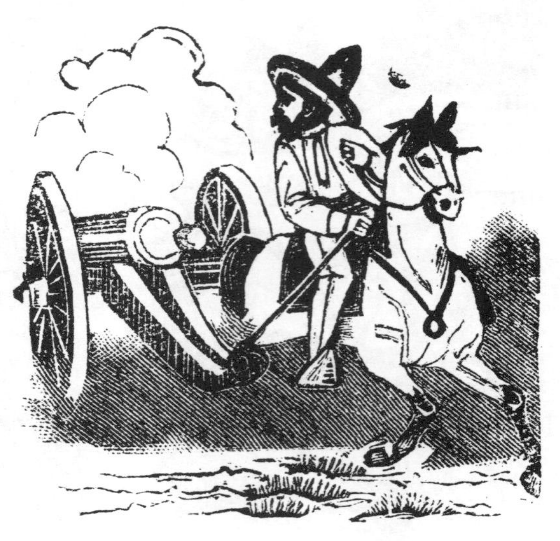

Cuento "5 DE MAYO"

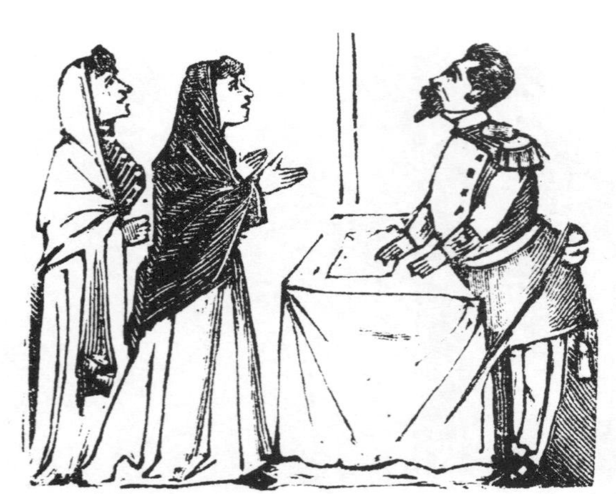

Cuento "EL HIJO DEL BATALLON"

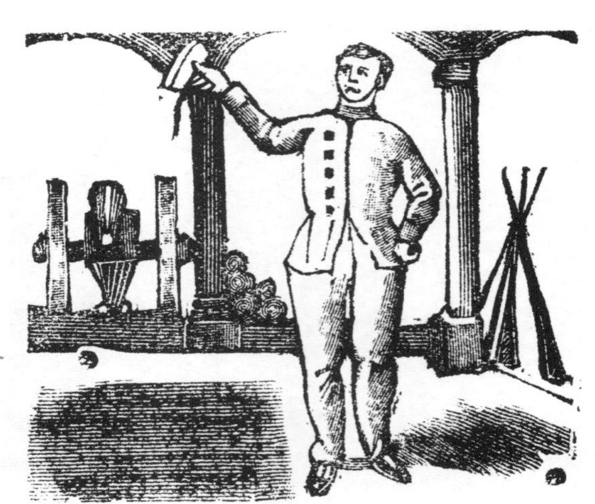

Cuento "EL HIJO DEL BATALLON"

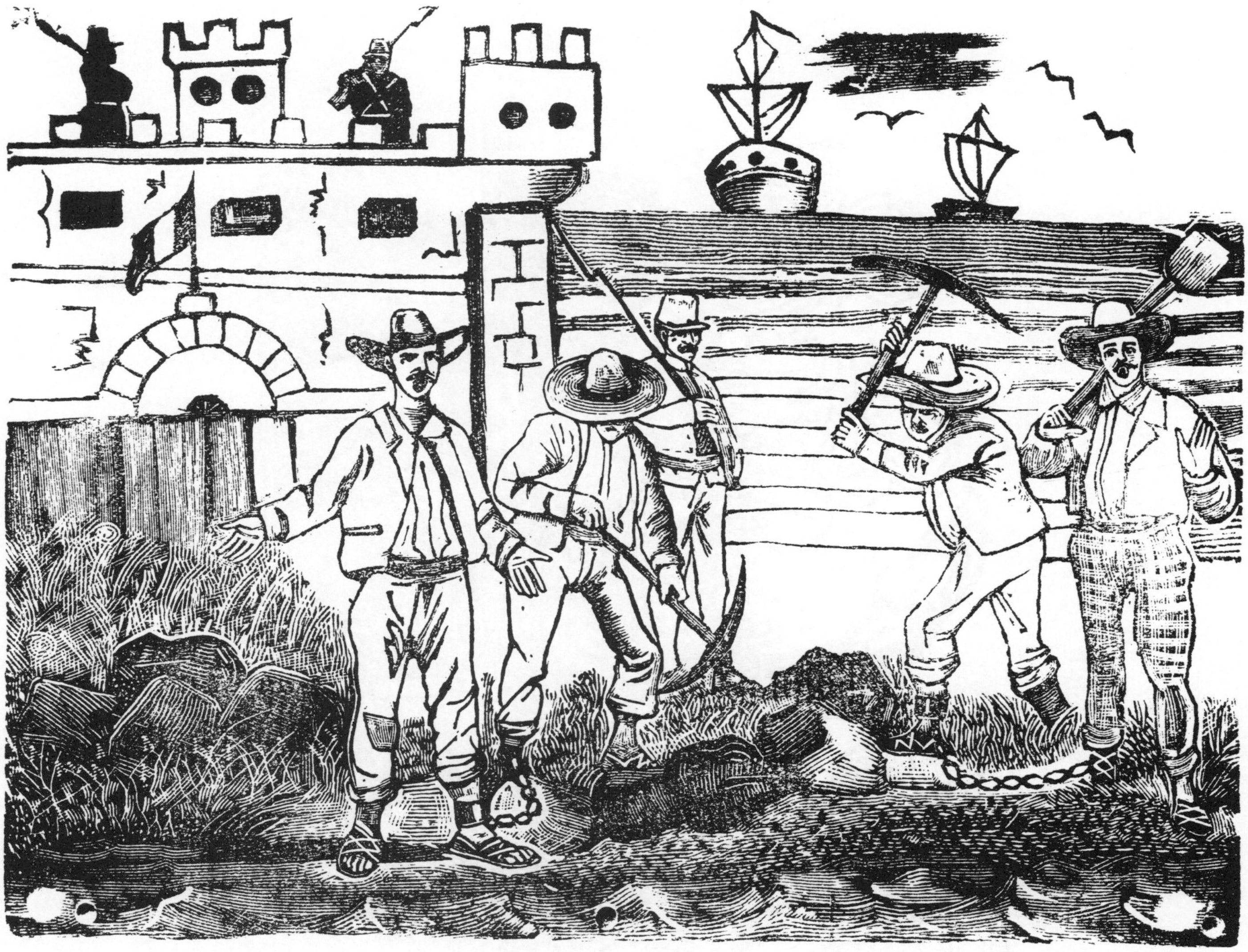

Corrido "LOS DEPORTADOS AL CASTILLO DE SAN JUAN DE ULUA"

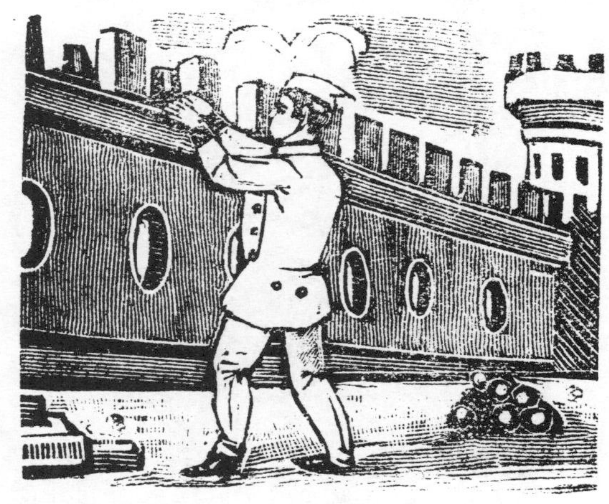

Cuento "LA GORRA DEL CUARTEL"

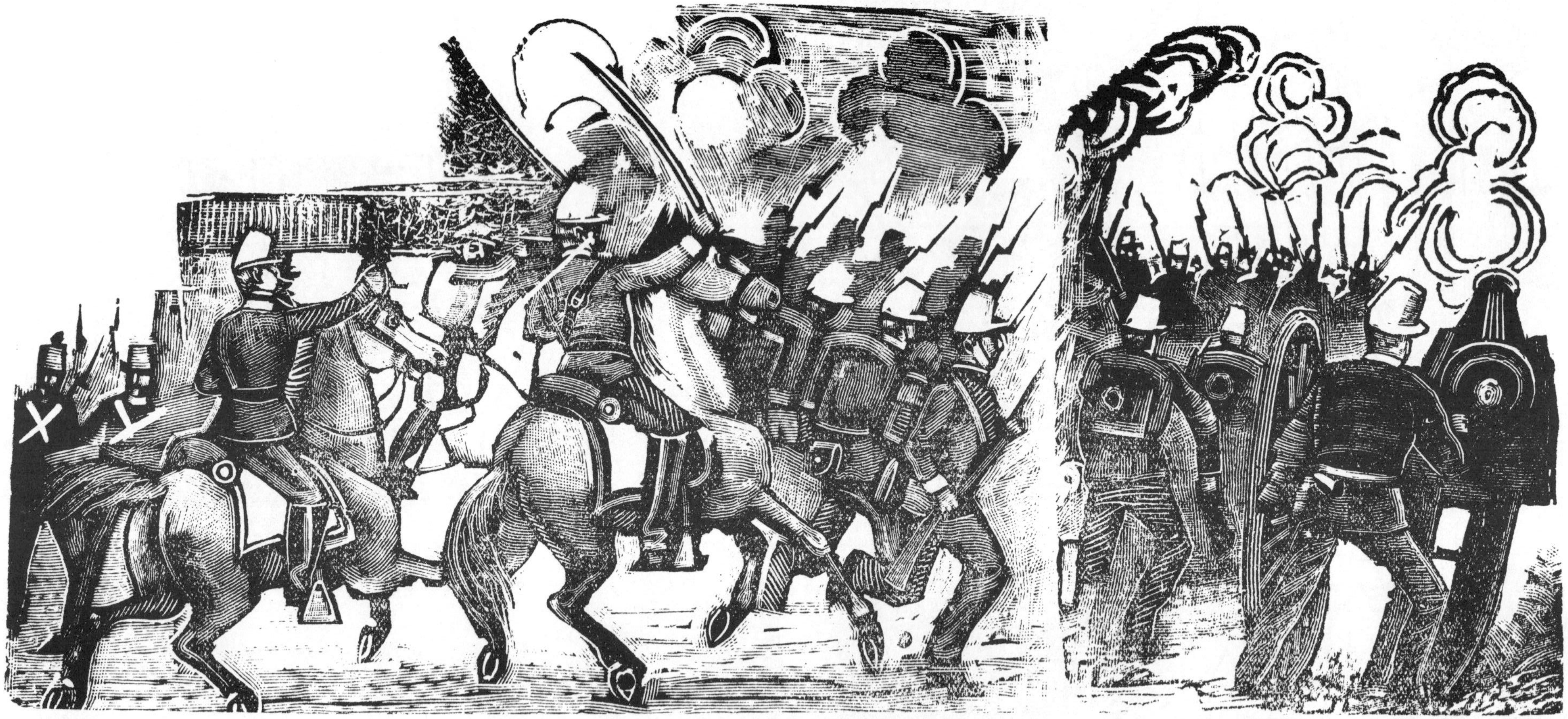

Corrido "5 DE MAYO Y 16 DE SEPTIEMBRE"

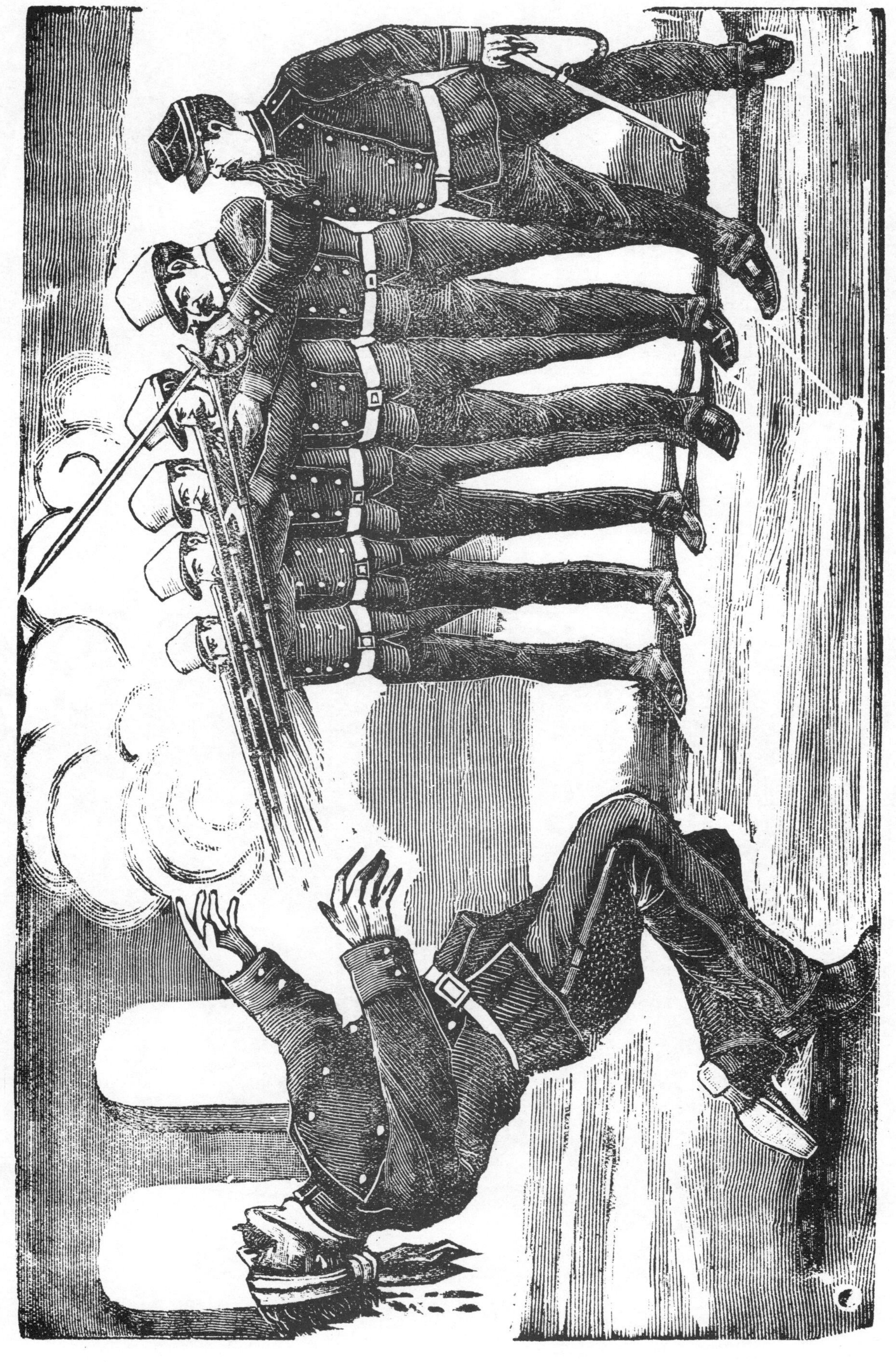

Corrido "BRUNO MARTINEZ"

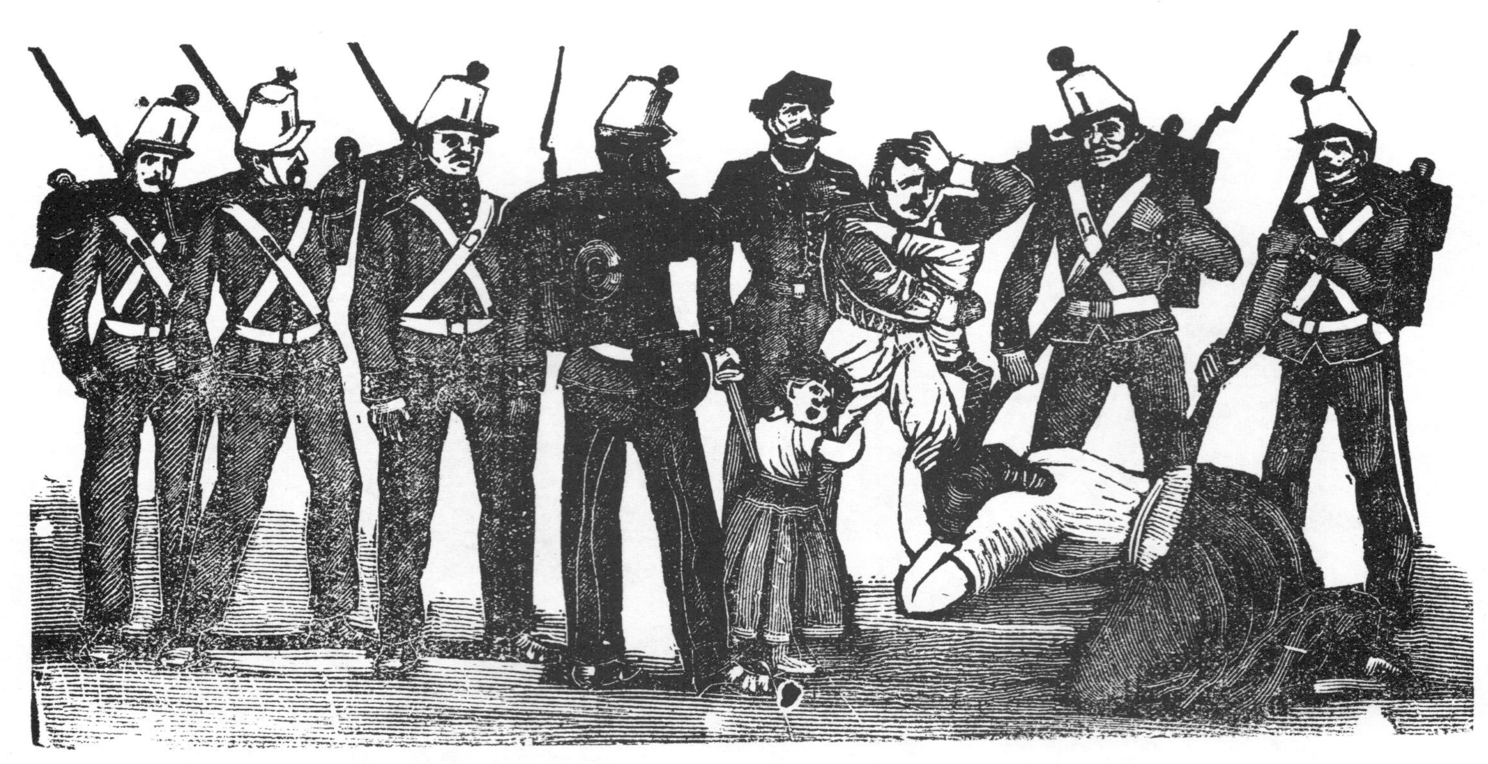

Corrido "FUSILAMIENTO DEL CAPITAN CALAPIZ"

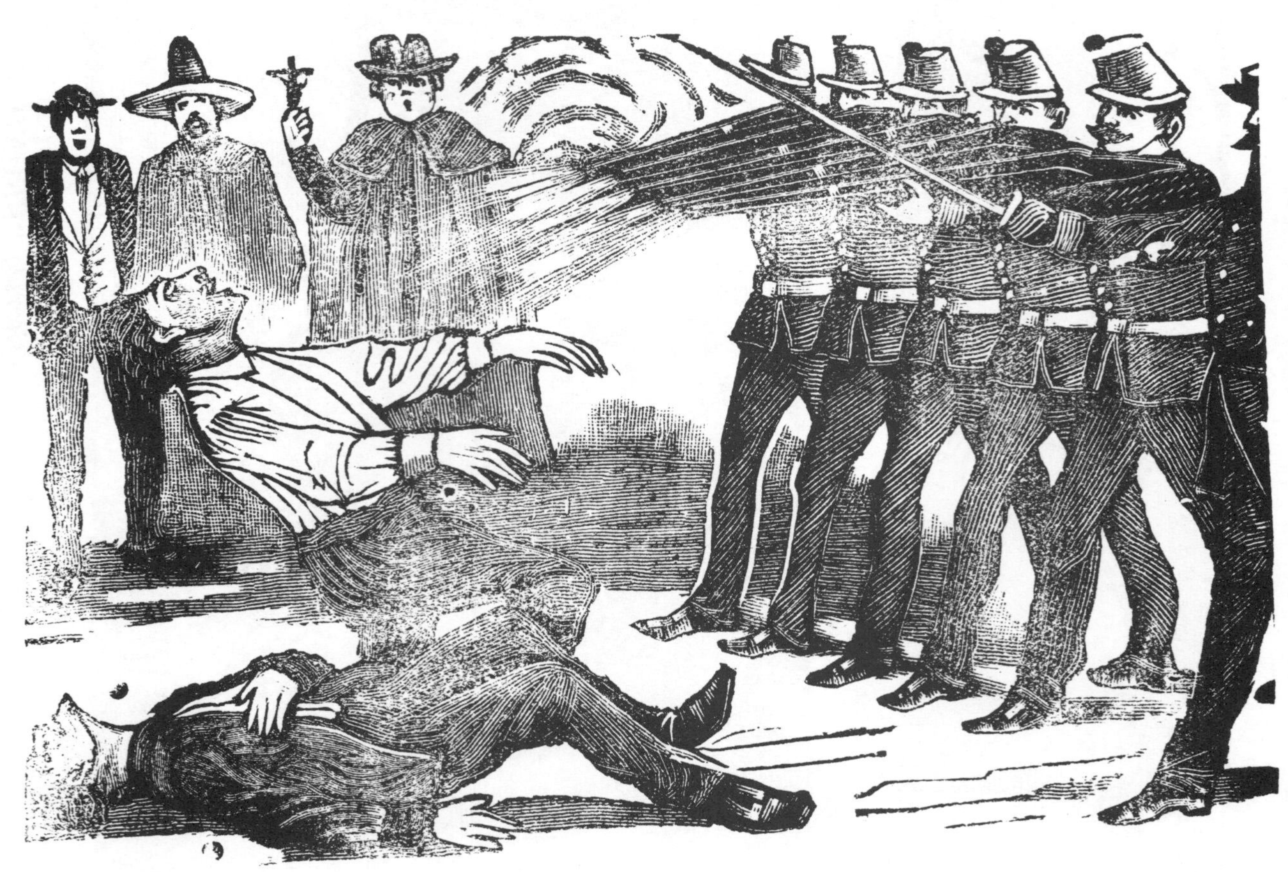

FUSILAMIENTO

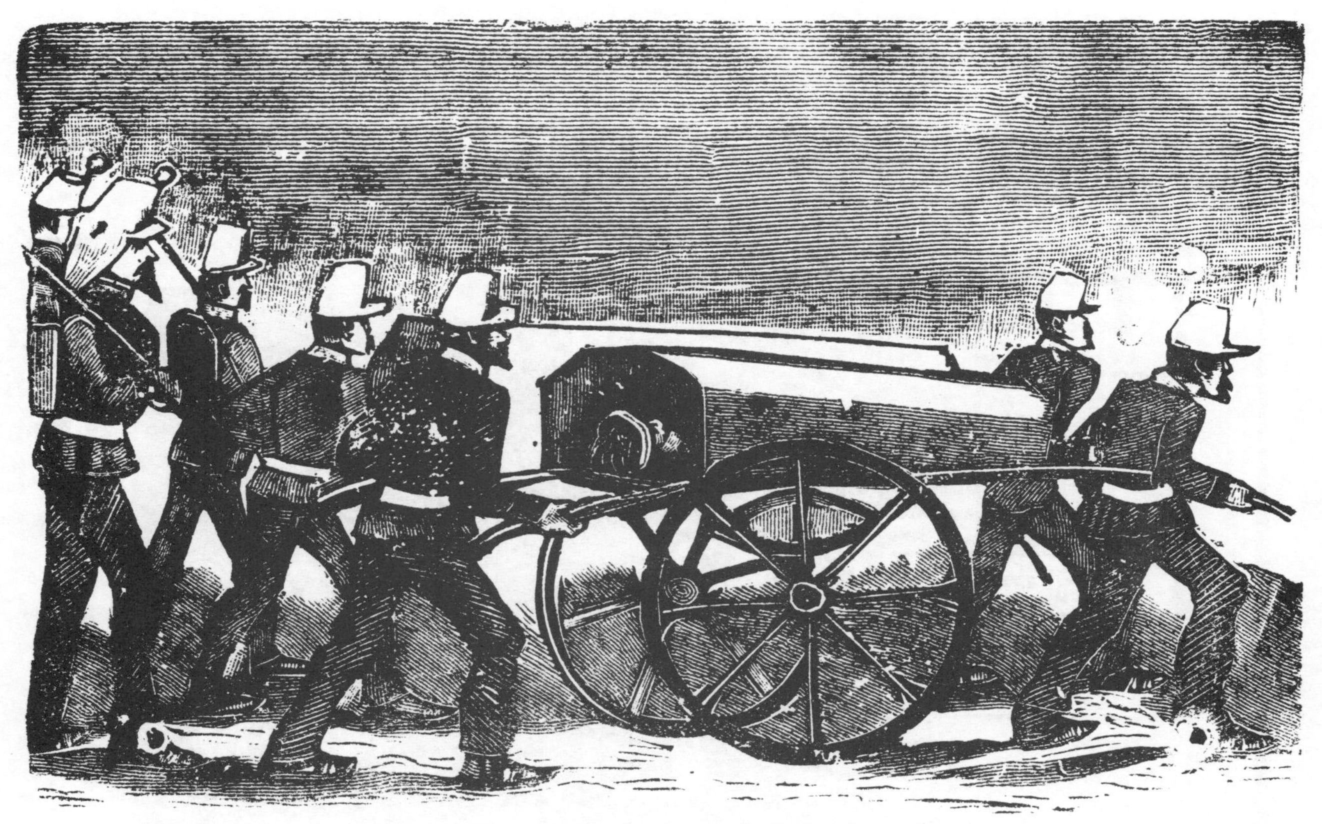

Corrido "FUSILAMIENTO DE BRUNO MARTINEZ"

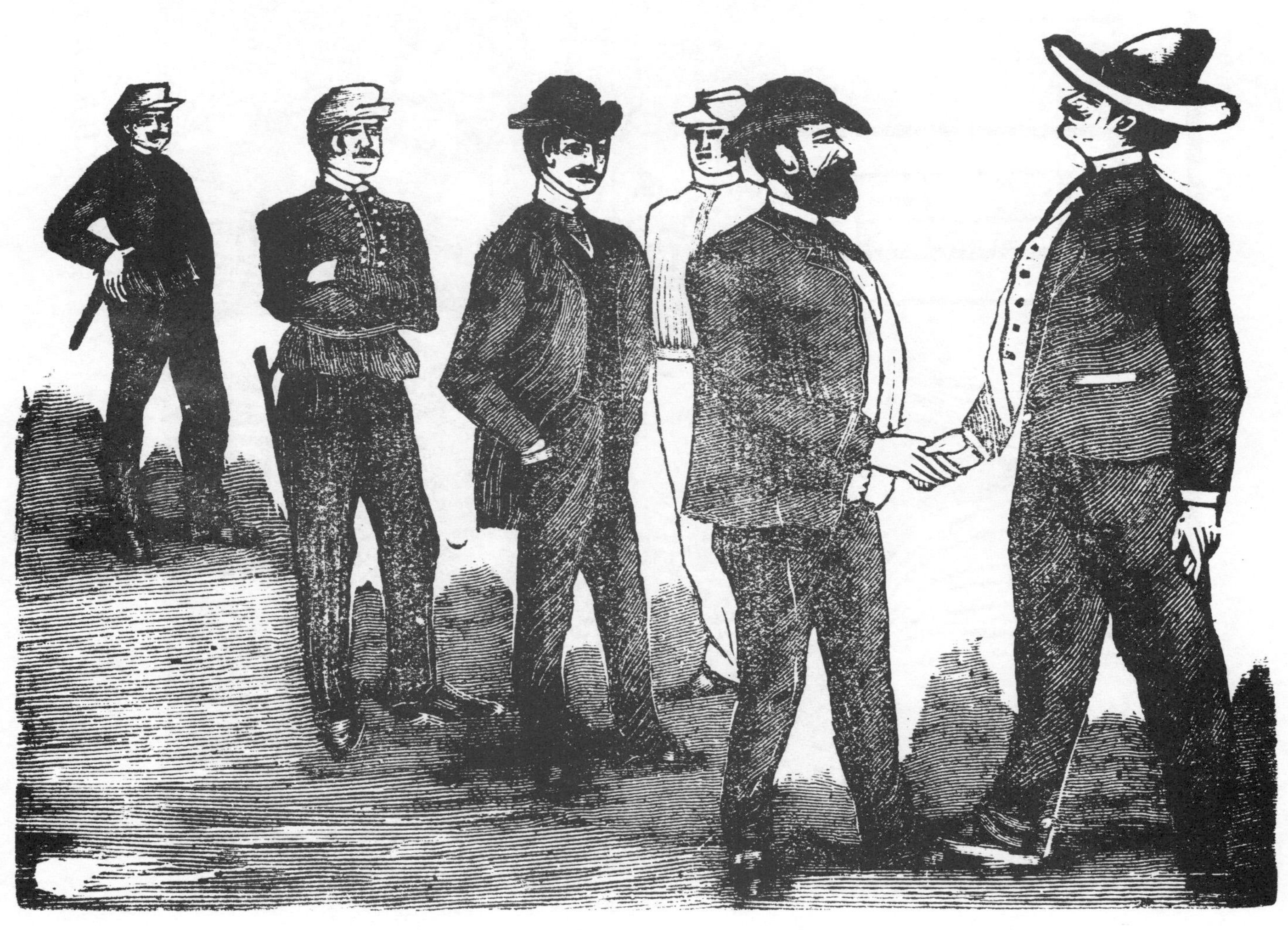

Corrido "EL ROBO DE LA PROFESA"

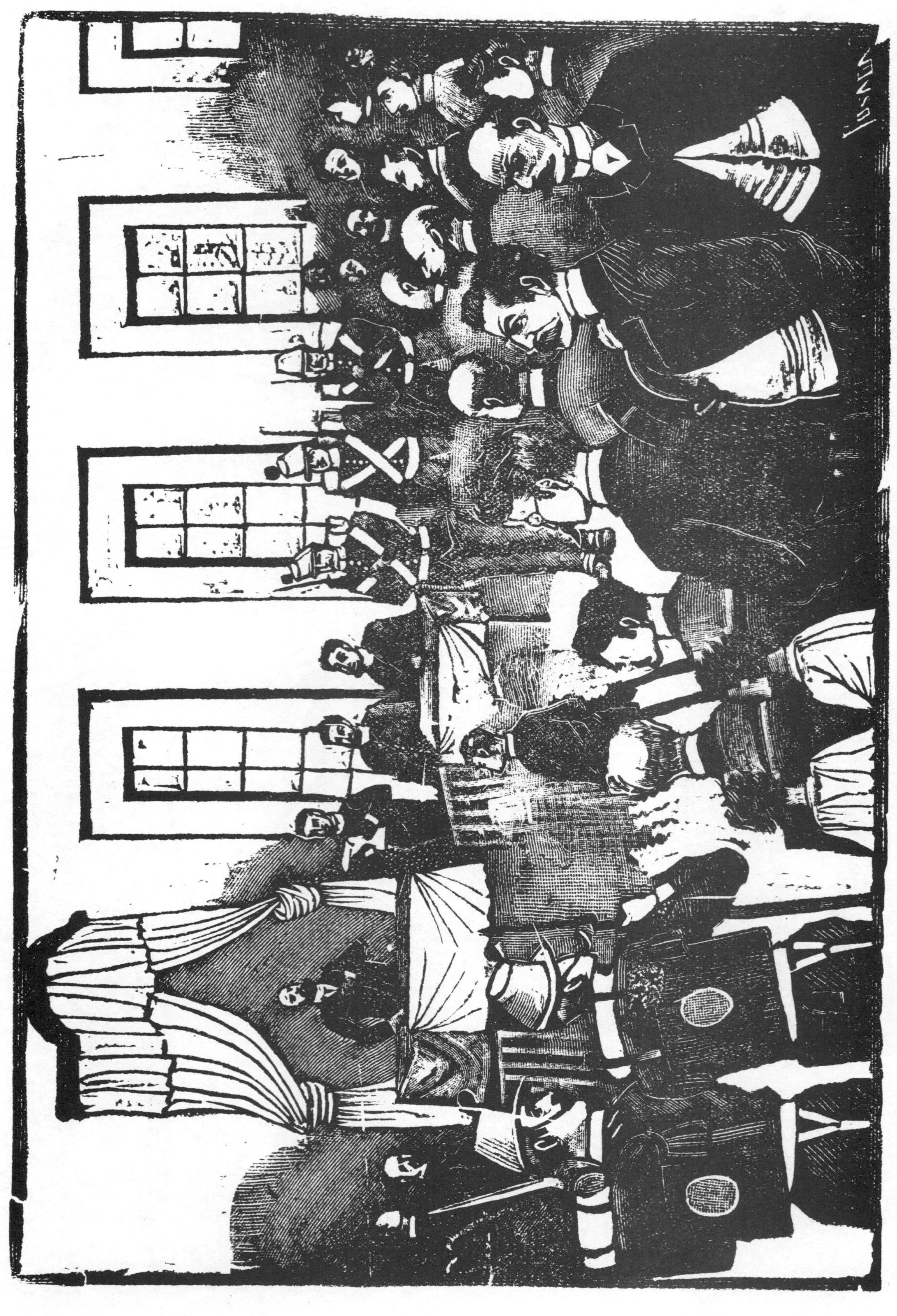

JURADO

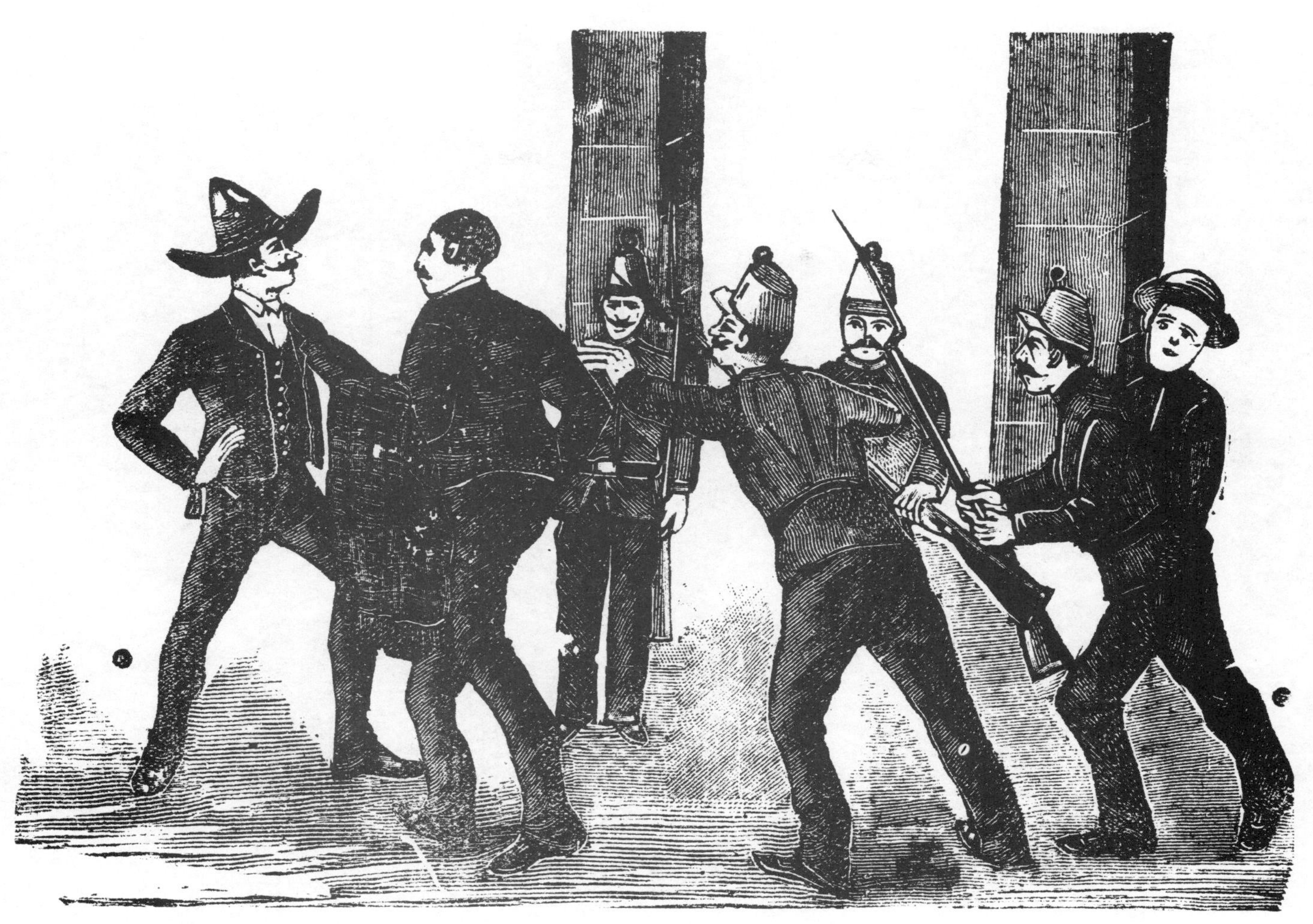

Corrido "FUSILAMIENTO DE BRUNO MARTINEZ"

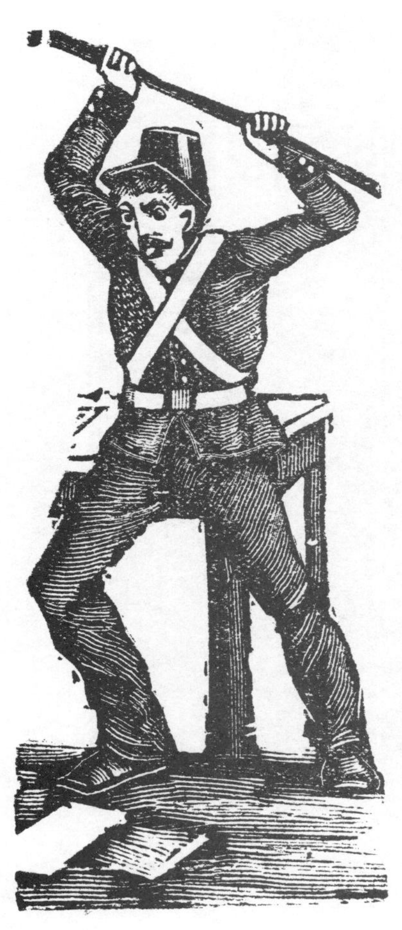

SOLDADO FEDERAL

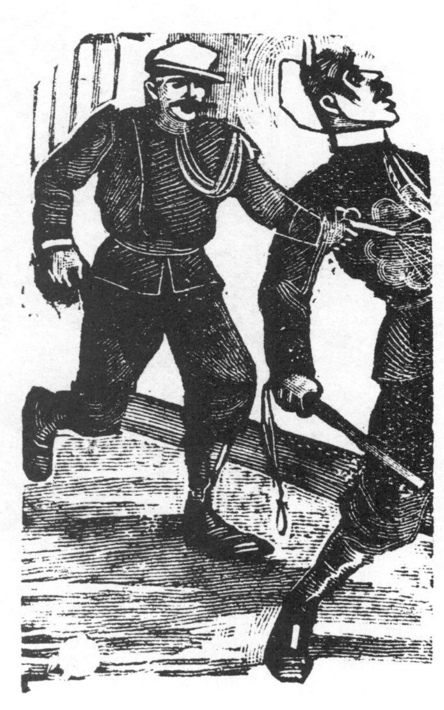

ASESINATO DEL "21"

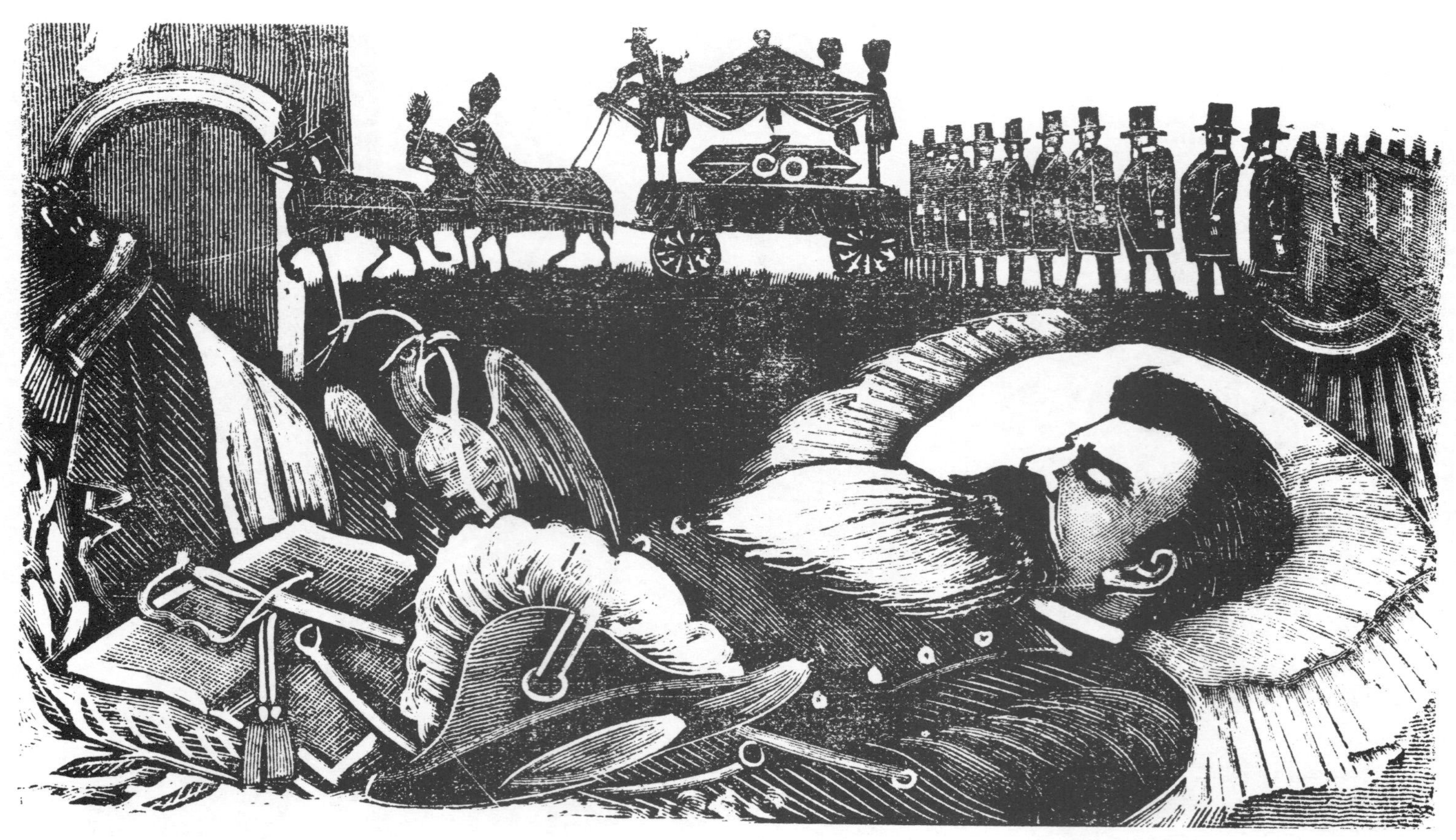

Corrido "LA MUERTE DEL GENERAL MANUEL GONZALEZ"

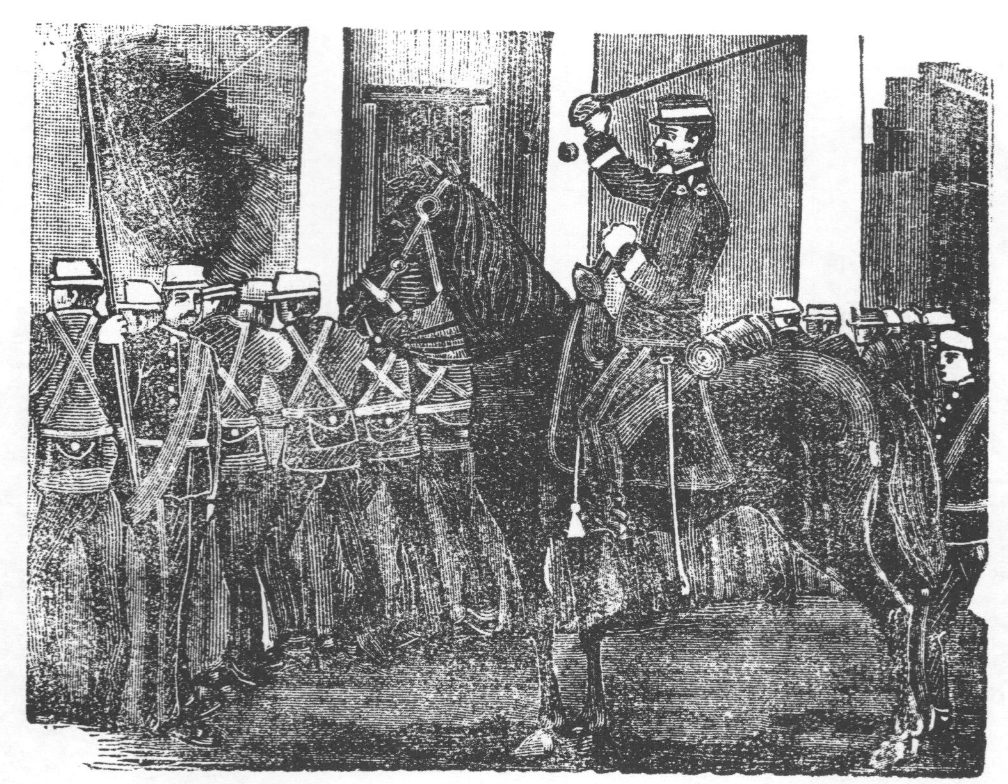

Corrido "EL 23 BATALLON"

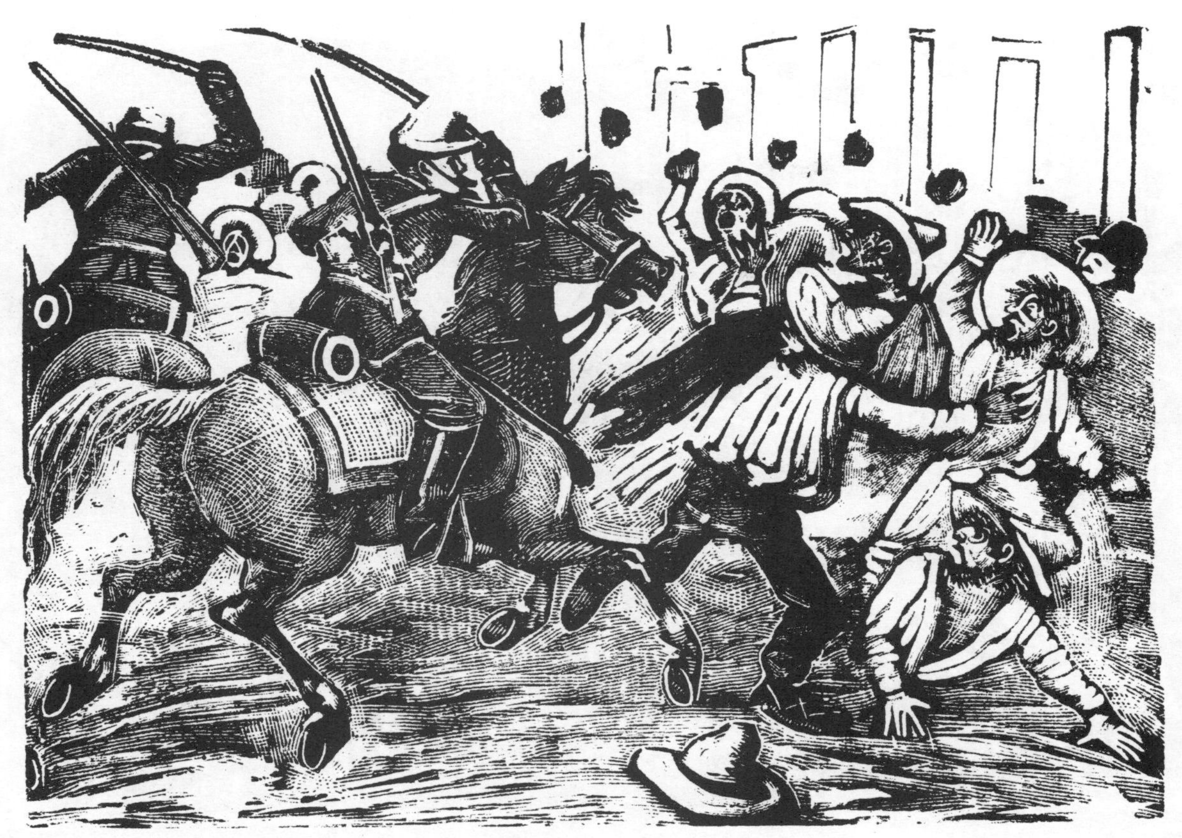

Corrido "EL NIQUEL"

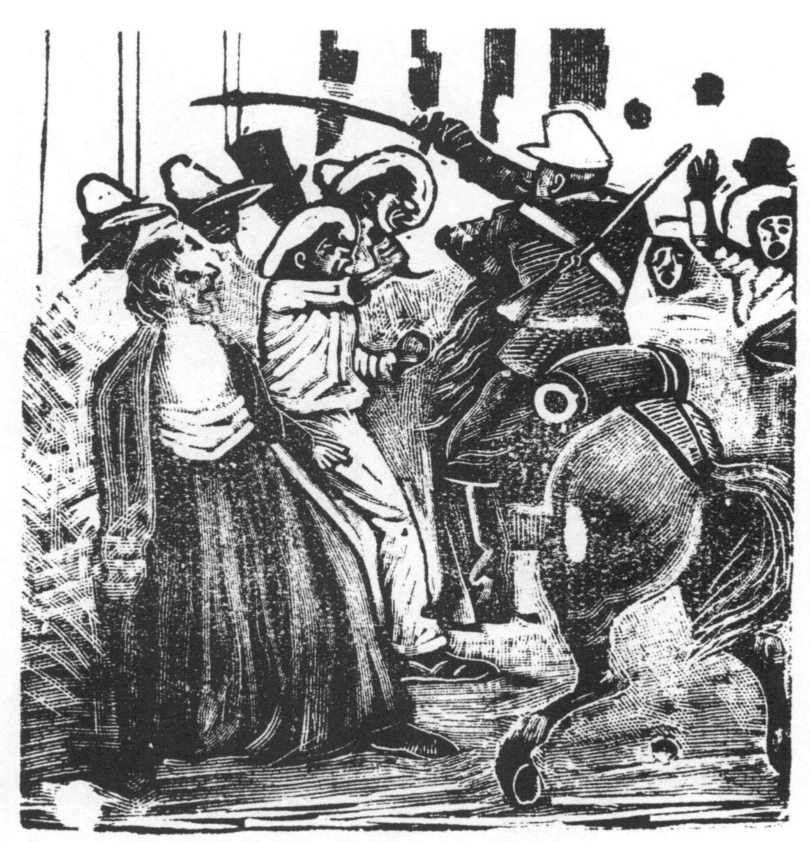

Corrido "EL NIQUEL"

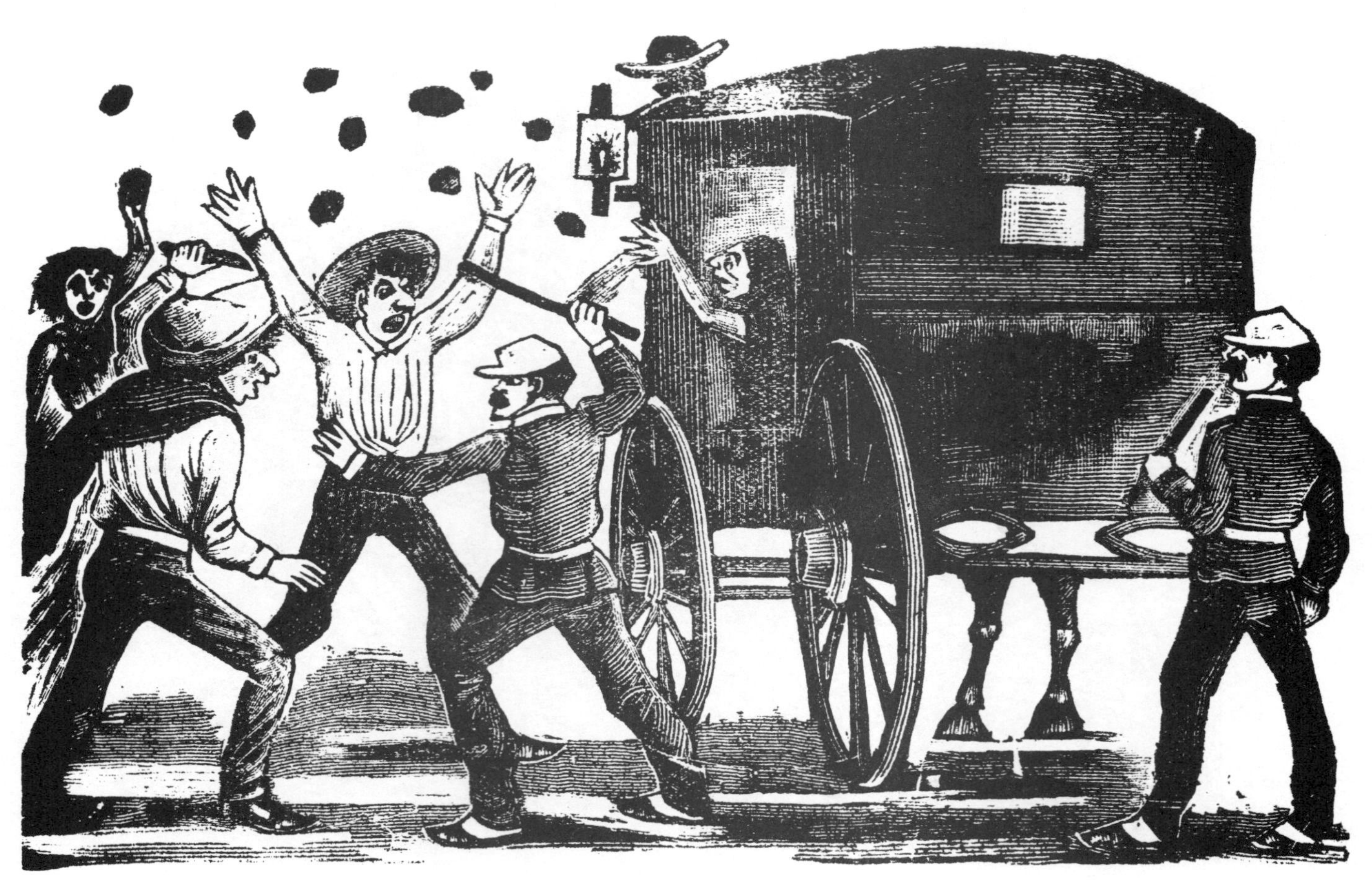

Corrido "LA BEJARANO"

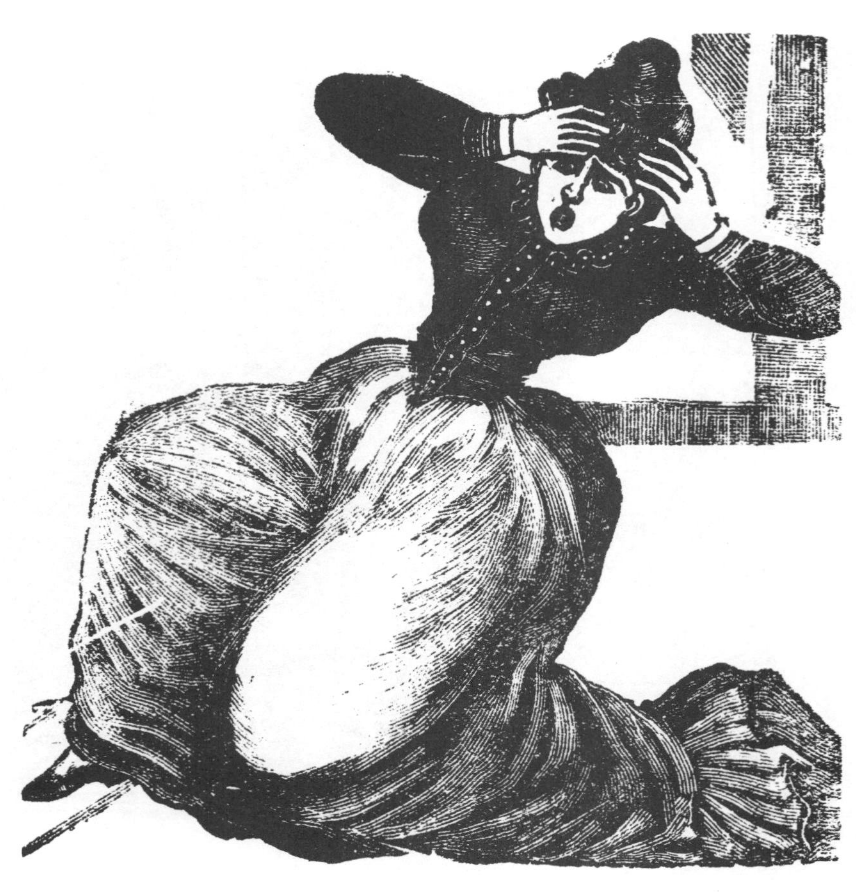

"LA ADULTERA"

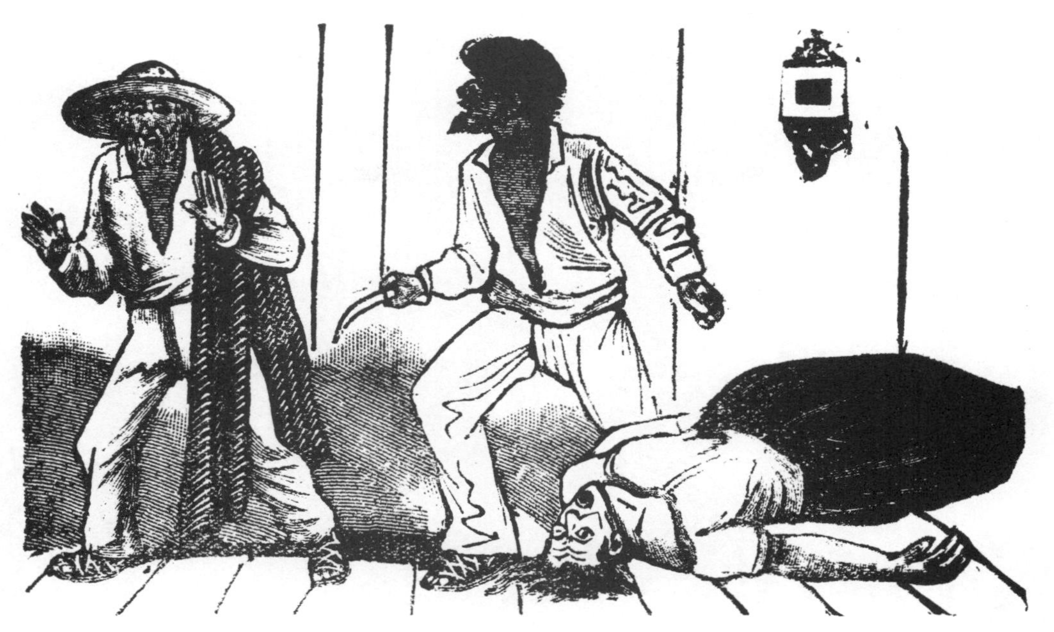

Ejemplo "UN HIJO QUE MATA A SU MADRE"

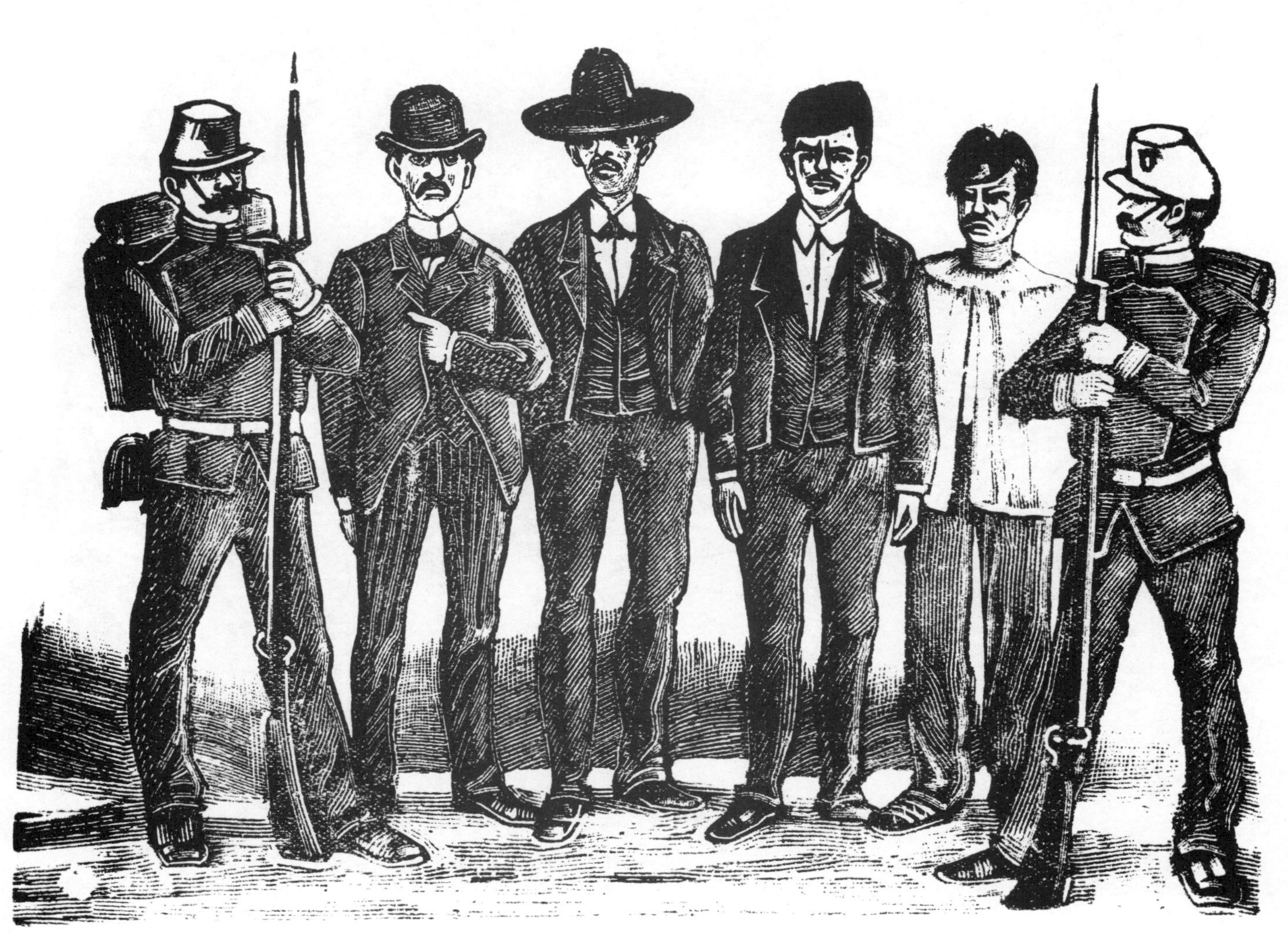

Corrido "ASESINATO DE TOMAS HERNANDEZ AGUIRRE"
"El Crimen de la Profesa"

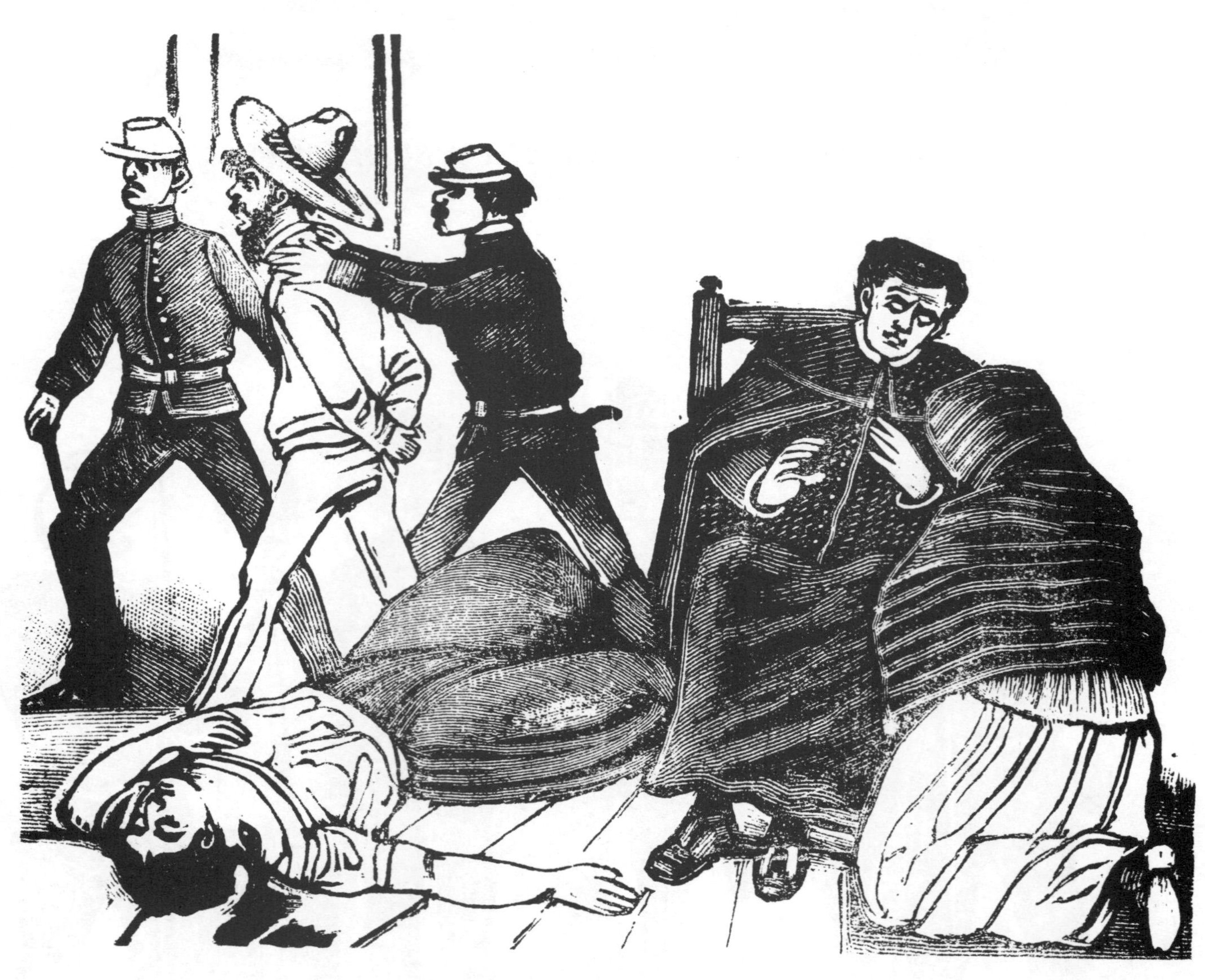

Ejemplo "EL AJUSTICIADO"

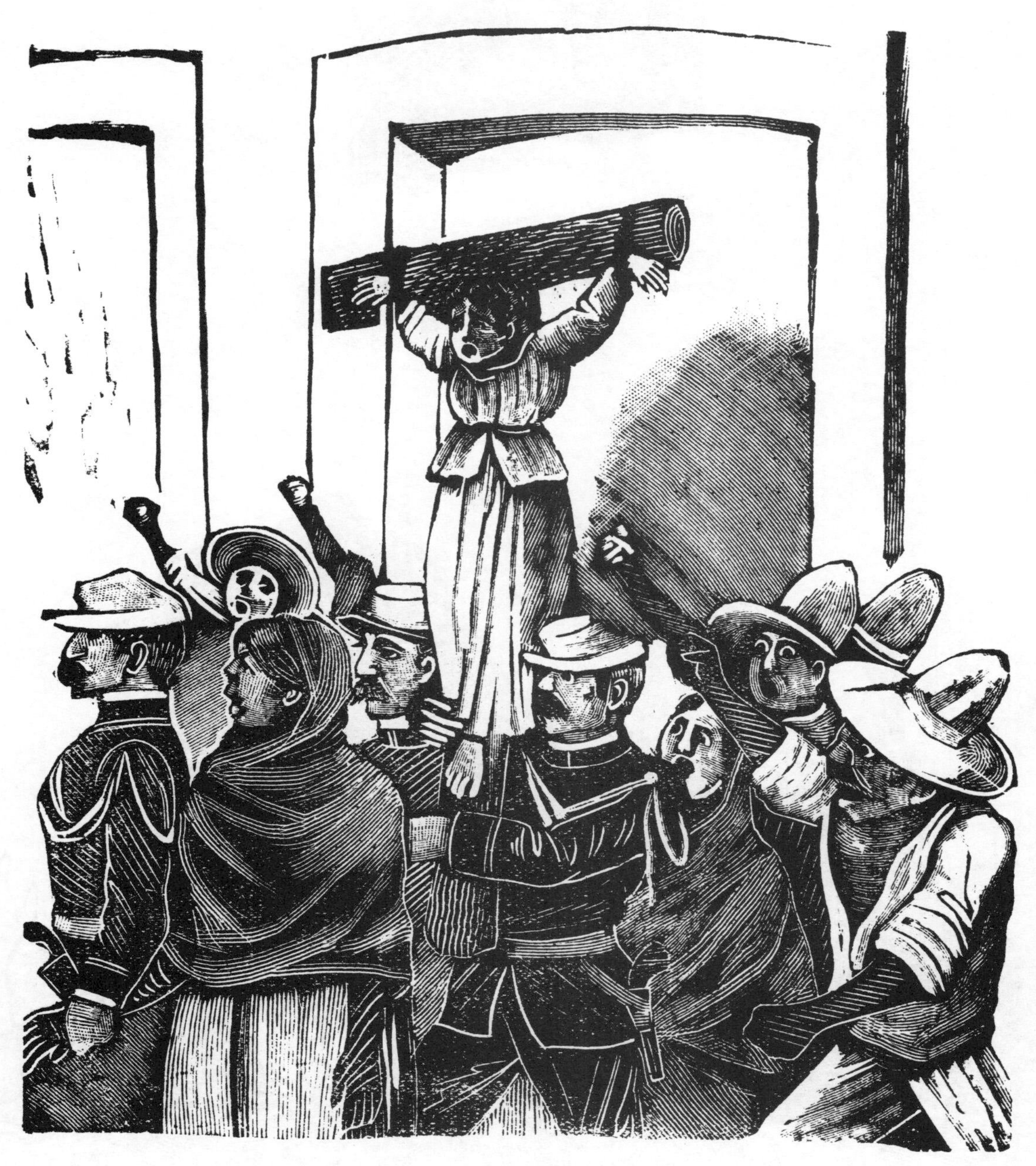

Corrido "SANTA DE CABORA"

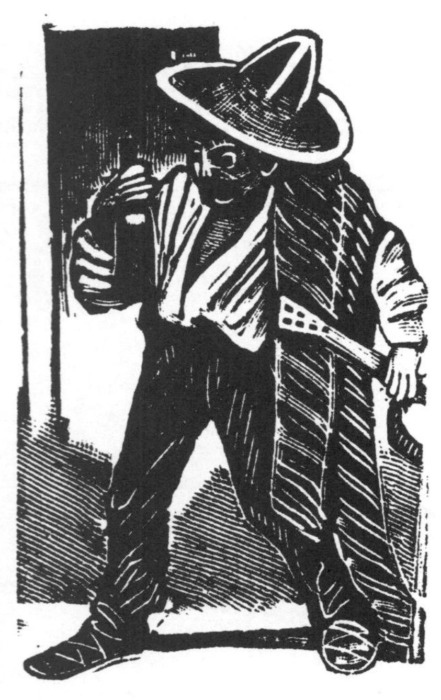

Corrido "JUAN SIN MIEDO"

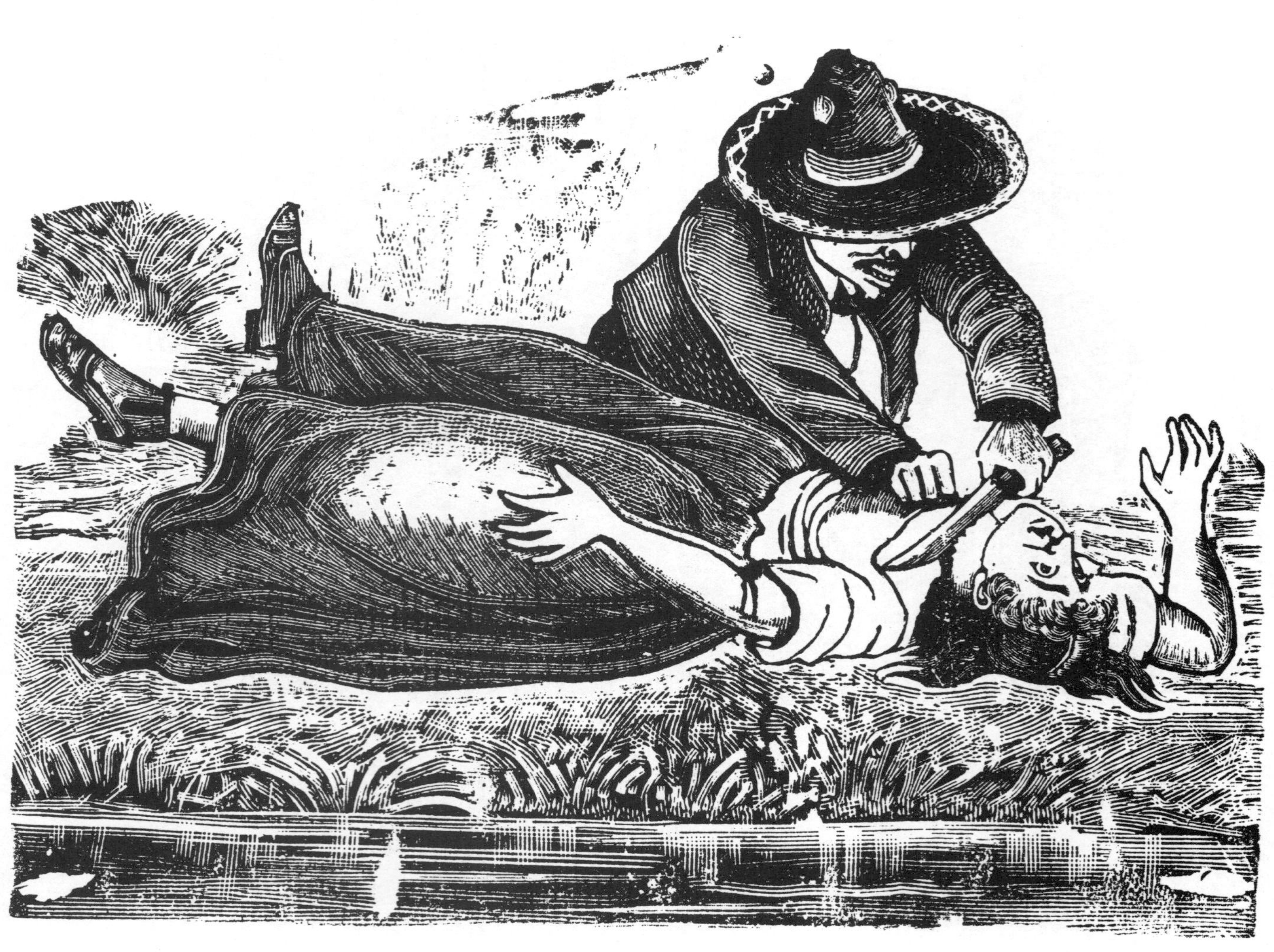

Corrido "EL CHALEQUERO"

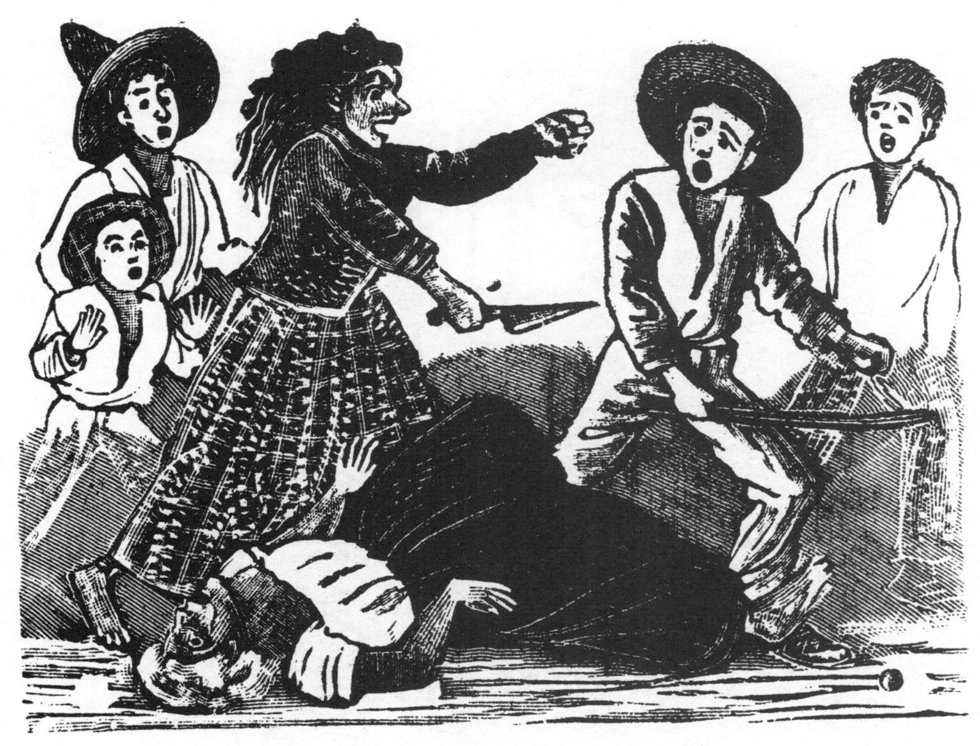

Ejemplo "UNA HIJA QUE MATA A SU ANCIANA MADRE"

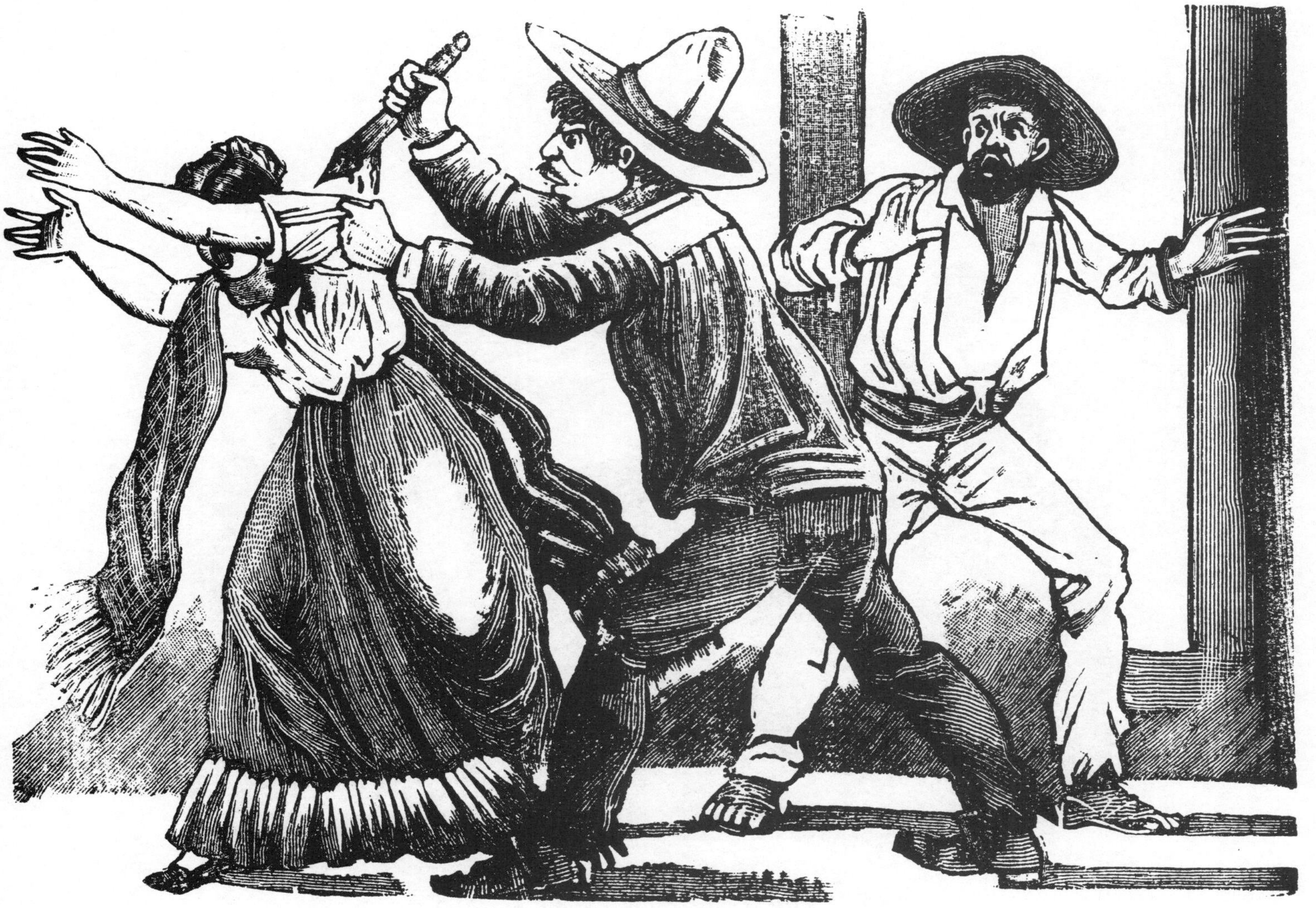

Ejemplo "UN HIJO QUE MATA A LA AUTORA DE SUS DIAS"

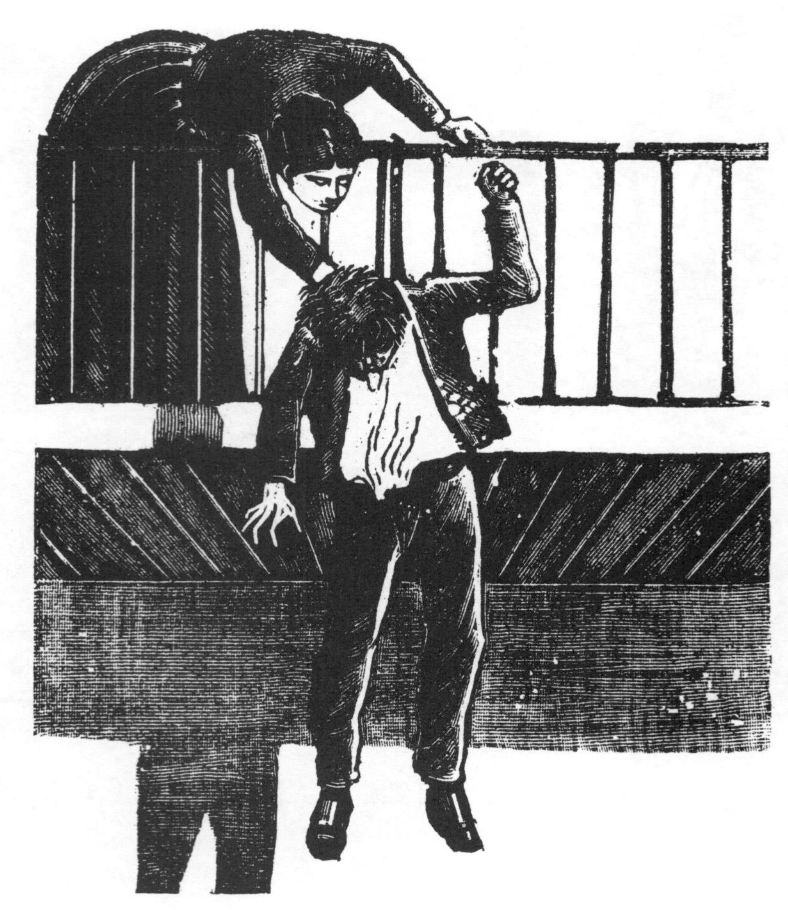

CRIMEN DE UNA ADULTERA

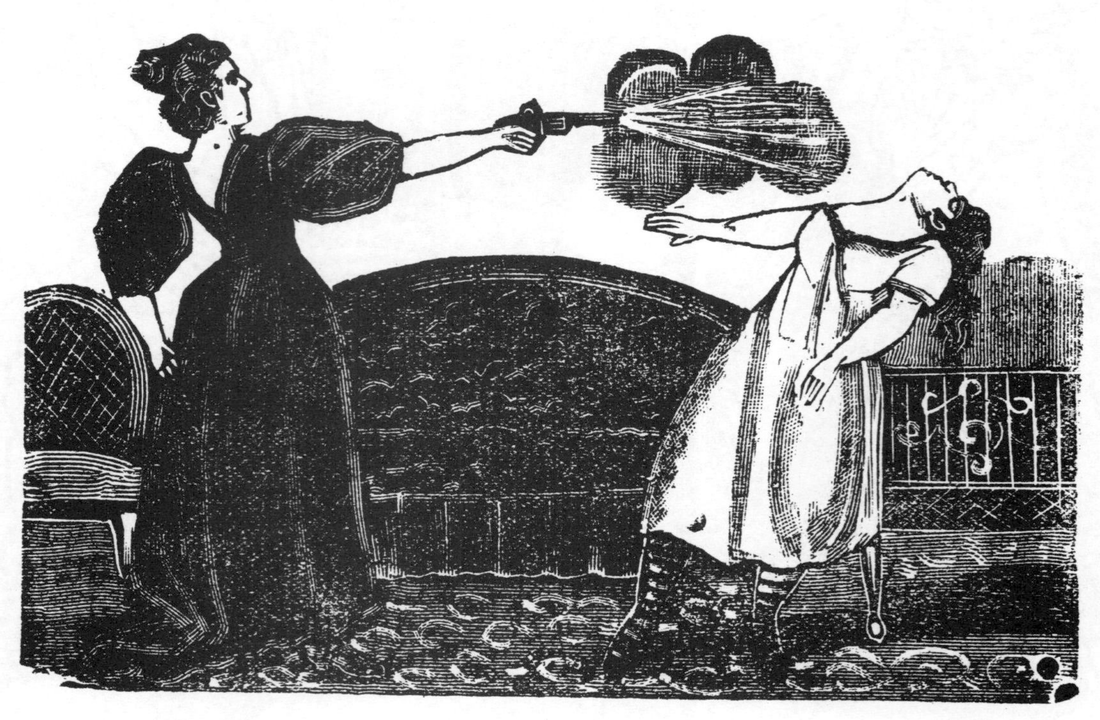

ASESINATO DE "LA MALAGUEÑA"

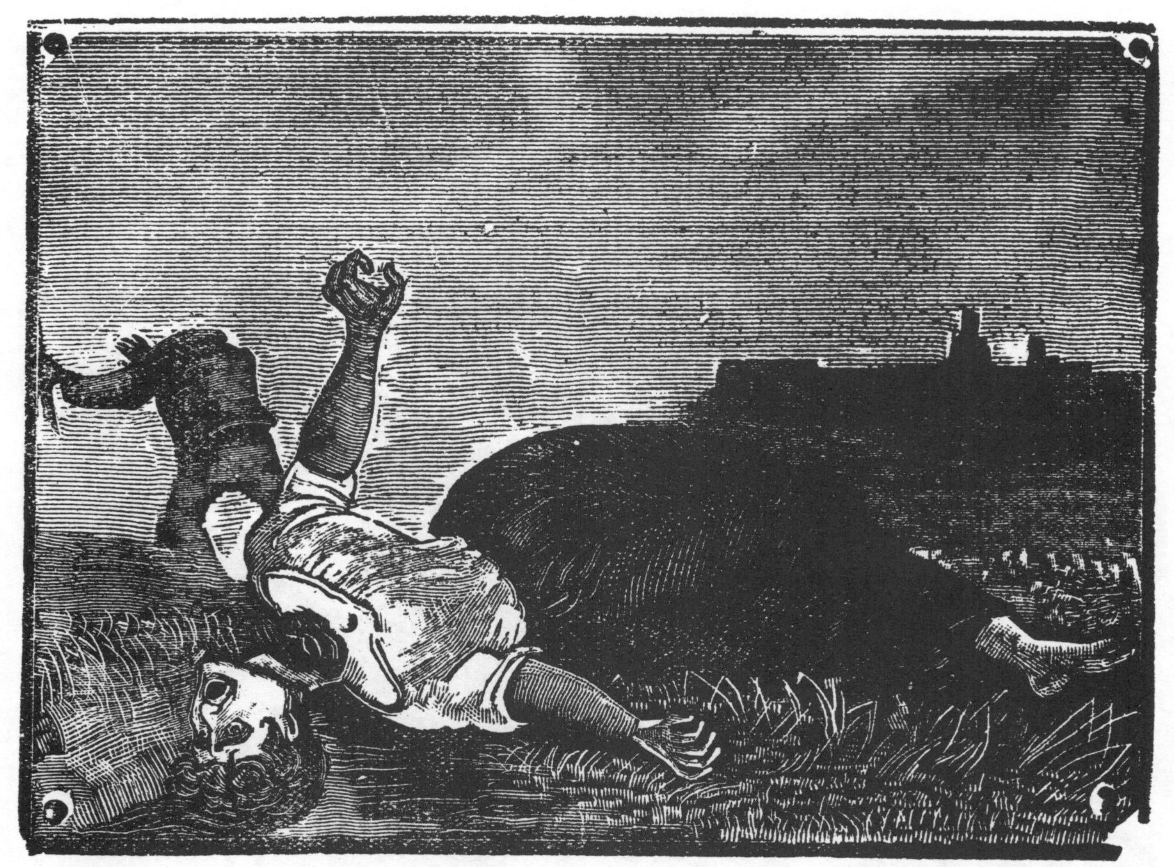

Corrido "EL CHALEQUERO"

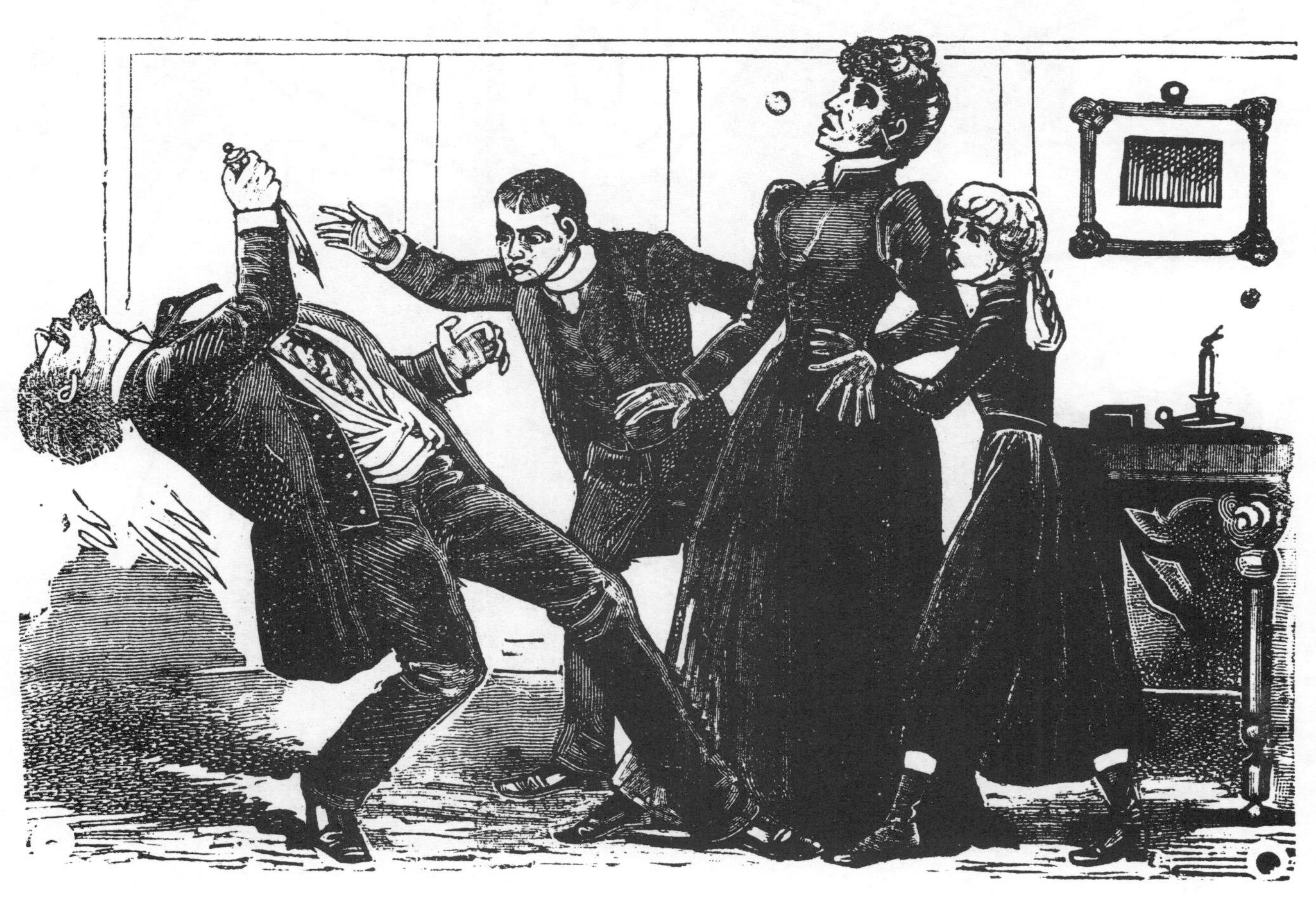

2a. Parte. Ejemplo "LOS SIETE VICIOS"

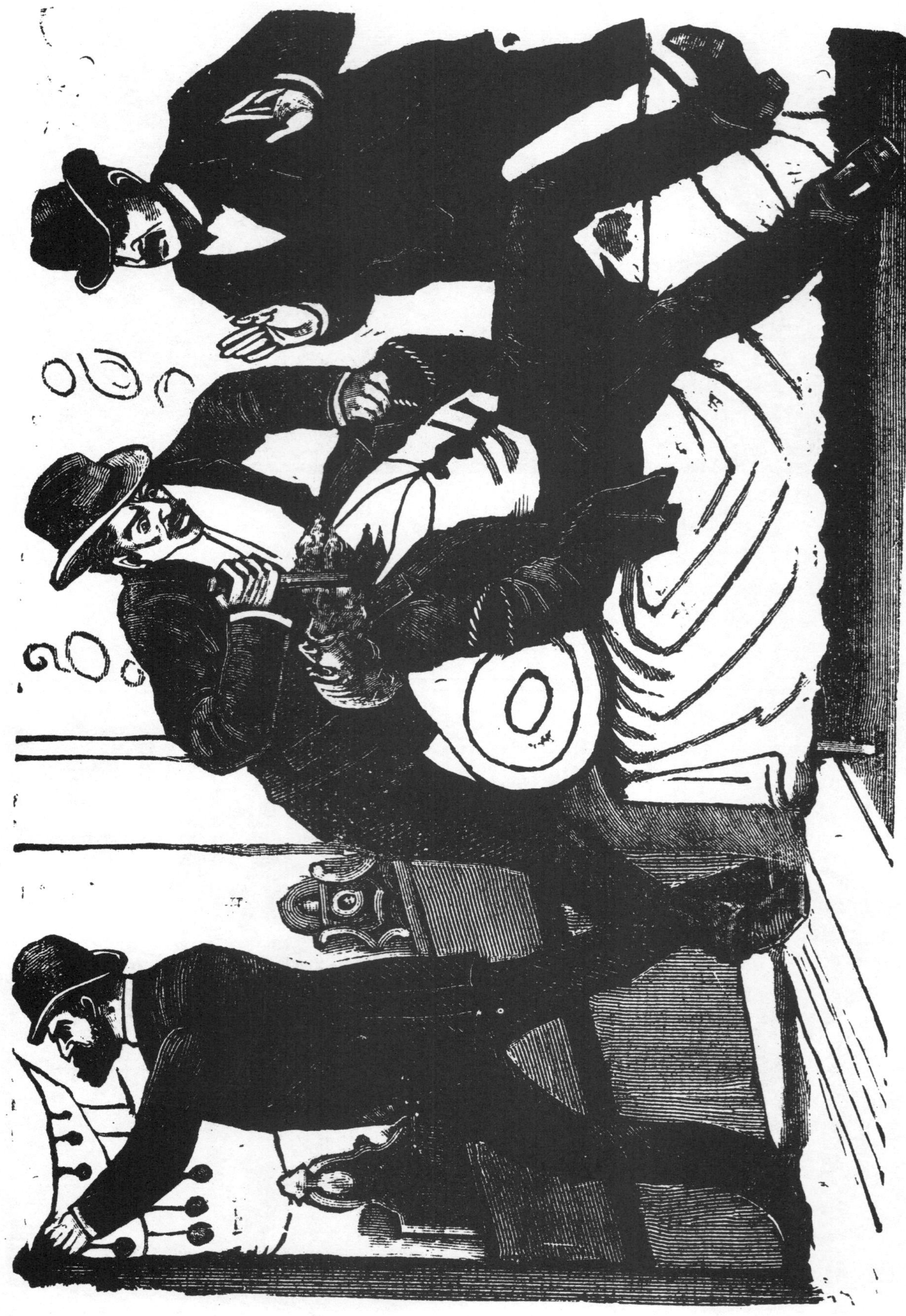

"EL ROBO DE LA PROFESA"

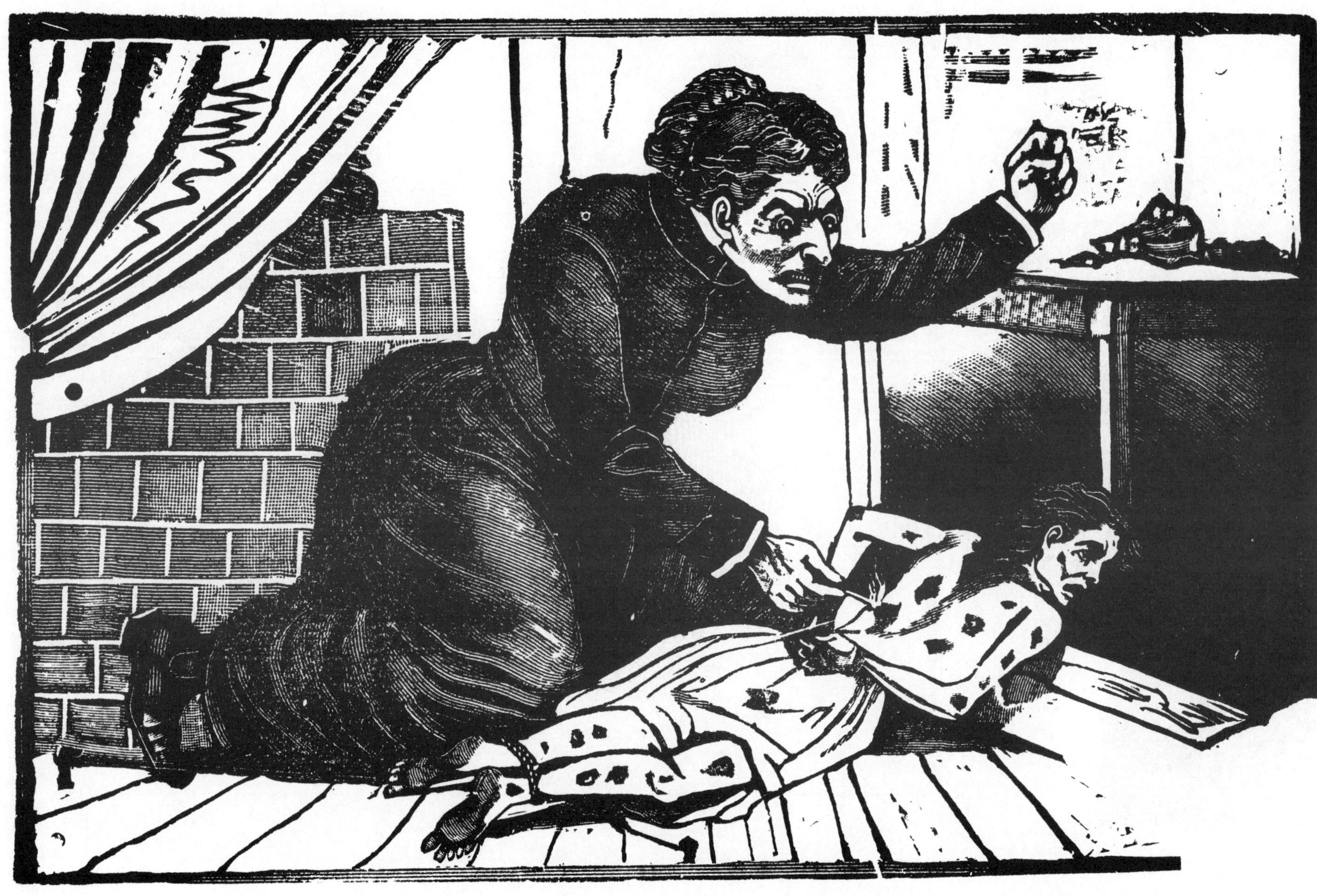

CRIMENES DE LA BEJARANO

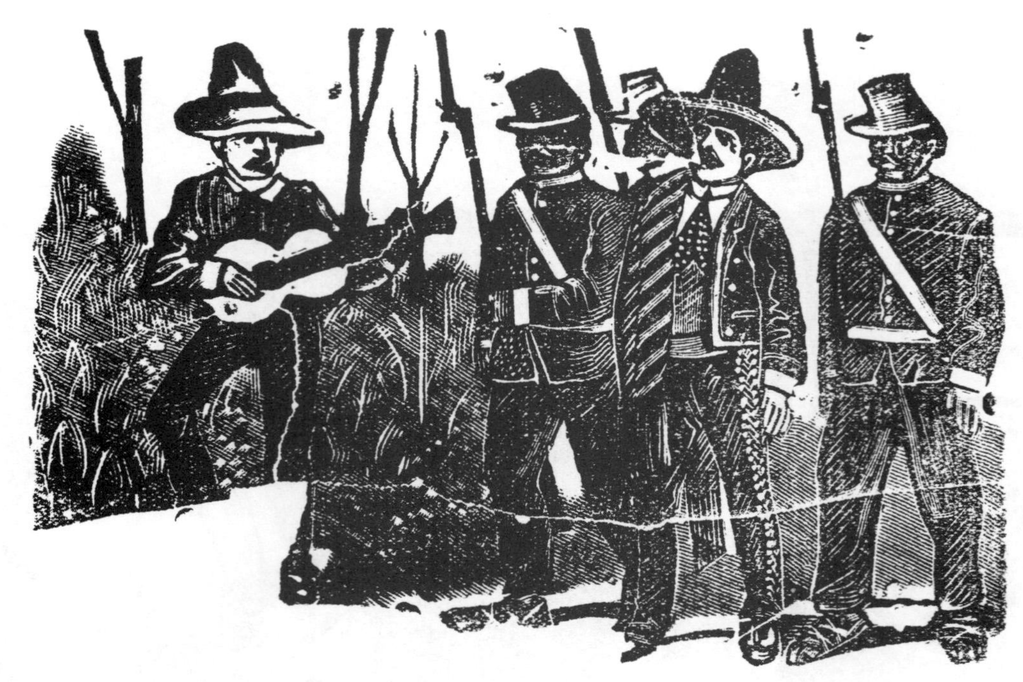

Corrido "VALENTIN MANCERA"

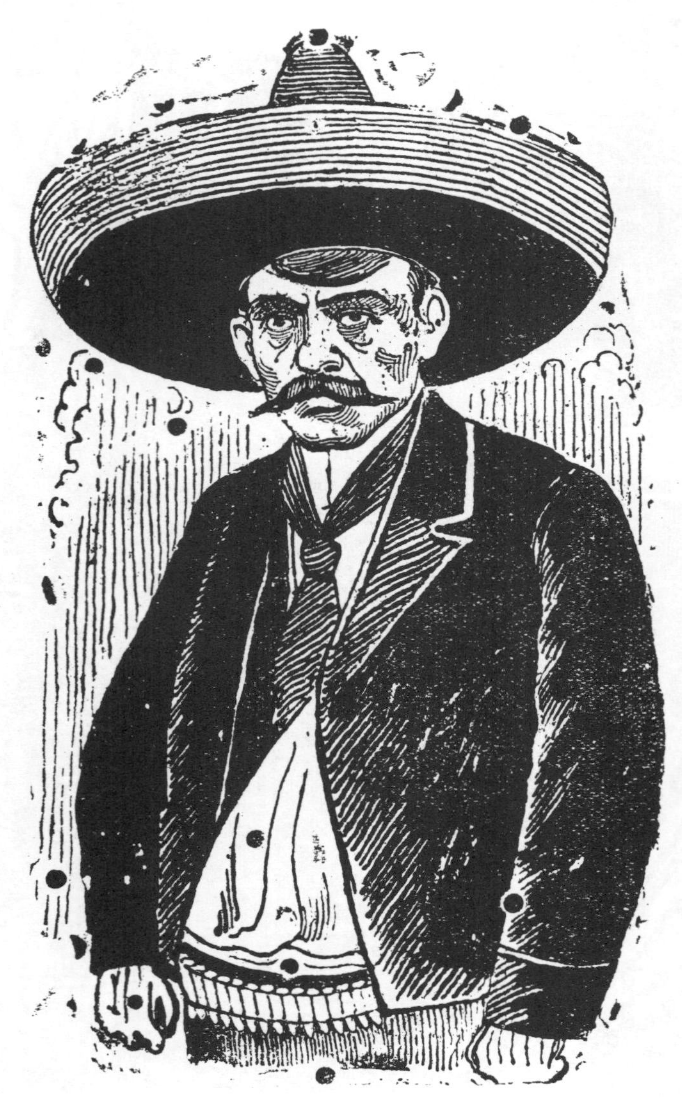

ZAPATA

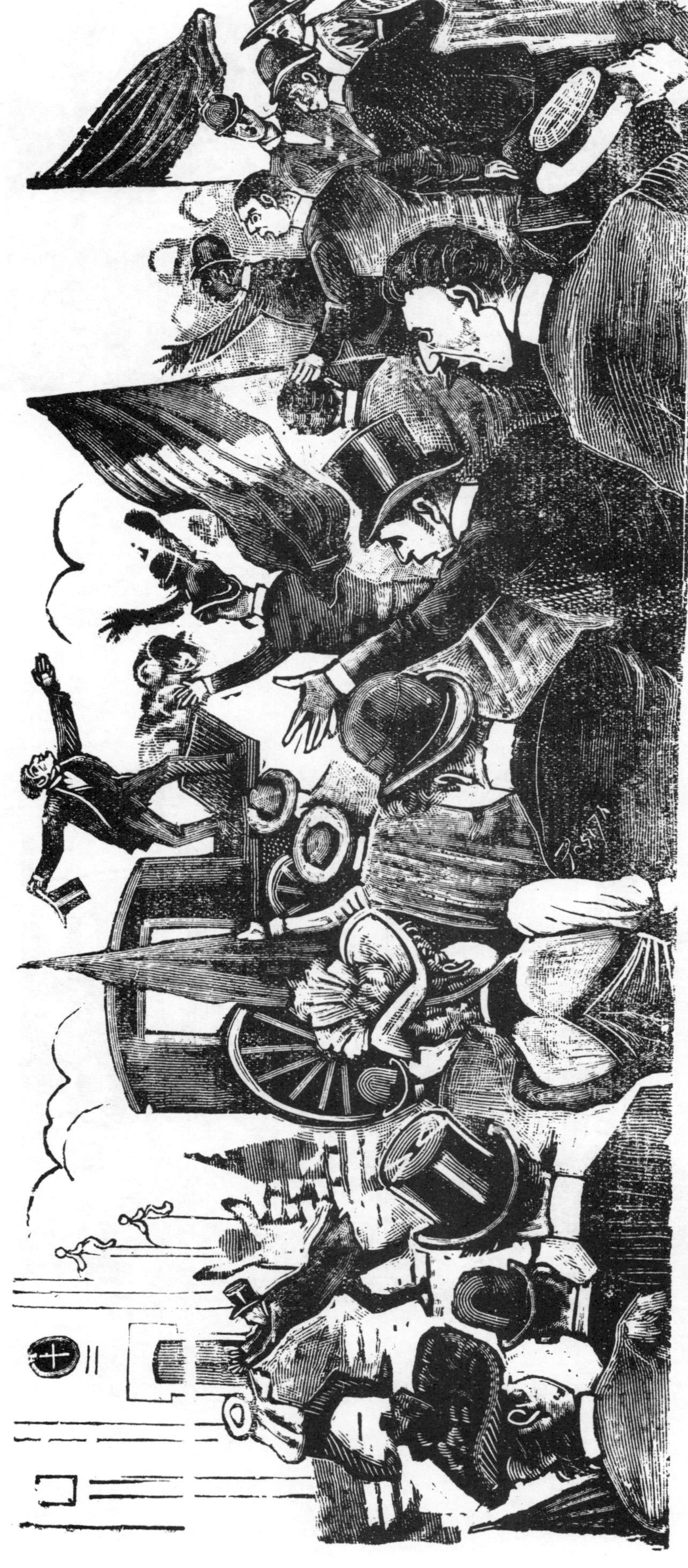

DISCURSO POLITICO

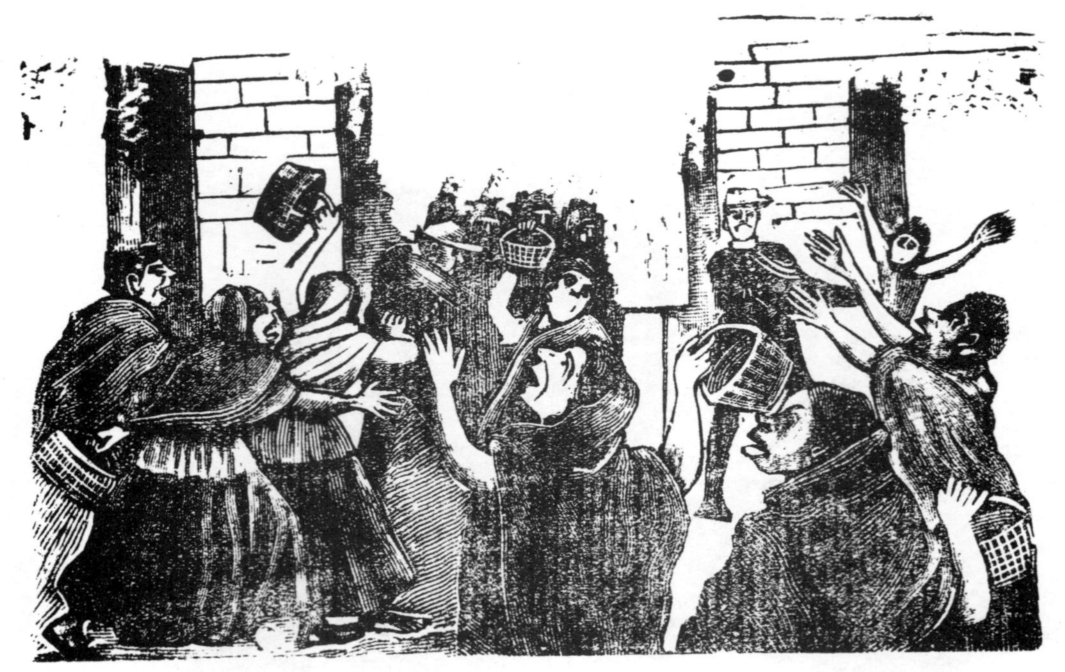

Corrido "MOTINES EN EL VOLADOR"

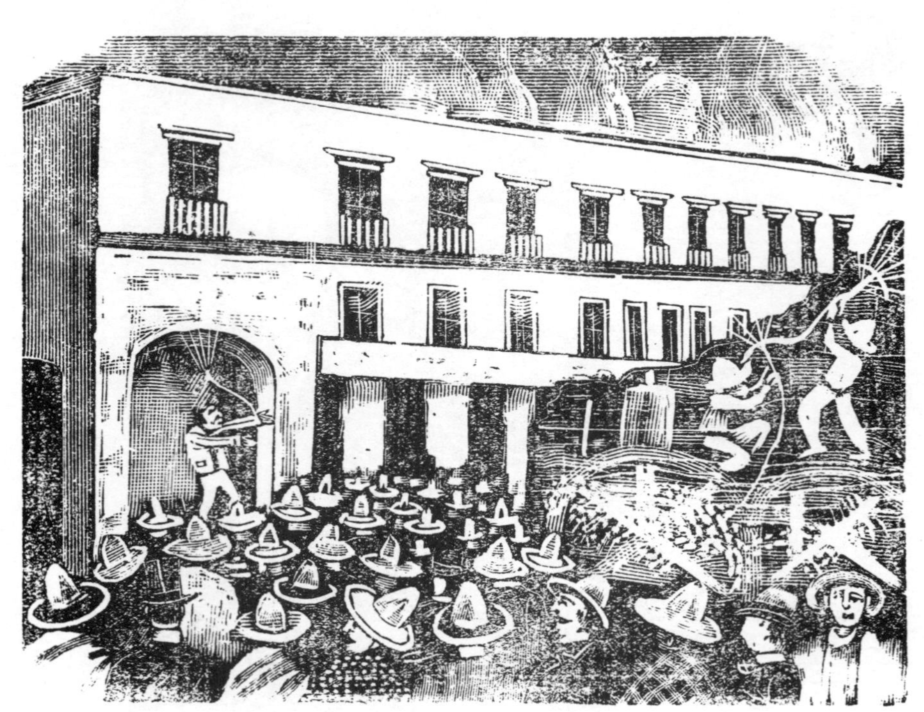

Corrido "QUEMAZON DE LA VALENCIANA"

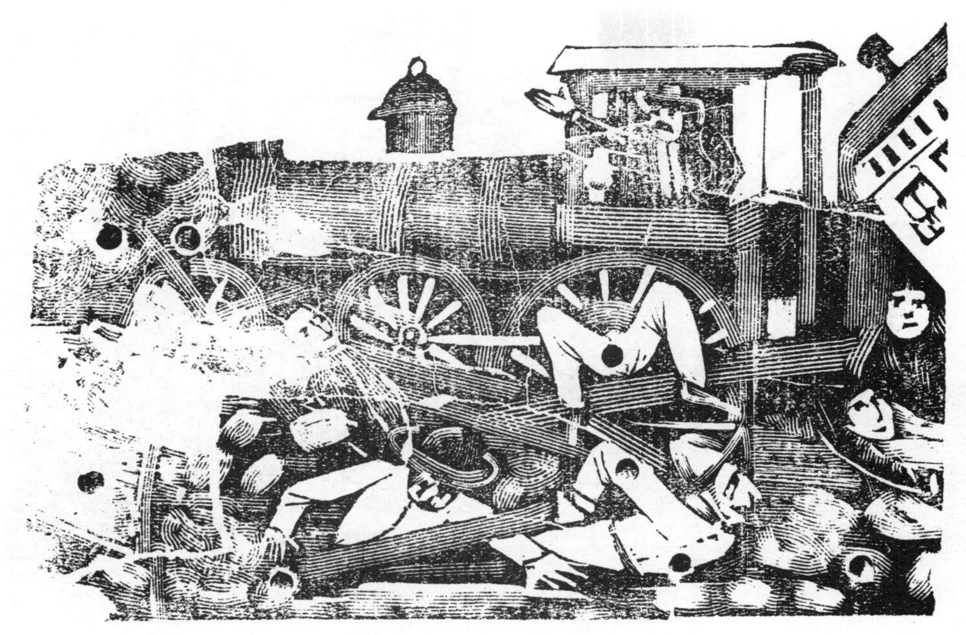

Corrido "EL DESCARRILAMIENTO DE TEMAMATLA"

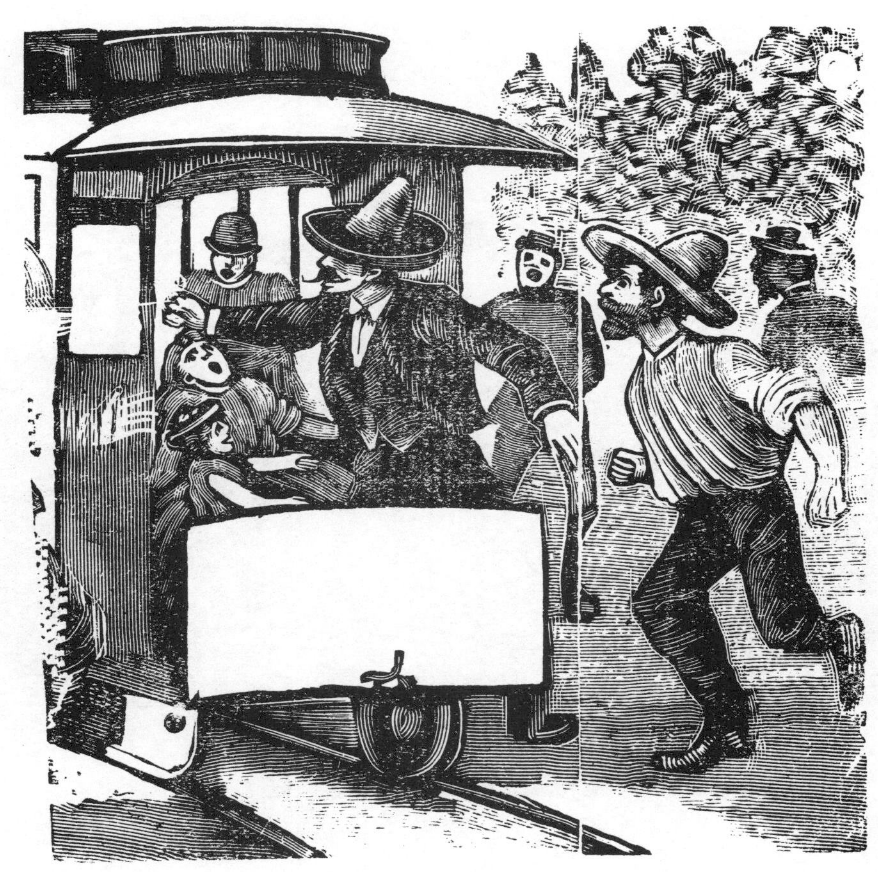

Corrido "ROBO A BORDO DE UN TRANVIA"

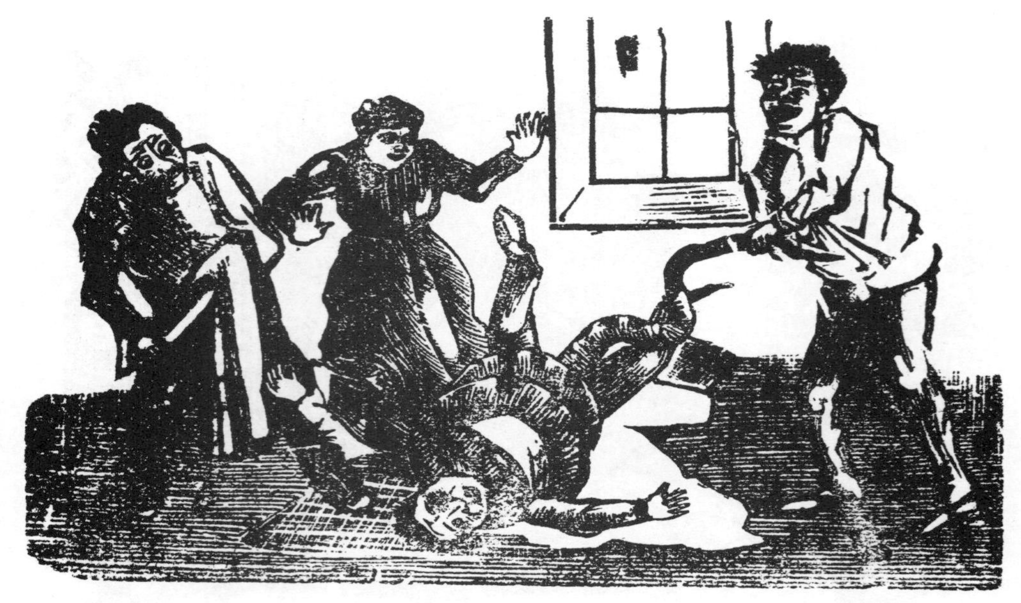

Ejemplo "EL ENDIABLADO"

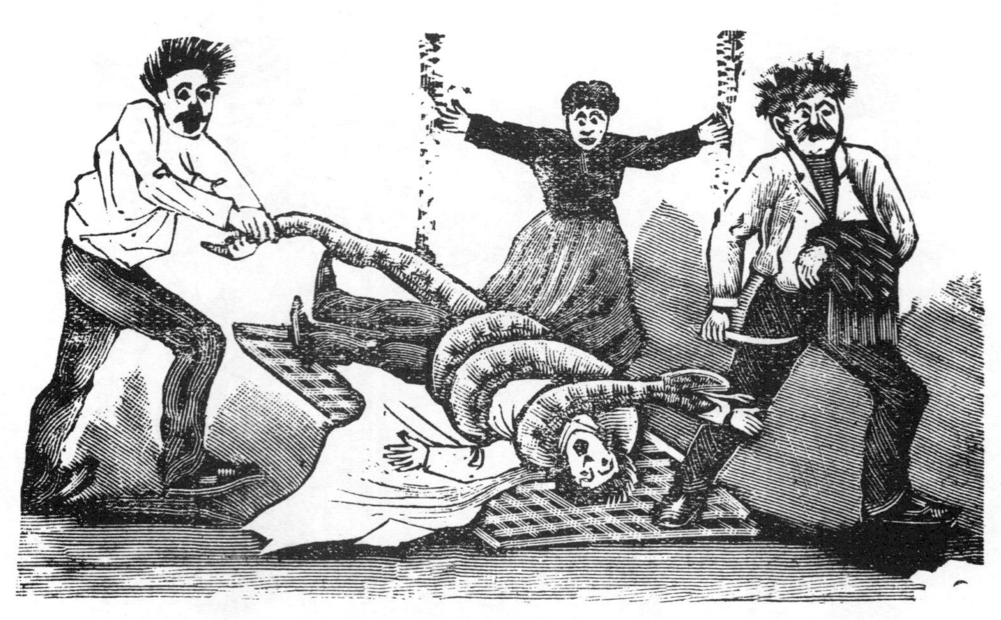

2a. Parte. Ejemplo "EL ENDIABLADO"

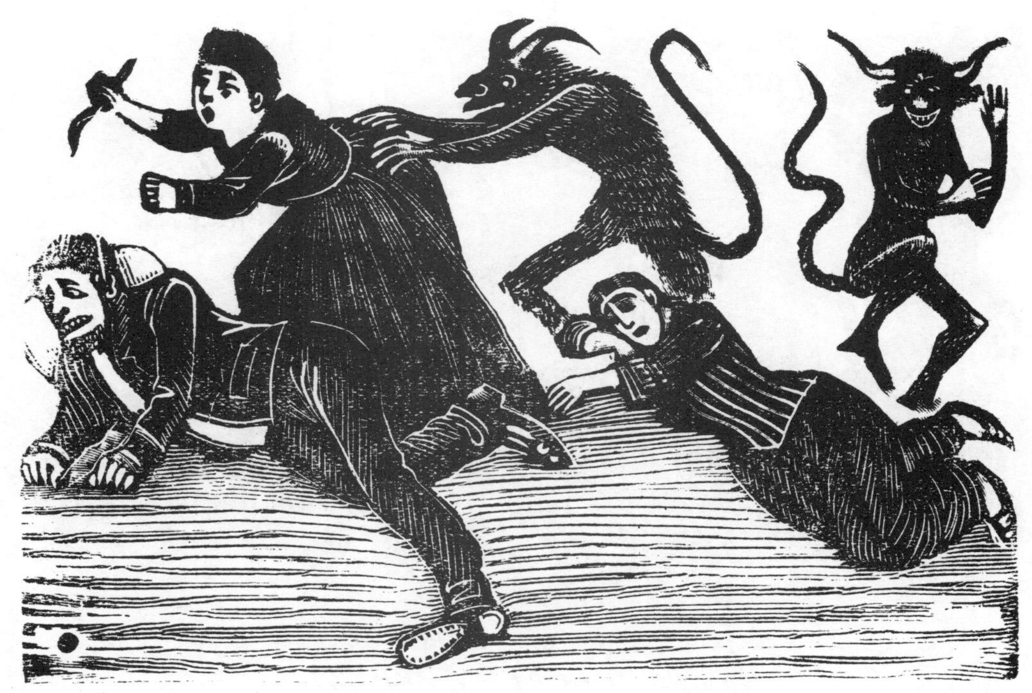

Ejemplo "Infame hija que da muerte a sus queridos padres"

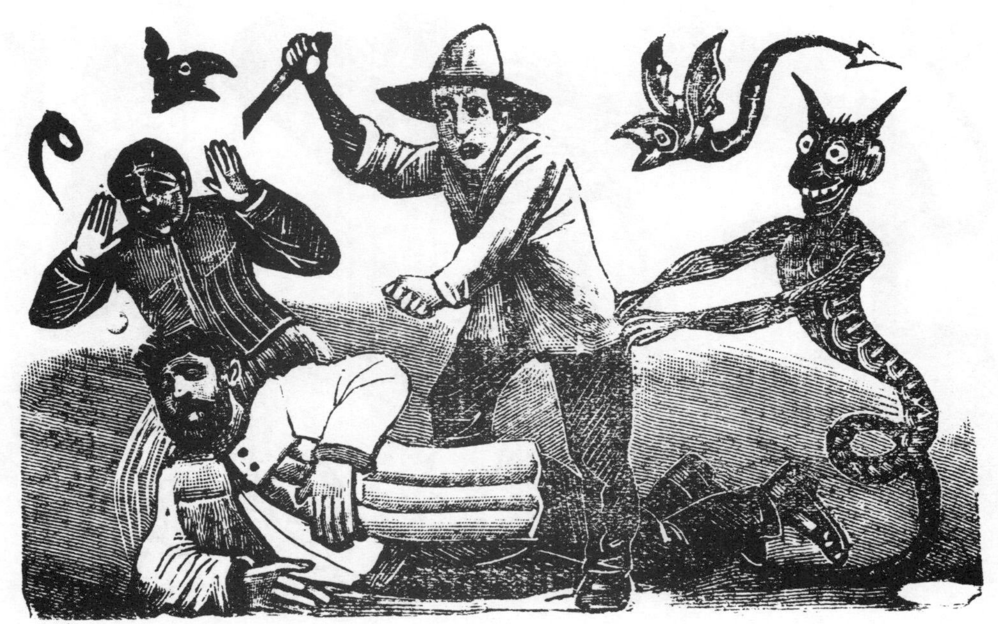

Ejemplo "Un ingrato hijo que mata a sus padres"

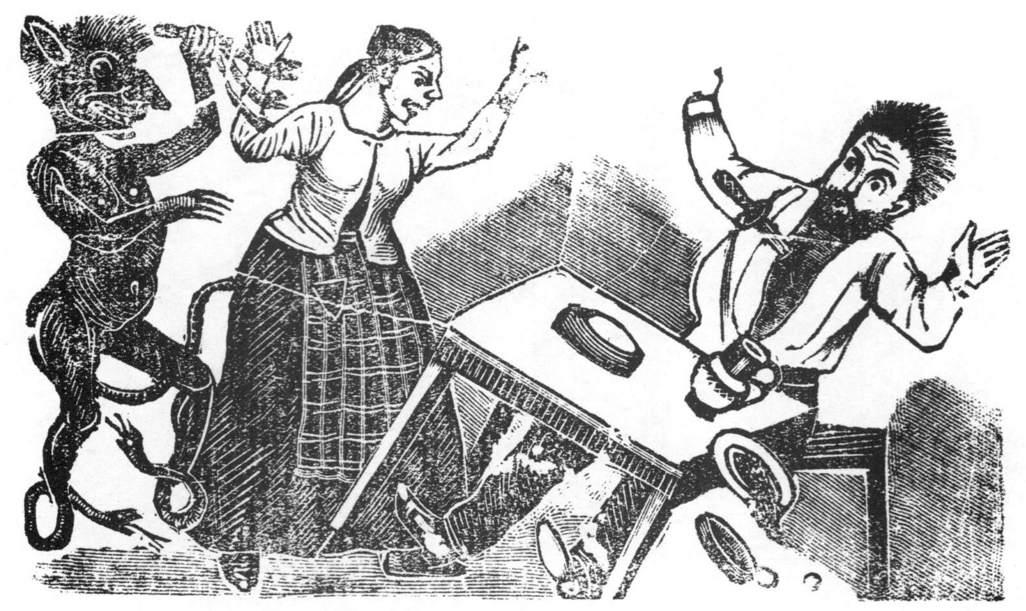

Ejemplo "RAFAELA PEREZ"

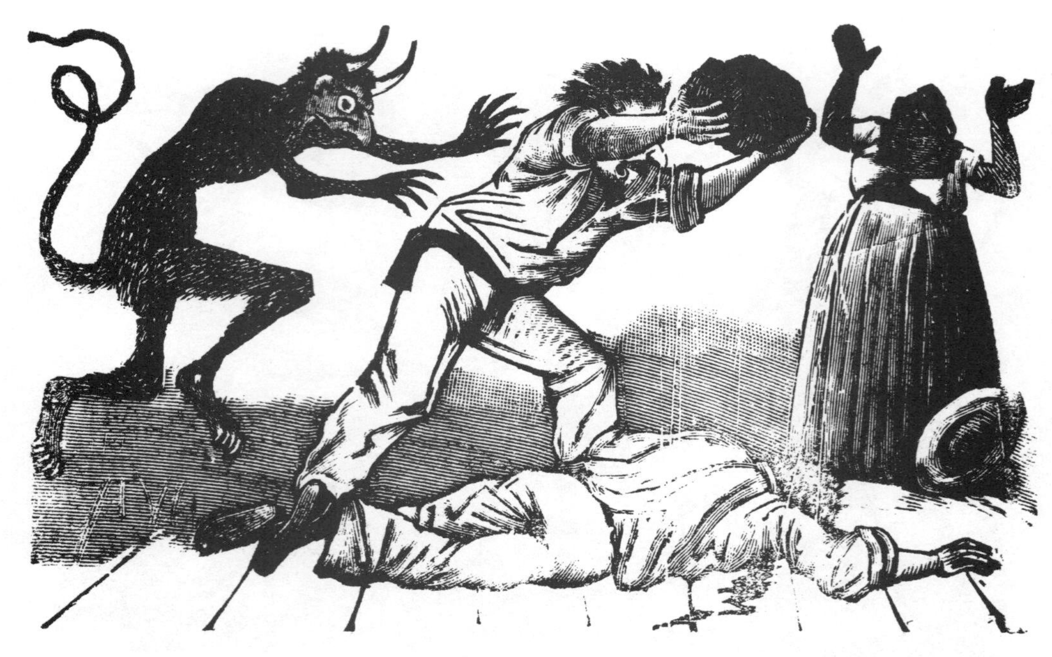

Ejemplo "ELEUTERIO MIRAFUENTES"

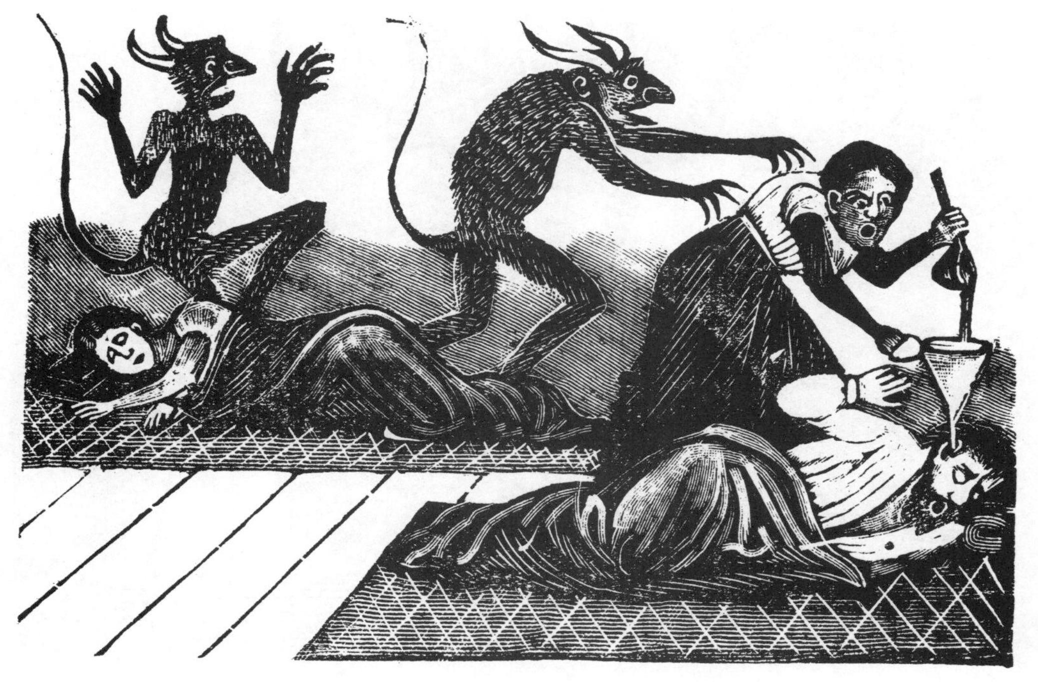

Ejemplo "UNA HIJA EN PACTO CON SATANAS"

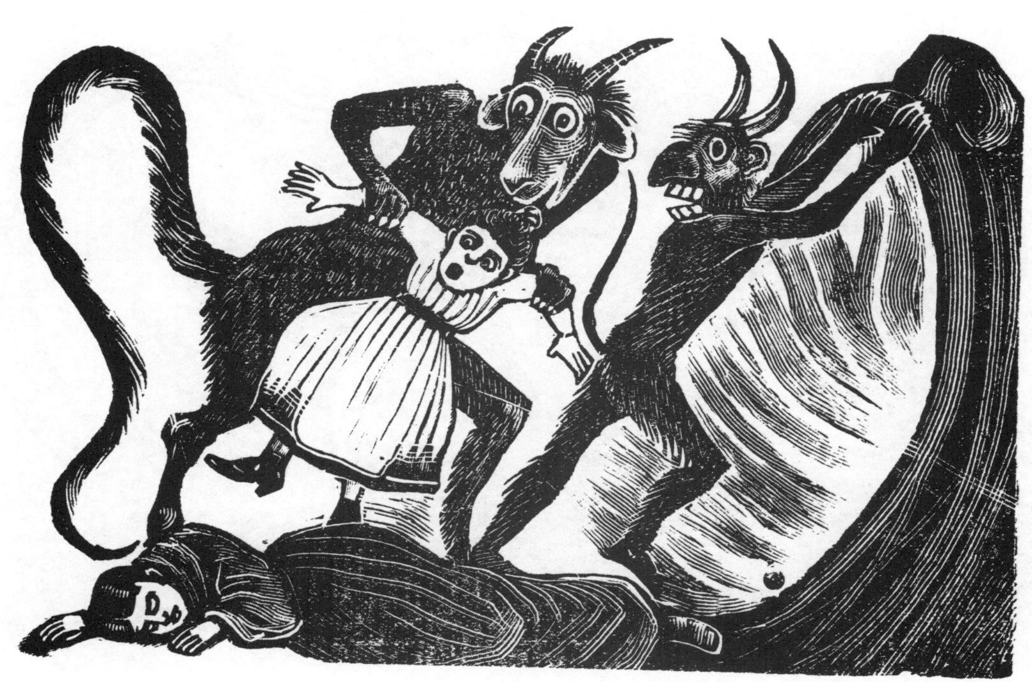

Ejemplo "JOSEFINA LARA"

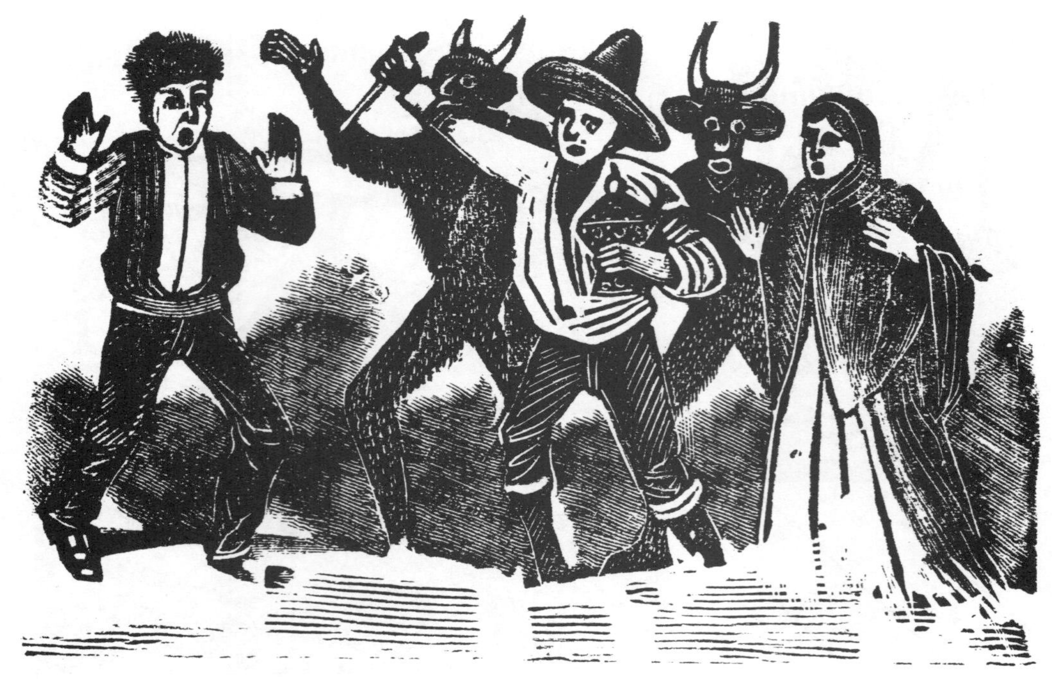

Ejemplo "ROBO SACRILEGO"

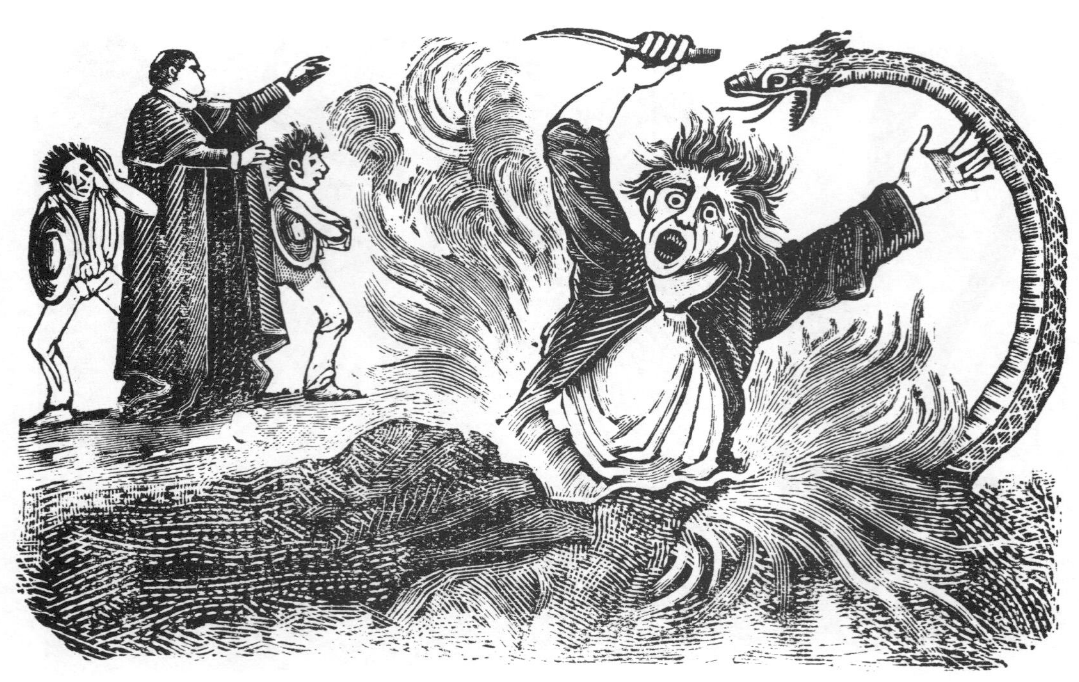

Ejemplo "La tierra se traga a José Sánchez por dar muerte a sus hijos y a sus ***padres****"*

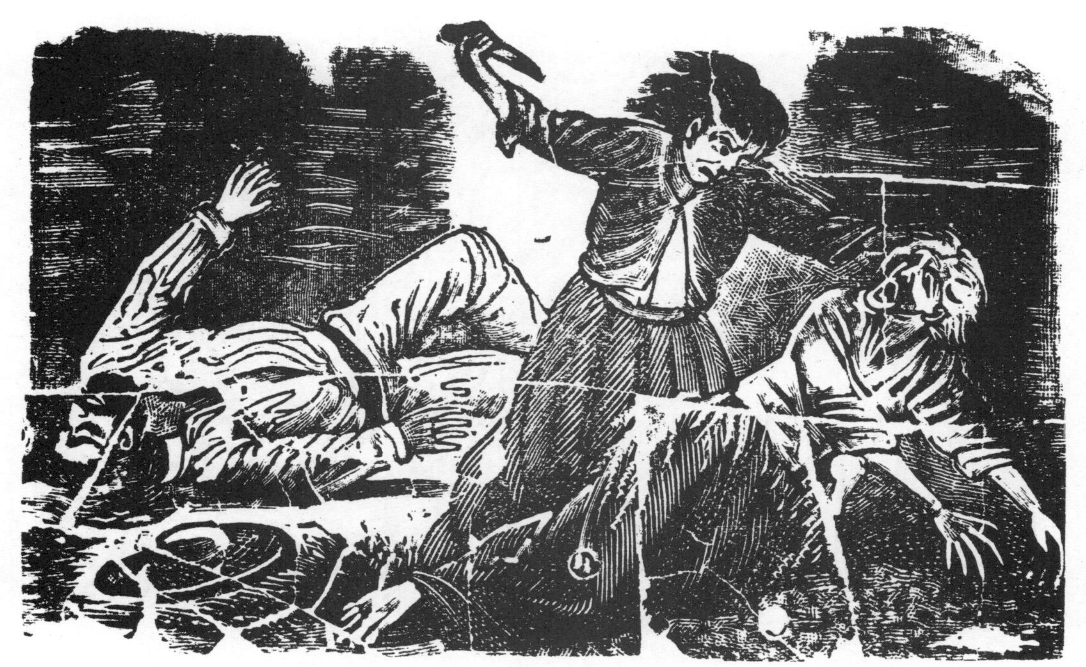

Ejemplo "NORBERTA REYES"

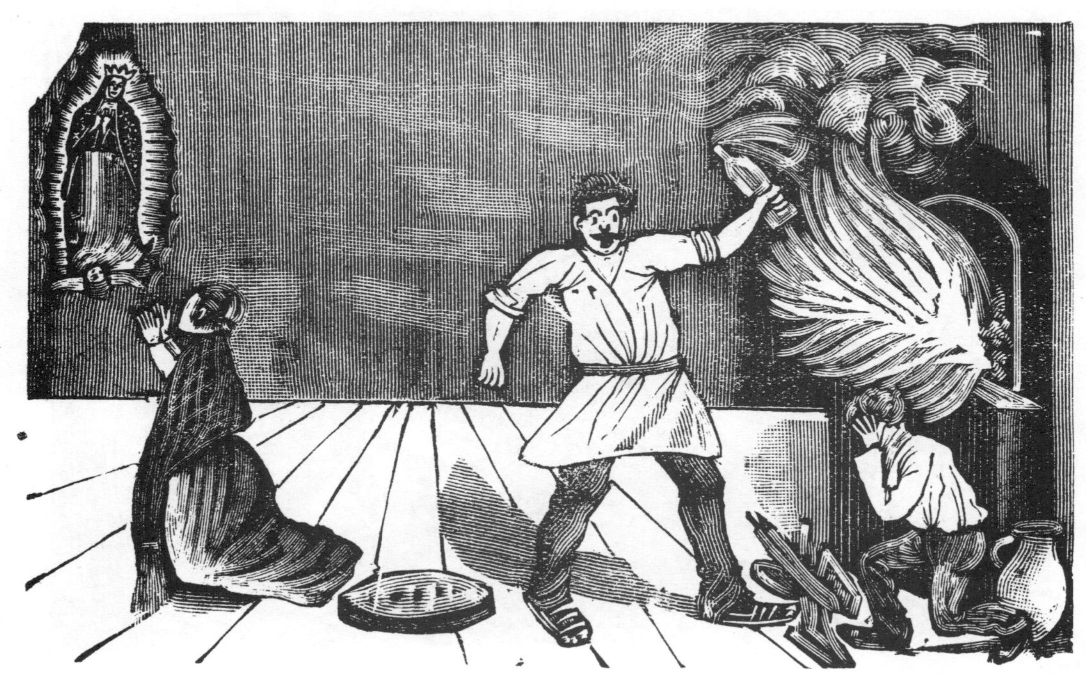

"MILAGRO DE LA VIRGEN DE GUADALUPE"

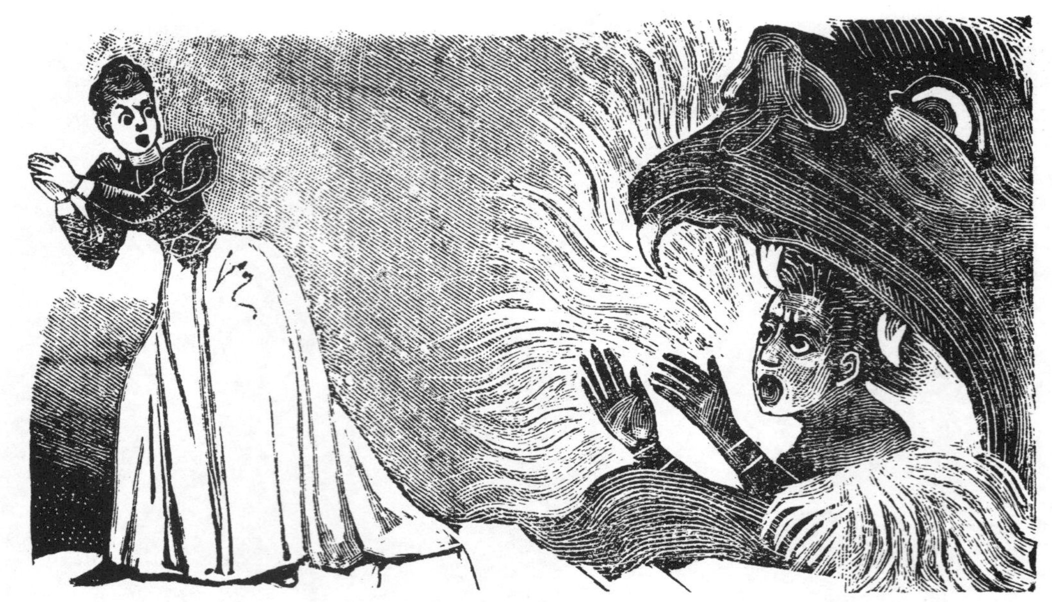

Ejemplo "EL HIJO DESOBEDIENTE"

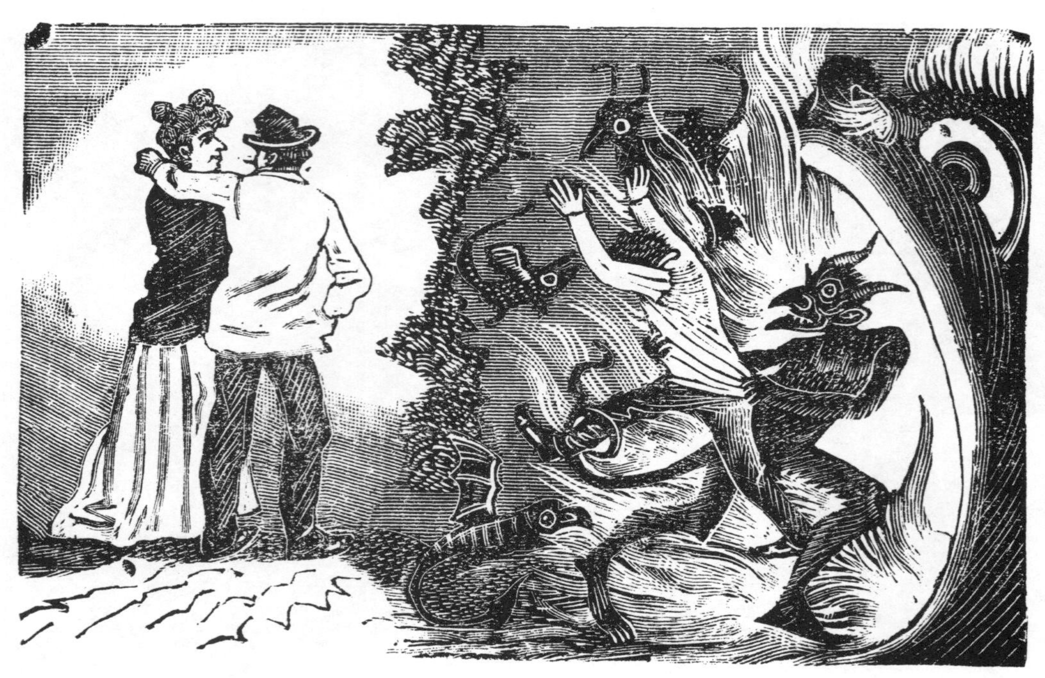

Ejemplo "EL ENAMORADO"

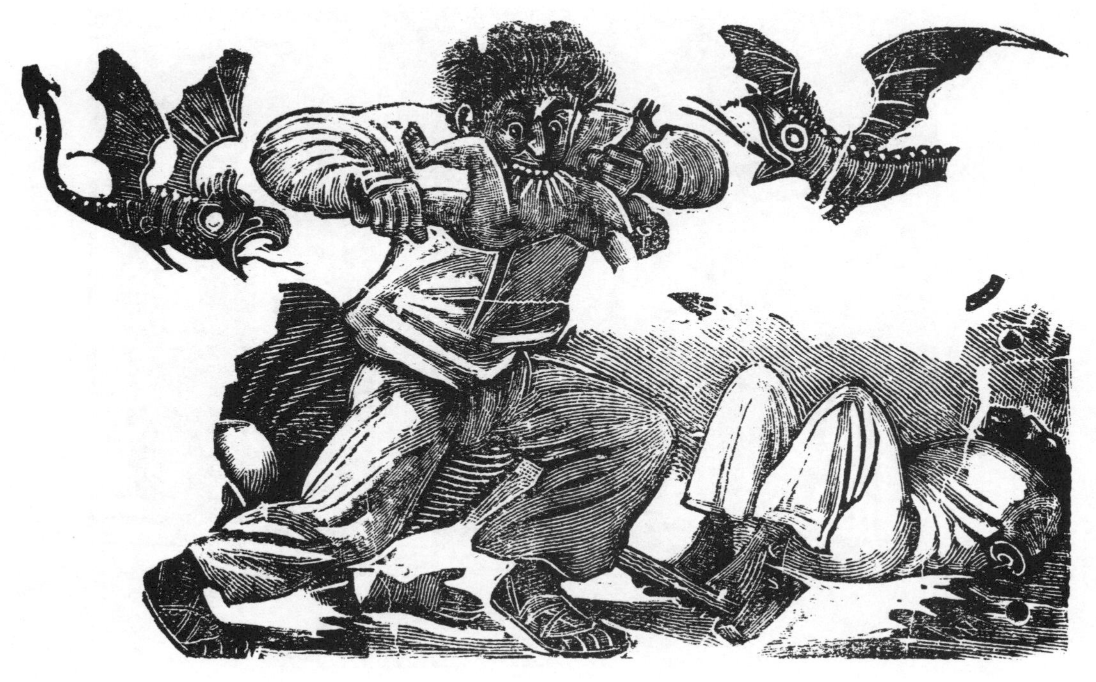

Ejemplo "ANTONIO SANCHEZ, QUE SE COMIO A SUS HIJOS"

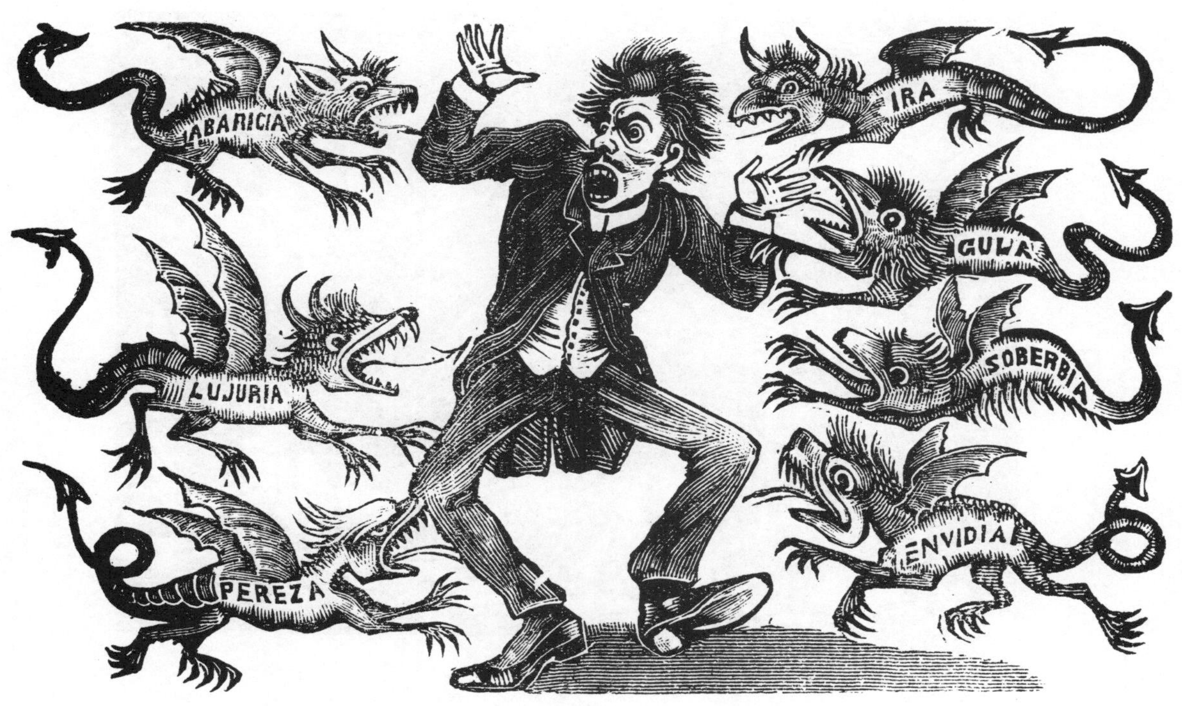

Ejemplo "LOS SIETE VICIOS"

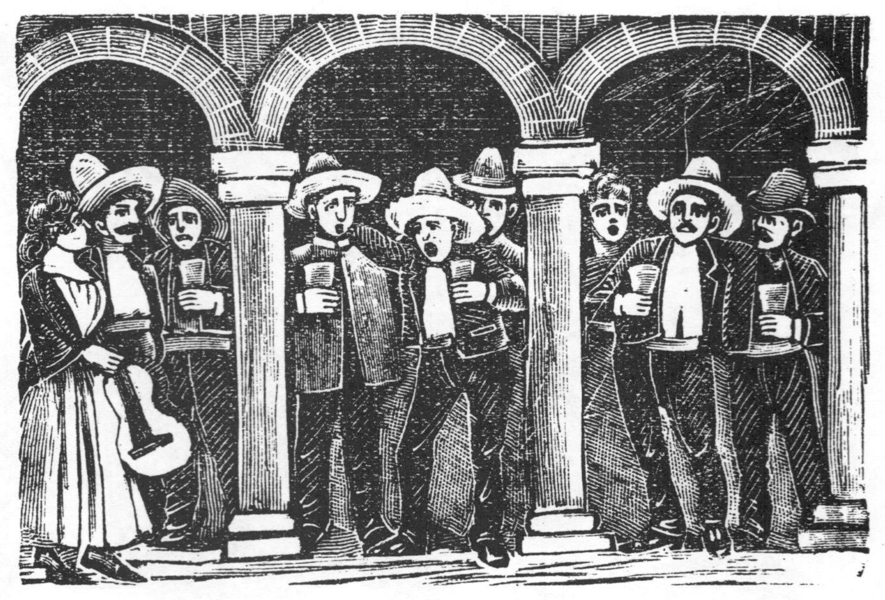

Décimas "EL MERO SAN LUNES"

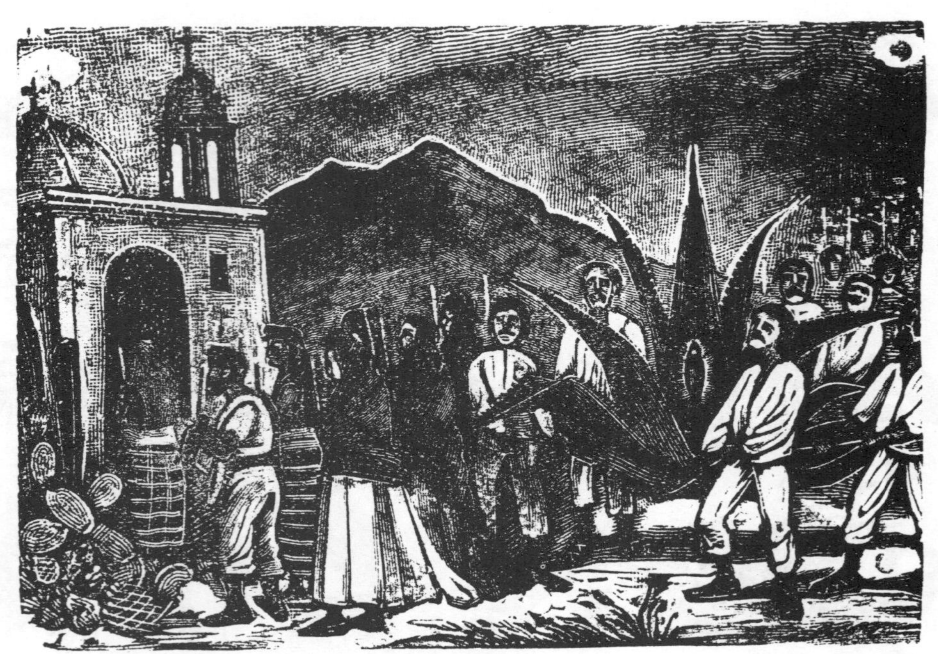

1a. Parte. "Aparición de la Virgen de Guadalupe en los Remedios"

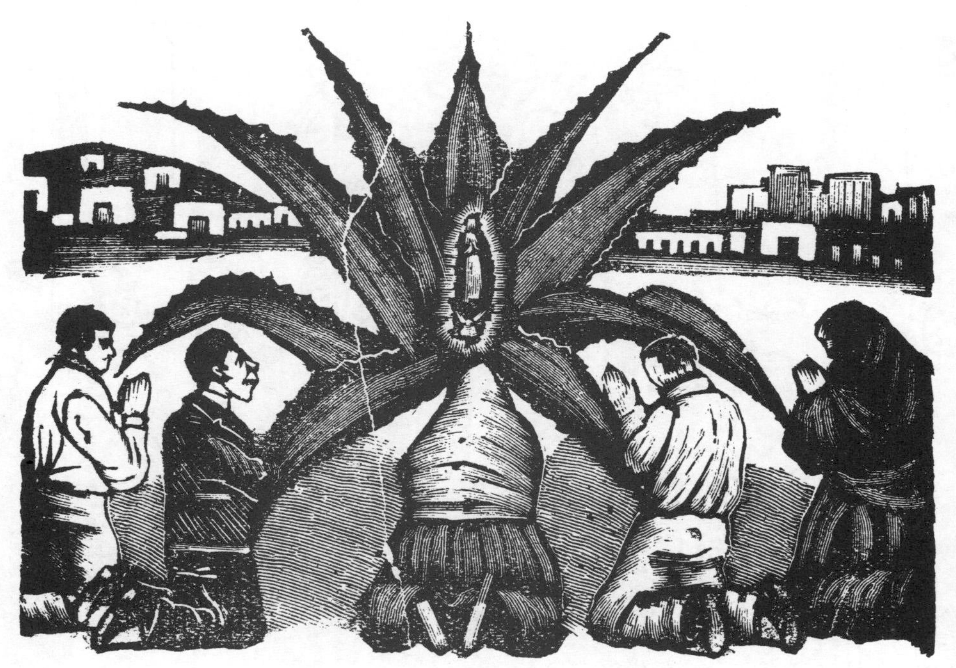

2a. Parte. "Aparición de la Virgen de Guadalupe en los Remedios"

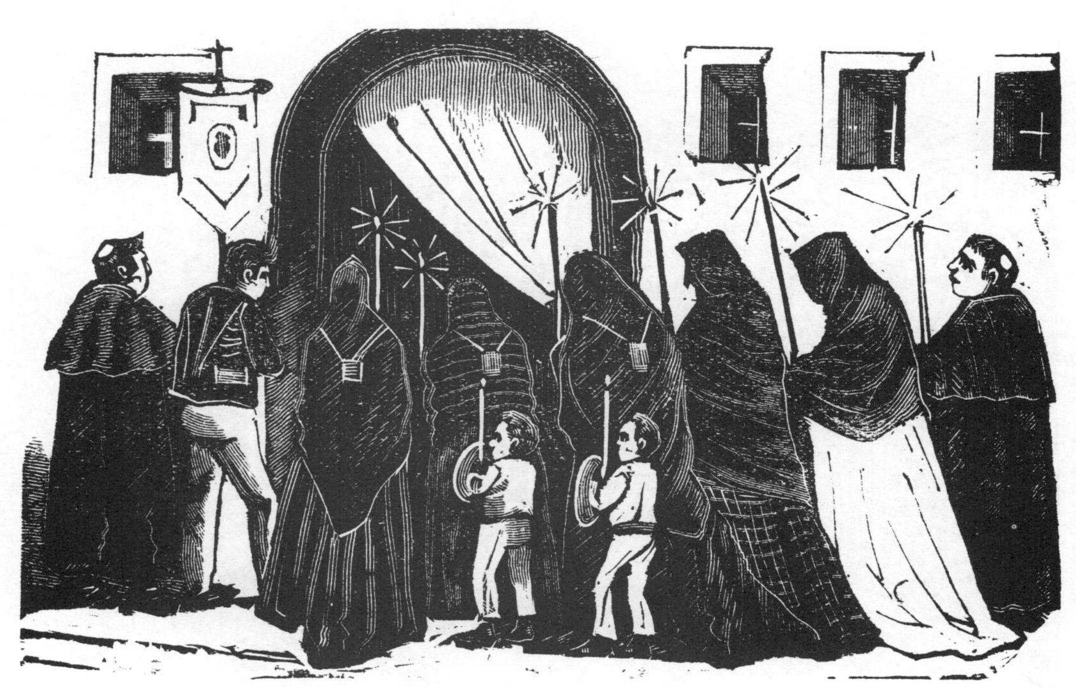

3a. Parte. "Aparición de la Virgen de Guadalupe en los Remedios"

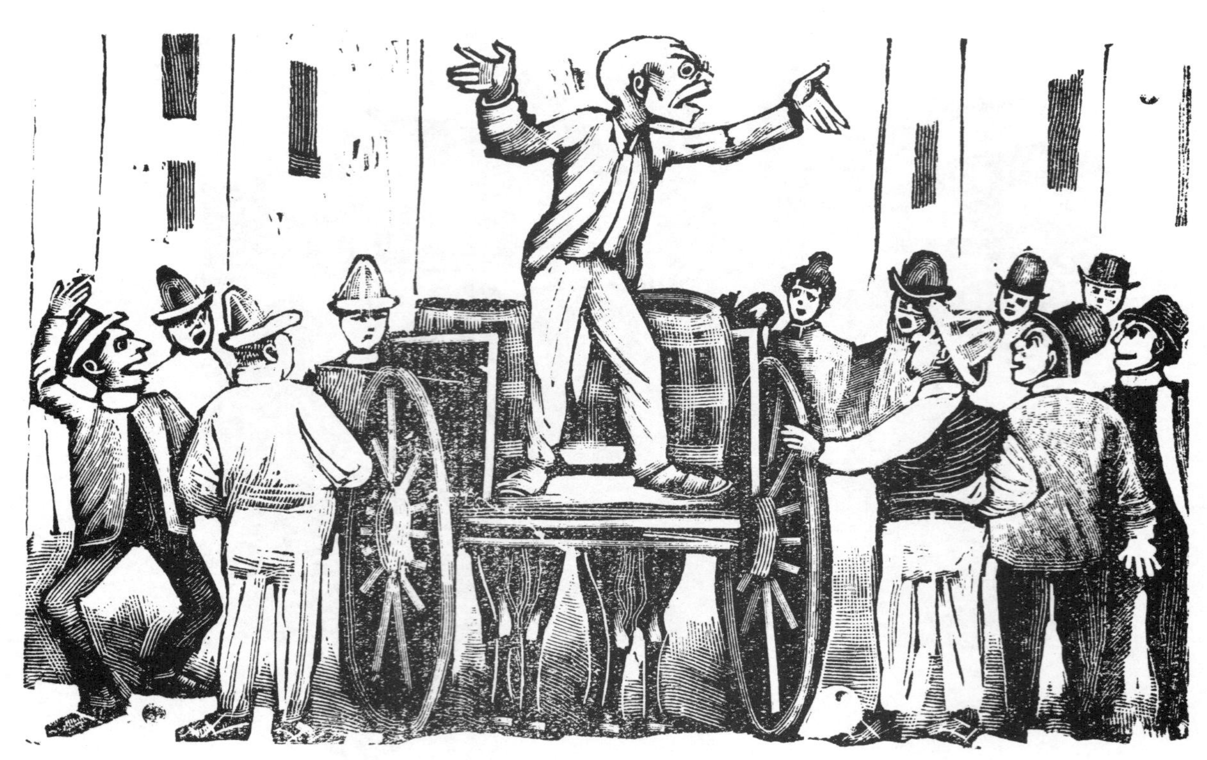

Décimas "DON CHEPITO MARIHUANO"

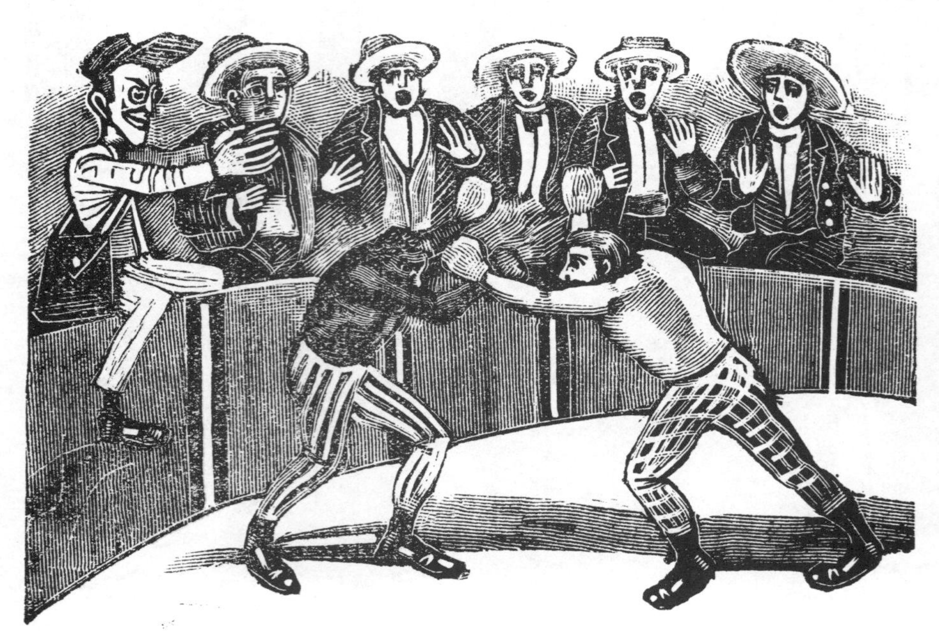

Corrido "DON CHEPITO MARIHUANO"

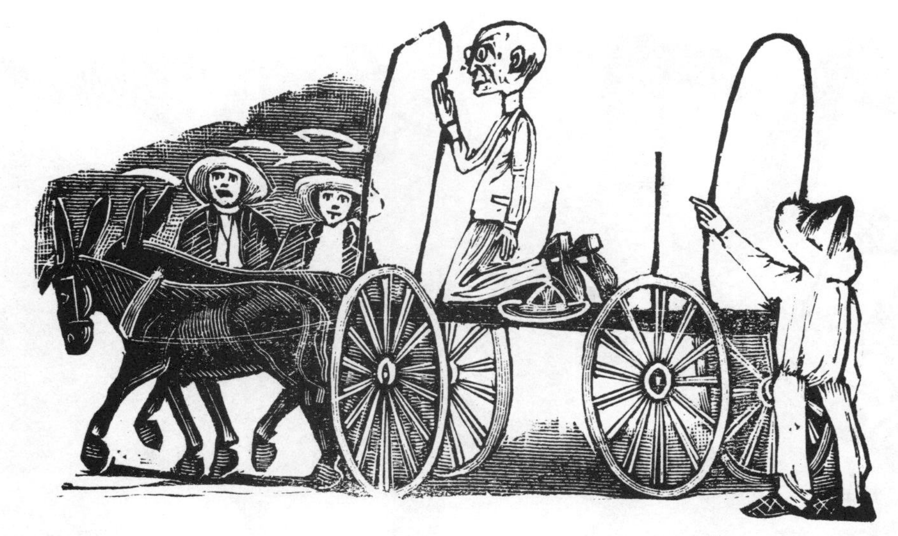

Décimas "DON CHEPITO MARIHUANO"

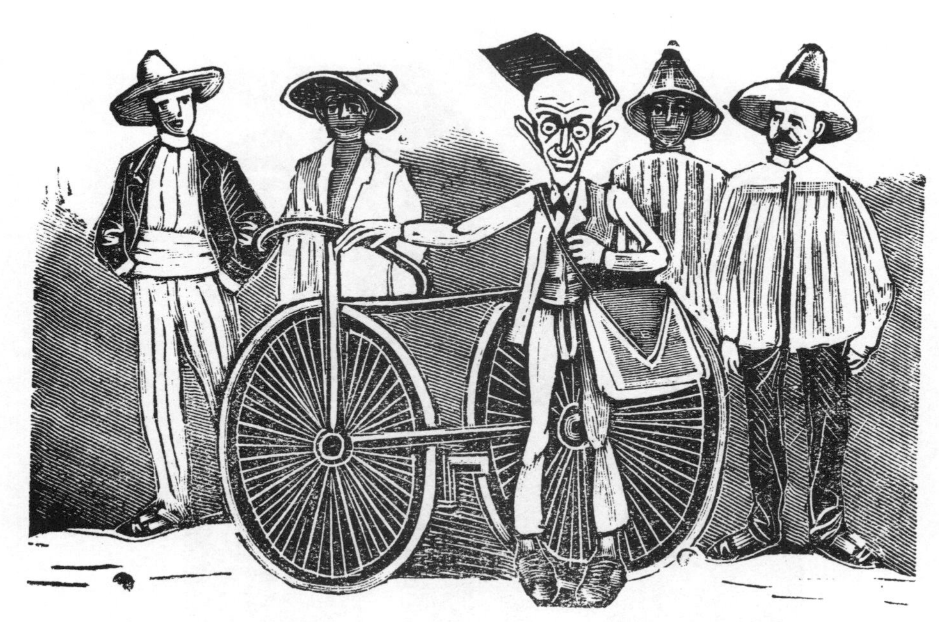

"DON CHEPITO MARIHUANO"

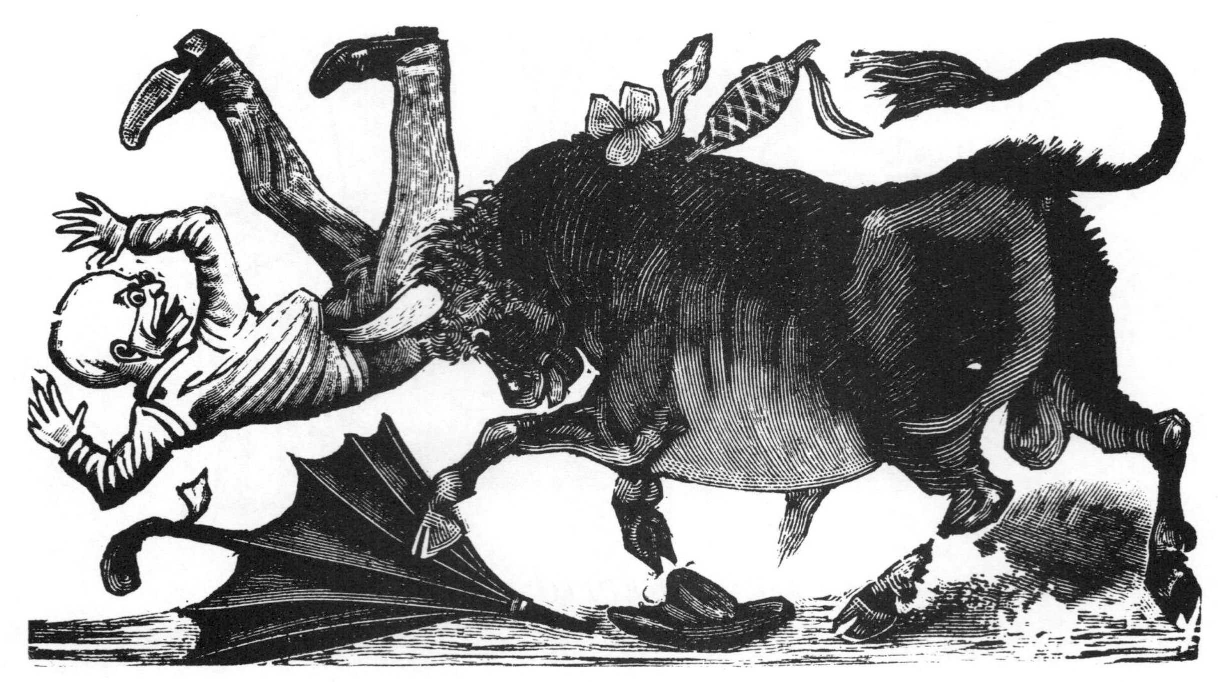

"DON CHEPITO MARIHUANO"

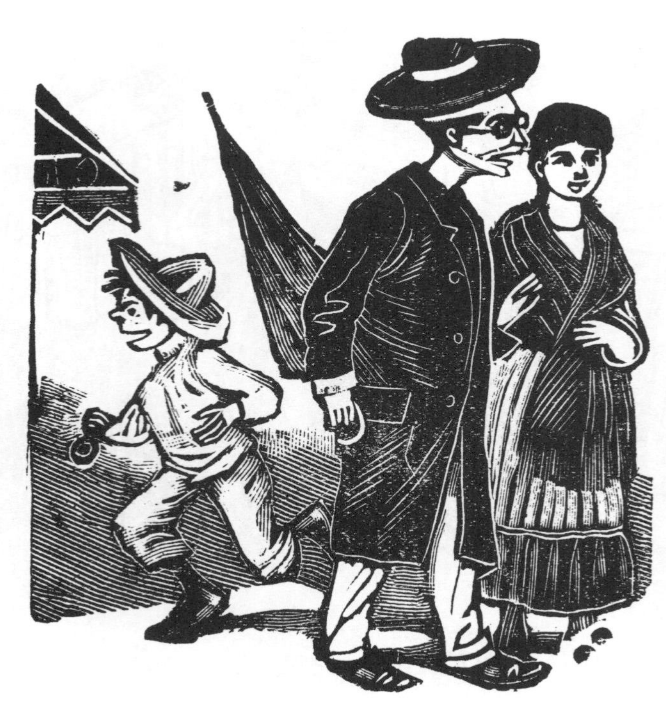

"DON CHEPITO MARIHUANO"

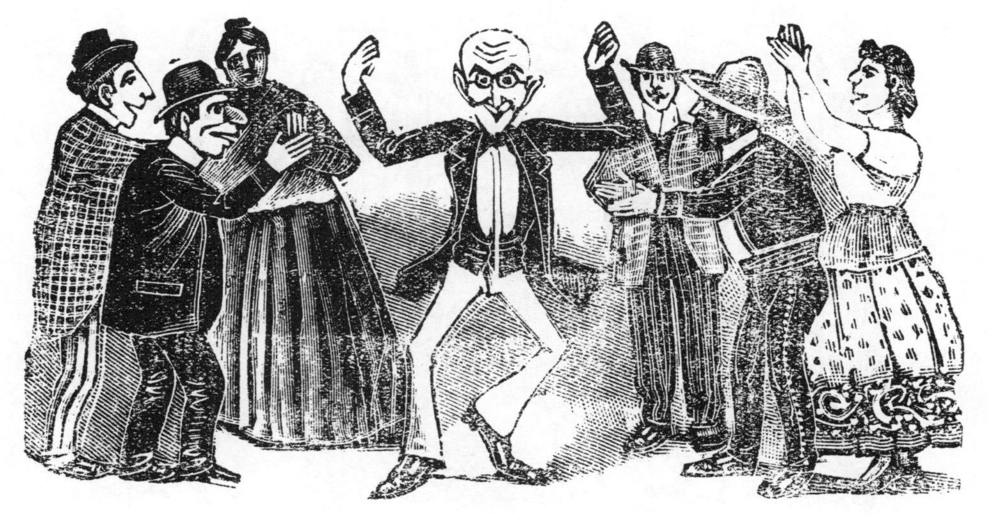

"DON CHEPITO MARIHUANO"

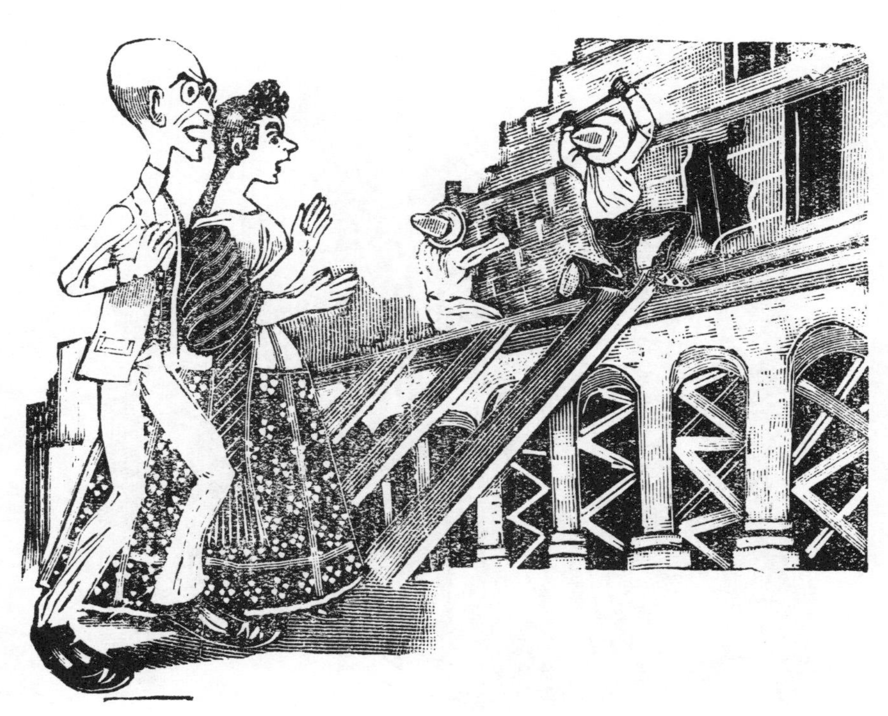

"DON CHEPITO MARIHUANO"

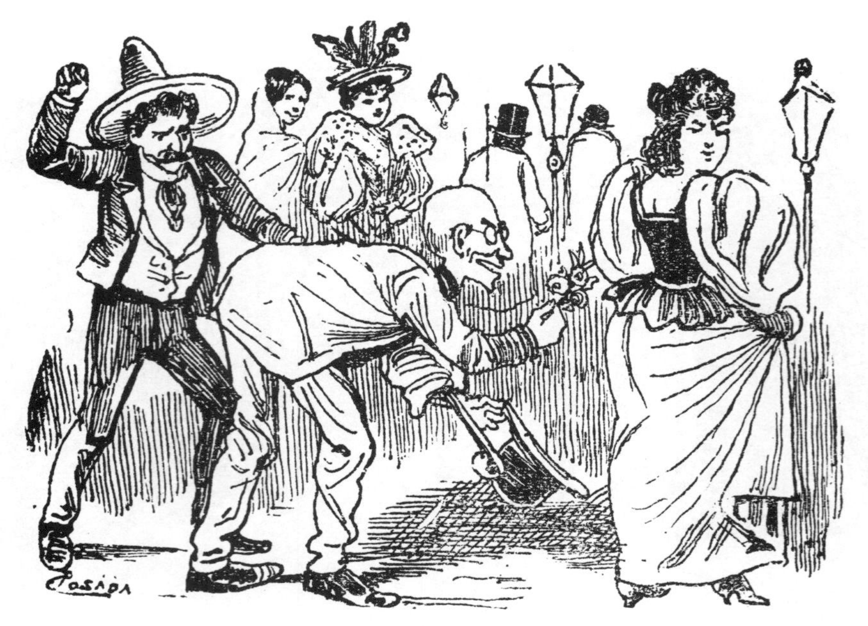

"DON CHEPITO MARIHUANO"

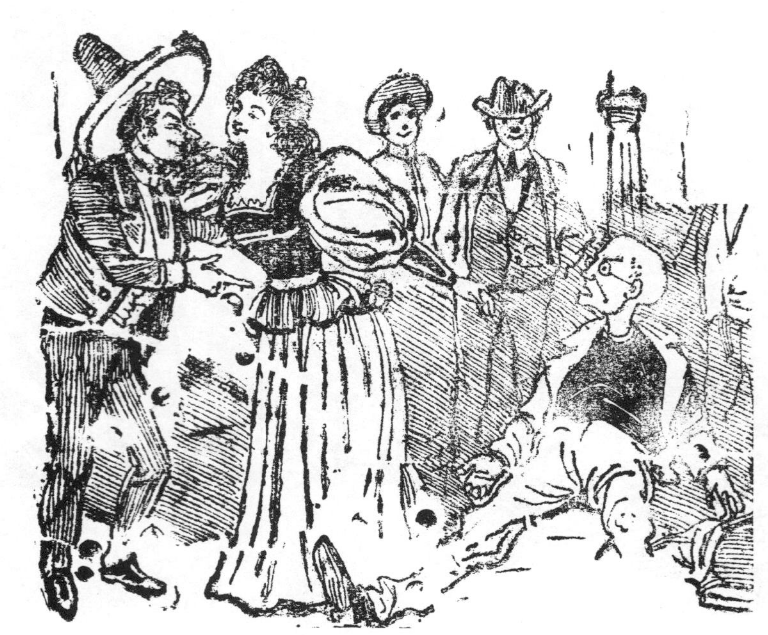

"DON CHEPITO MARIHUANO"

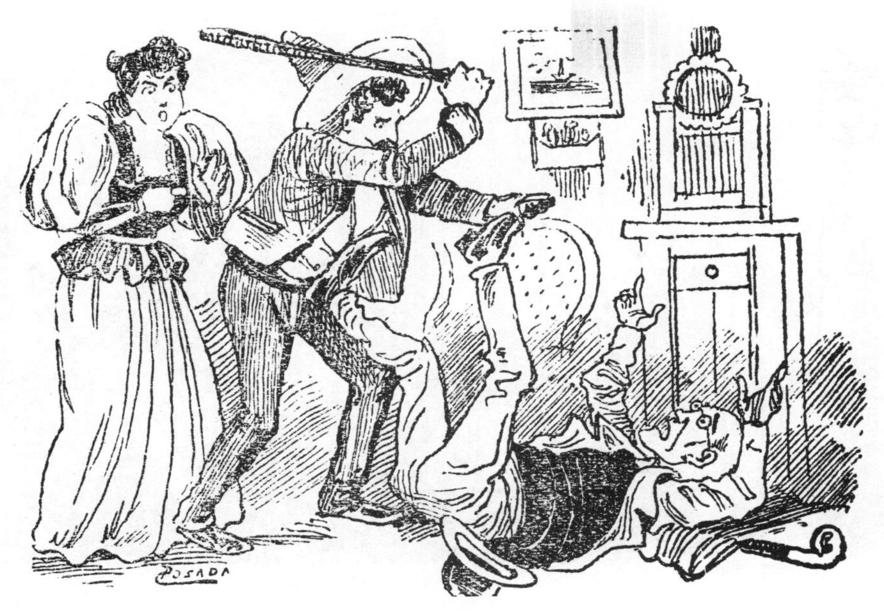

Corrido "DON CHEPITO MARIHUANO"

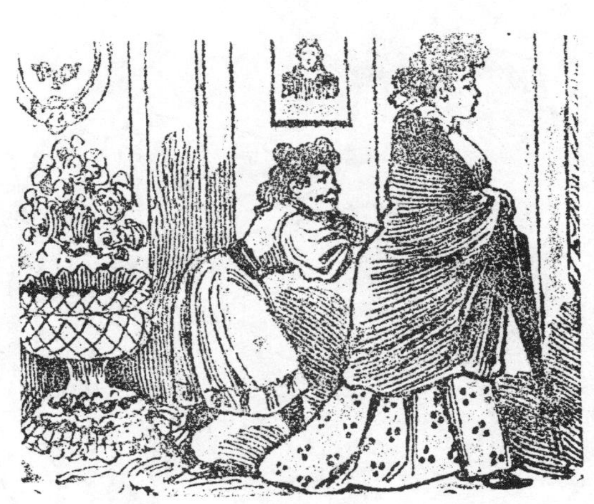

LA "MALAGUEÑA" RUMBO AL BAILE

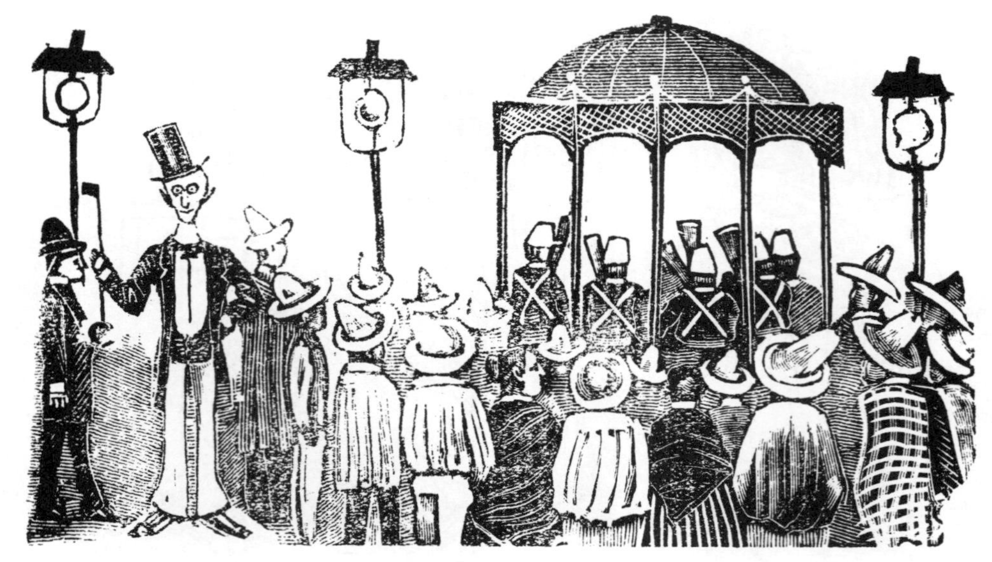

Décimas "DON CHEPITO MARIHUANO"

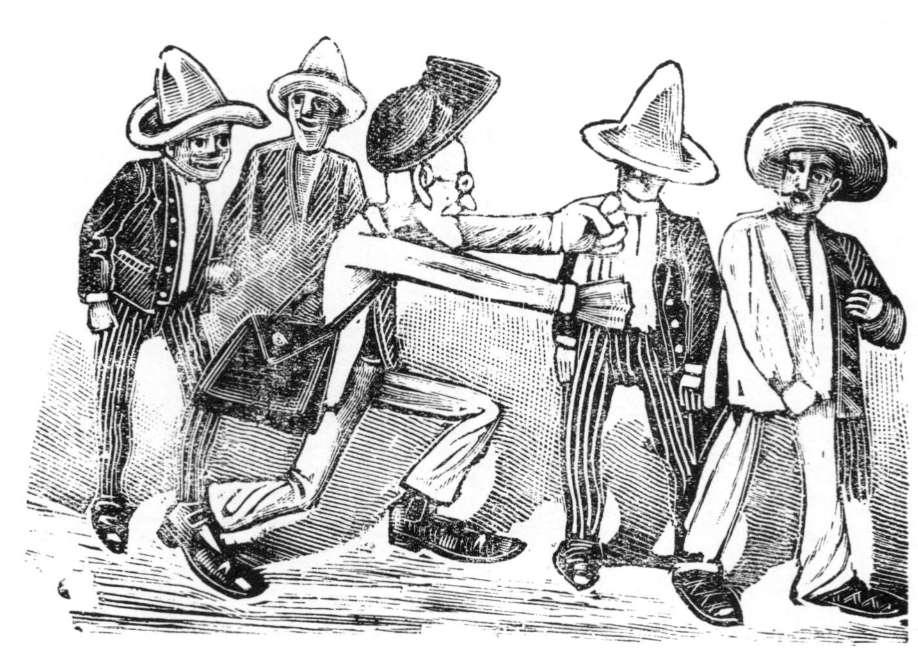

Décimas "DON CHEPITO MARIHUANO"

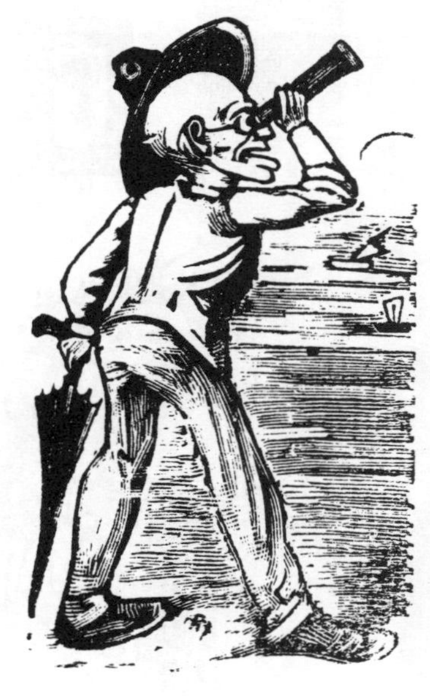

"DON CHEPITO"

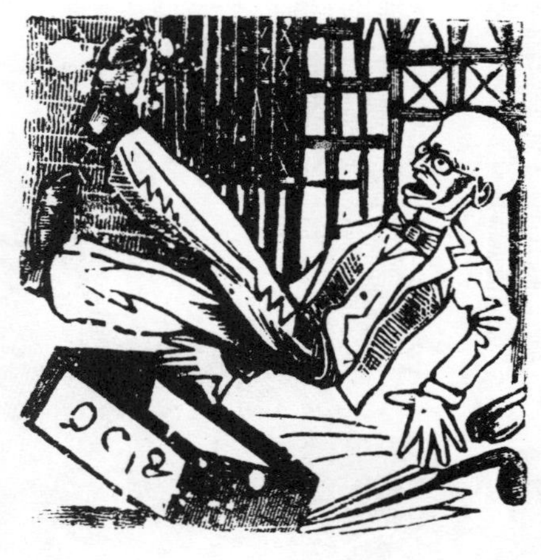

"DON CHEPITO"

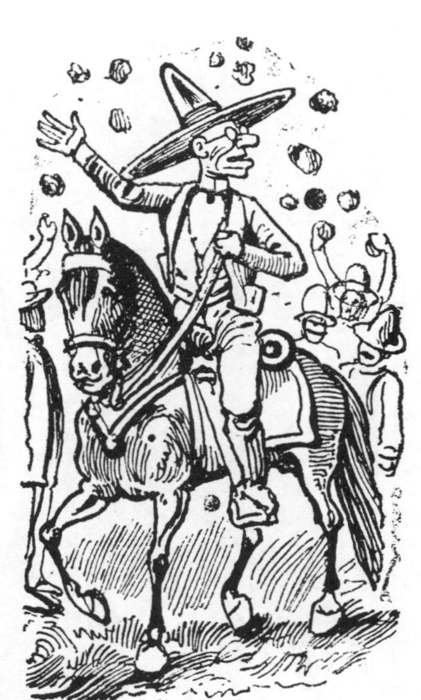

"DON CHEPITO"

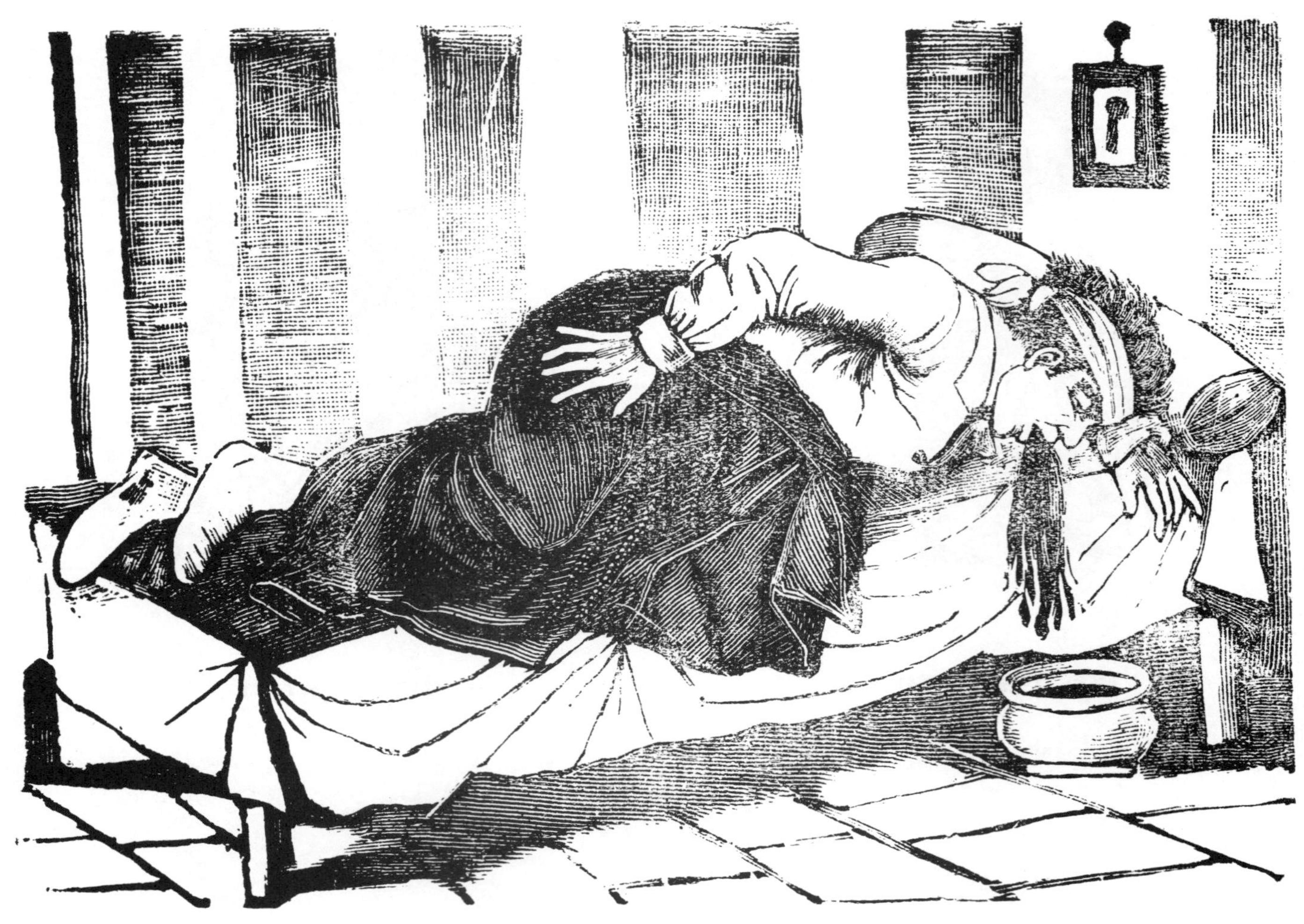

Corrido "EL COLERA"

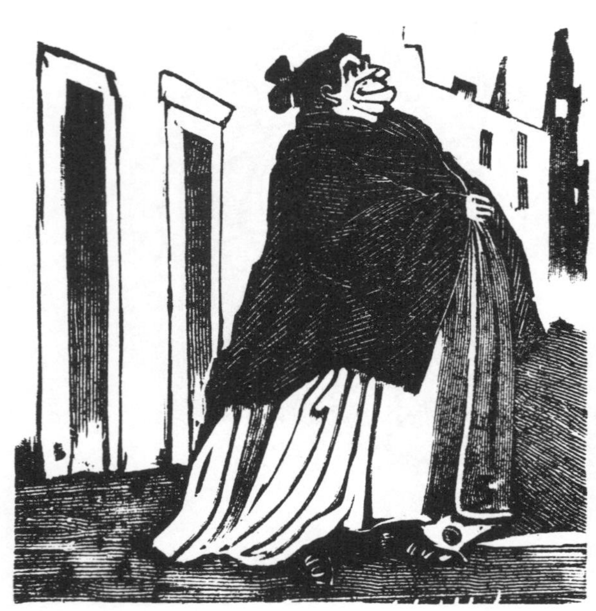

Corrido "DOÑA LIMONA"

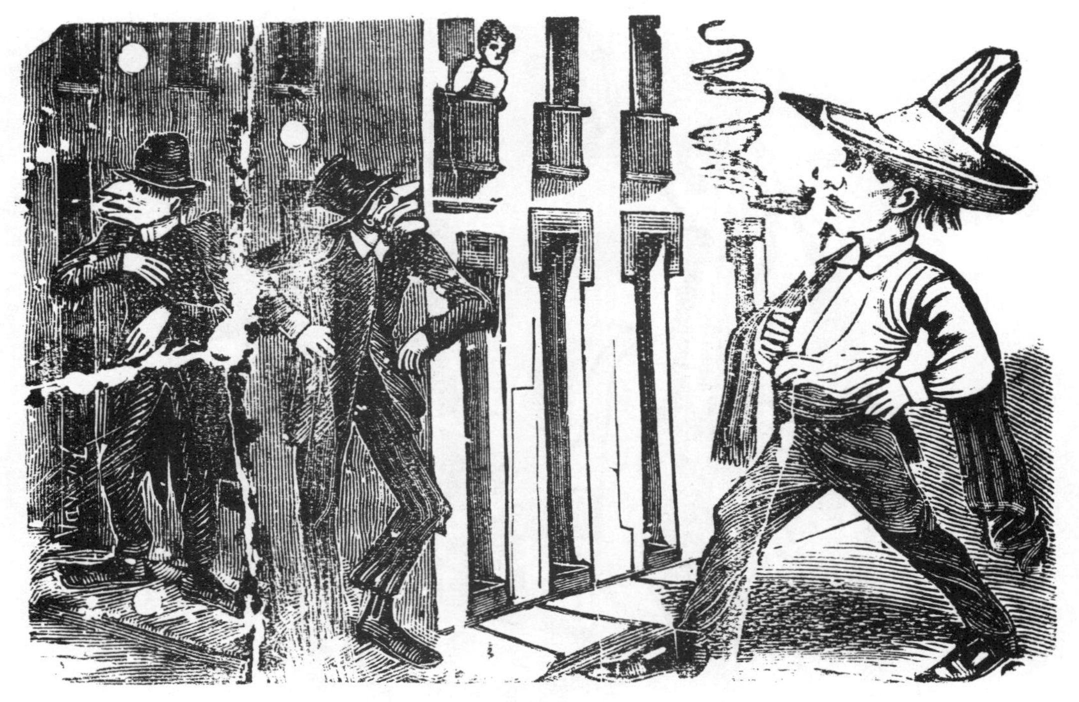

Corrido "REPELITO DE CATRINES"

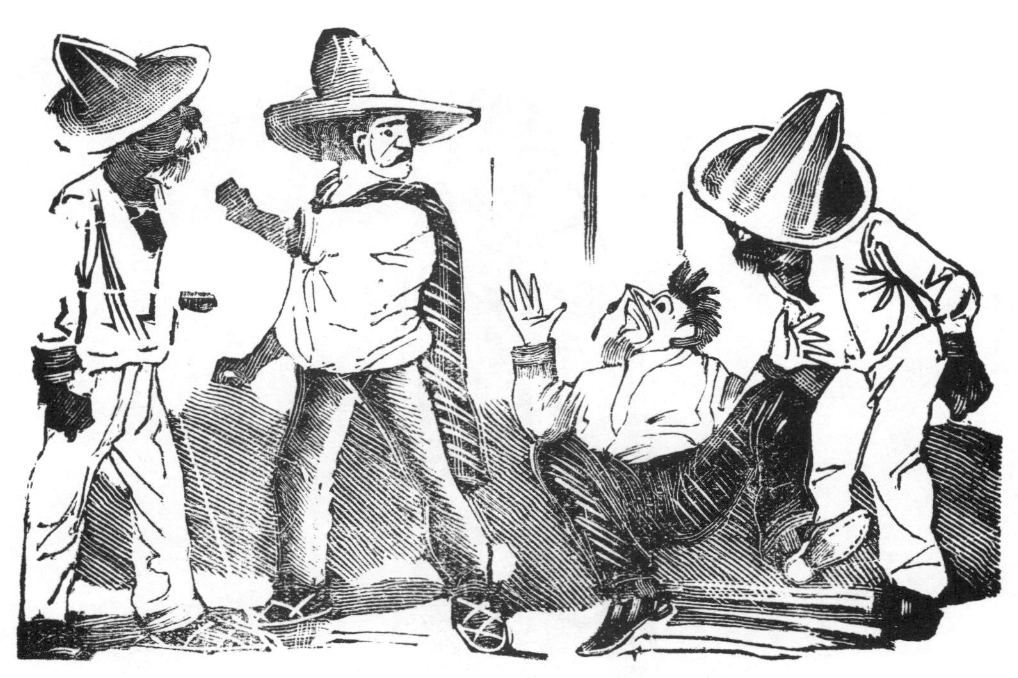

Corrido "JUAN SIN MIEDO"

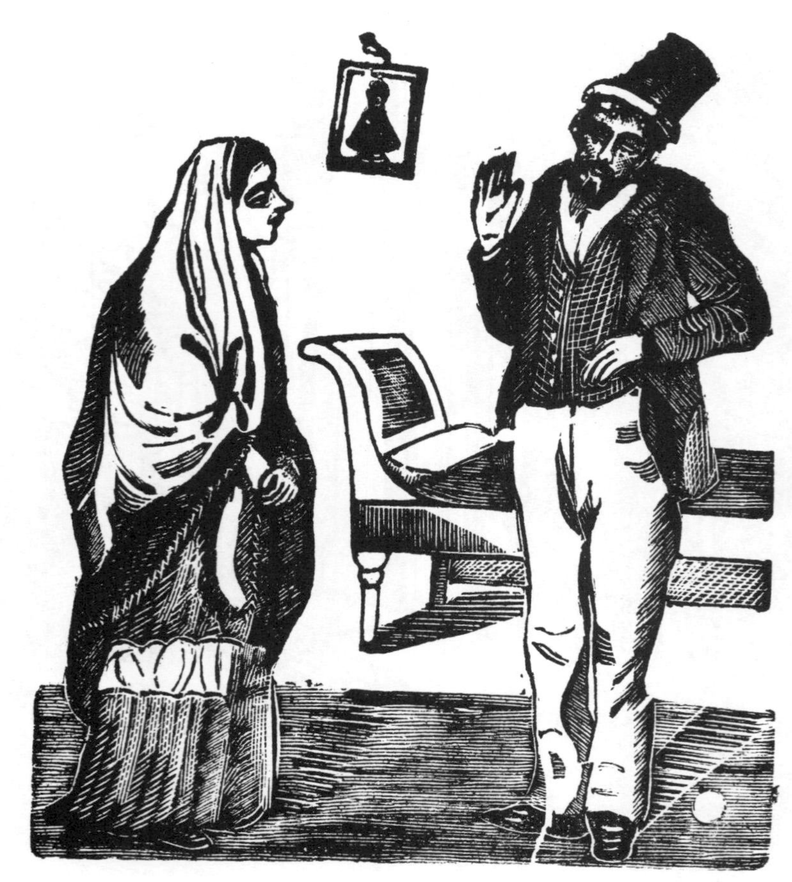

Décimas "LA ARRANQUERA"

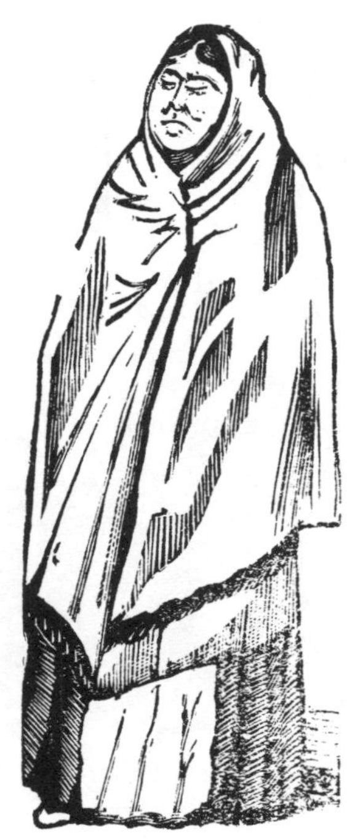

Décimas "LA ARRANQUERA"

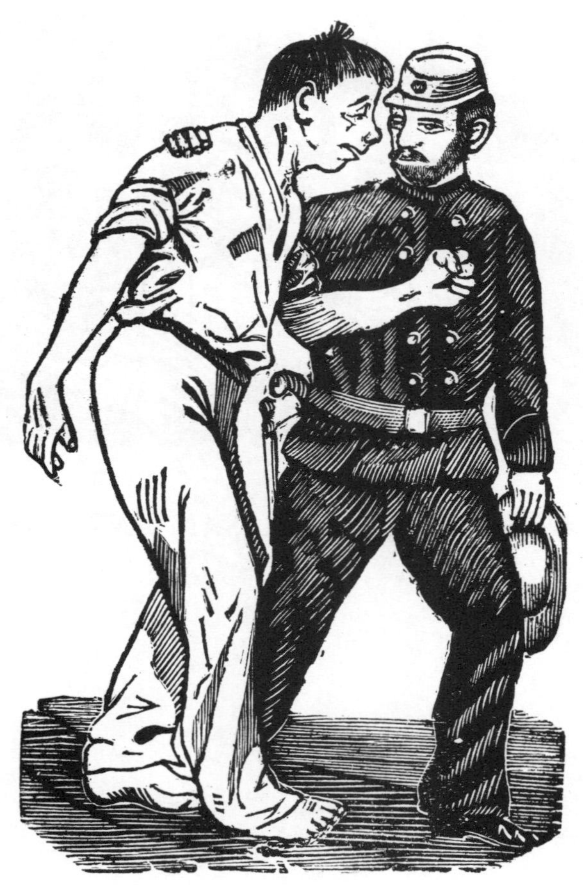

Corrido "EL BORRACHO"

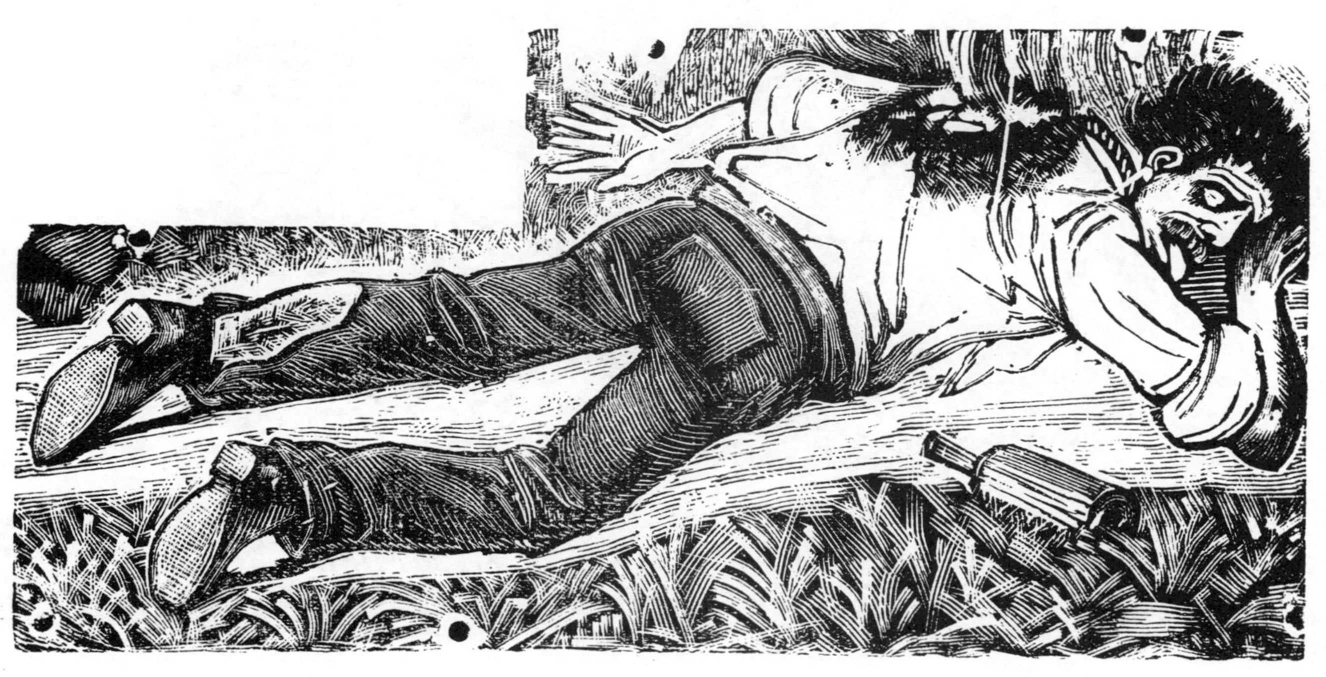

Corrido "EL BORRACHO"

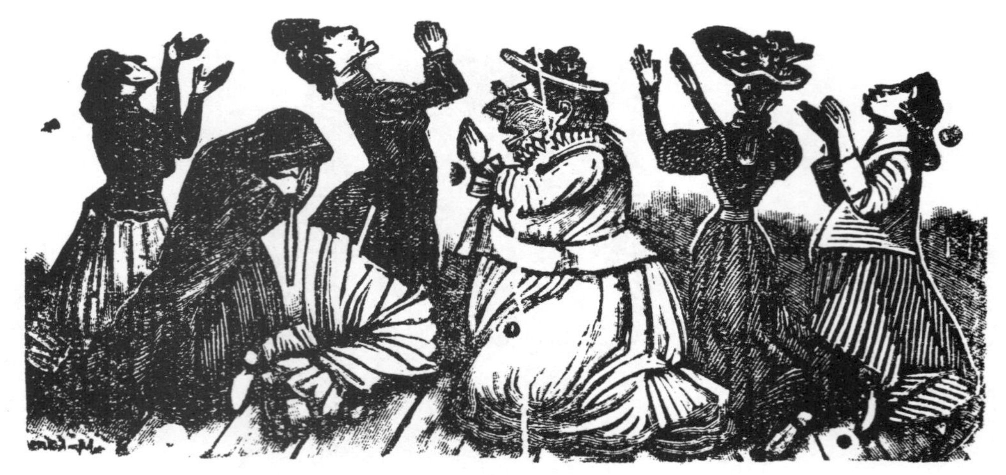

Corrido "SUPLICAS A SAN ANTONIO"

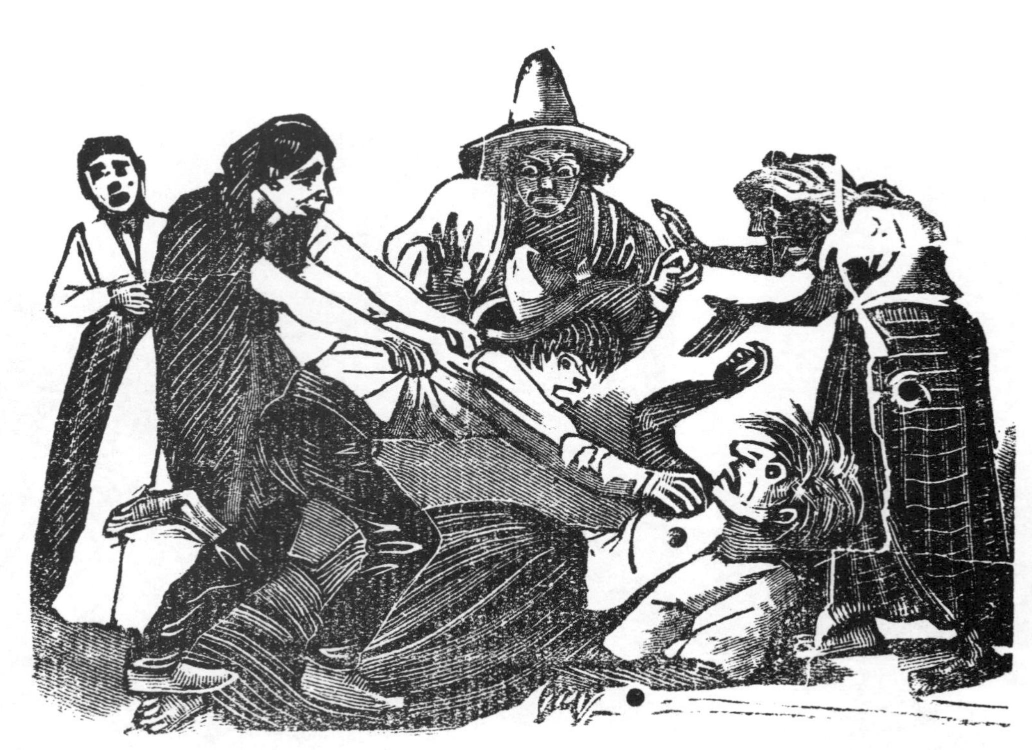

Ejemplo "EL HIJO QUE MATA A SU MADRE"

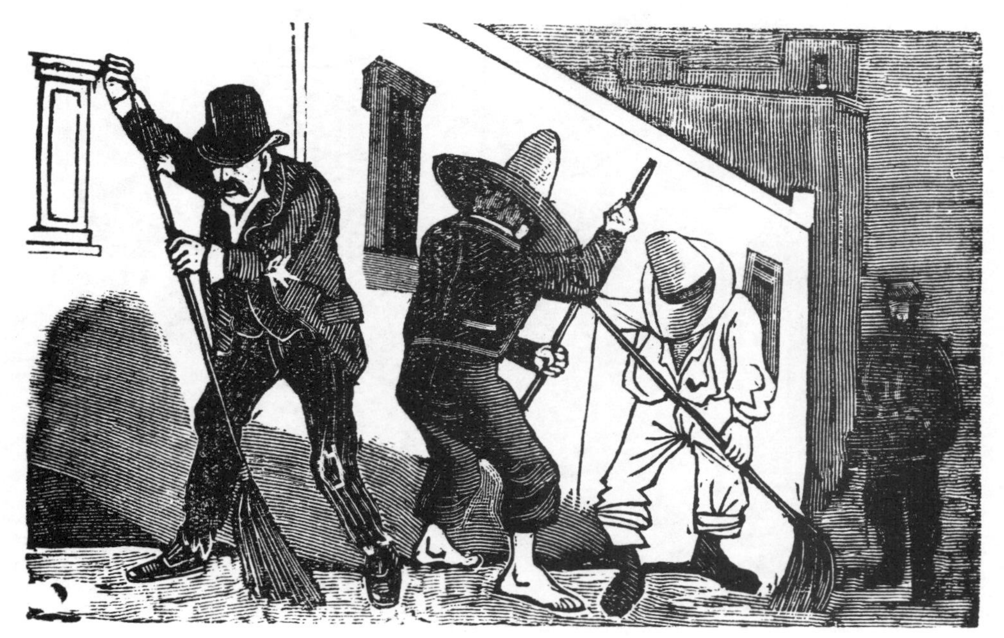

Corrido "LOS PATINADORES"

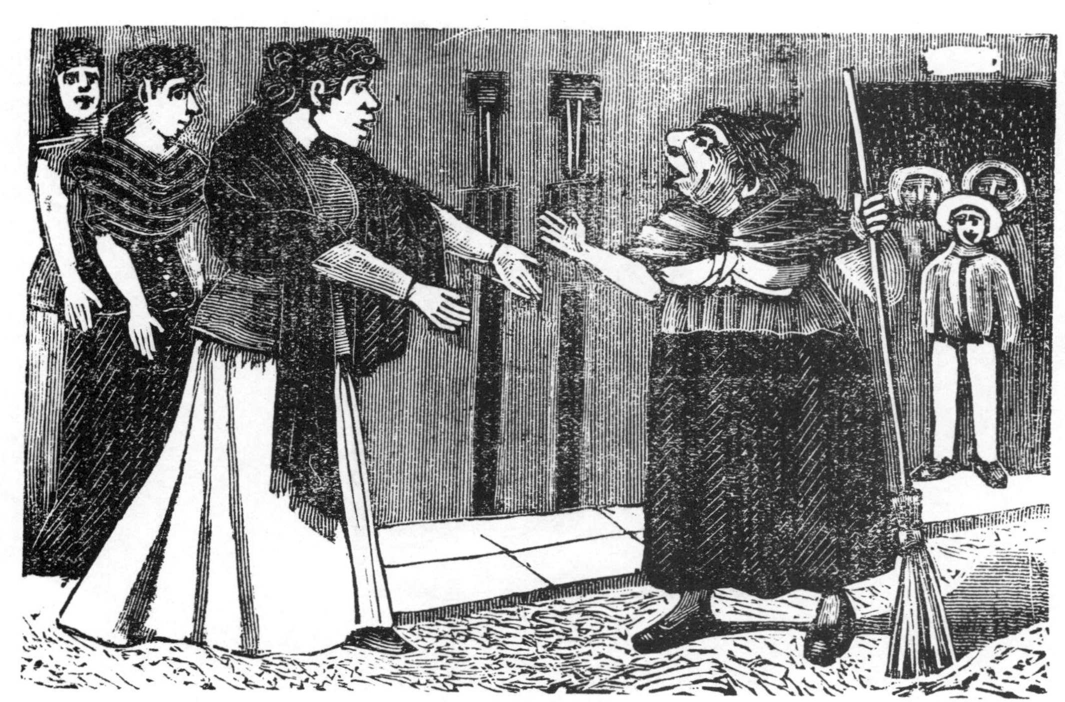

Corrido "EL PLEITO DE VECINDAD"

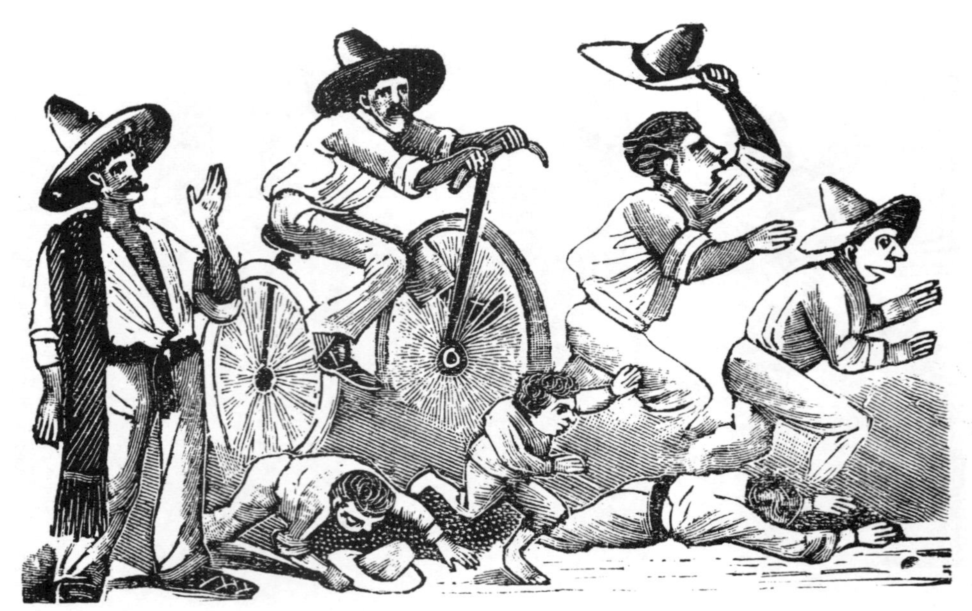

Corrido "LAS BICICLETAS"

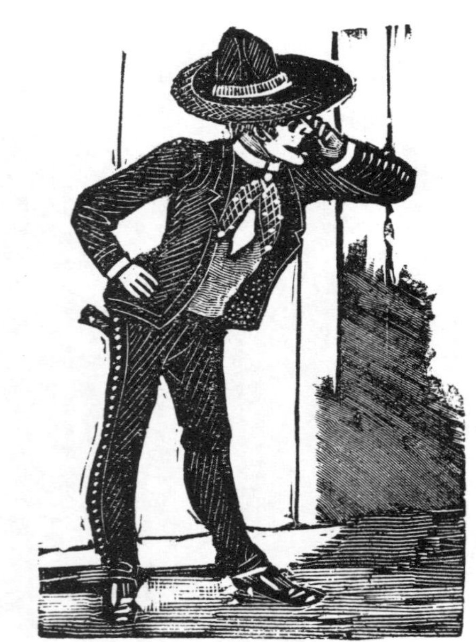

ESPERANDO A LA NOVIA

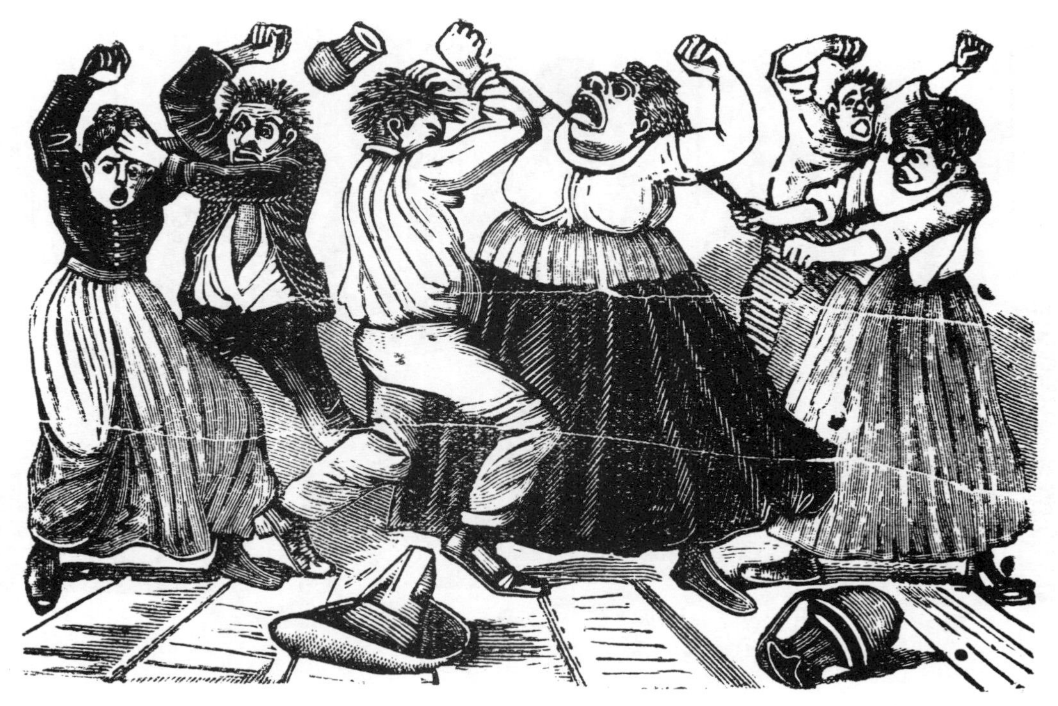

Corrido "PLEITO DE SUEGRAS, COMADRES Y YERNOS"

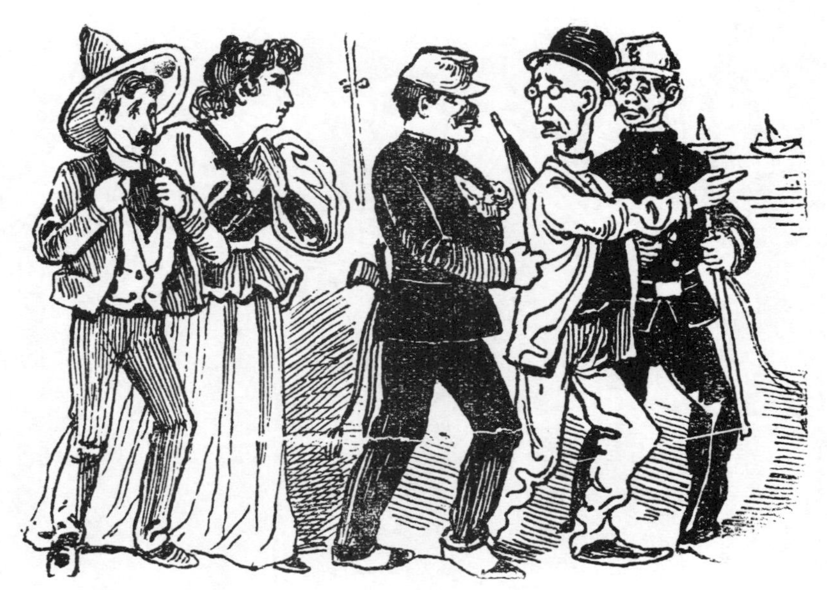

Décimas "DON CHEPITO POR QUERER A MUJER CASADA"

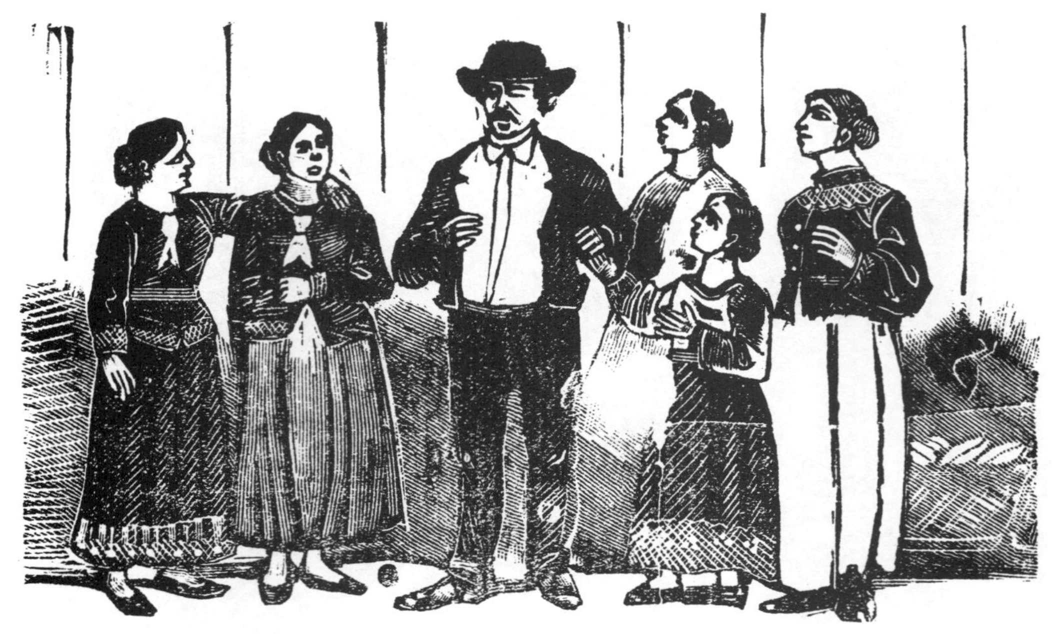

Décimas "EL MARIDO DE CIEN MUJERES"

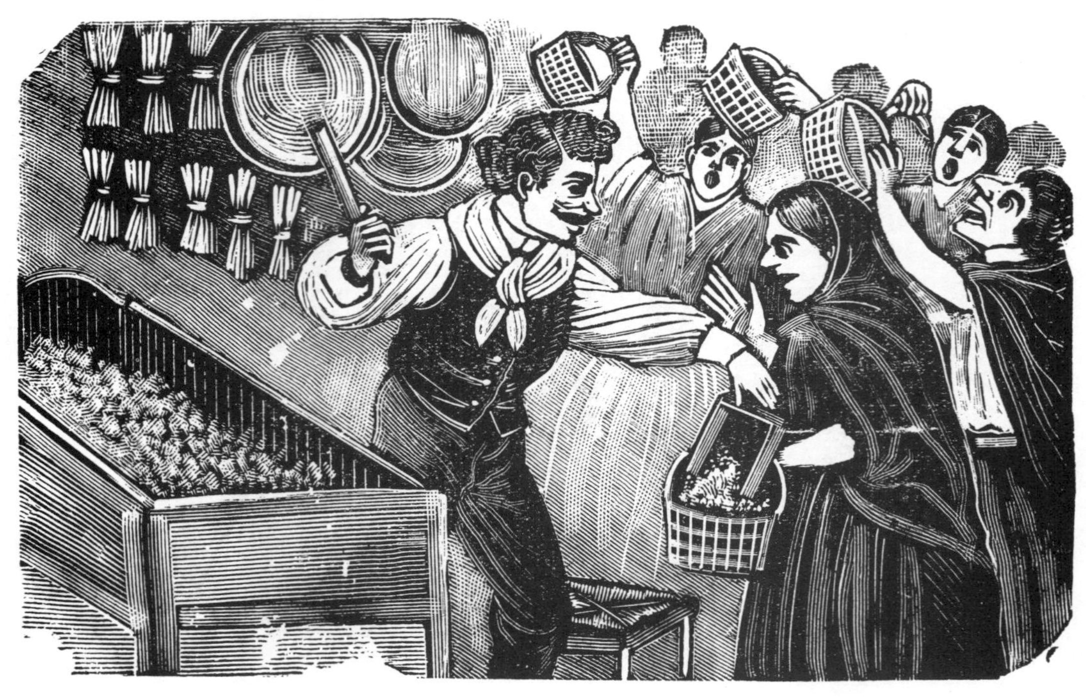

Décimas "EL COMERCIO"

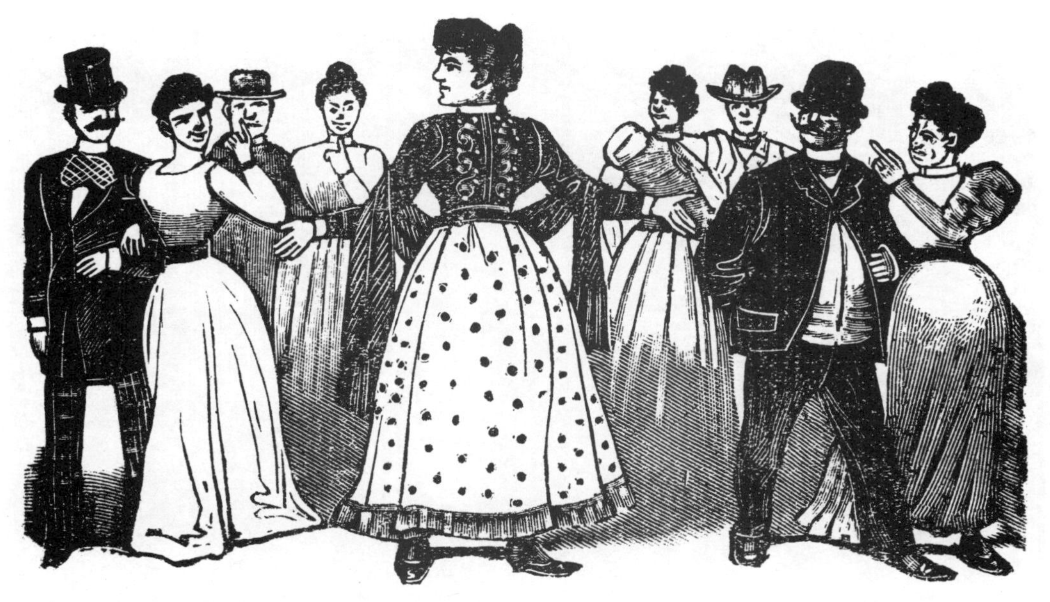

"LA VERBENA DE LA PALOMA"

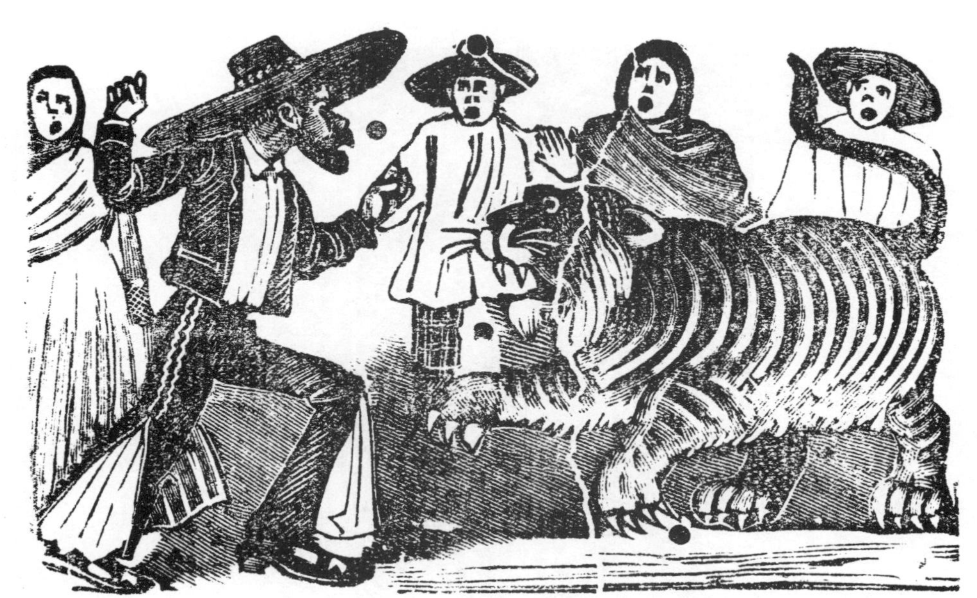

Corrido "LA PANTERA"

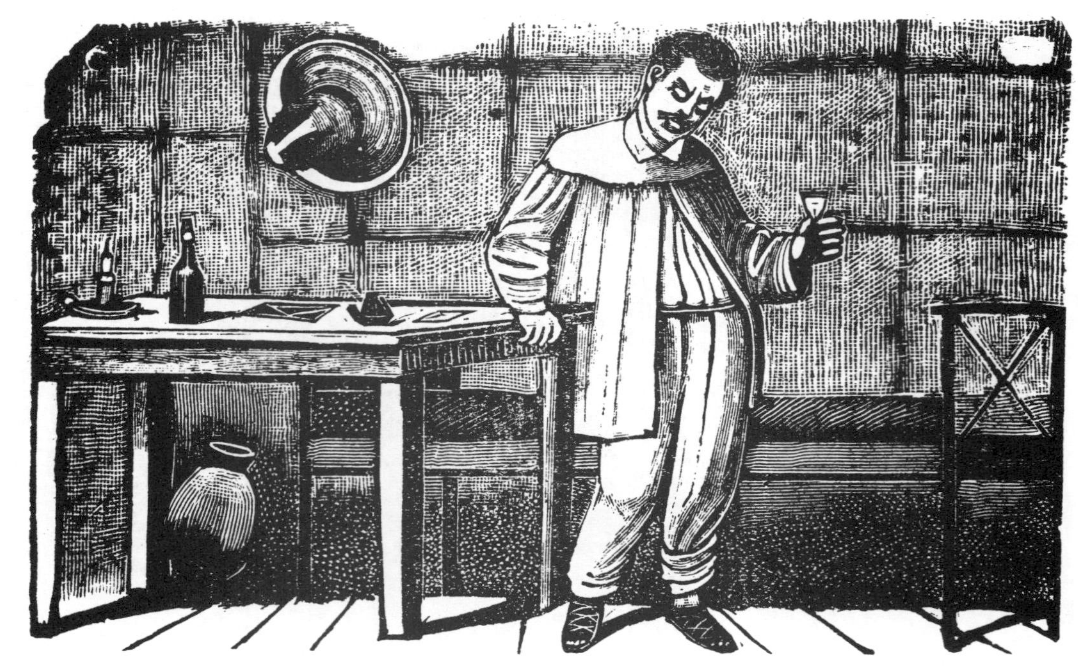

Corrido "EL HUERFANO"

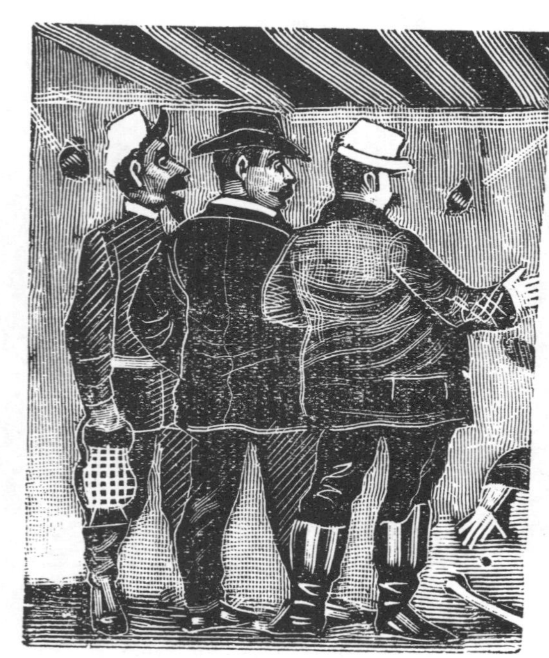

DESCUBRIENDO UN CRIMEN

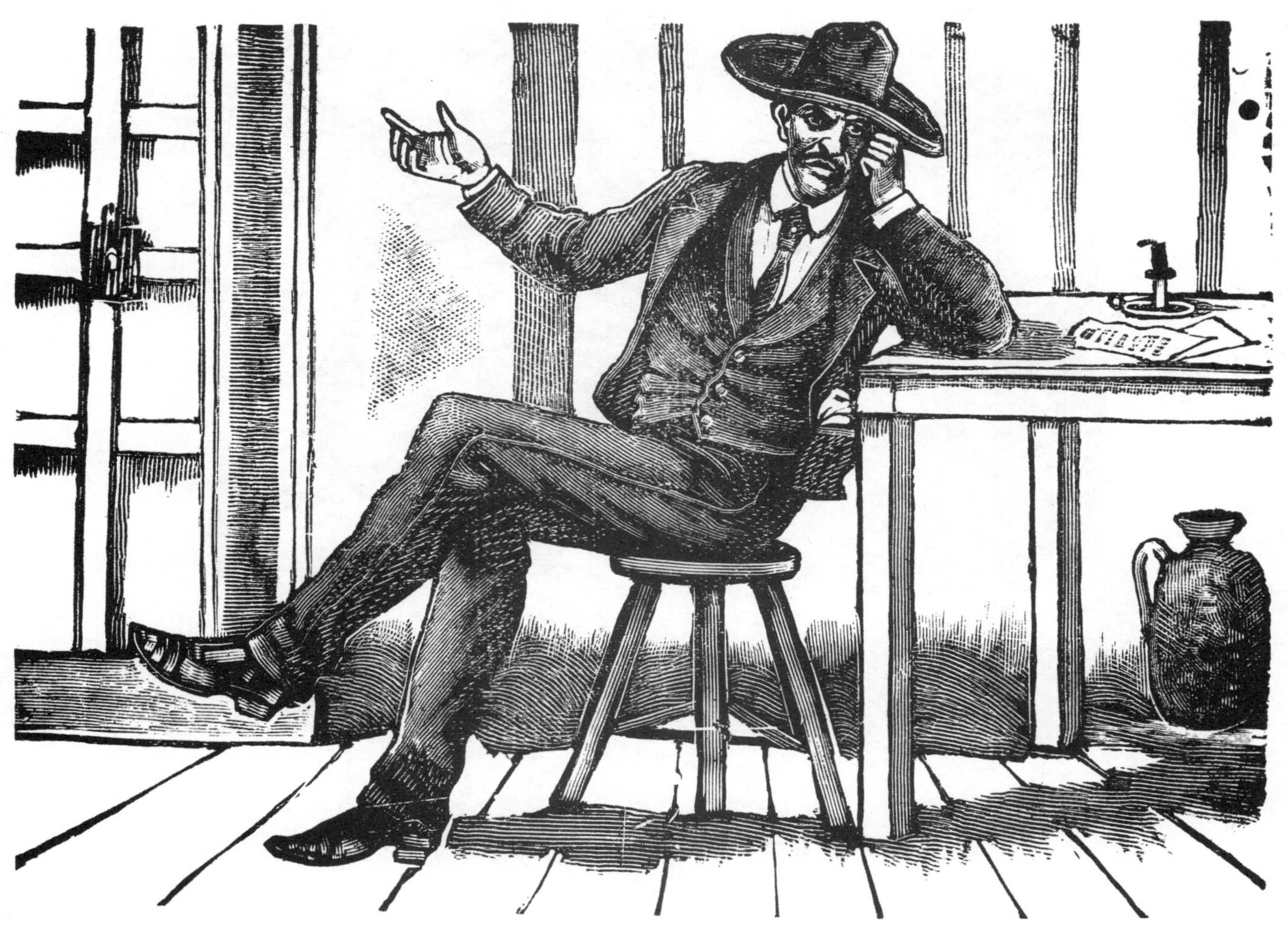

Corrido "BRUNO MARTINEZ EN SU BARTOLINA"

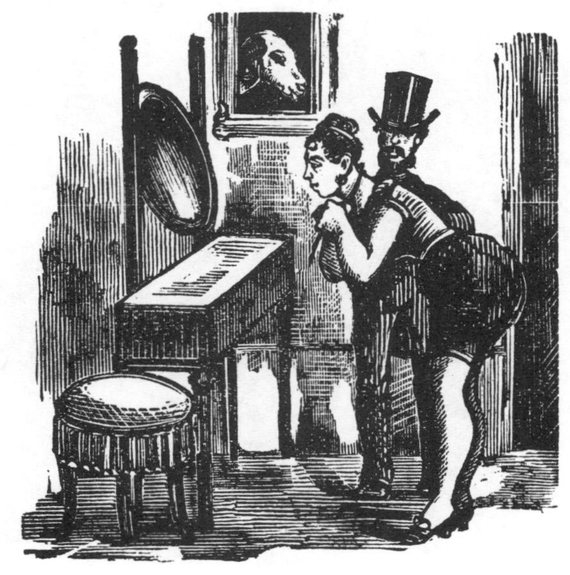

"LA BAILARINA"

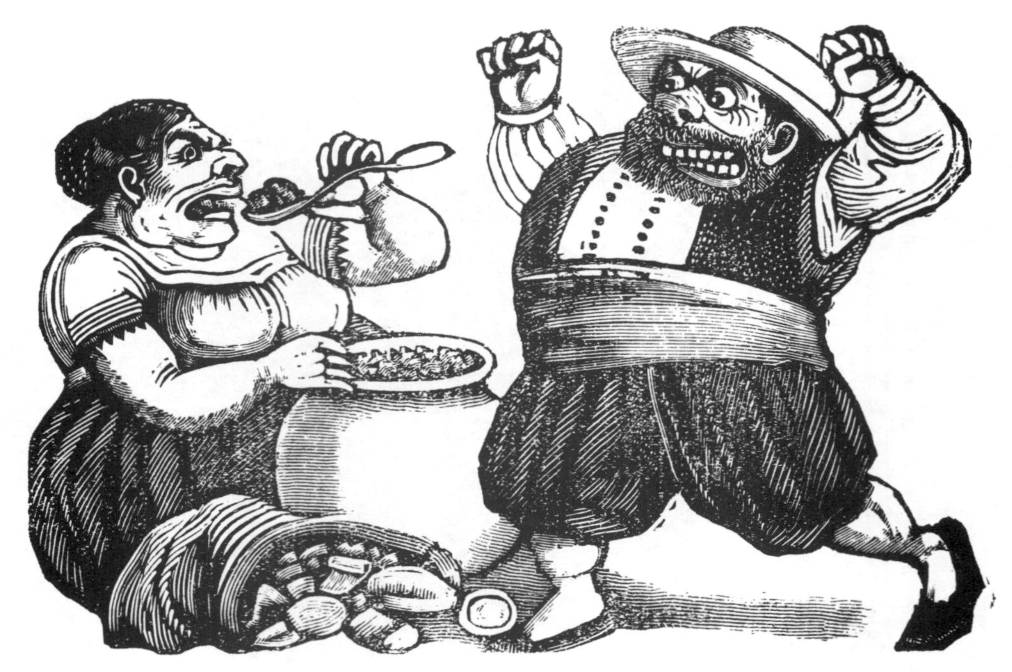

"LOS SANCHO PANZA"

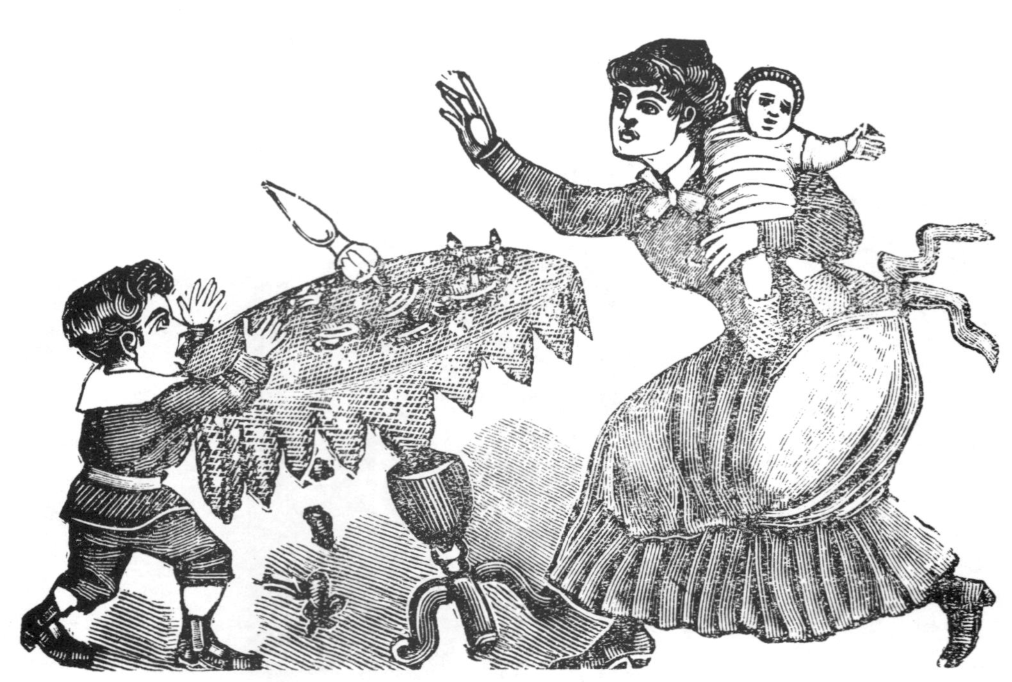

Décimas "EL AMOR DE MADRE"

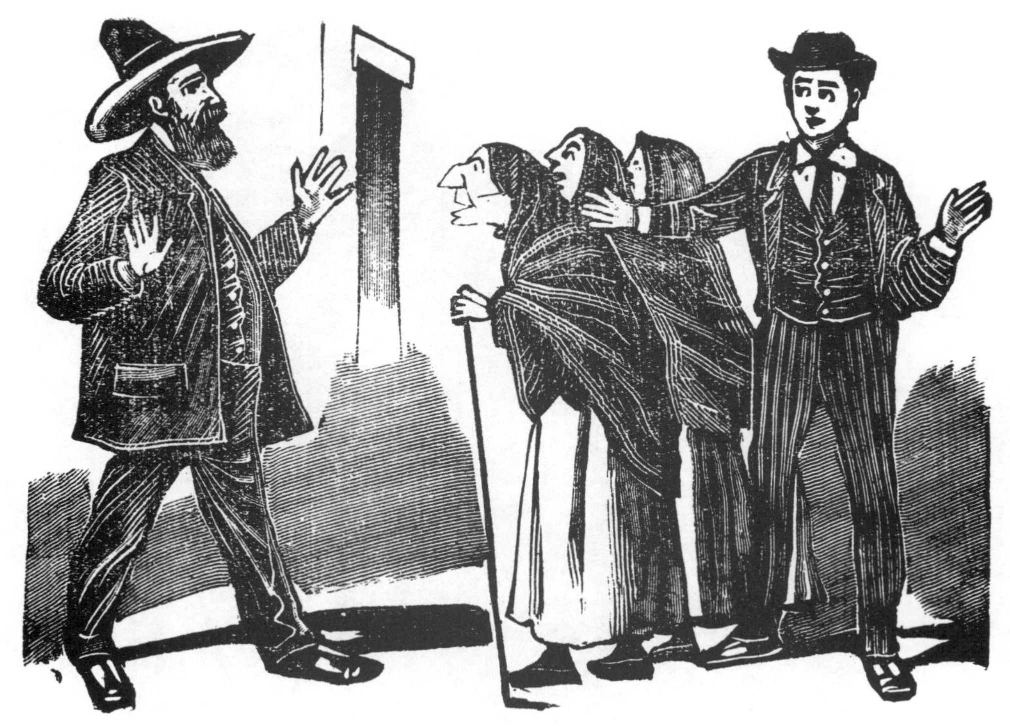

Décimas "SUEGRAS A TOSTON"

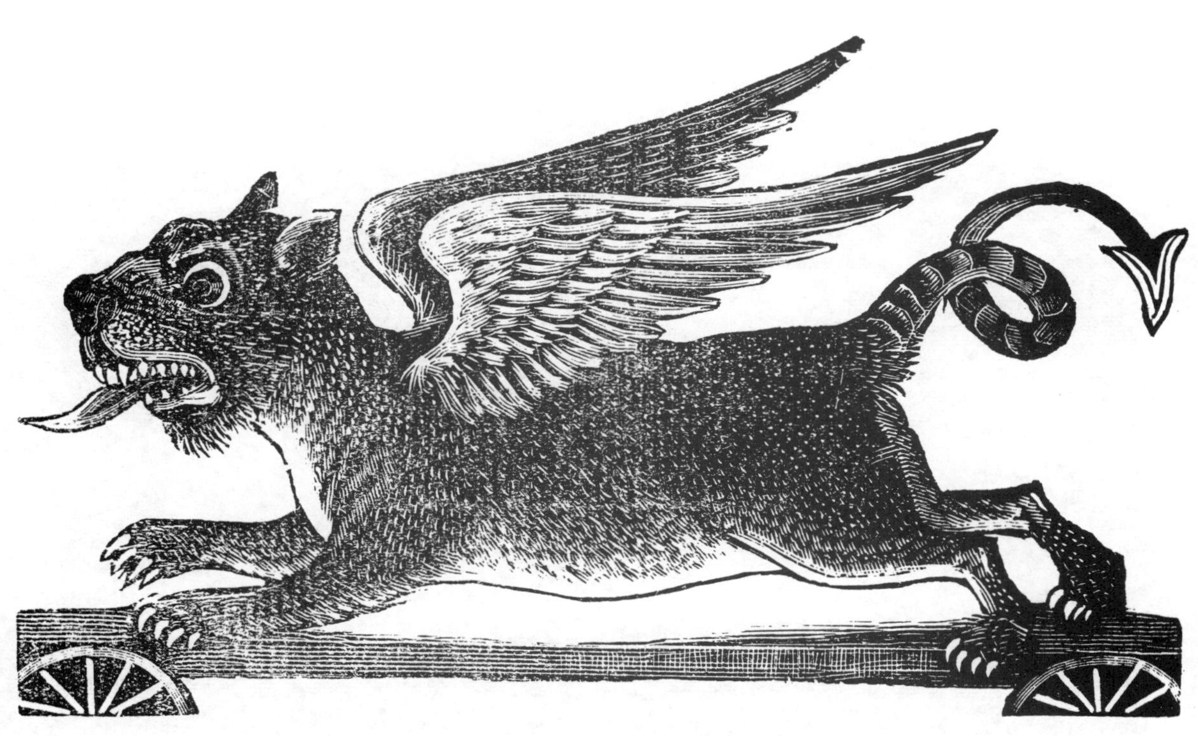

Corrido "LA TARASCA"

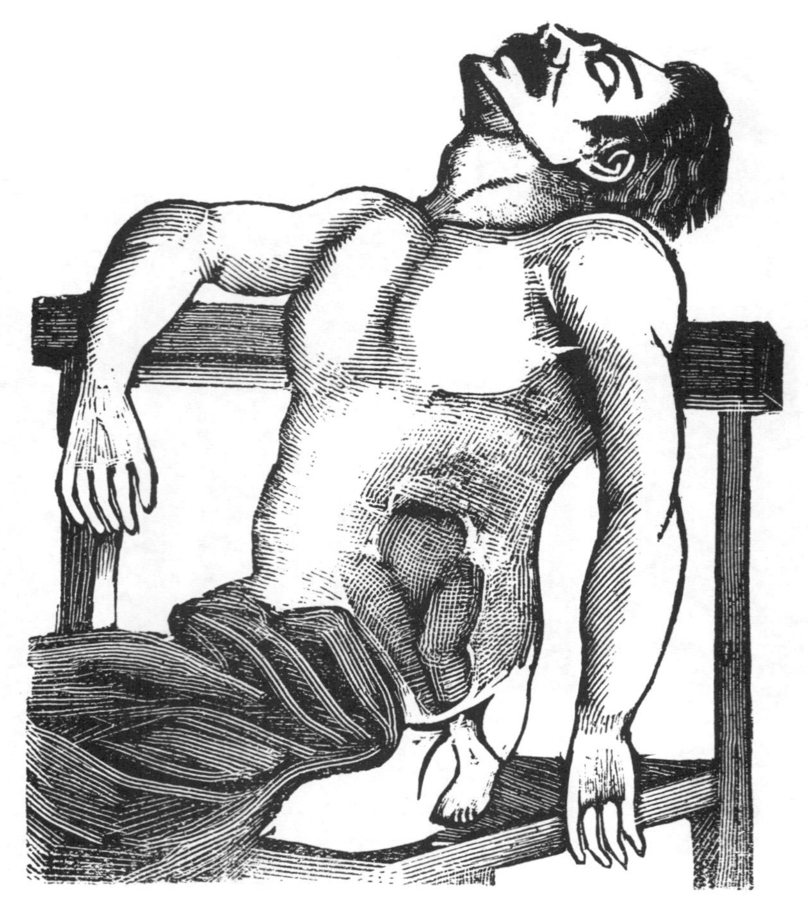

Ejemplo "EL FENOMENO"

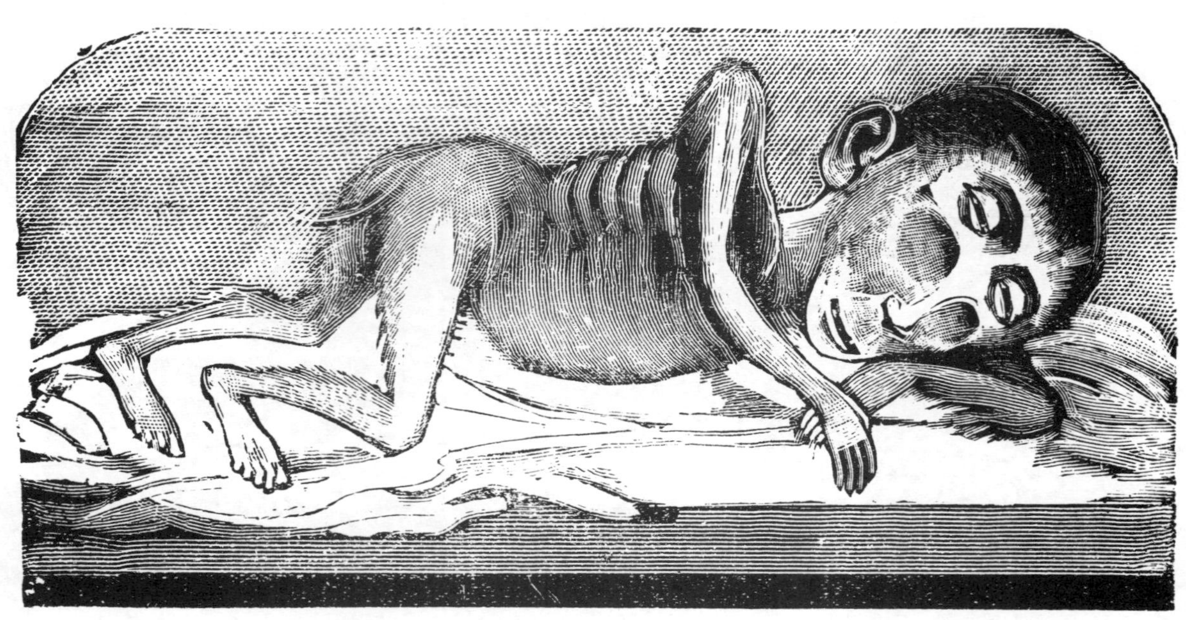

Ejemplo "EL FENOMENO"

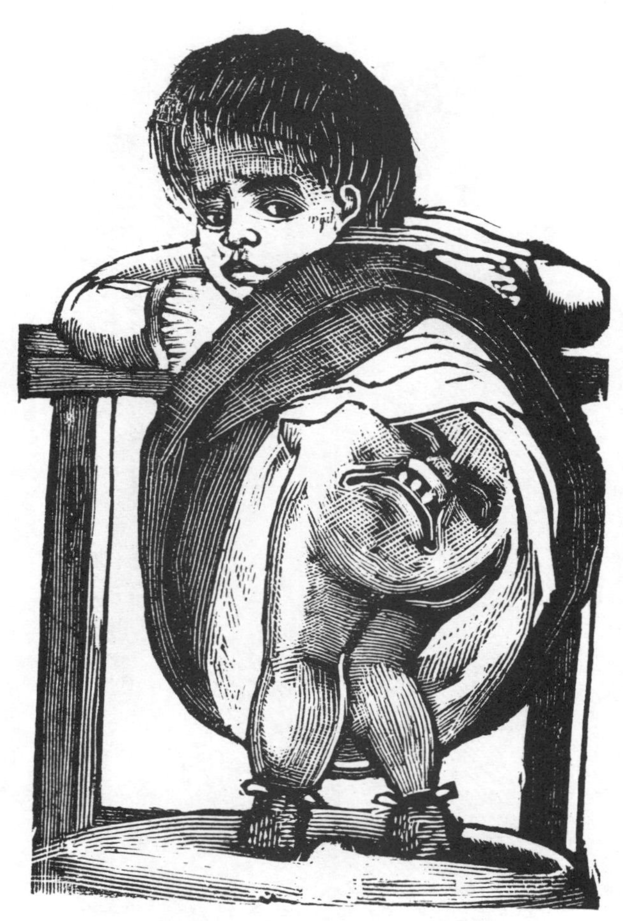

Ejemplo "EL FENOMENO"

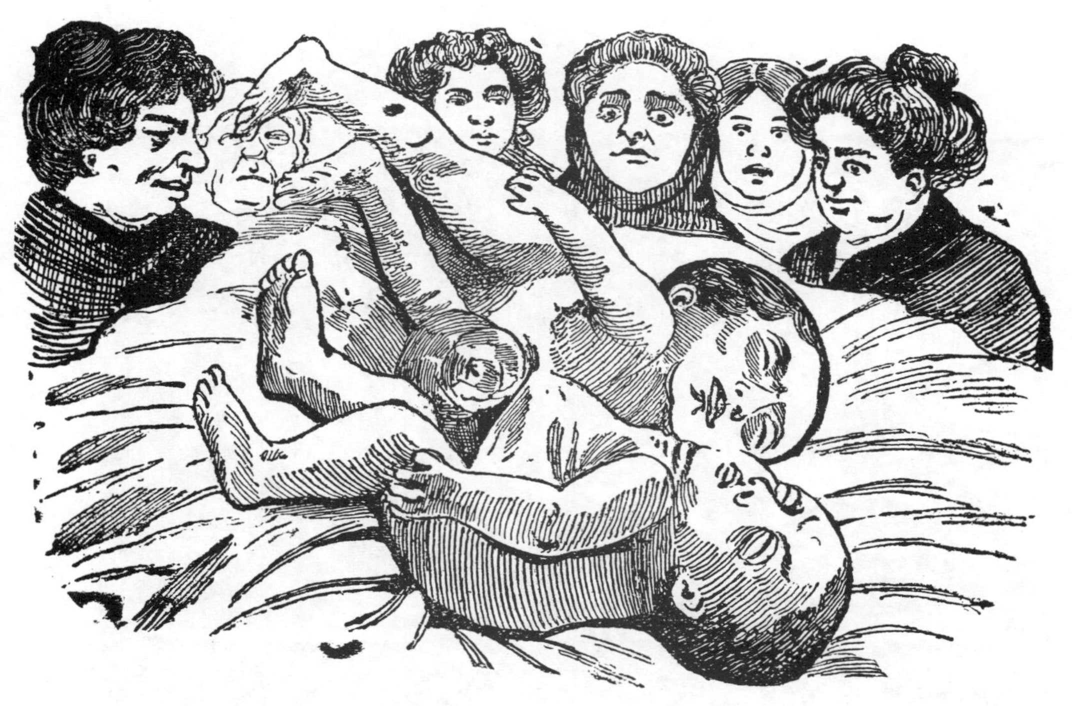

Ejemplo "EL FENOMENO"

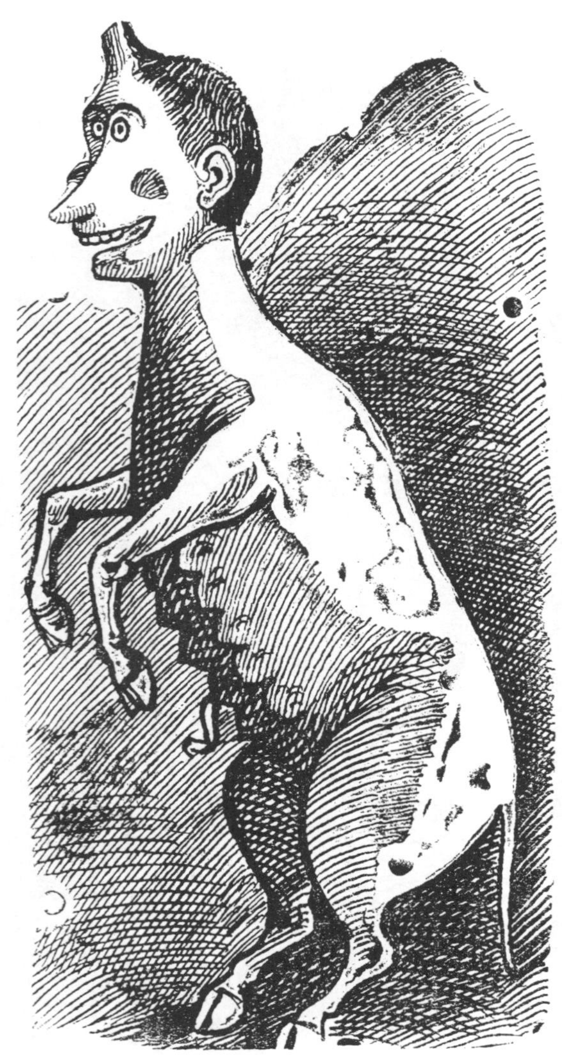

Ejemplo "EL FENOMENO"

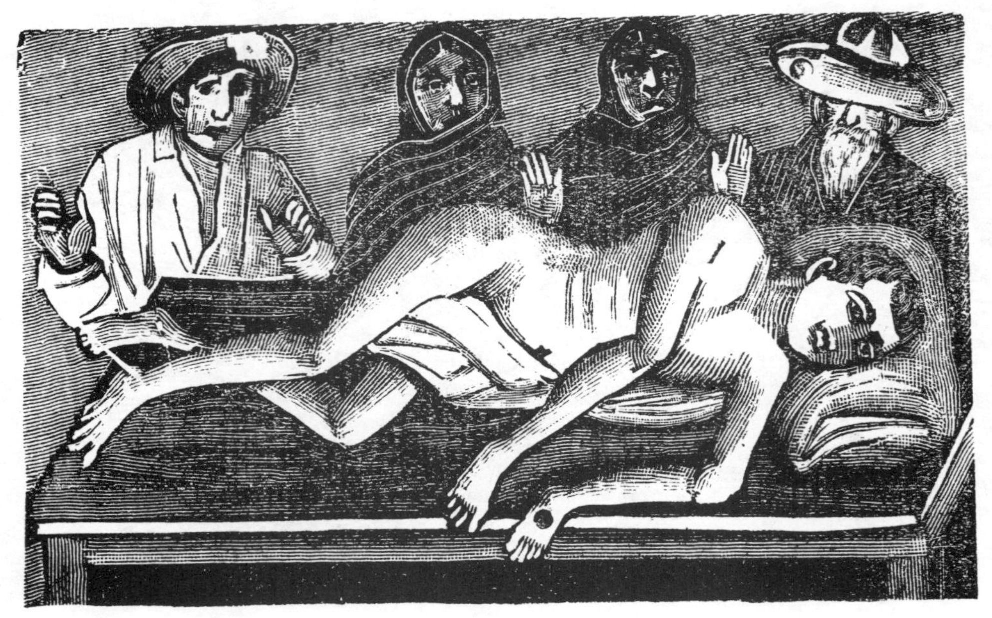

Ejemplo "EL FENOMENO"

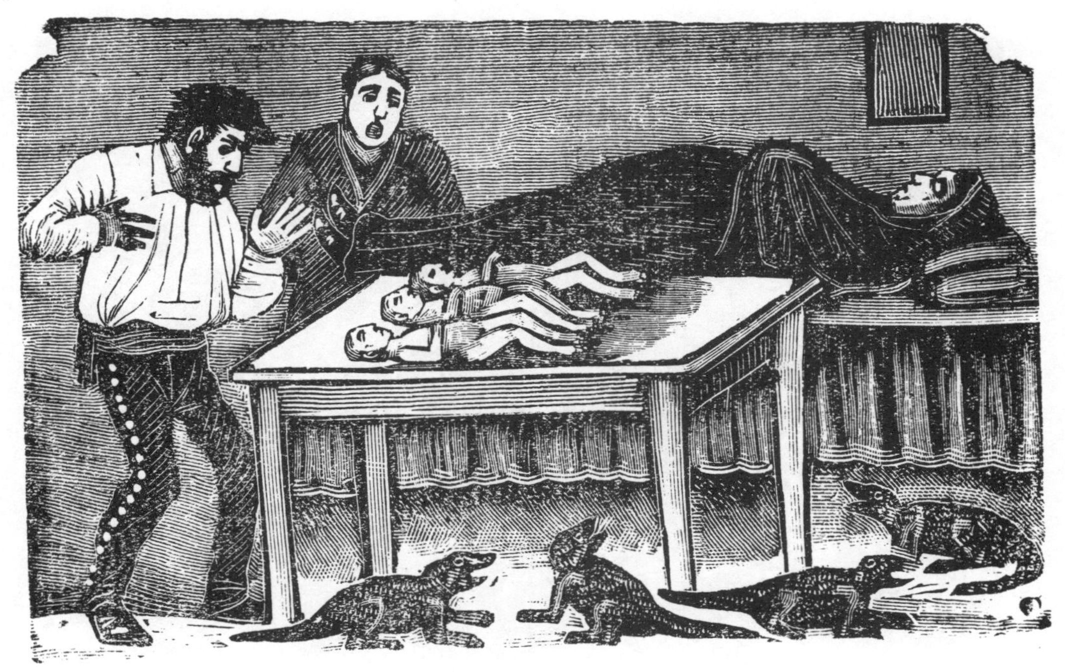

Ejemplo "EL FENOMENO"

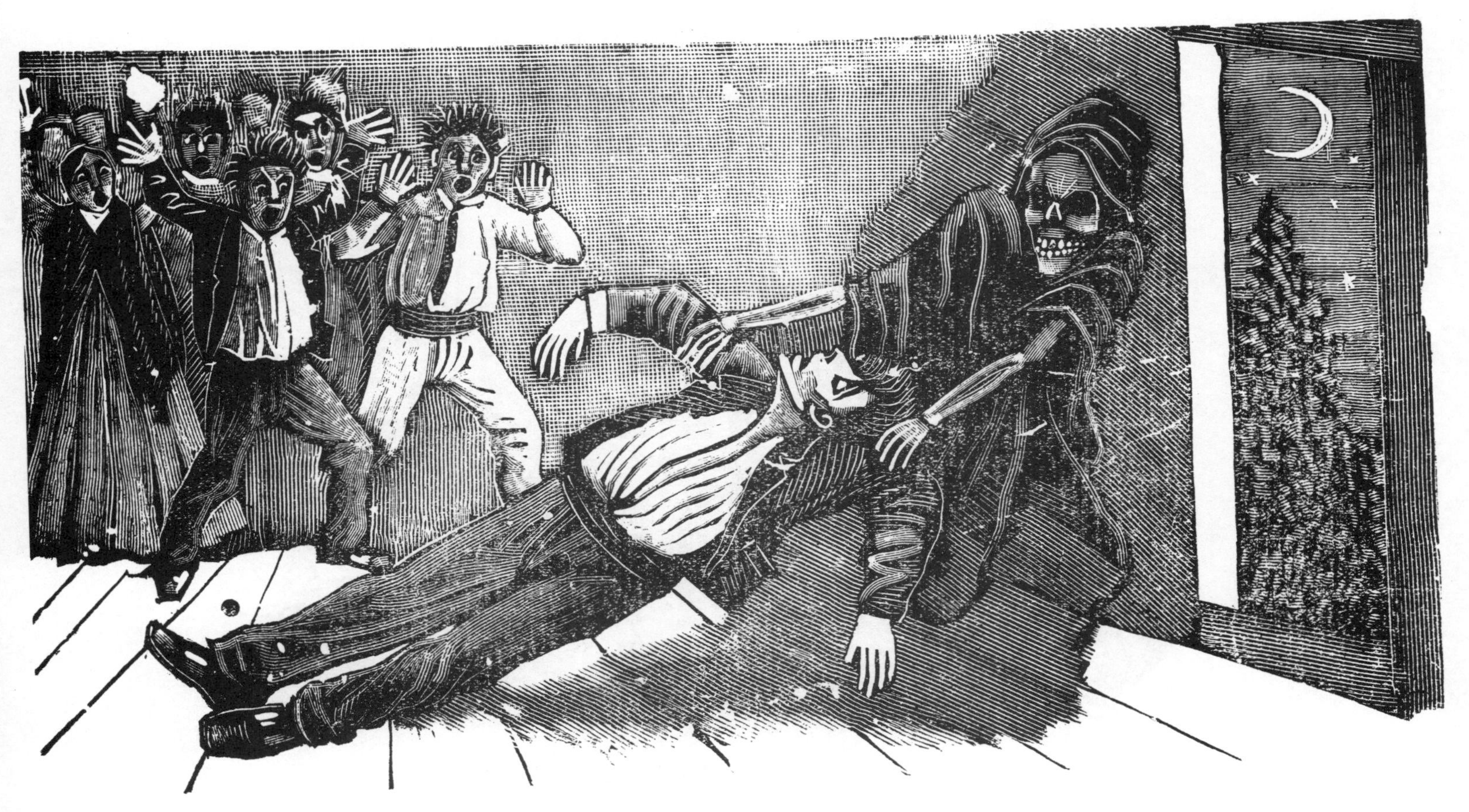

Corrido "LA ALFAJORERA"

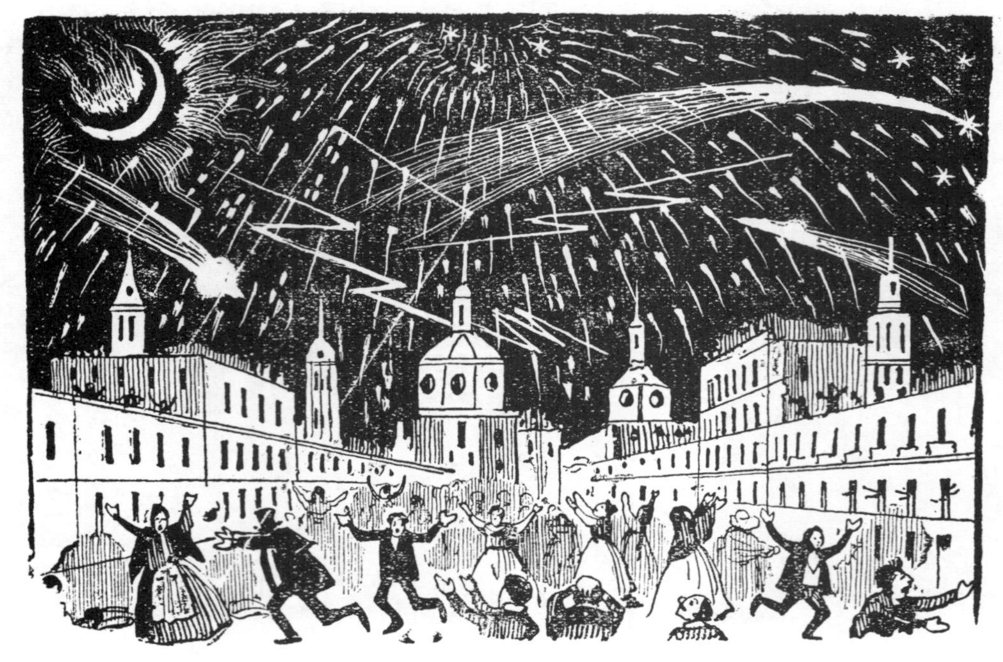

"EL FIN DEL MUNDO"

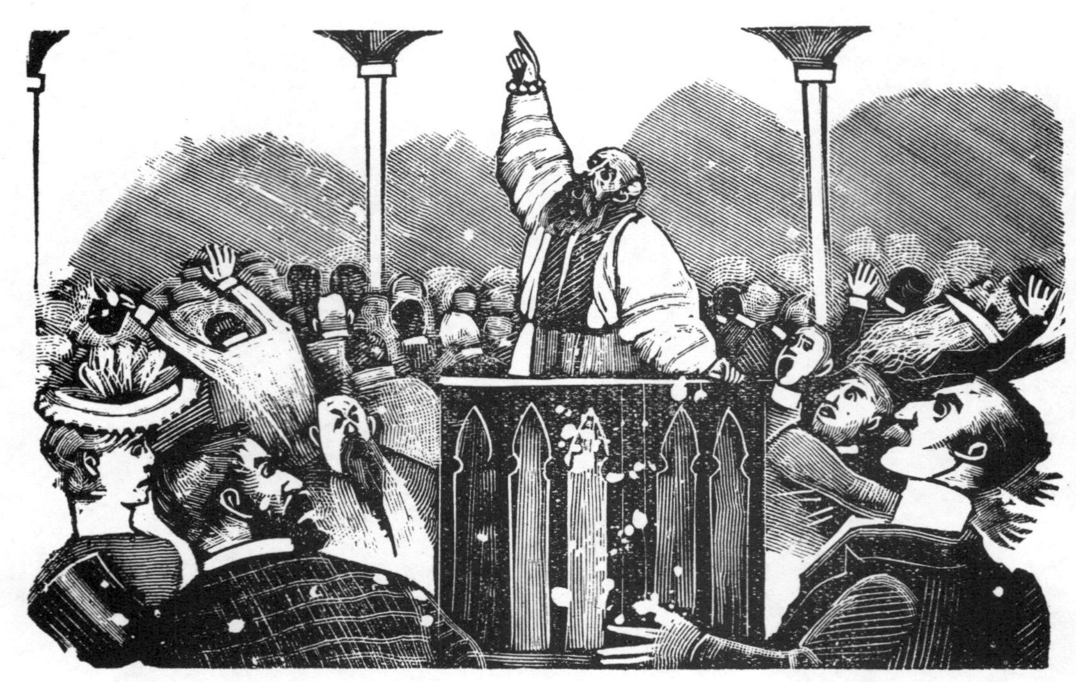

Ejemplo "EL NUEVO MESIAS"

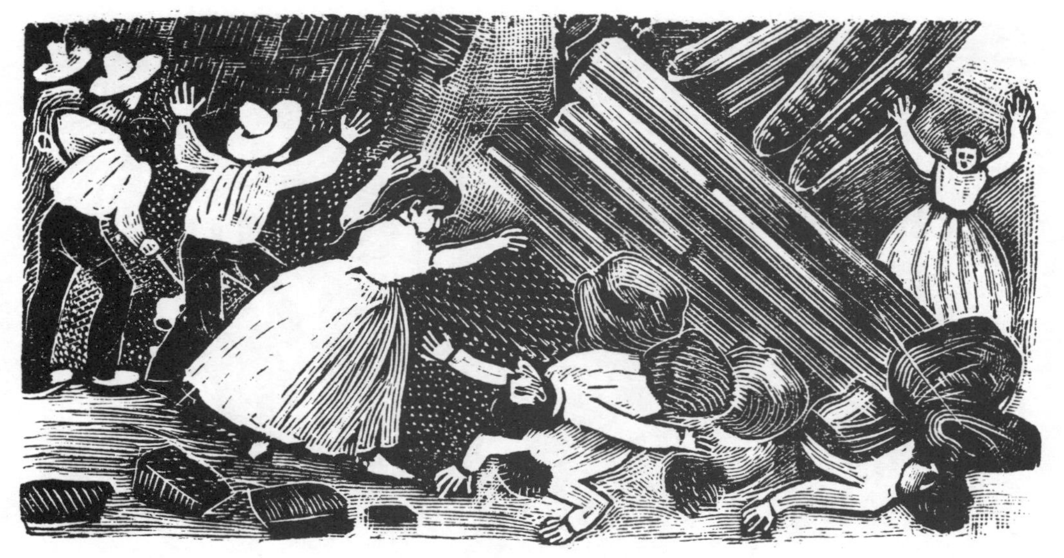

Corrido "EL FIN DEL MUNDO"

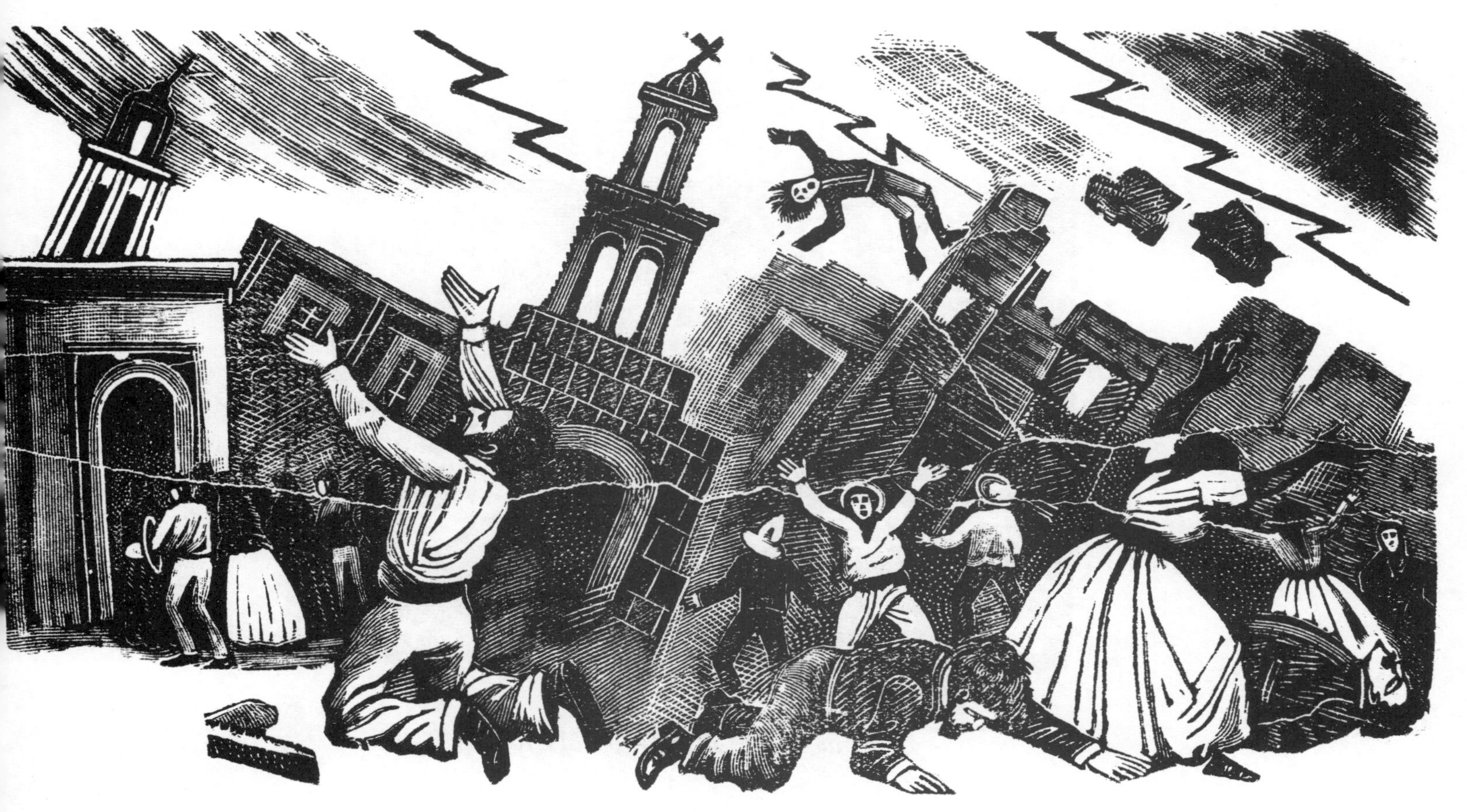

Corrido "EL FIN DEL MUNDO"

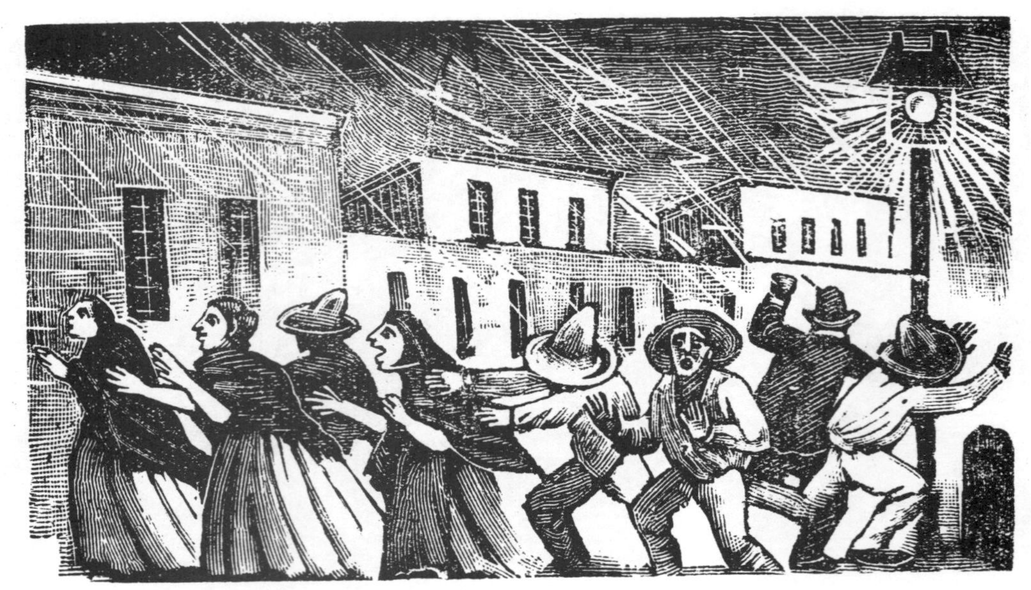

"EL FIN DEL MUNDO"

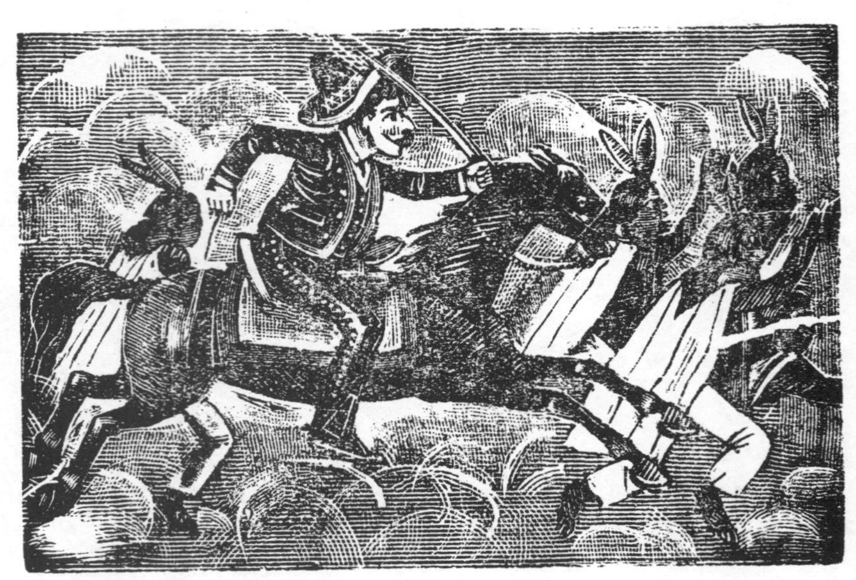

Décimas "MACARIO ROMERO"

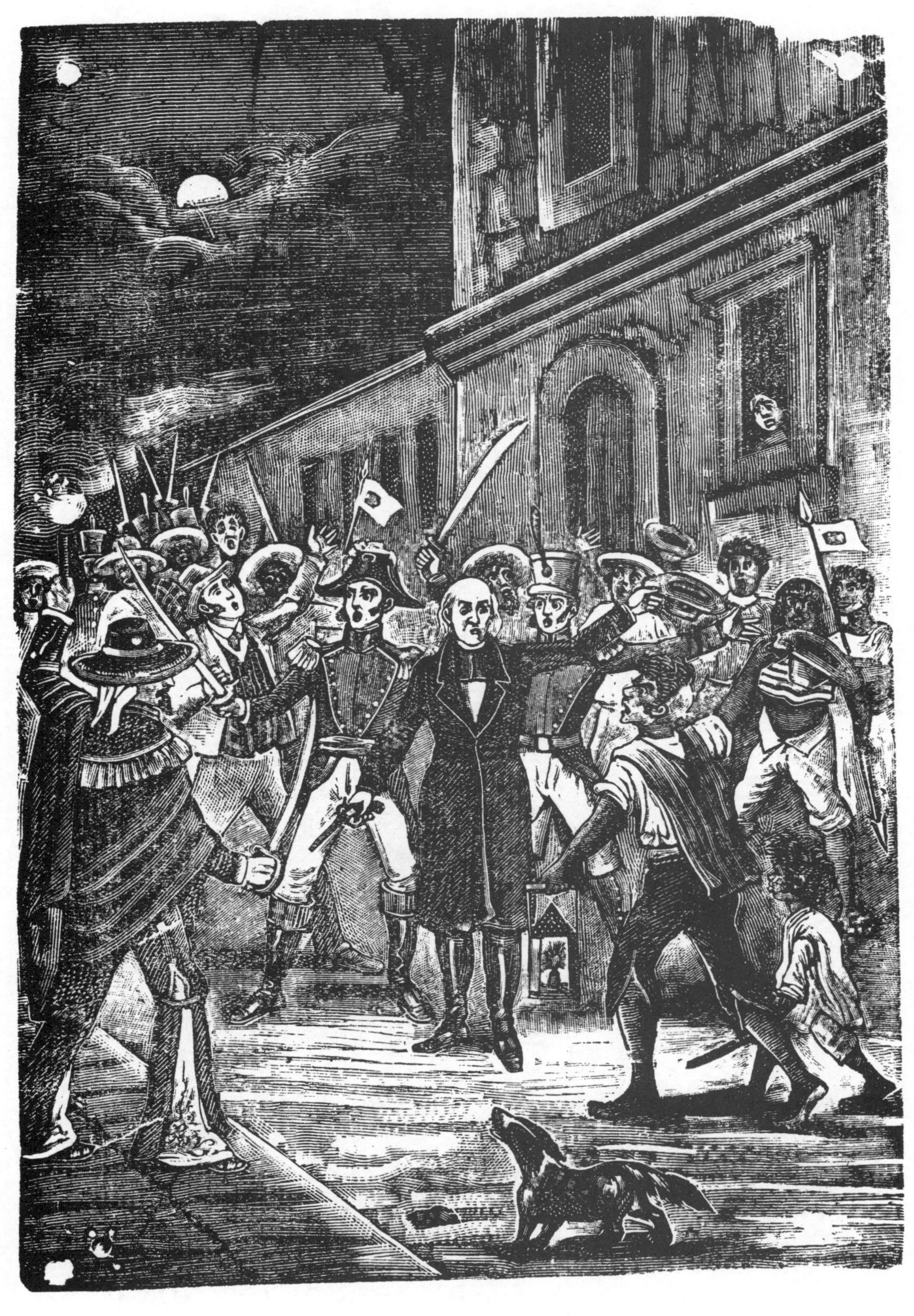

"EL GRITO DE INDEPENDENCIA"

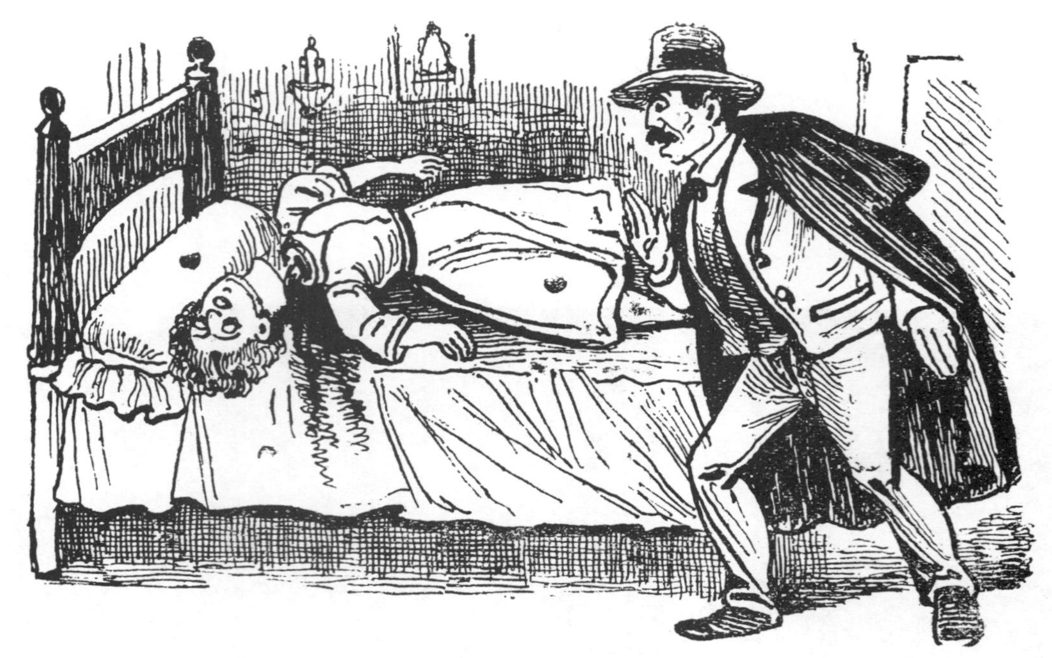

Ejemplo "ASESINATO DE UNA NIÑA"

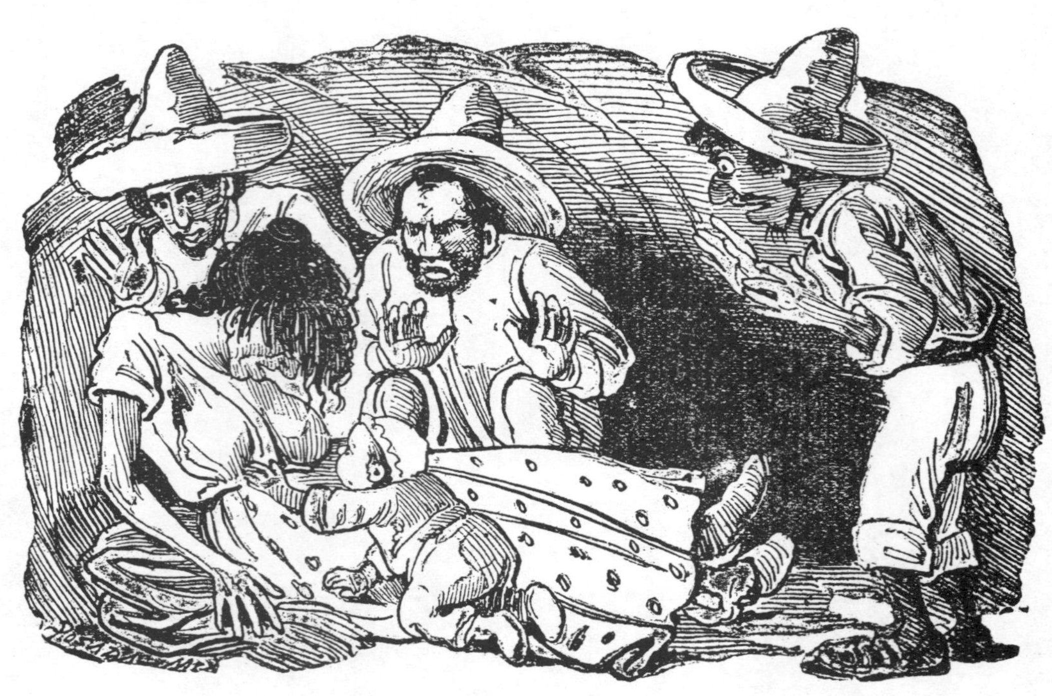

Ejemplo "EN LAS PROFUNDIDADES DE UNA MINA"

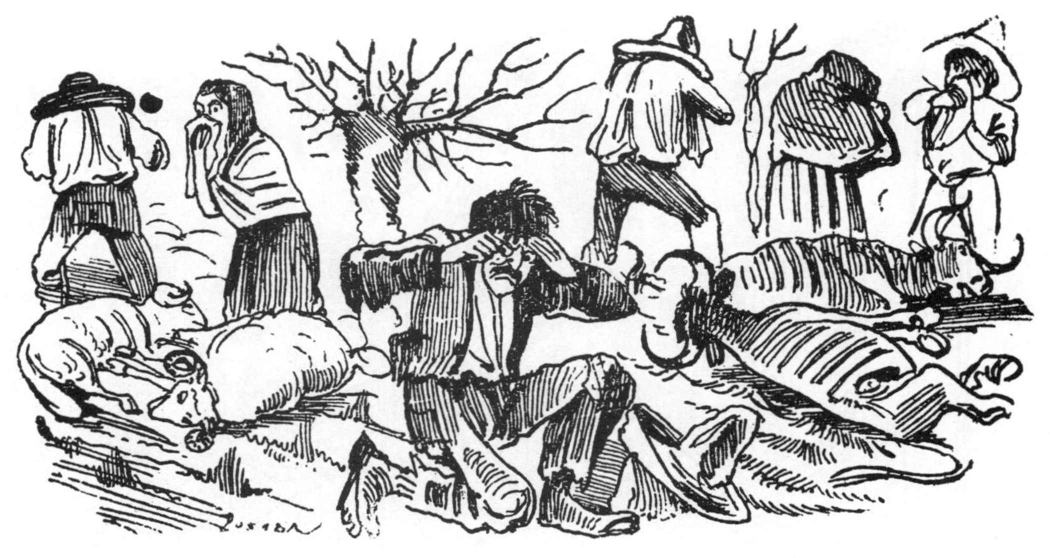

Ejemplo "LA PESTE"

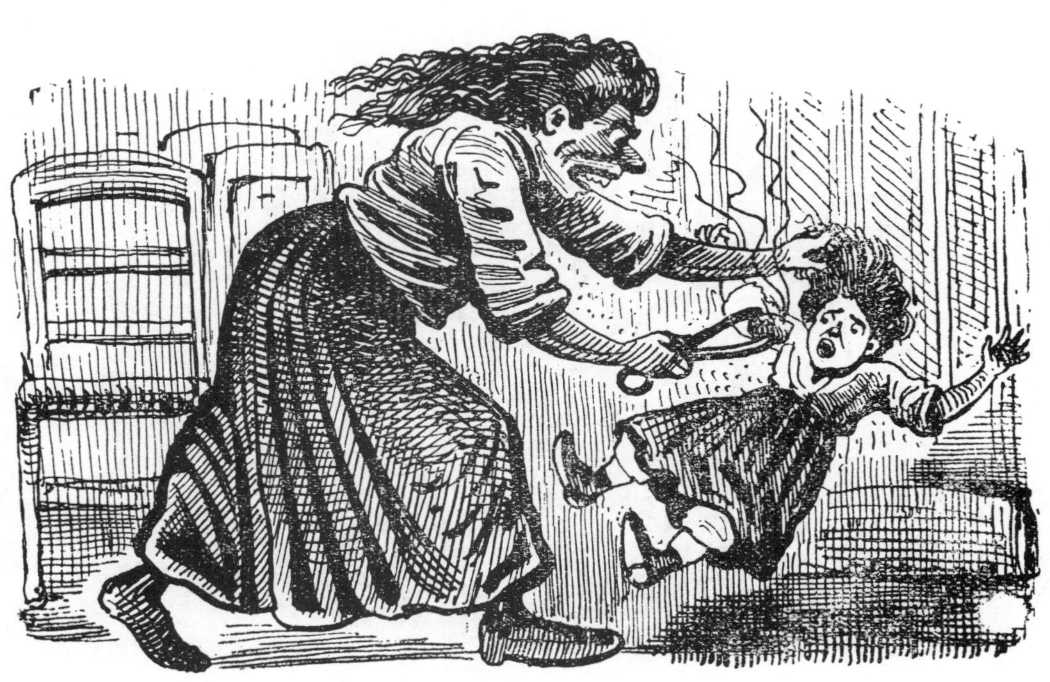

Ejemplo "LA NUEVA BEJARANO"

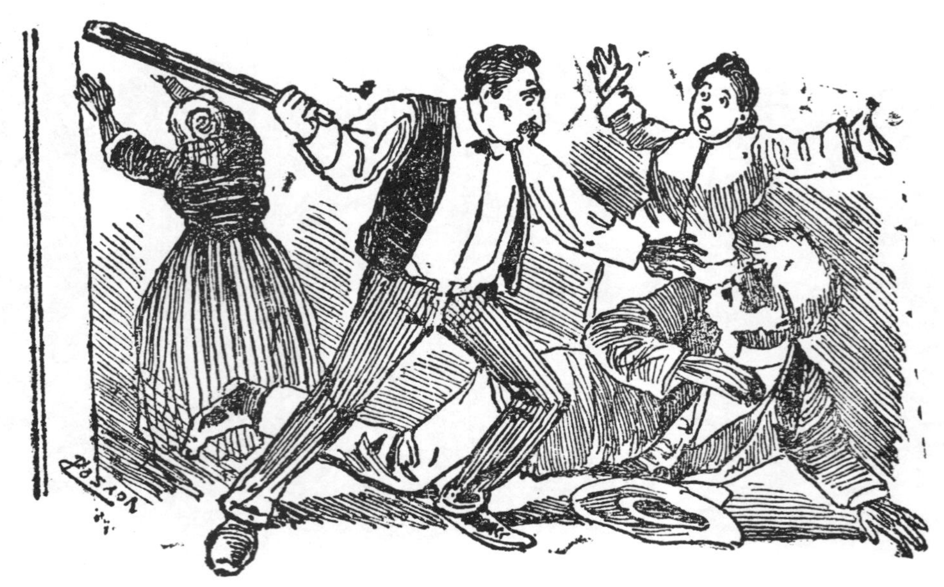

Ejemplo "EL HIJO REPROBO"

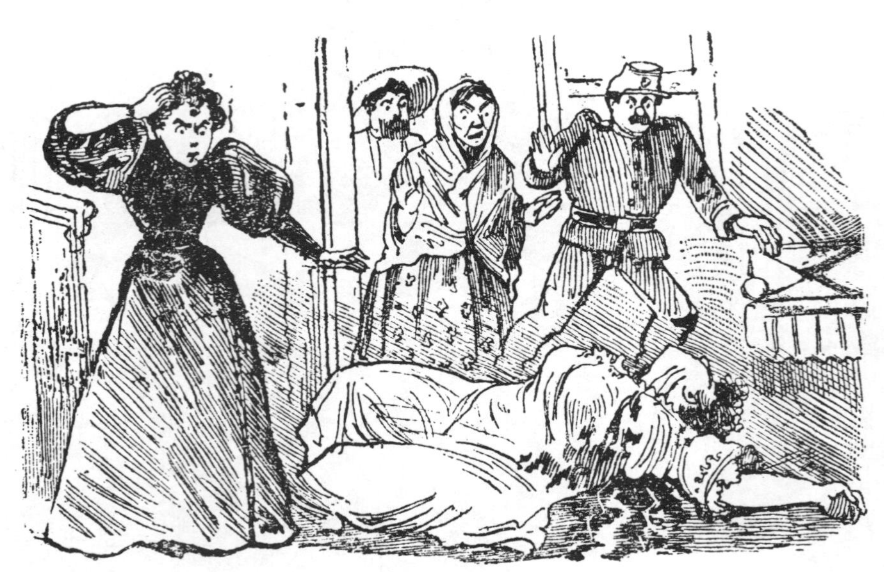

Corrido "MARIA LA CHIQUITA"

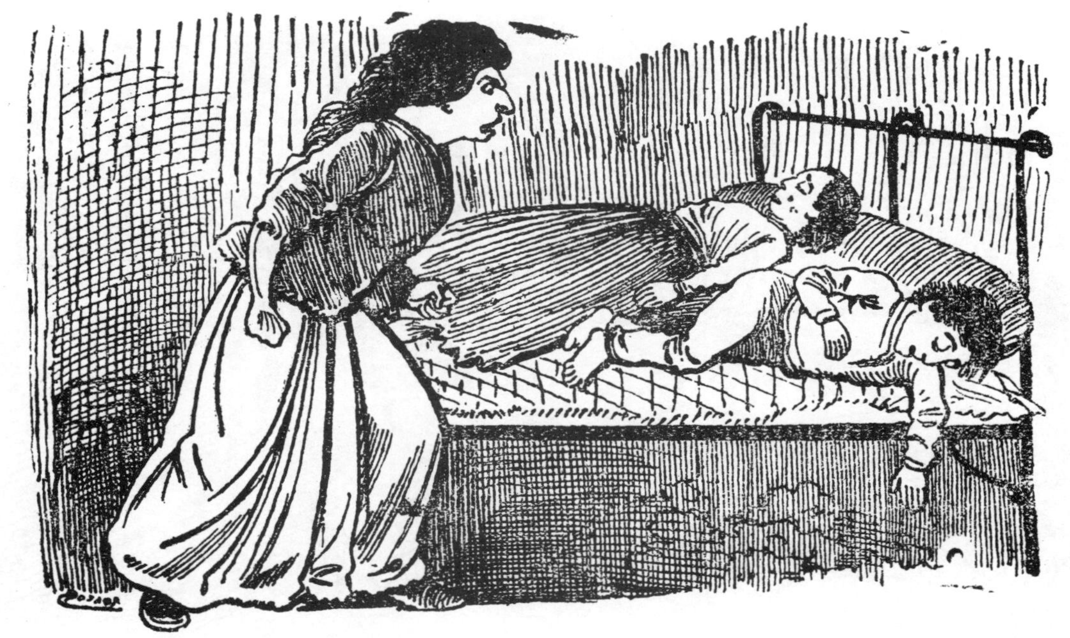

Ejemplo "MUJER QUE MATA A SUS PEQUEÑOS HIJOS"

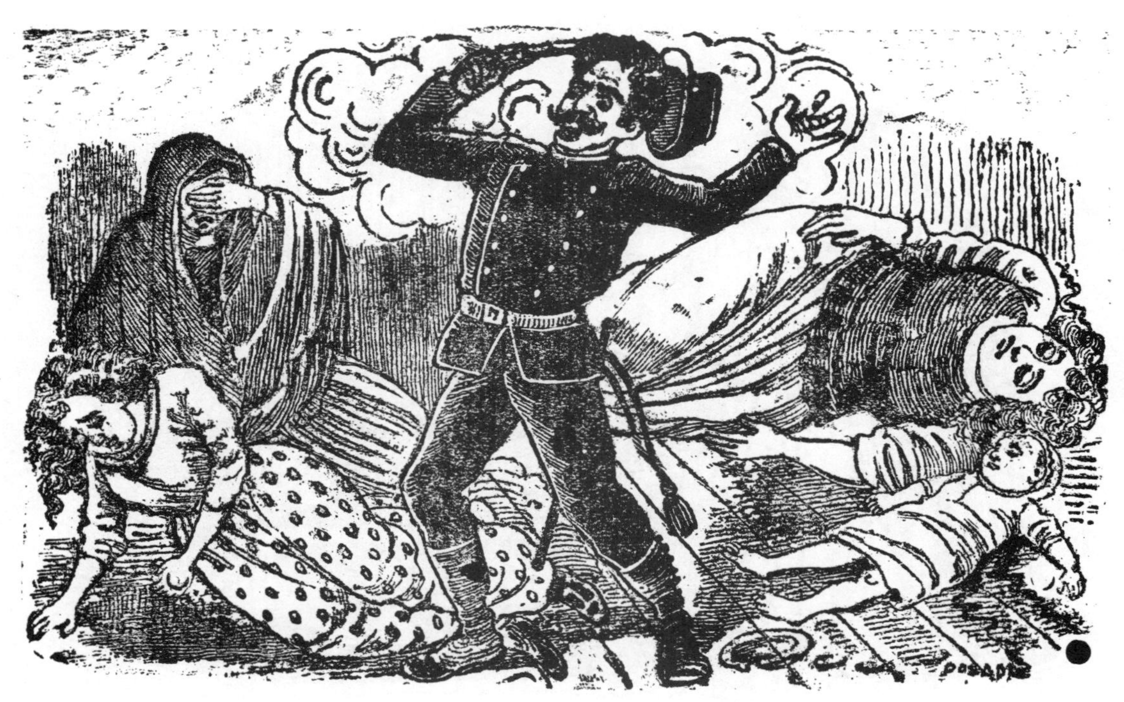

Ejemplo "UN ENERGUMENO"

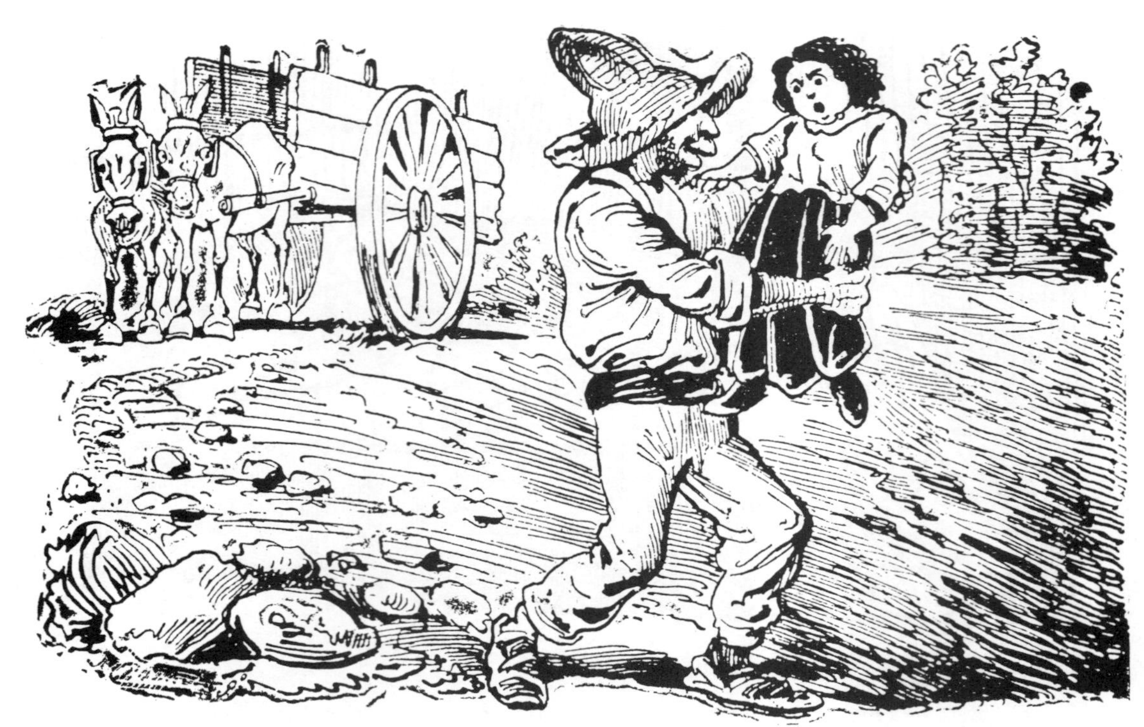

Décimas "LOS ROBA-CHICOS EN ACCION"

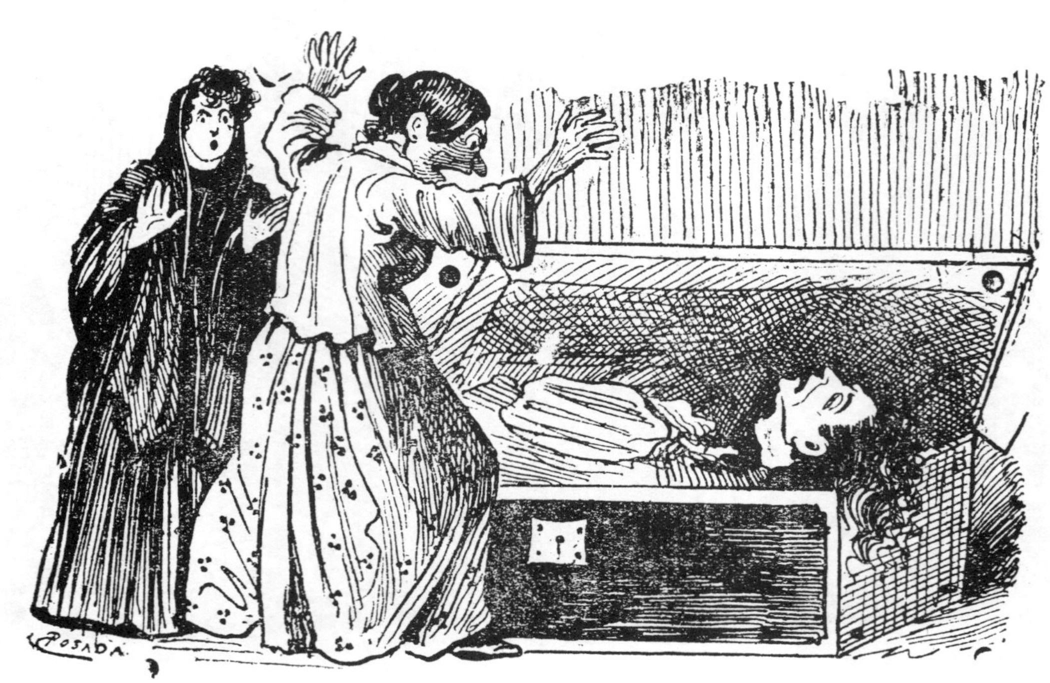

Ejemplo "DESCUBRIMIENTO DE UN CADAVER"

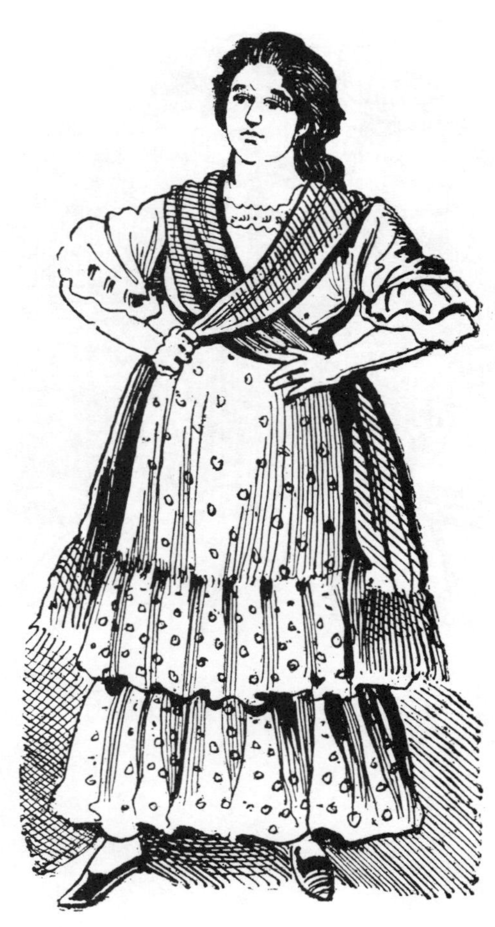

Corrido "LA CHINA"

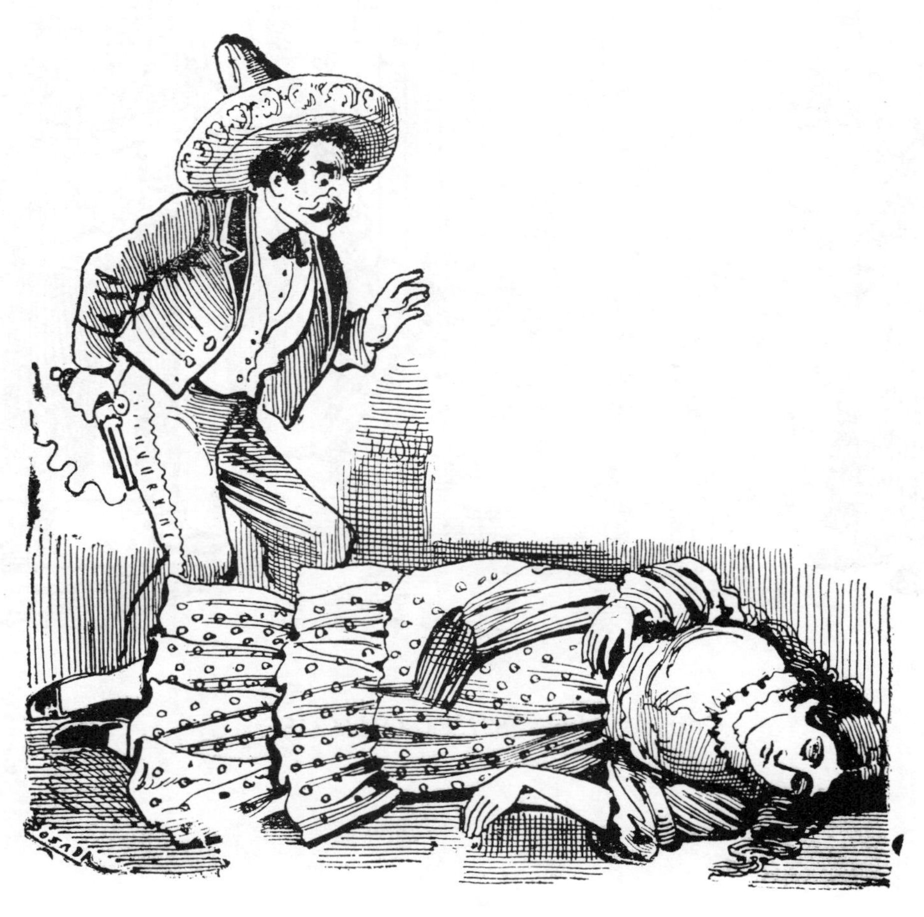

Corrido "LA CHINA"

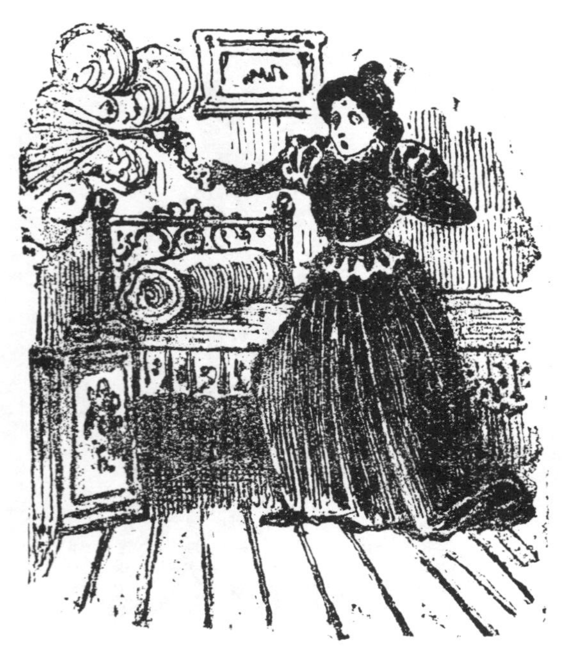

Corrido "LA CELOSA"

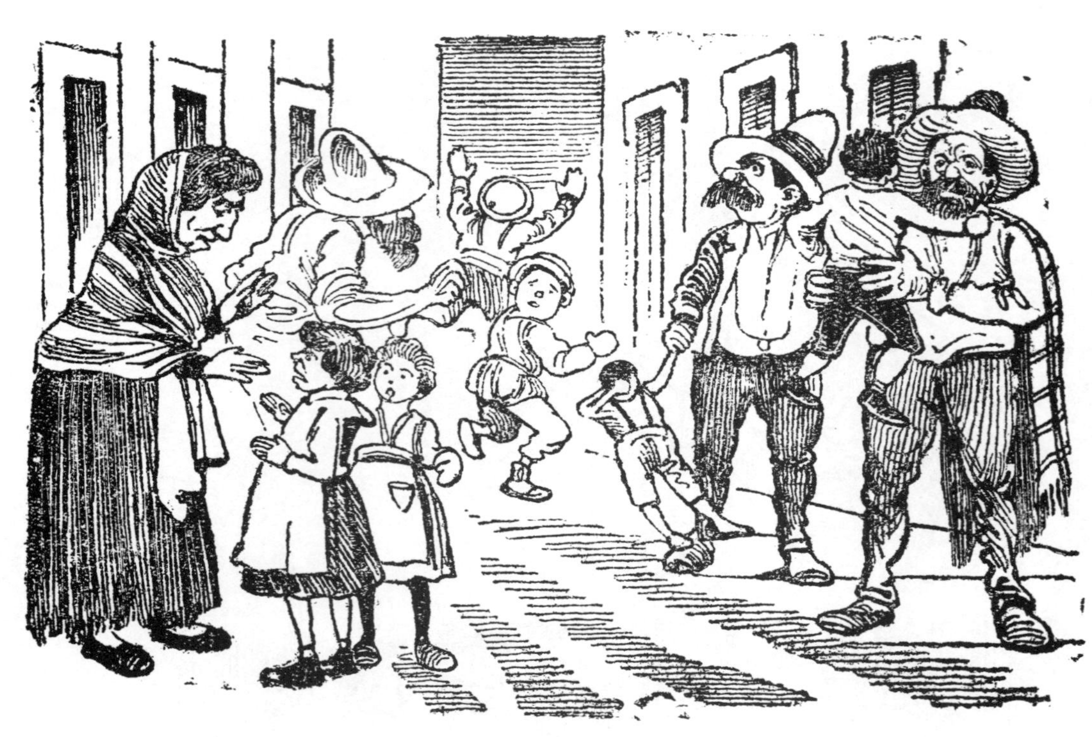

Corrido "LOS ROBA-CHICOS"

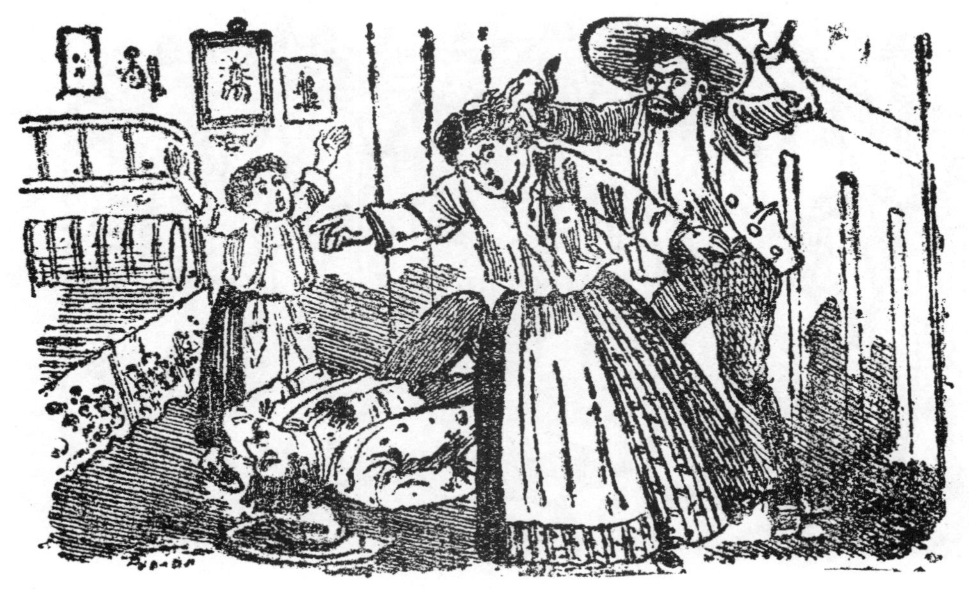

Ejemplo "LOS MALOS VICIOS"

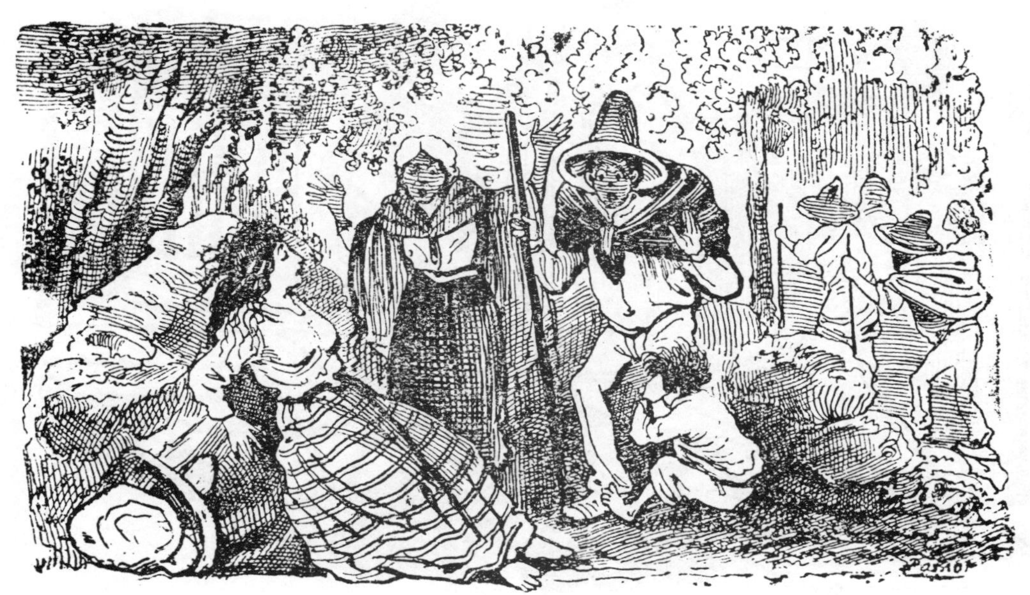

Ejemplo "UNA MUJER QUE SE CONVIRTIO EN PIEDRA"

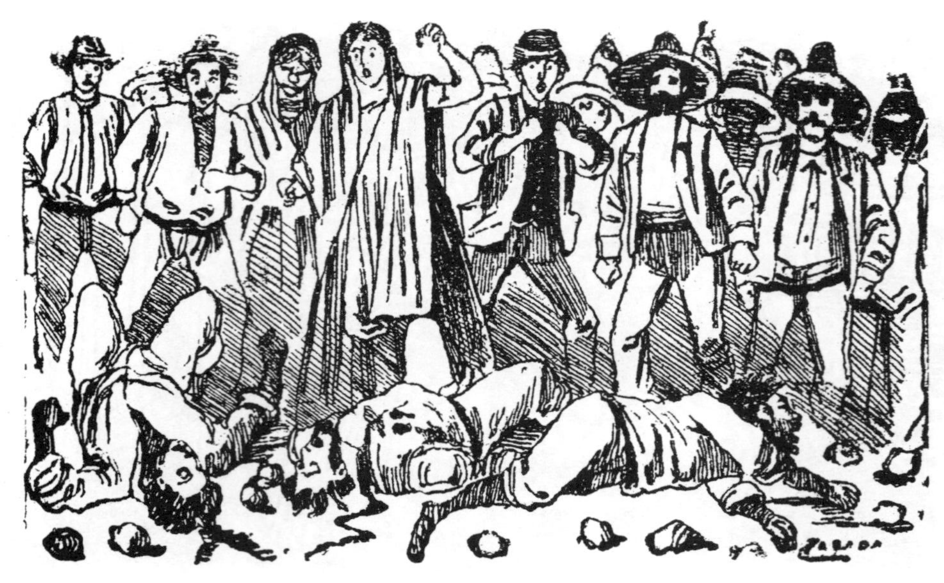

Corrido "EL DESCARRILAMIENTO"

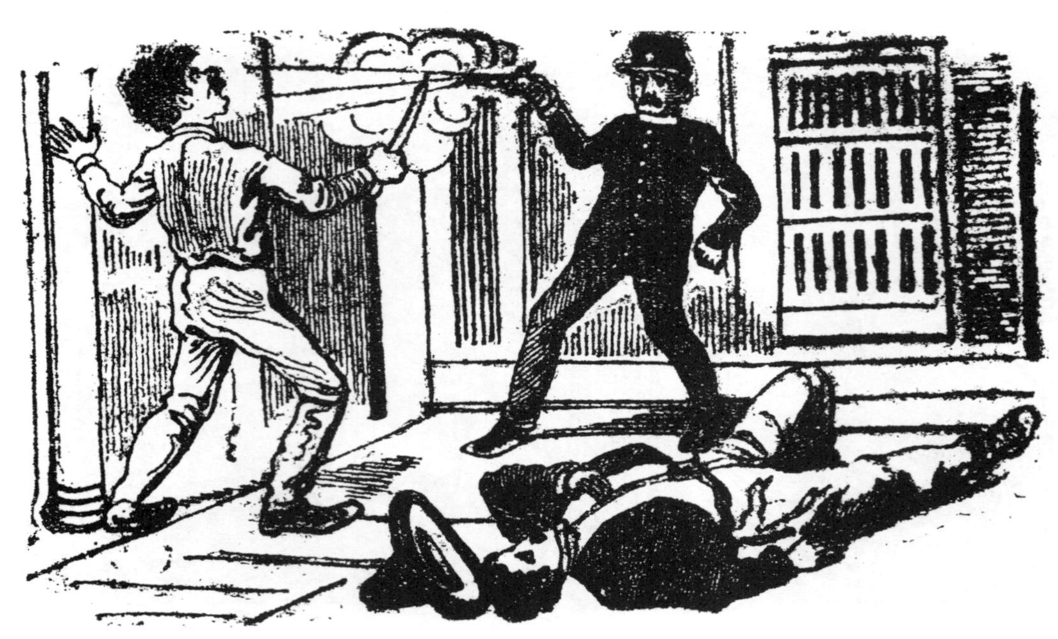

Corrido "EL TECOLOTE"

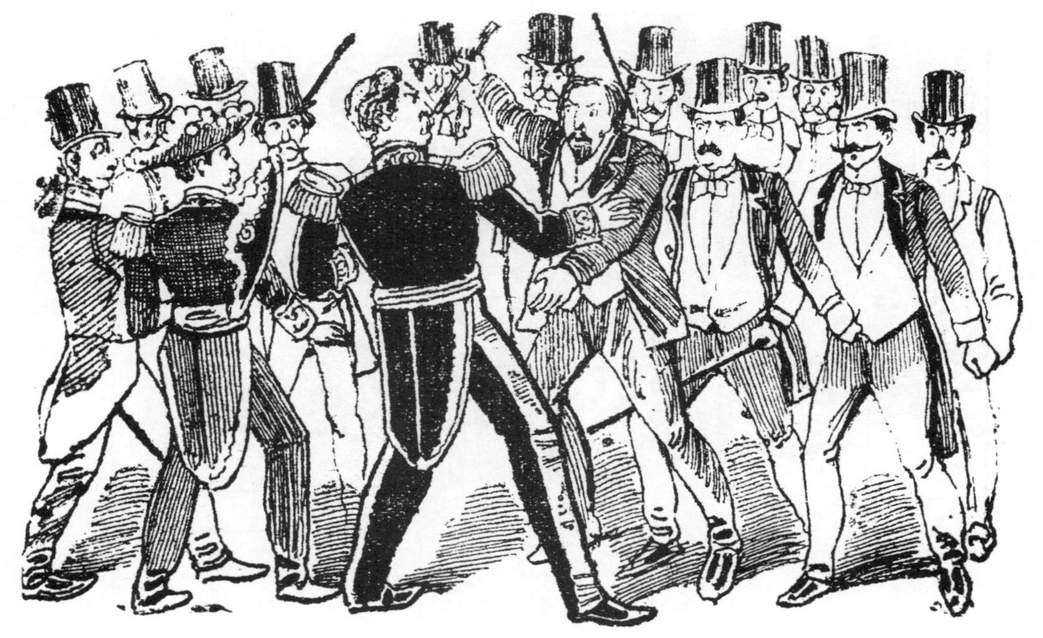

Corrido "EL LINCHAMIENTO DE ARNULFO ARROYO"

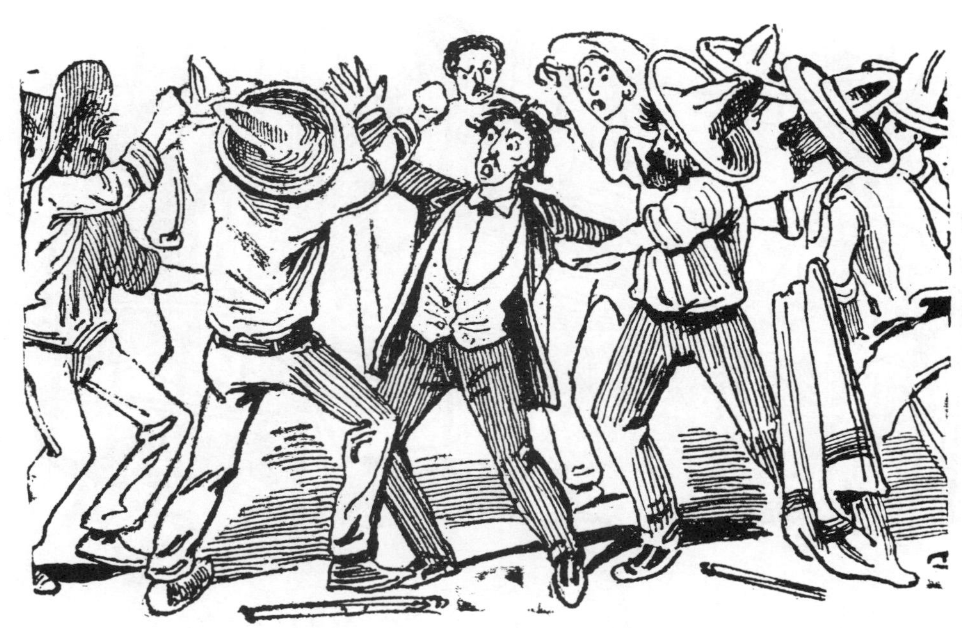

Corrido "UN ASALTO EN TEPITO"

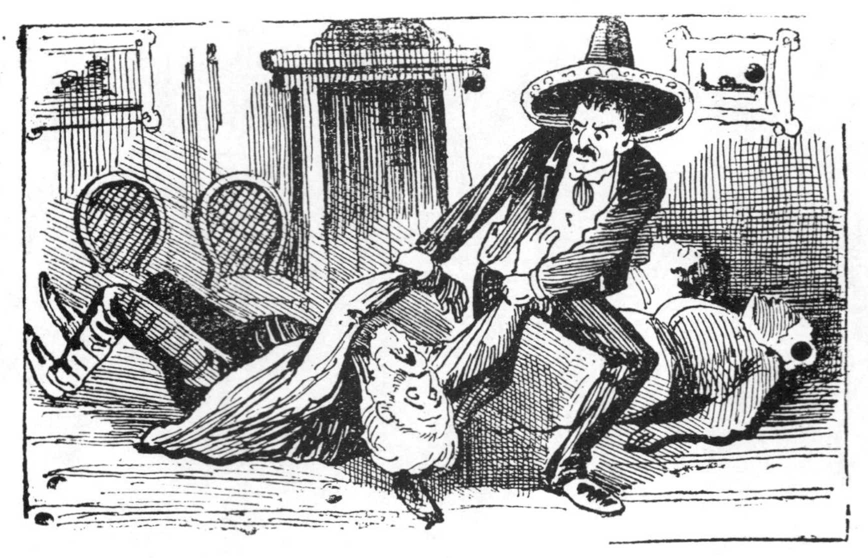

Ejemplo "UN HIJO QUE MATA A SU PADRE"

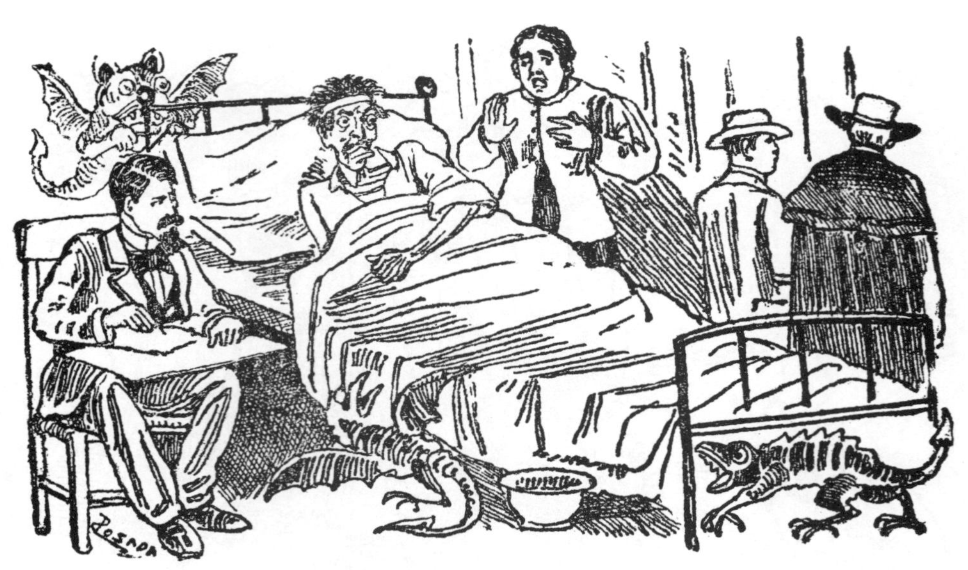

Ejemplo "LA AGONIA DE UN MAL HIJO"

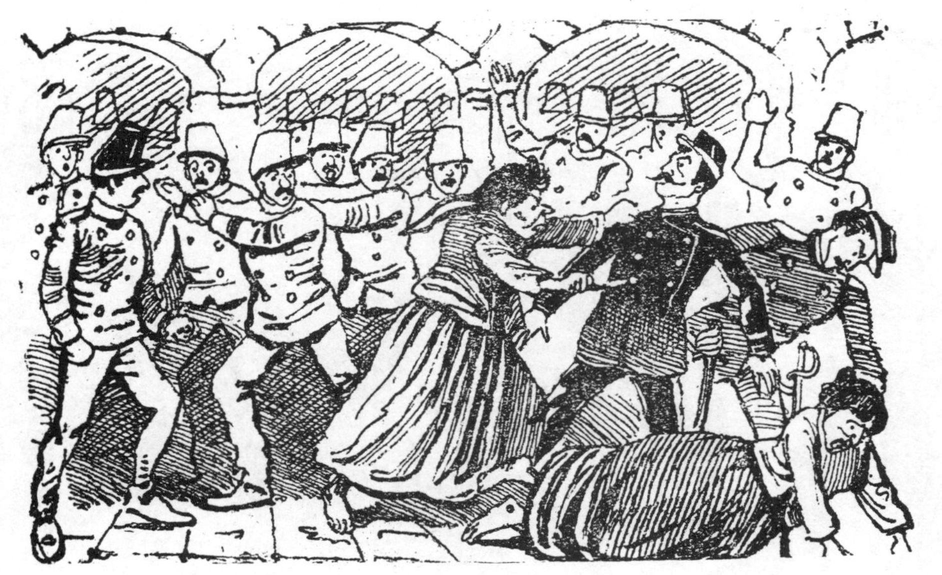

Corrido "CHUCHA LA SOLDADERA"

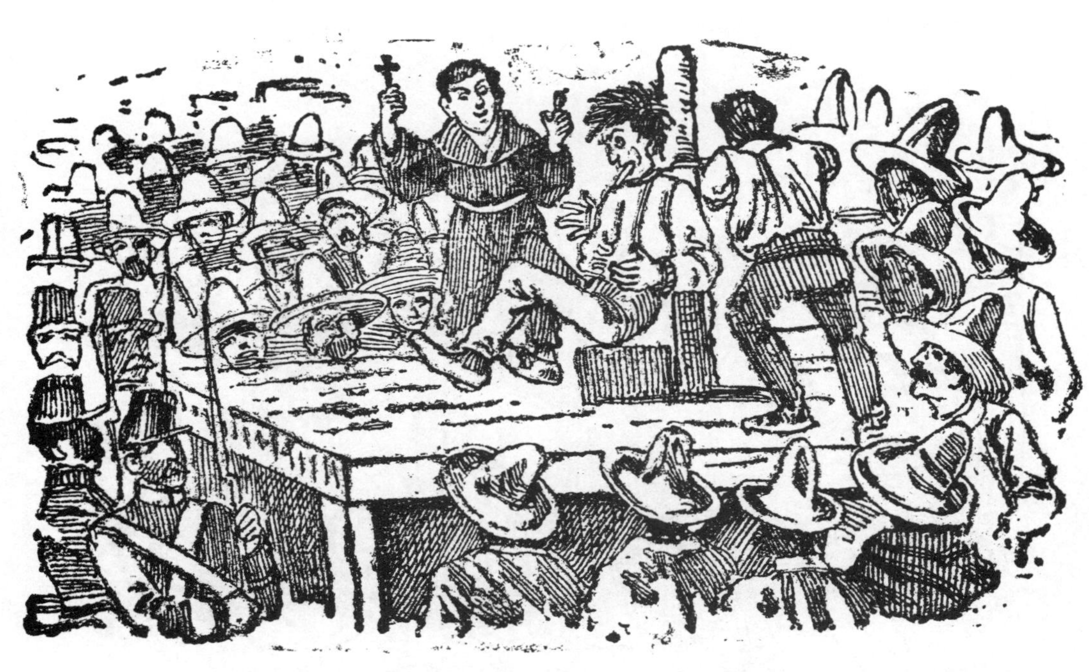

Corrido "EL AHORCADO DE MIXCALCO"

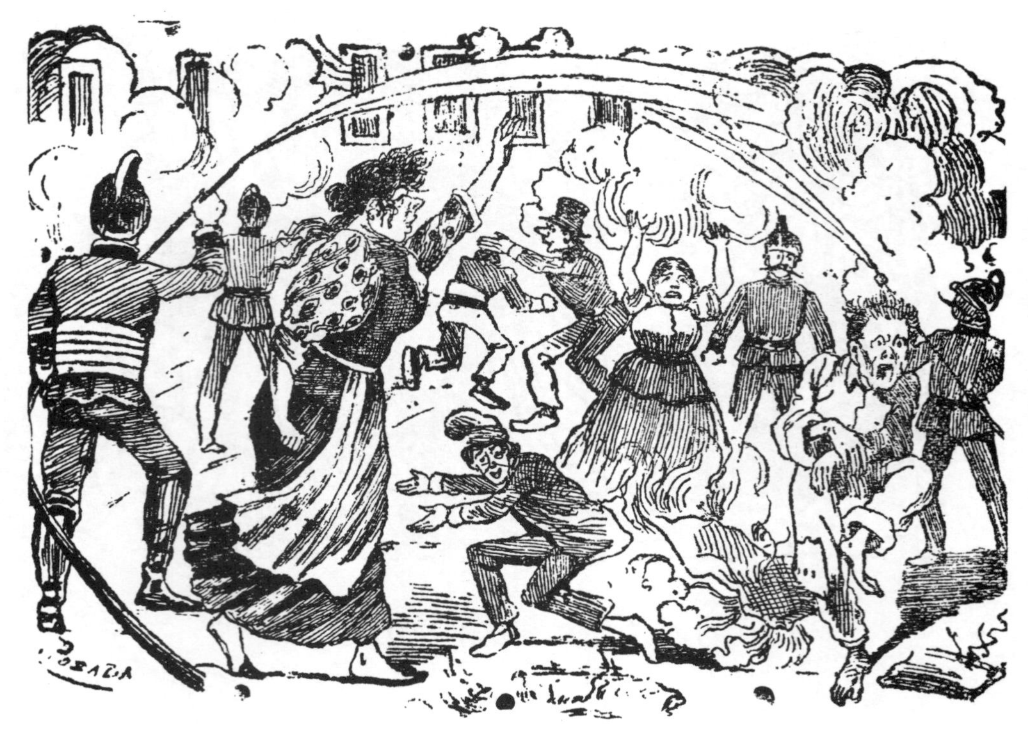

Corrido "LA QUEMAZON"

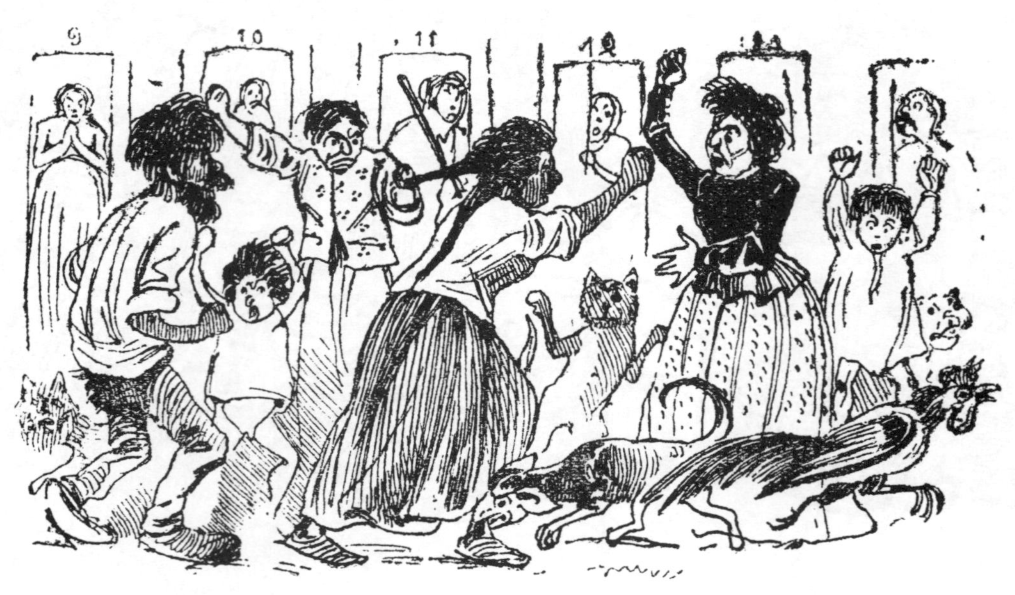

Décimas "PLEITO DE VECINDAD"

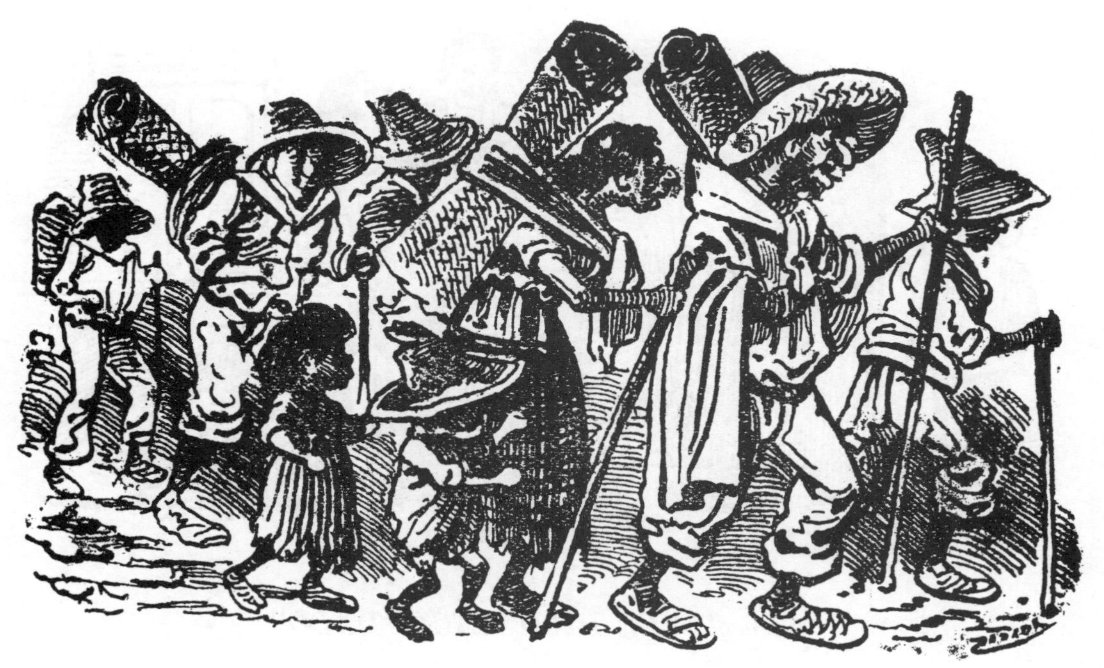

LOS PETATEROS

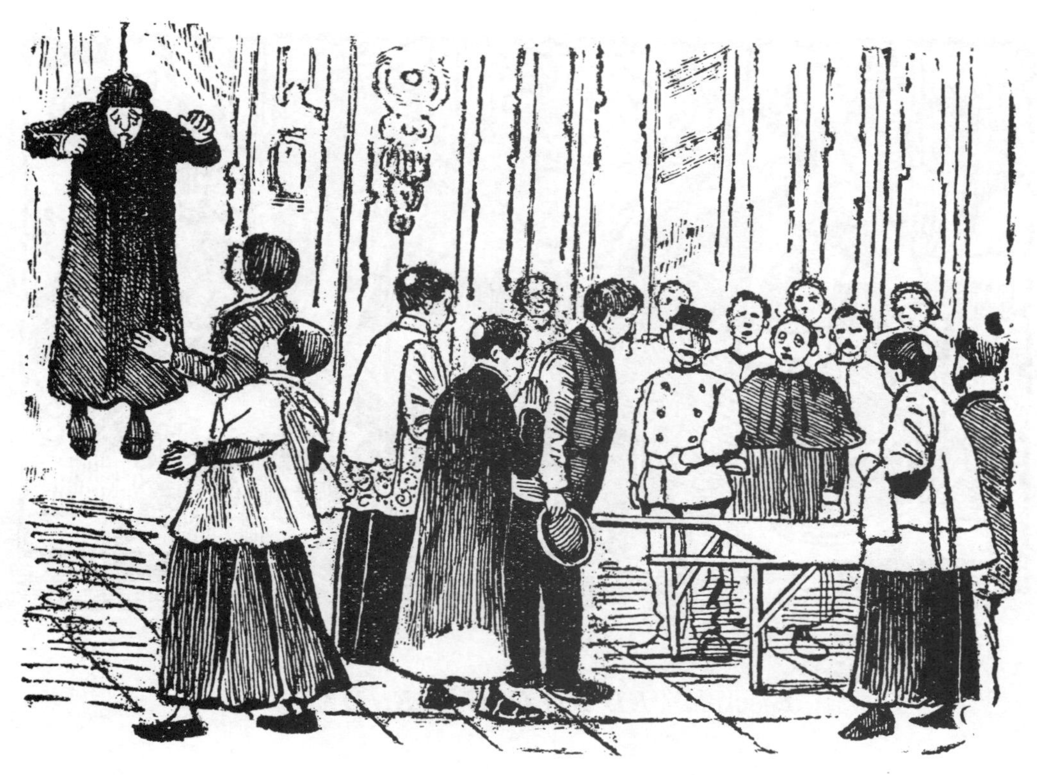

Corrido "EL SACRISTAN QUE SE AHORCO EN CATEDRAL"

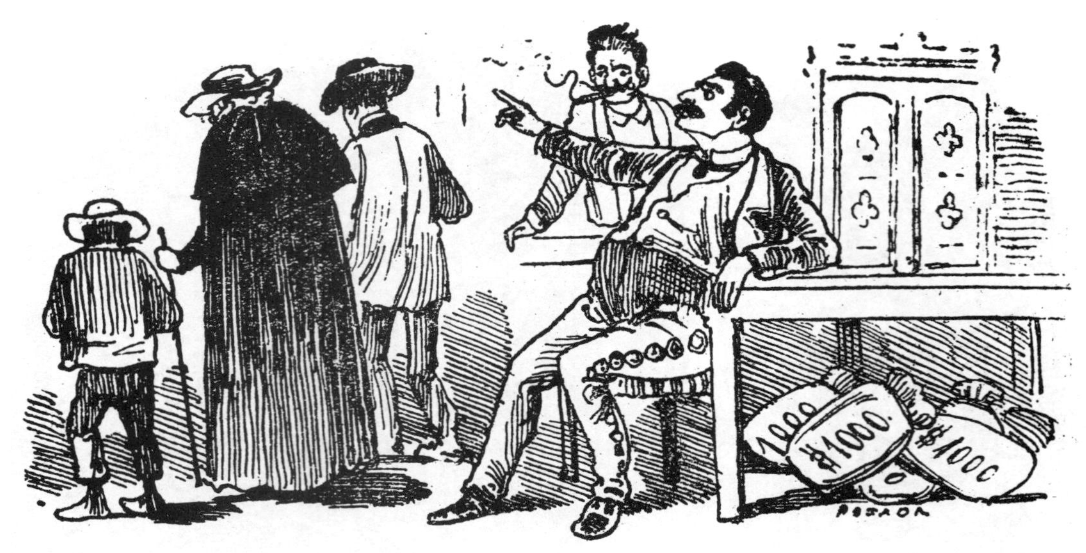

Ejemplo "EL RICO HACENDADO"

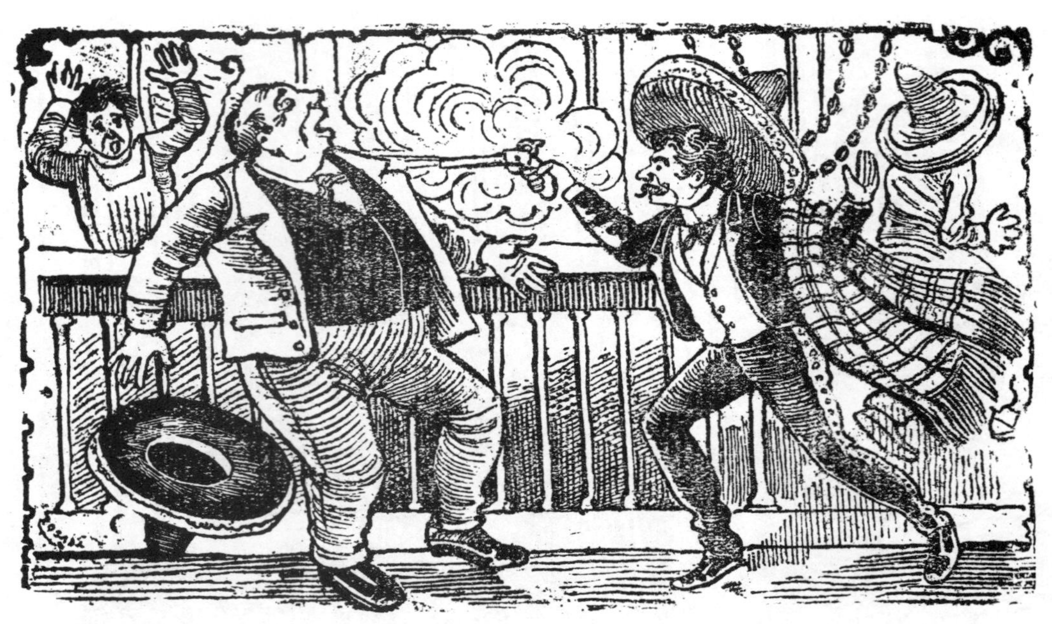

Ejemplo "EL RICO HACENDADO"

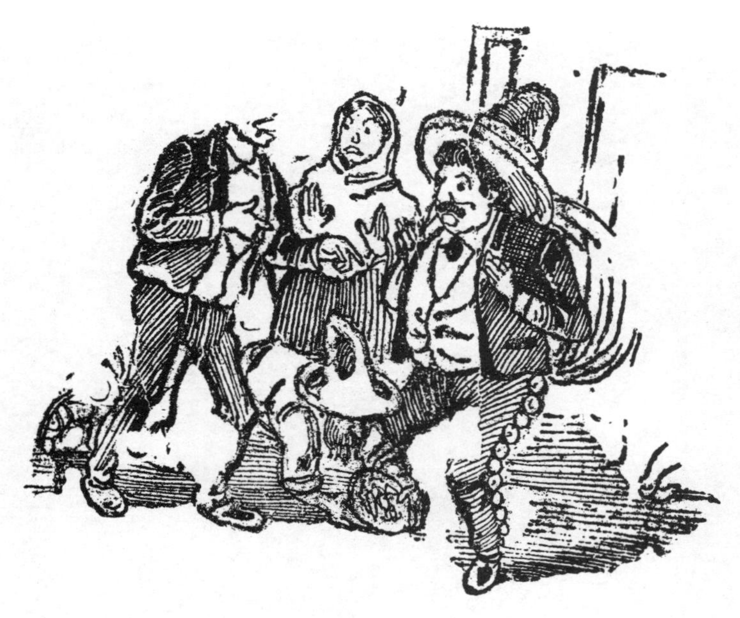

Corrido "LA MONEDITA"

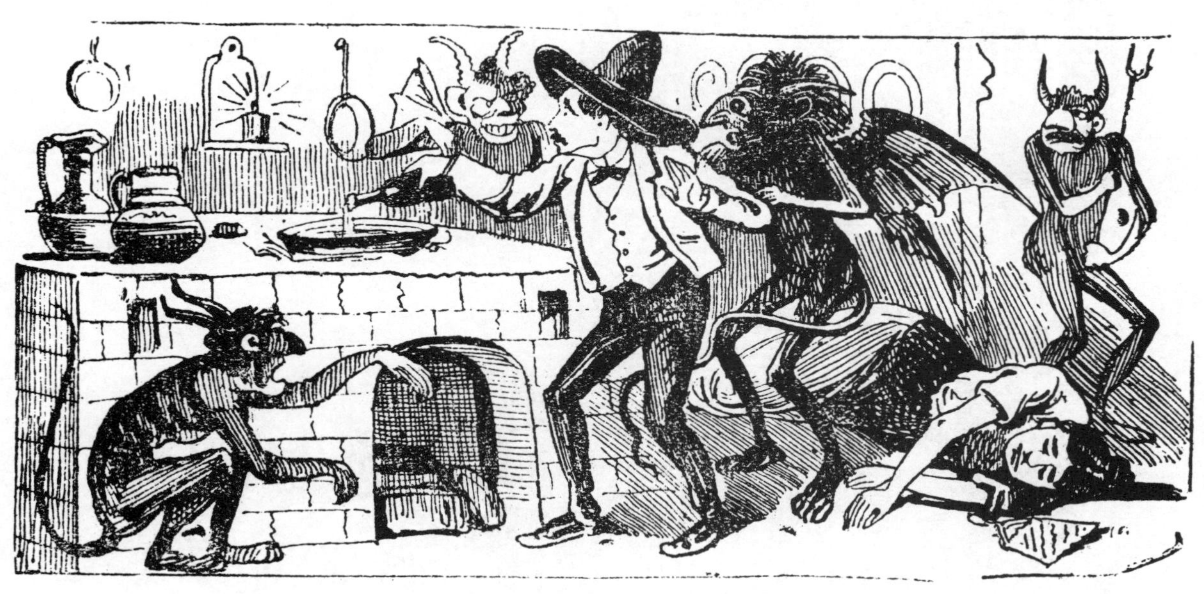

Corrido "ELEUTERIO MIRAFUENTES"

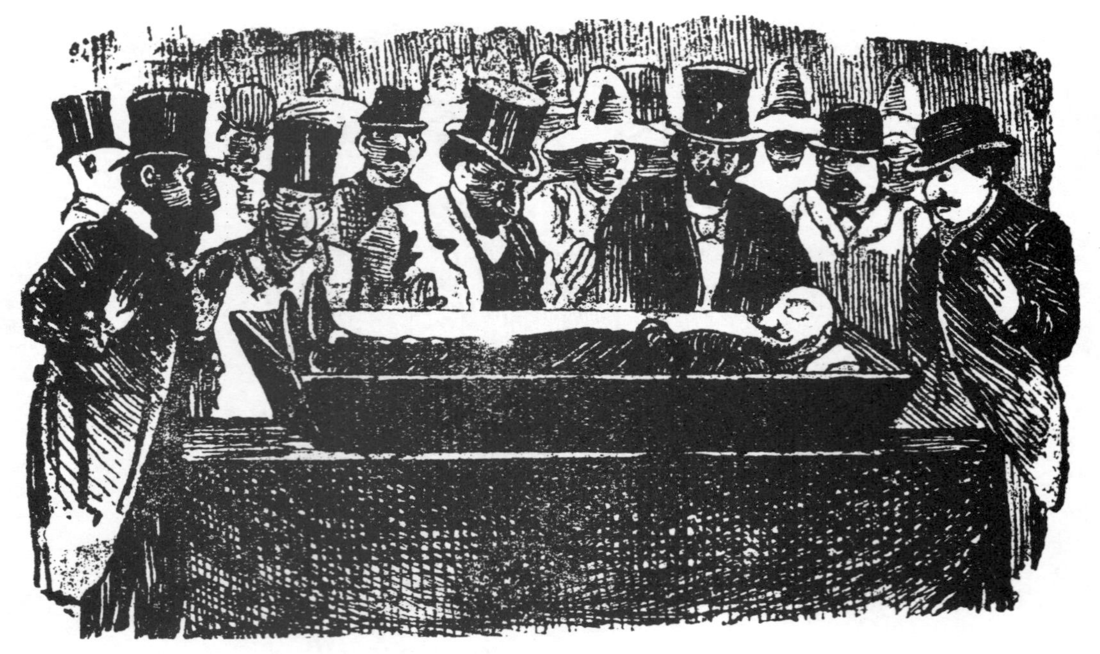

Corrido "LOS PELELES"

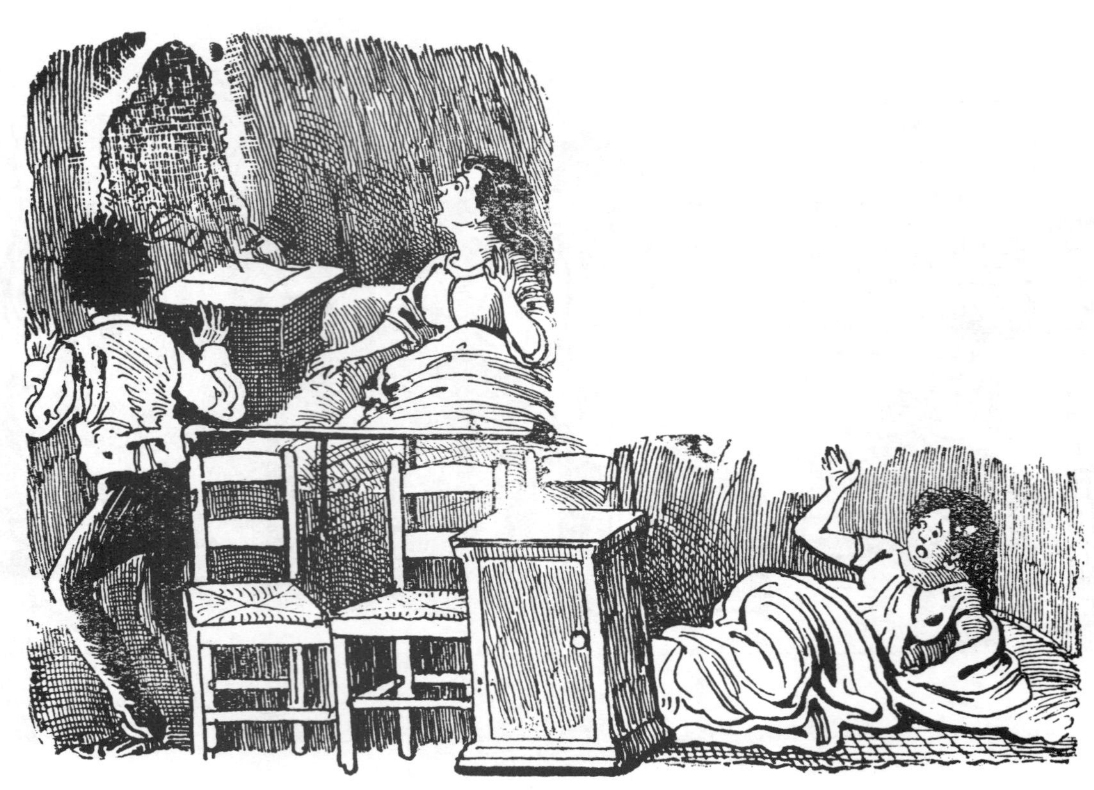

Corrido "LOS ESPIRITUS"

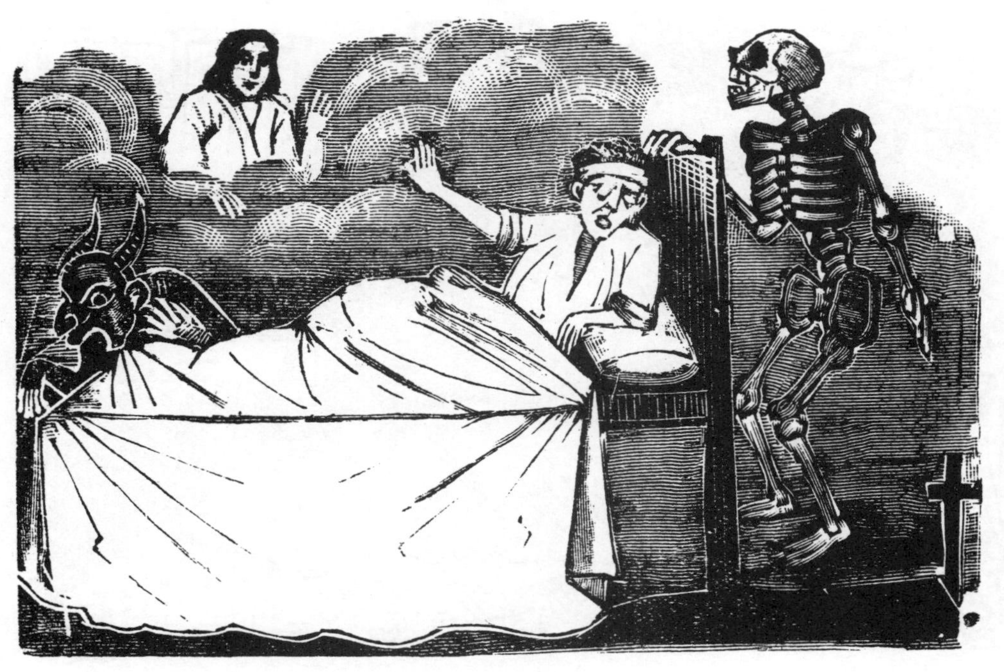

SEPARACION DEL CUERPO Y EL ALMA

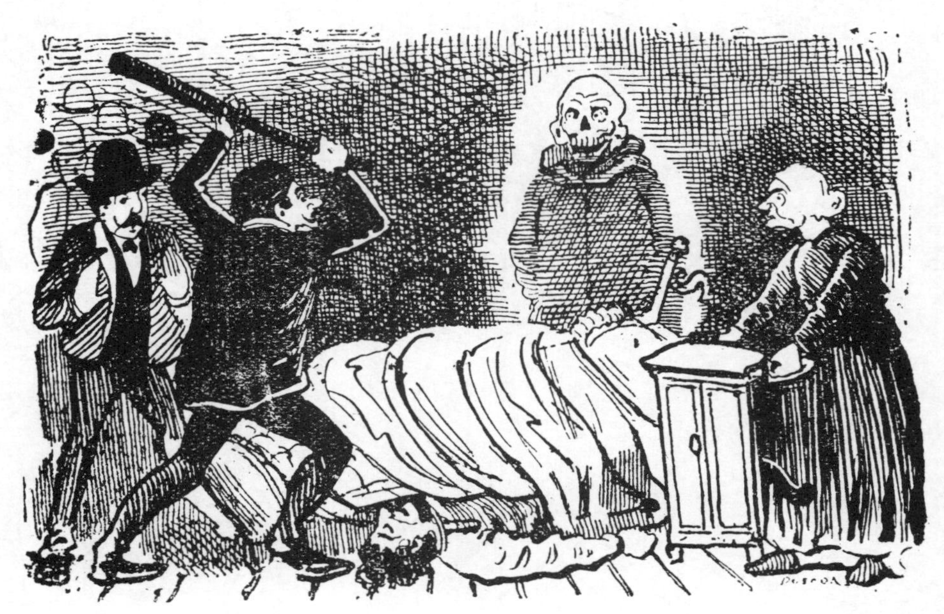

Ejemplo "LOS ESPIRITUS"

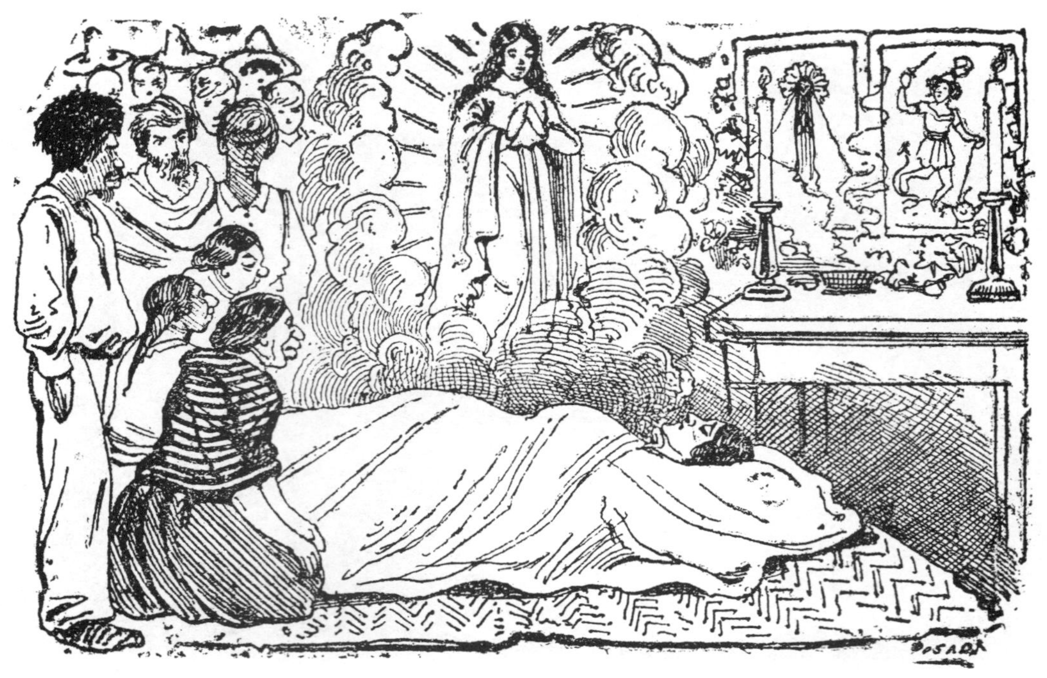

Milagro de la Santísima Virgen a Casimira Rivera

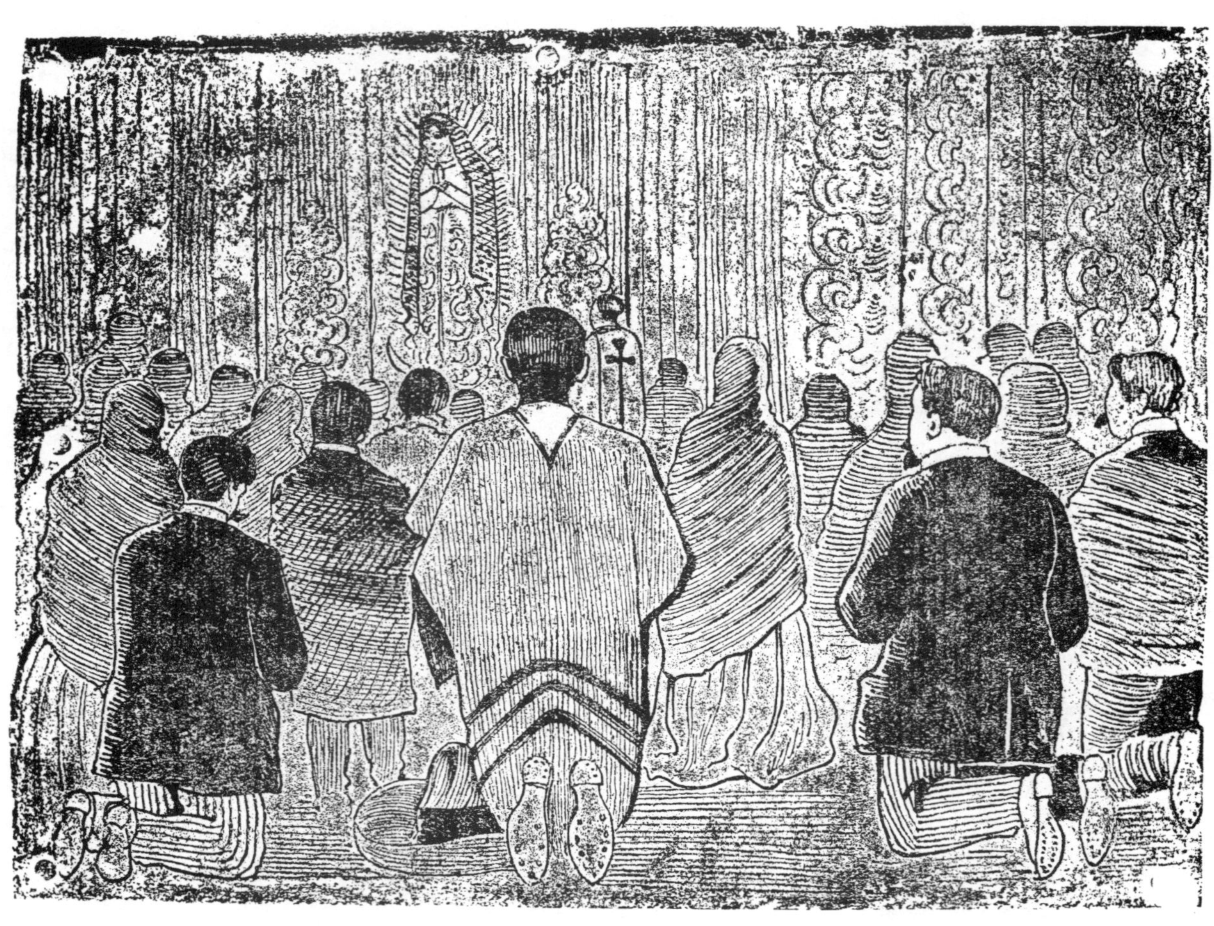

Ejemplo "La Nueva Aparición de la Virgen de Guadalupe"

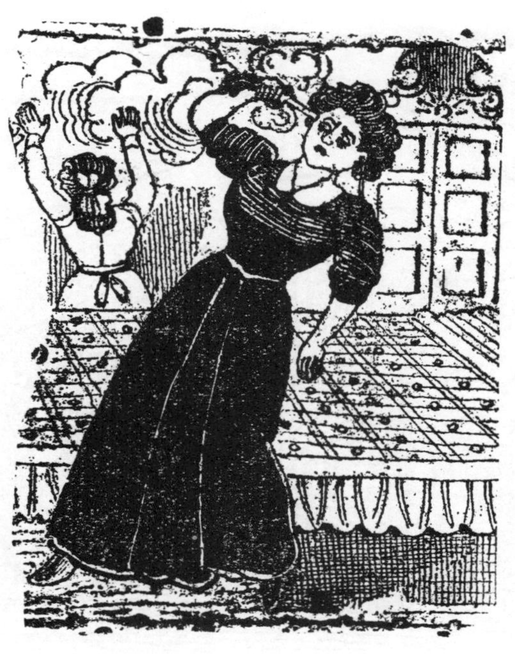

LA SUICIDA

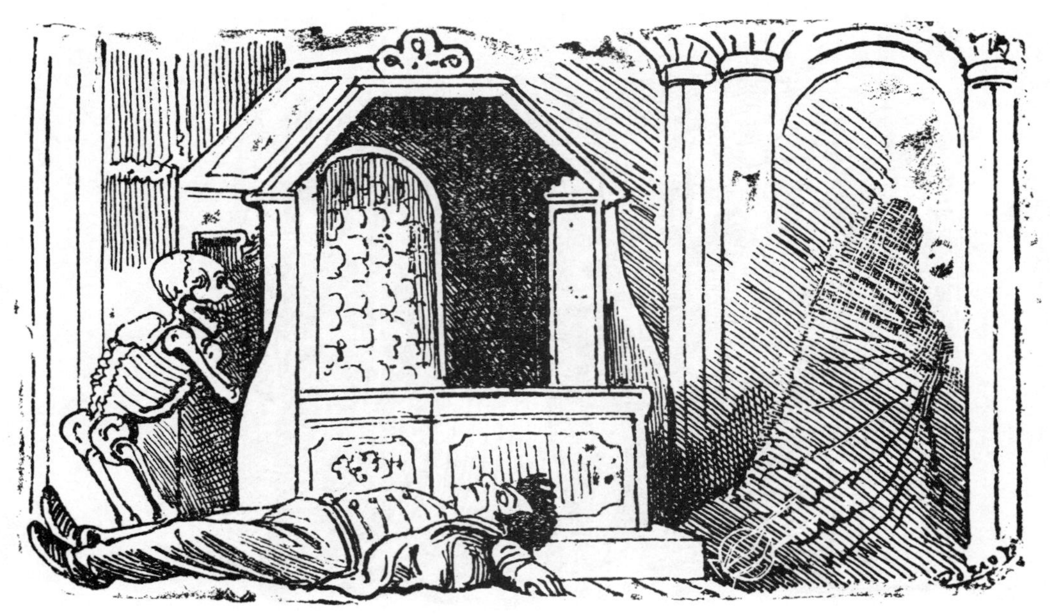

Ejemplo "LOS ESPIRITUS"

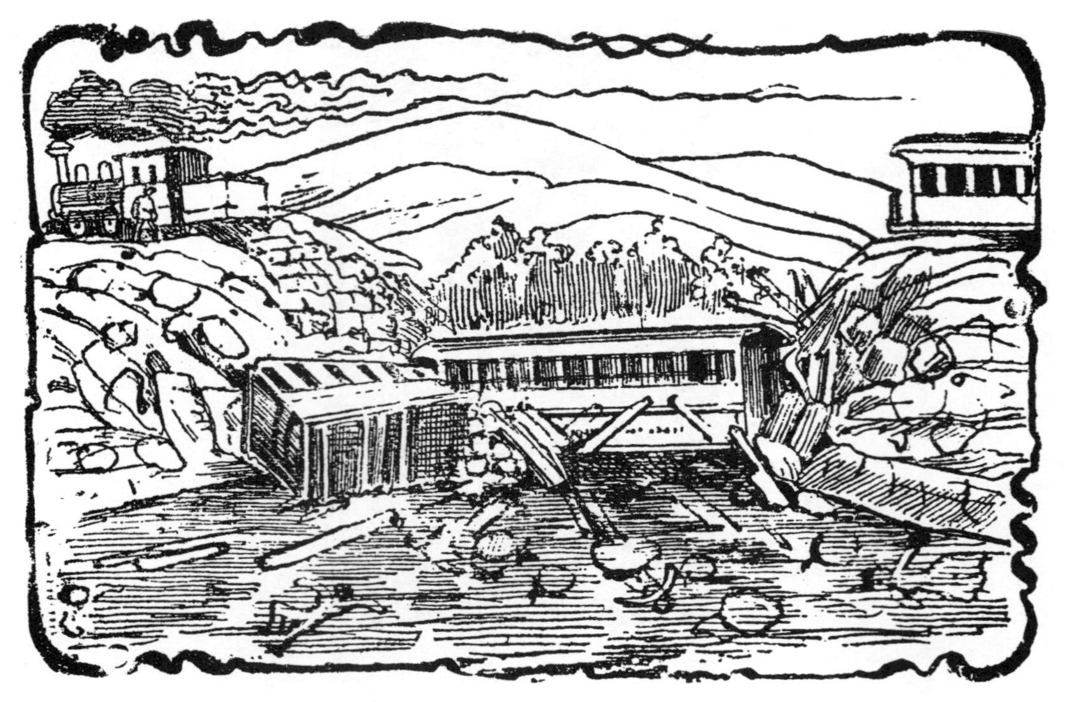

DESCARRILAMIENTO DE TEMAMATLA

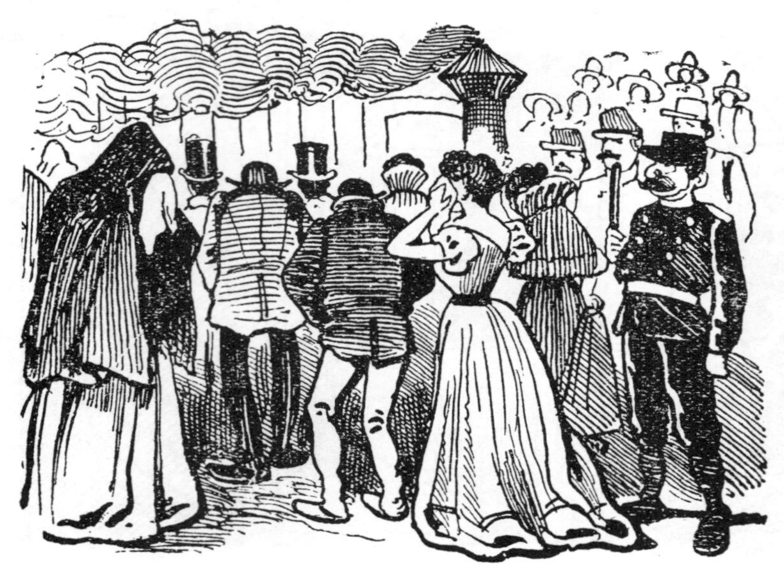

DESCARRILAMIENTO DE TEMAMATLA

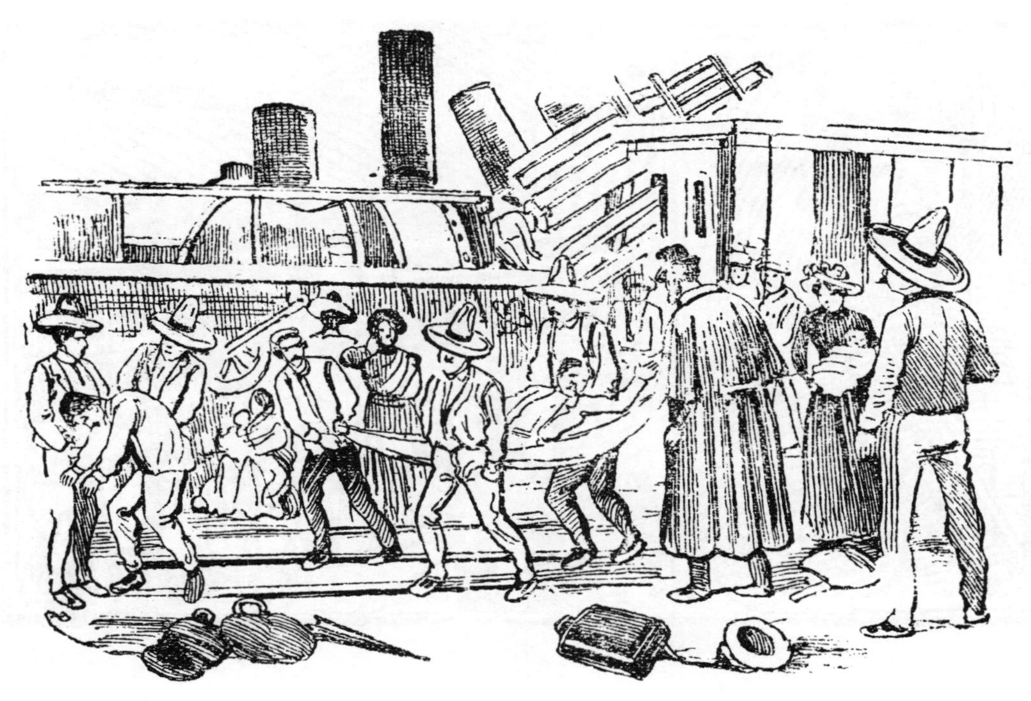

DESCARRILAMIENTO

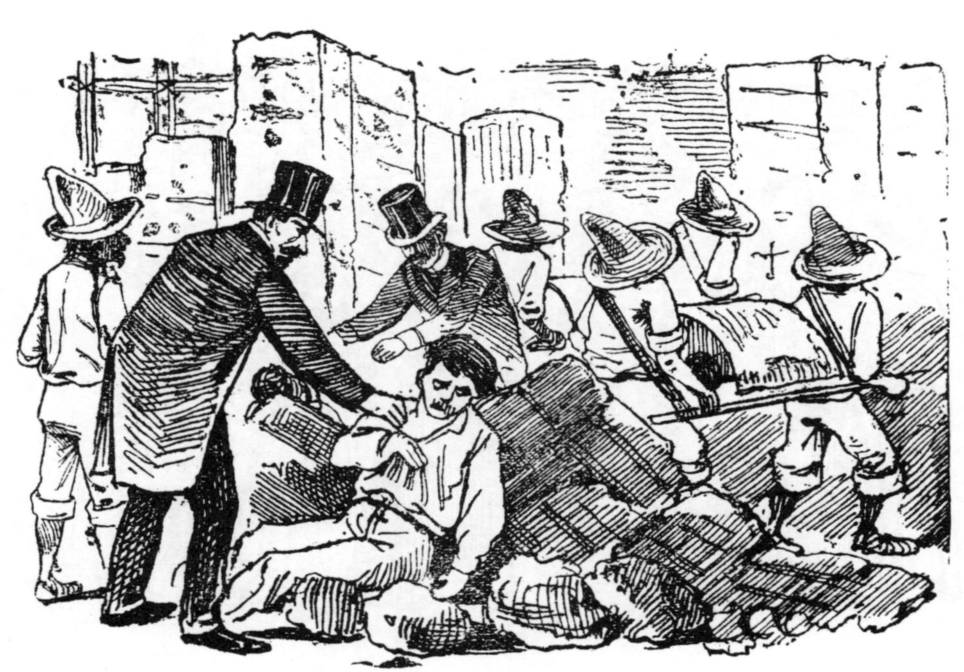

Décimas "EL DERRUMBE"

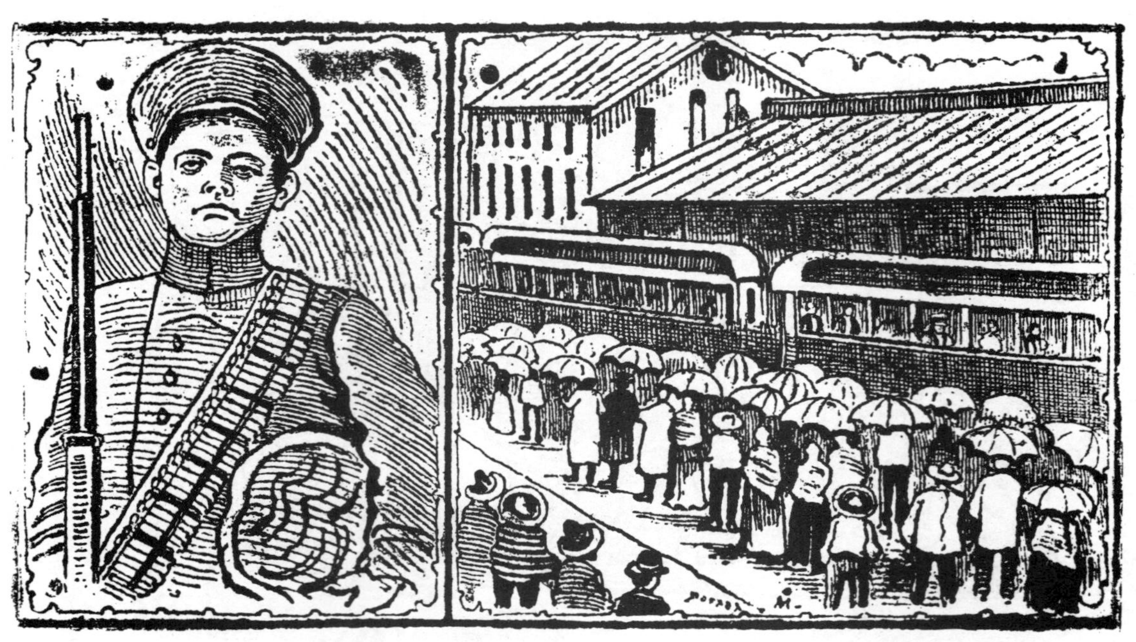

Corrido "EL RESGUARDO EN LOS FERROCARRILES"

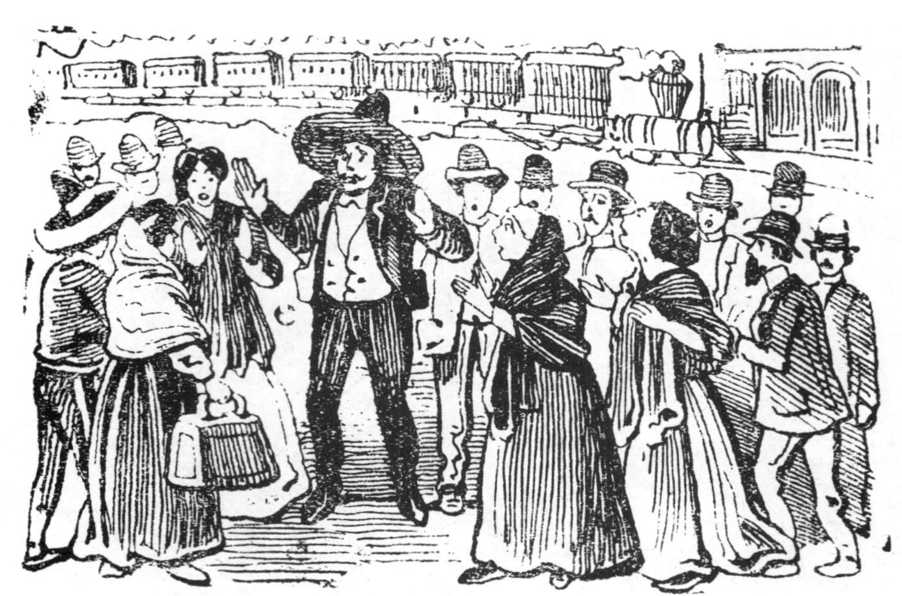

Corrido "EL DESCARRILAMIENTO DE TEMAMATLA"

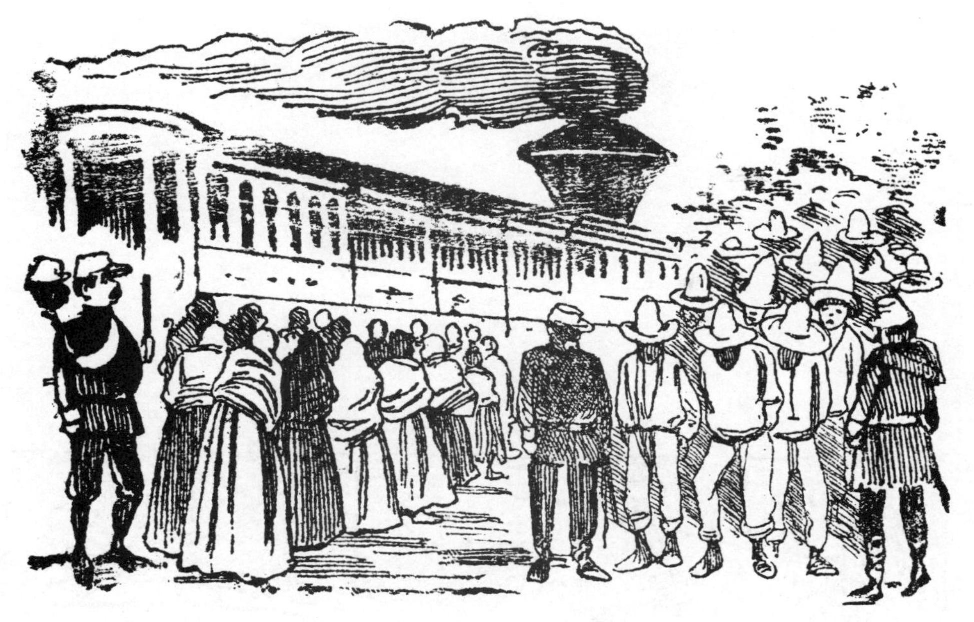

DESCARRILAMIENTO

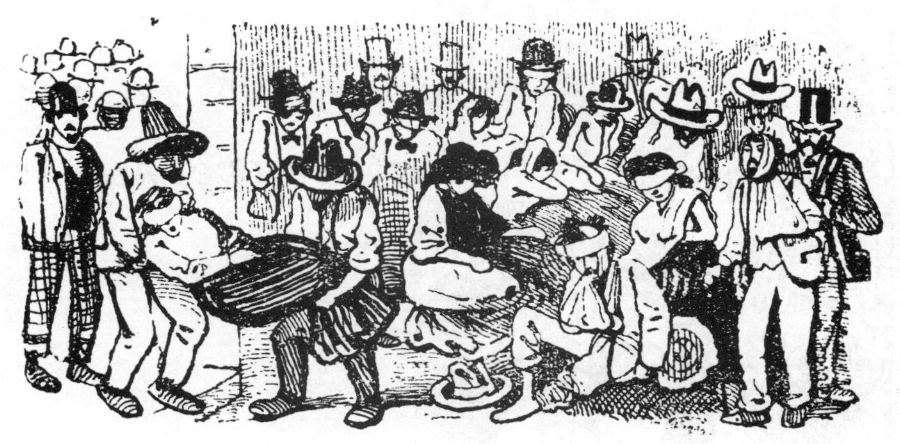

VICTIMAS DEL DESCARRILAMIENTO

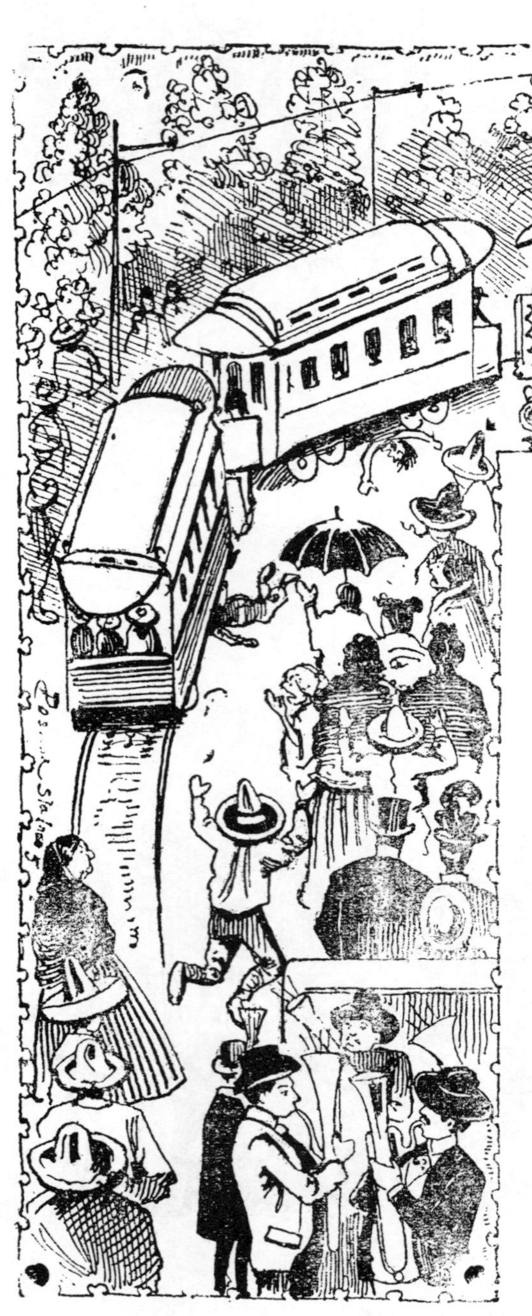

Corrido

"LOS TRENES ELECTRICOS"

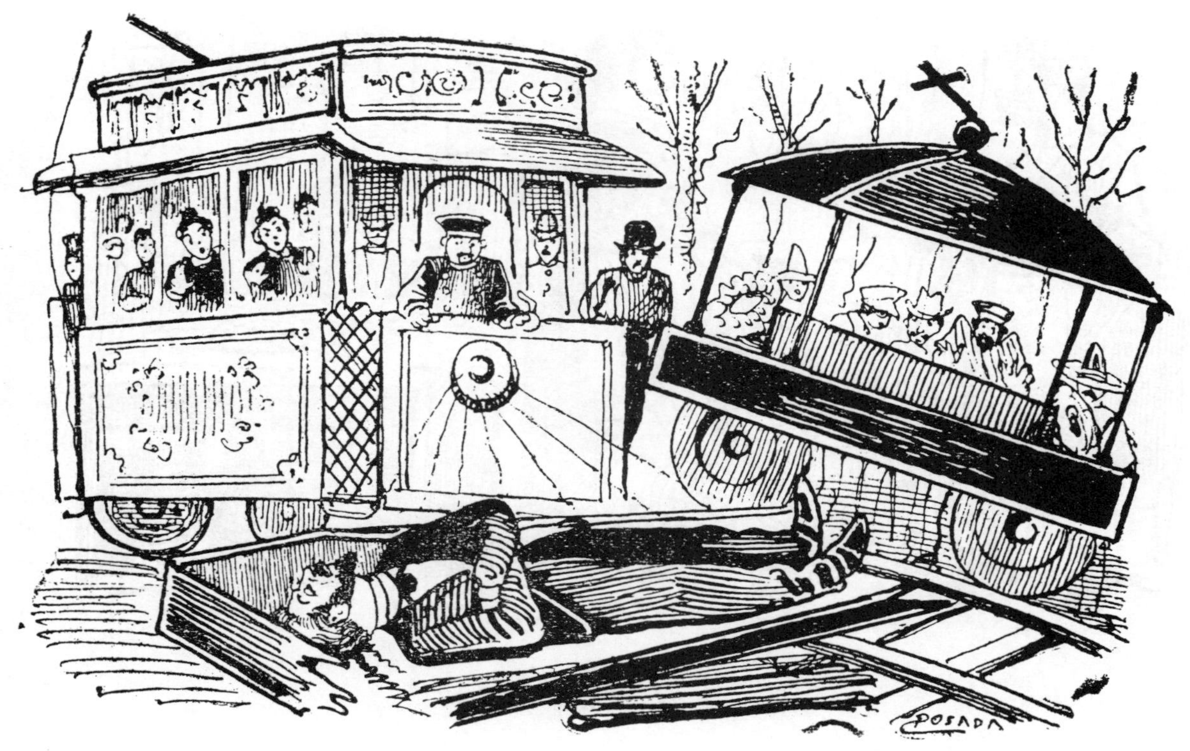

CHOQUE DE UN ELECTRICO CON UN CARRO FUNEBRE

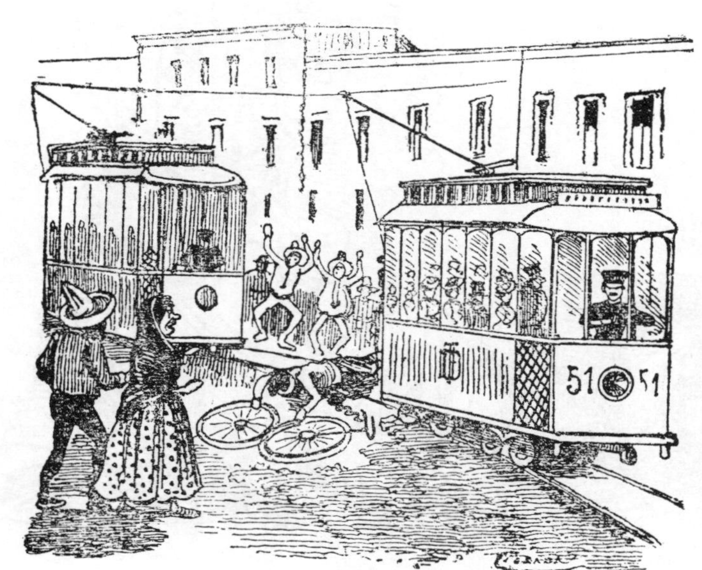

Corrido "LOS ATROPELLAMIENTOS ELECTRICOS"

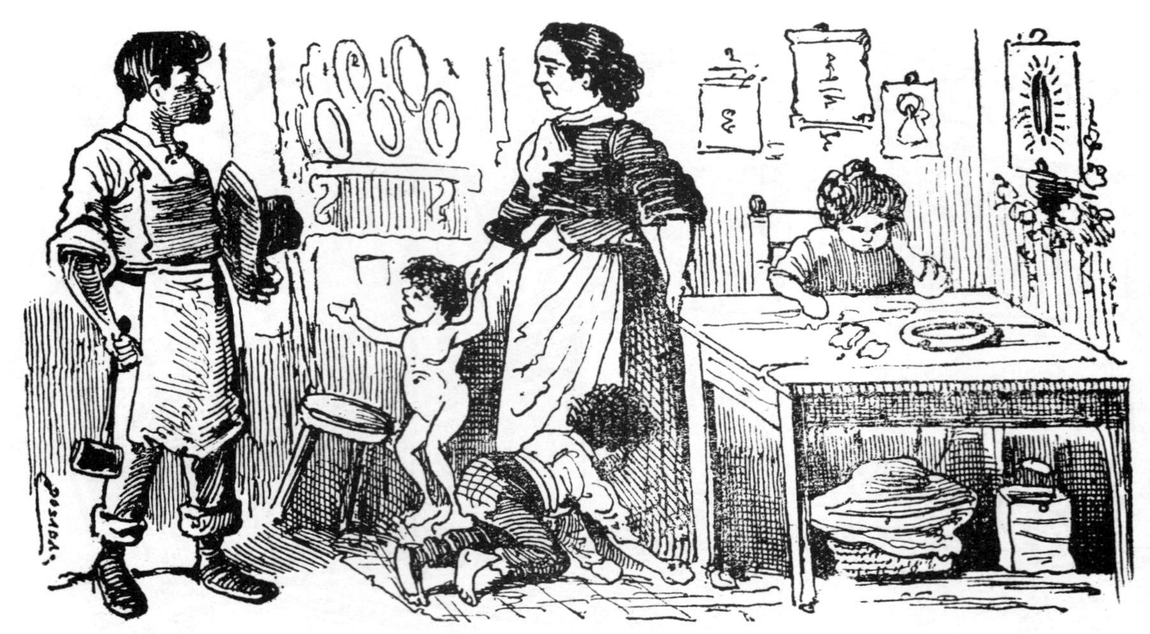

Ejemplo "LA MISERIA"

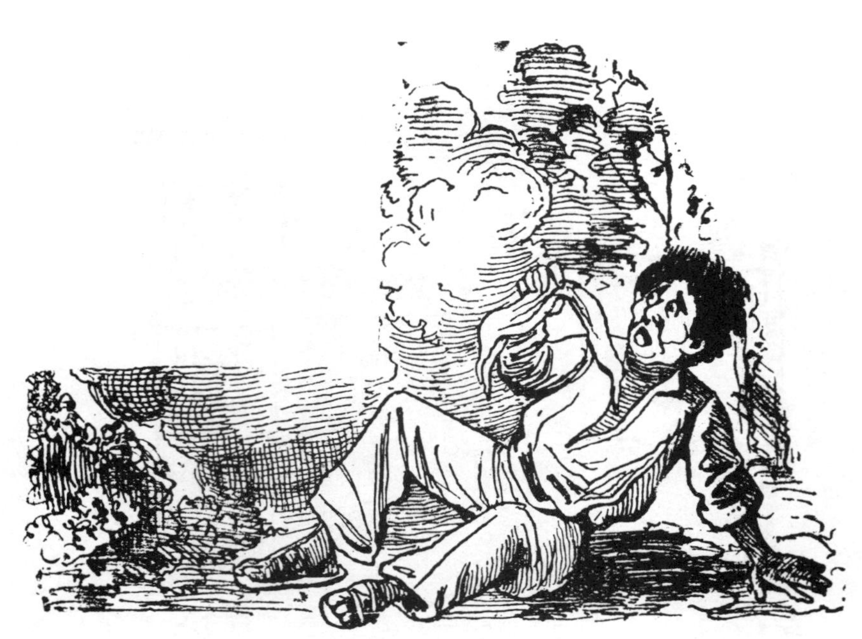

Ejemplo "EL EMBRUJADO"

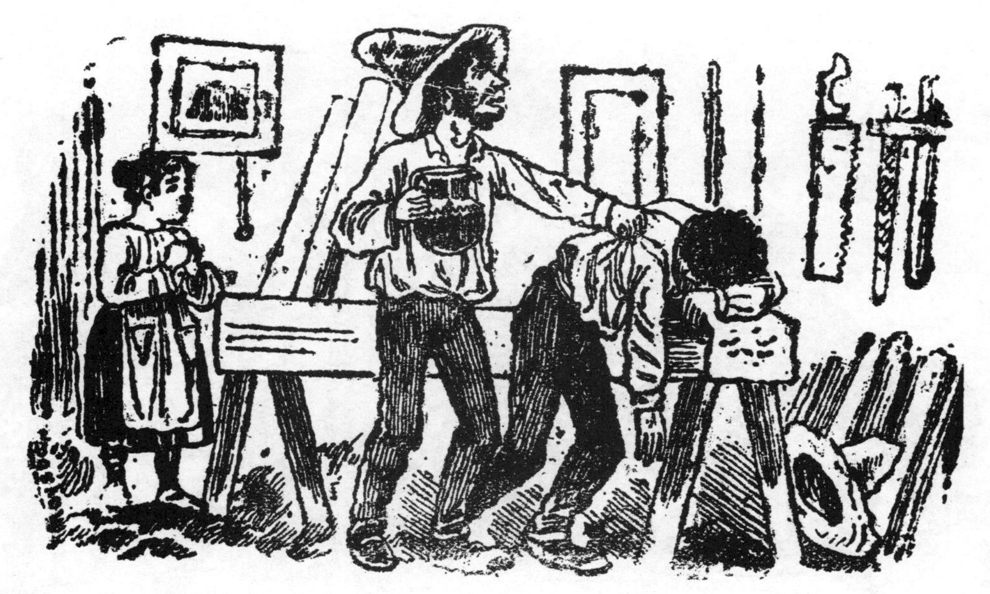

Ejemplo "LOS MALOS VICIOS"

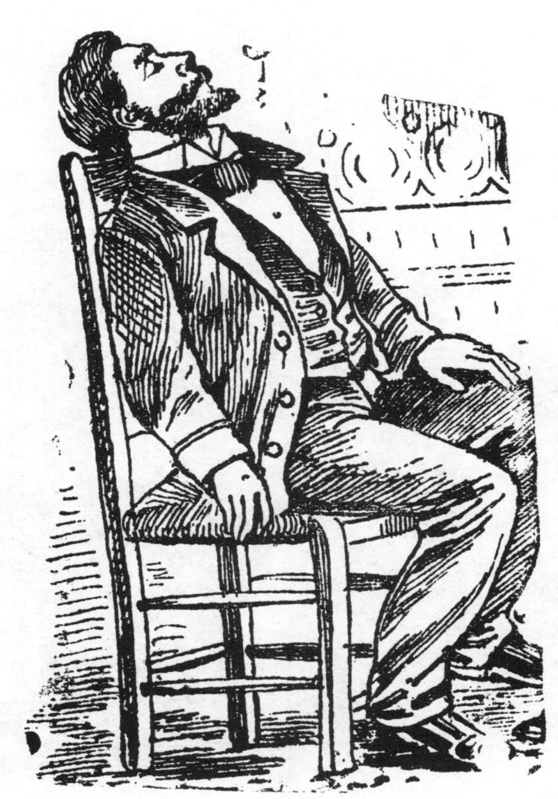

Ejemplo "EL ENERVADO"

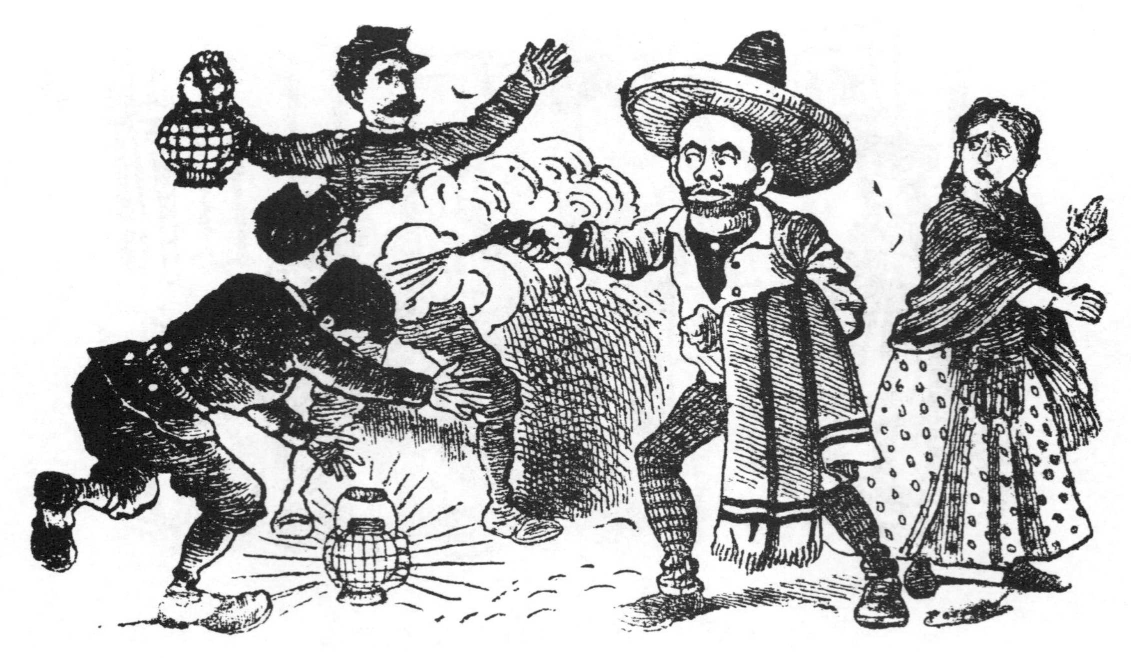

Corrido "EL TIGRE DE SANTA JULIA"

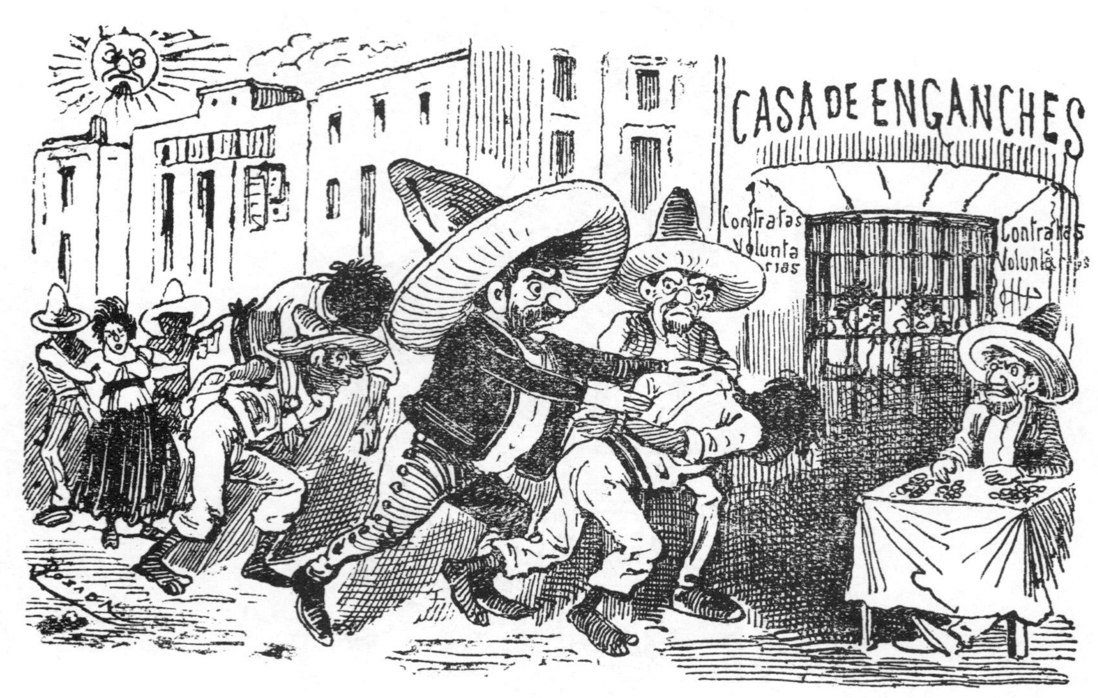

Corrido "LOS ENGANCHADORES"

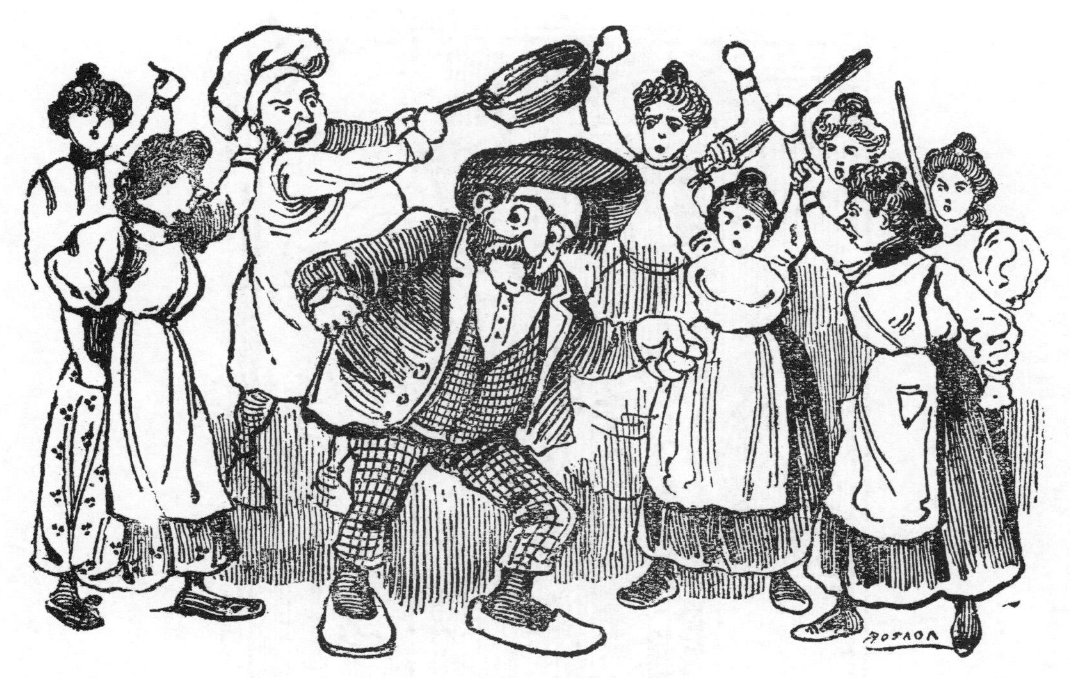

Décimas "EL COMERCIO"

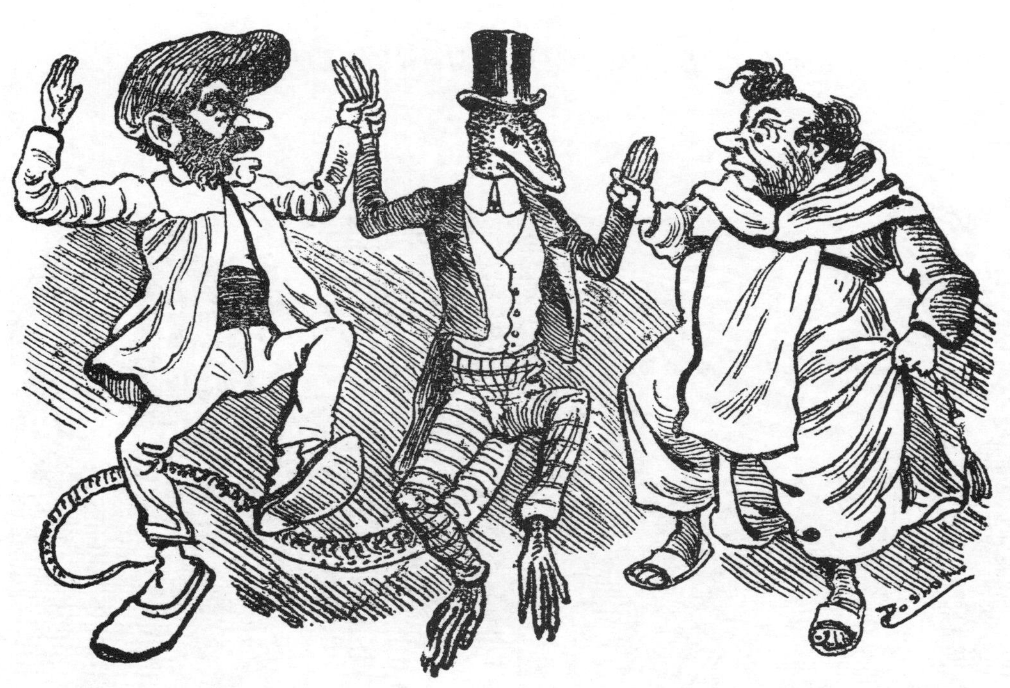

Corrido "LAS 3 GRACIAS"

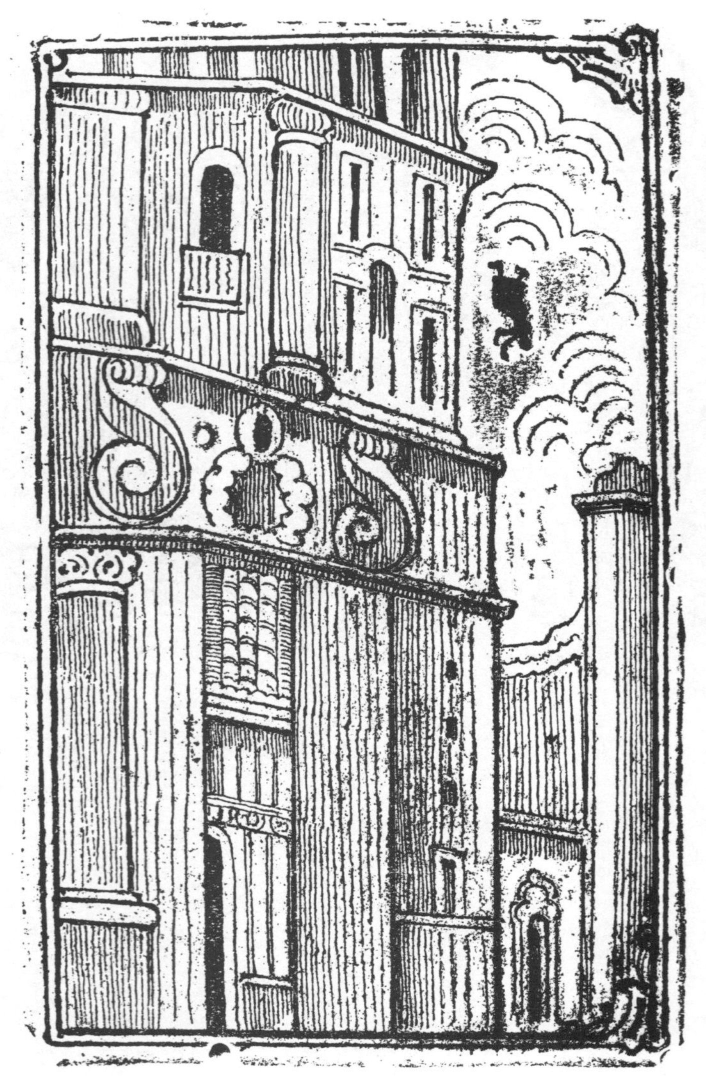

Corrido "LA SUICIDA MARIA LUISA"

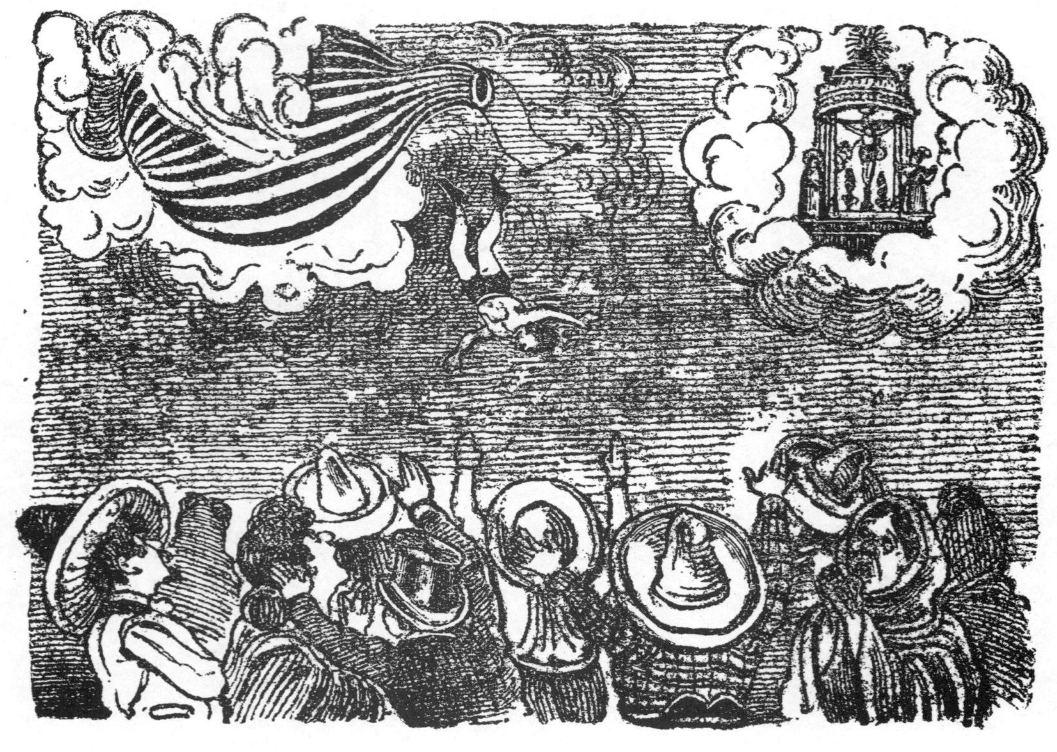

Corrido "EL GLOBO DE CANTOYA"

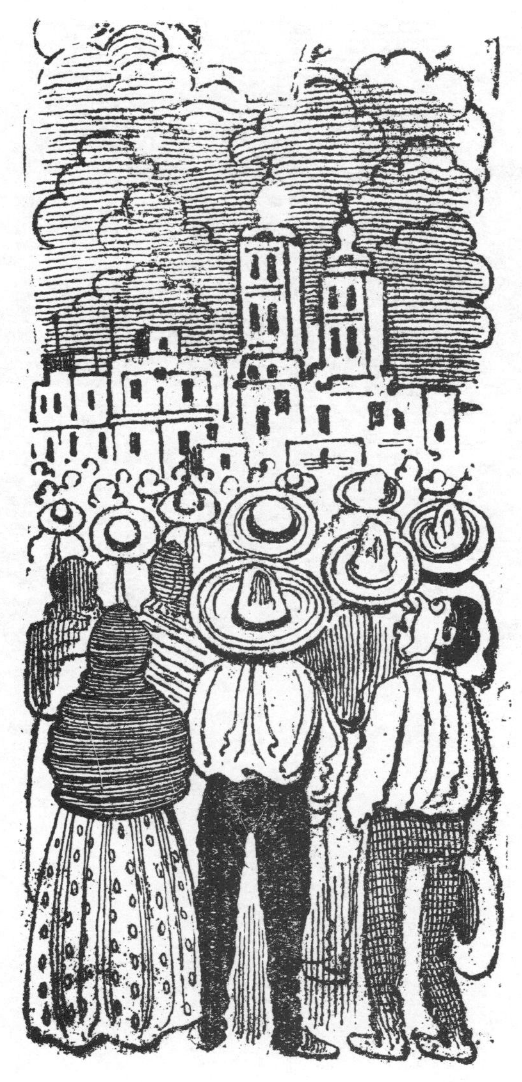

Corrido "EL GLOBO DE CANTOYA"

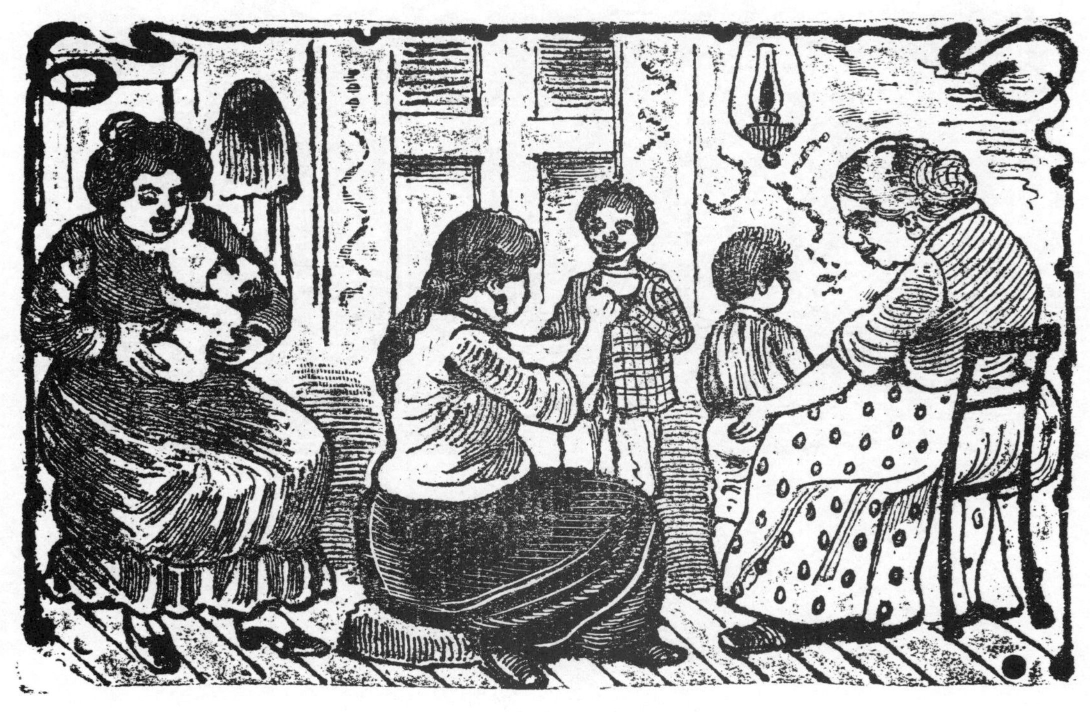

Décimas "LA MISERIA"

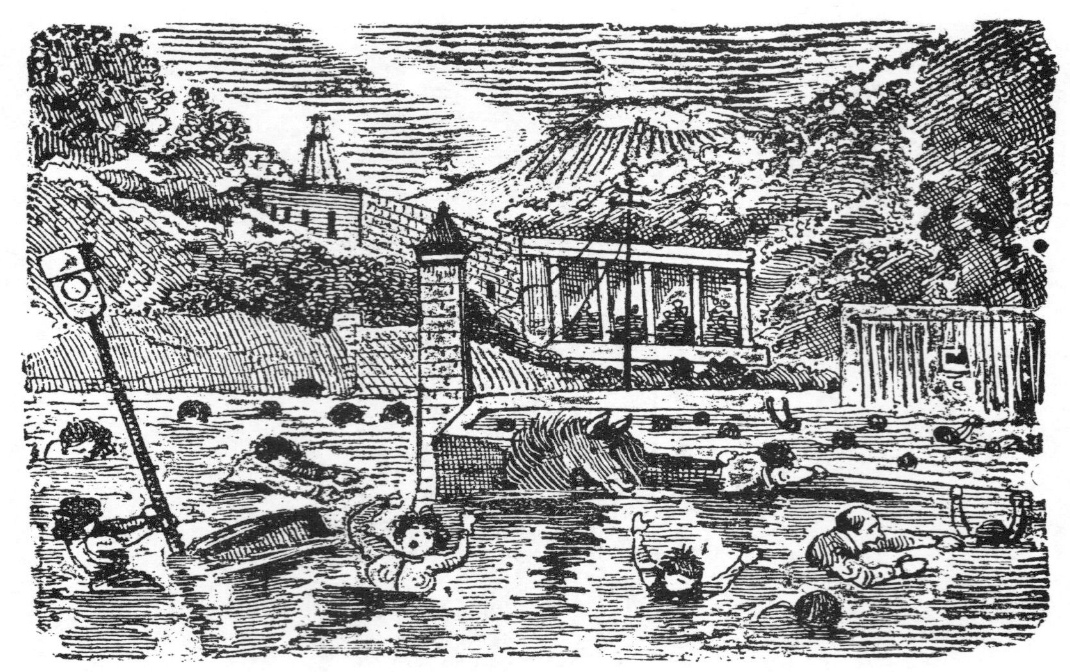

Corrido "LA INUNDACION DE LEON EN 1888"

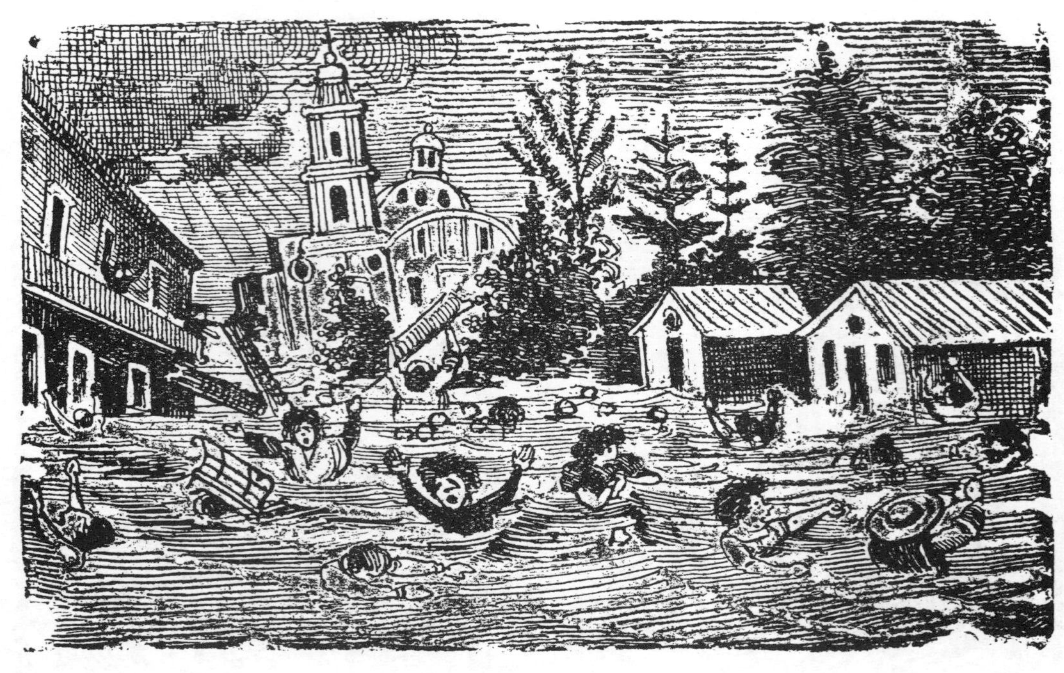

Corrido "LA INUNDACION DE LEON EN 1888"

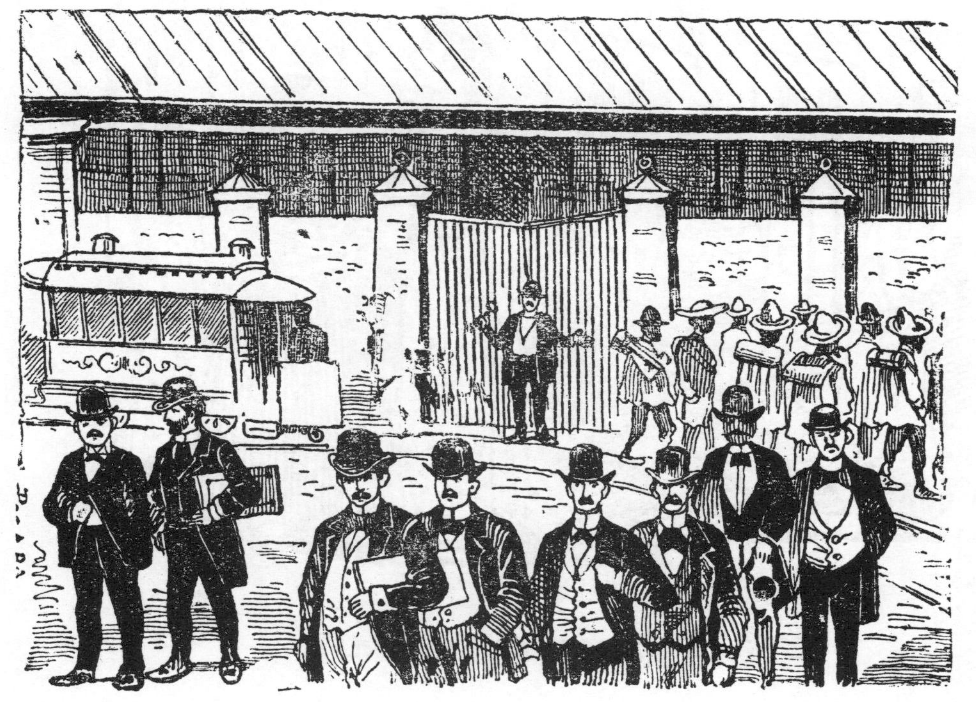

Décimas "LOS ENGANCHADORES"

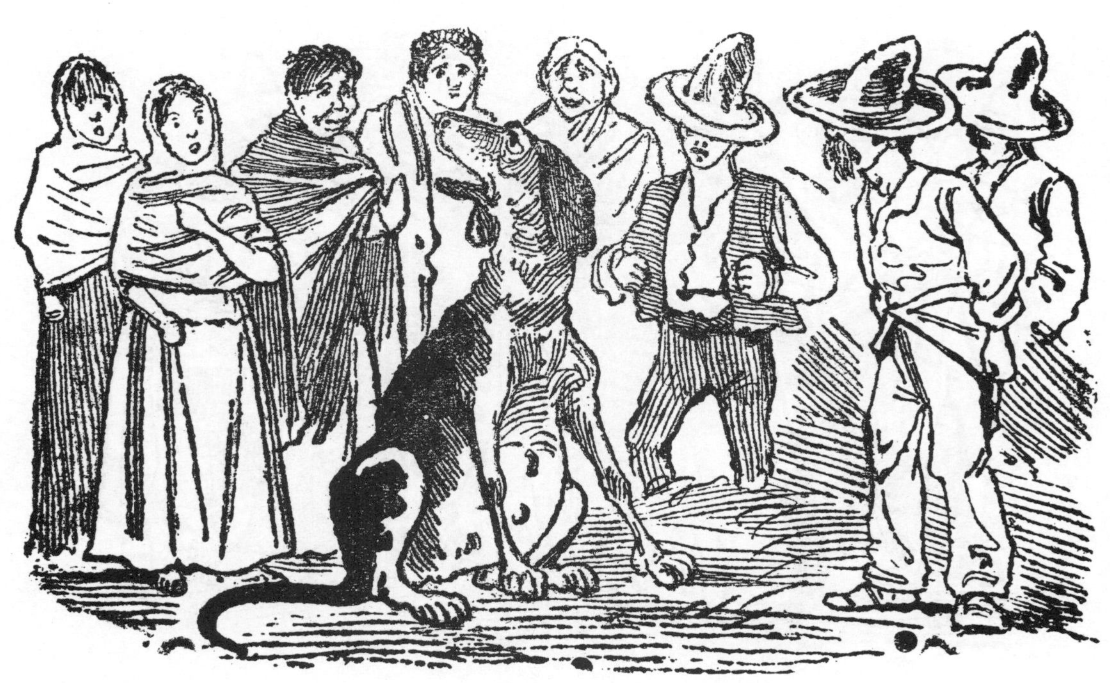

Décimas "LA PERRA BRAVA"

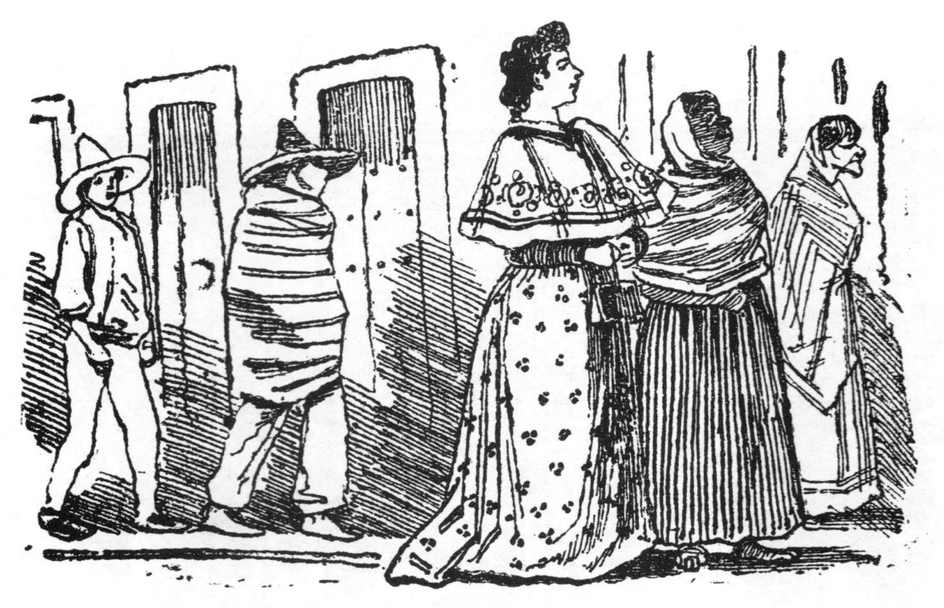

UNA DAMA DE ALCURNIA

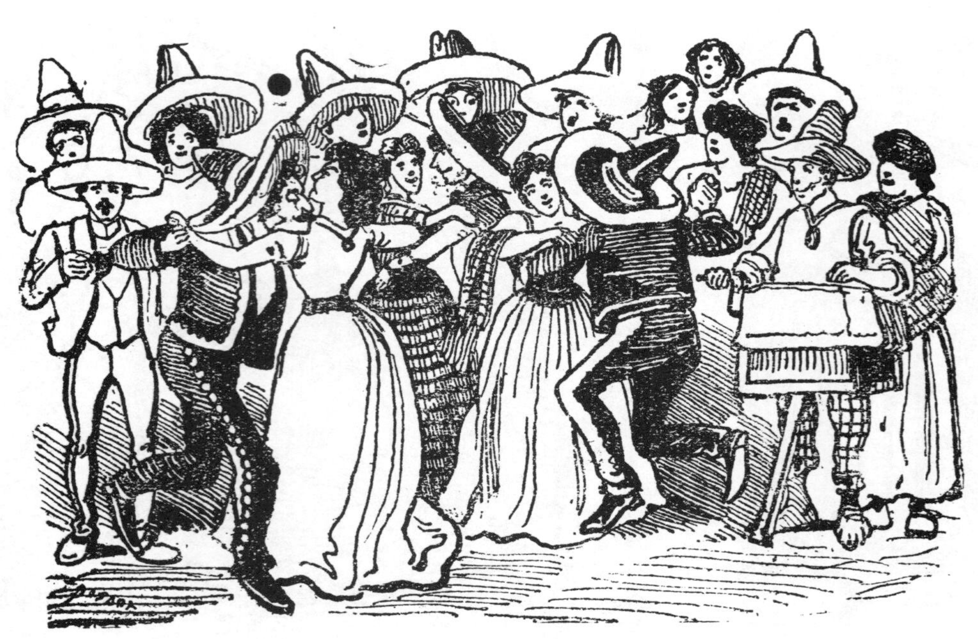

EN EL PUENTE BLANCO

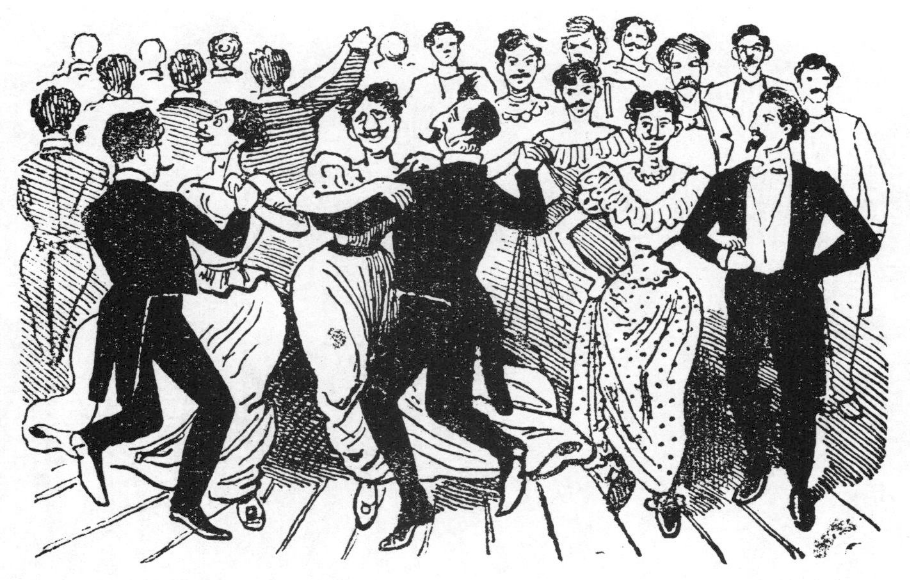

Corrido "LOS 41"

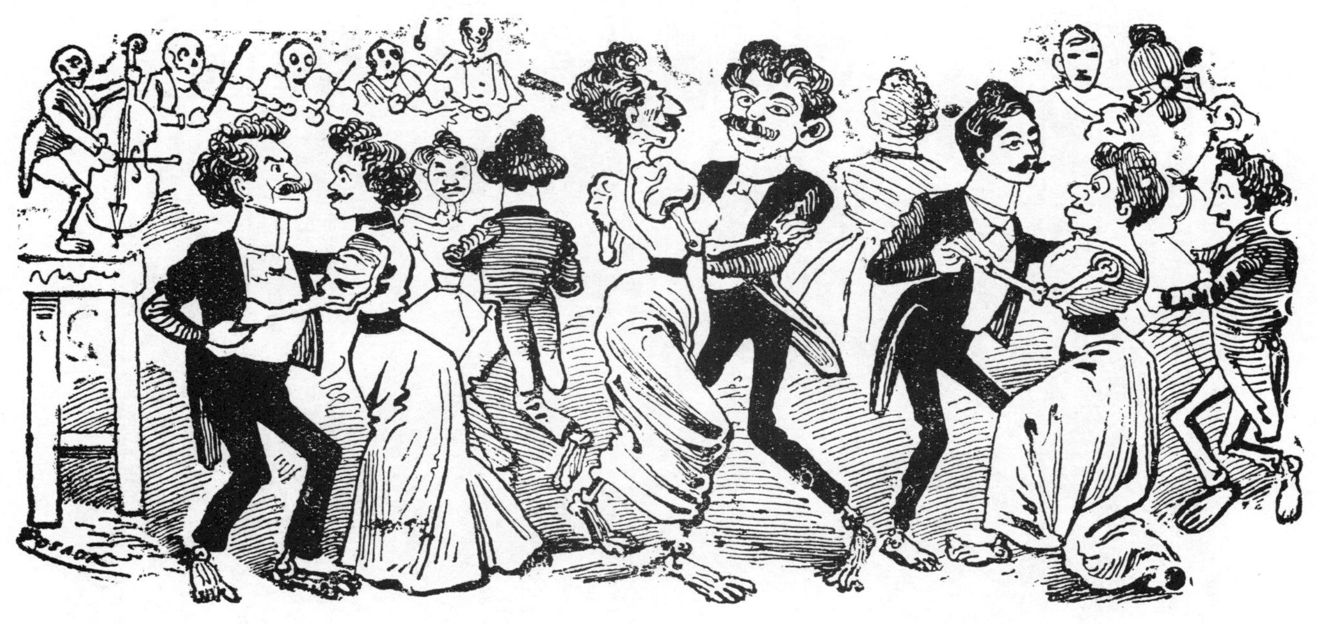

Corrido "LOS 41"

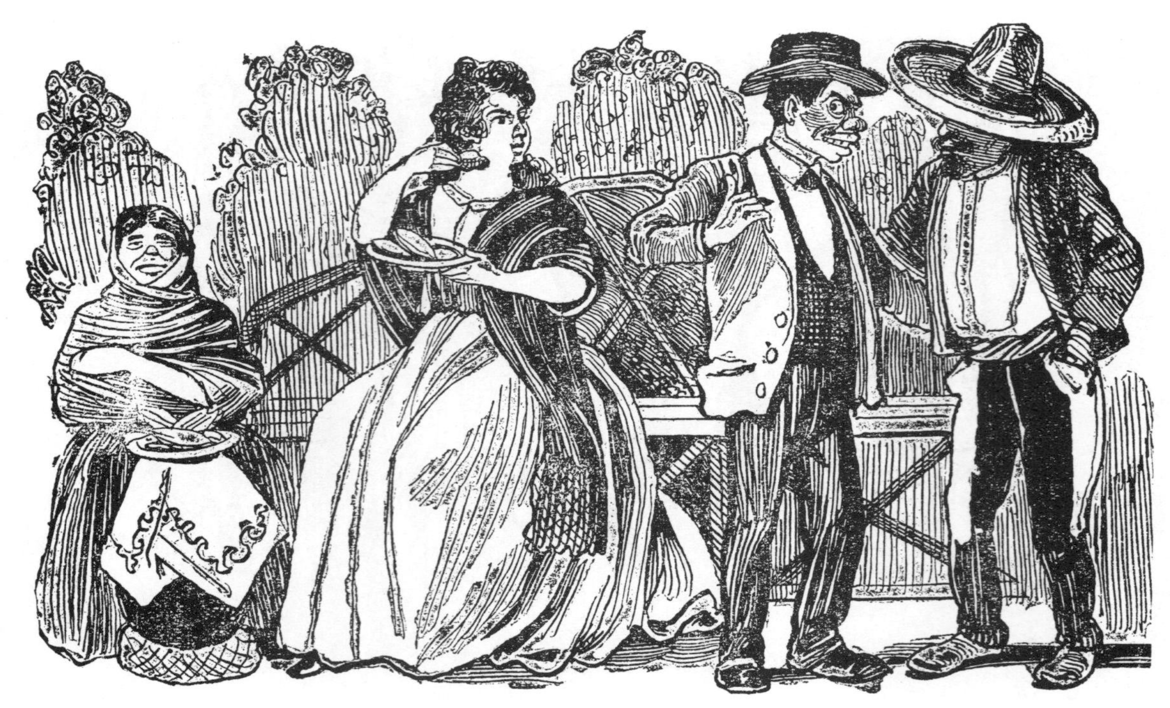

LA GATITA MARIA ANTONIA

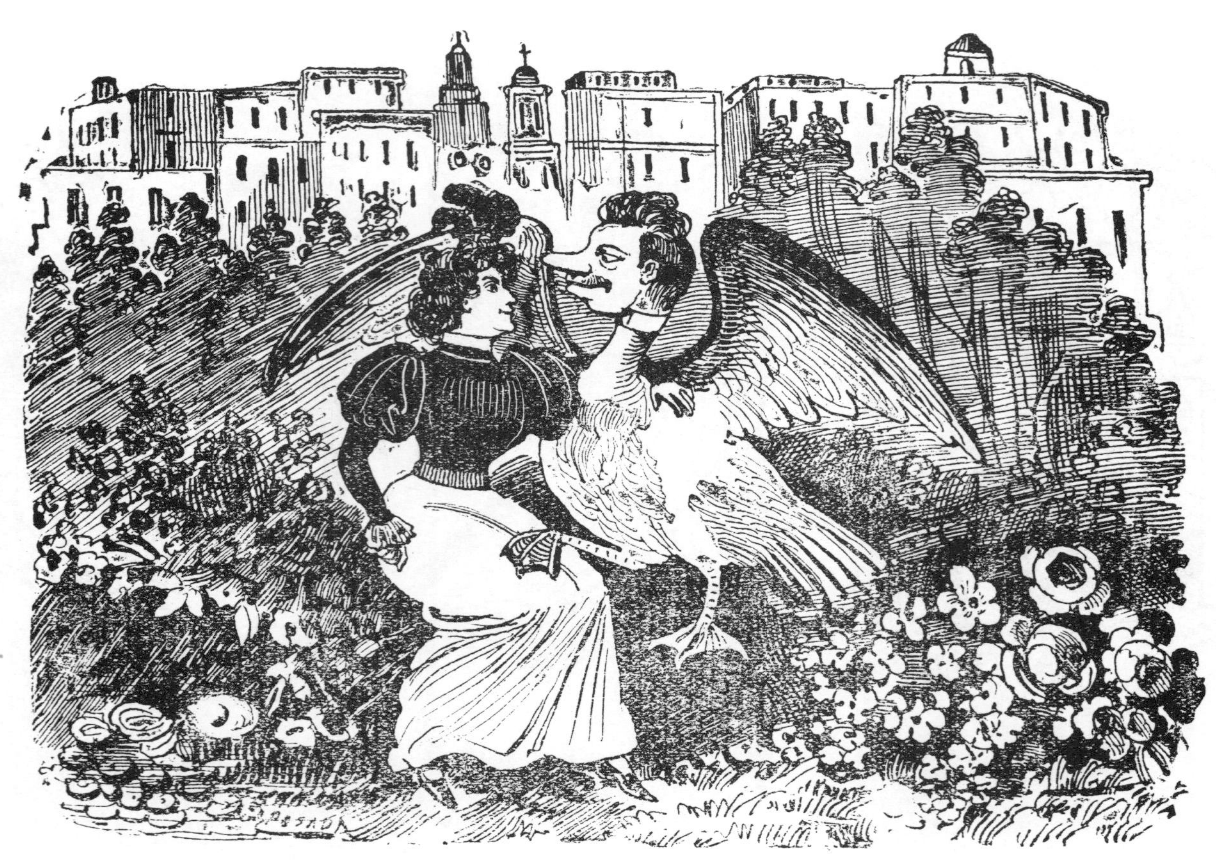

Duo "LOS PATOS"

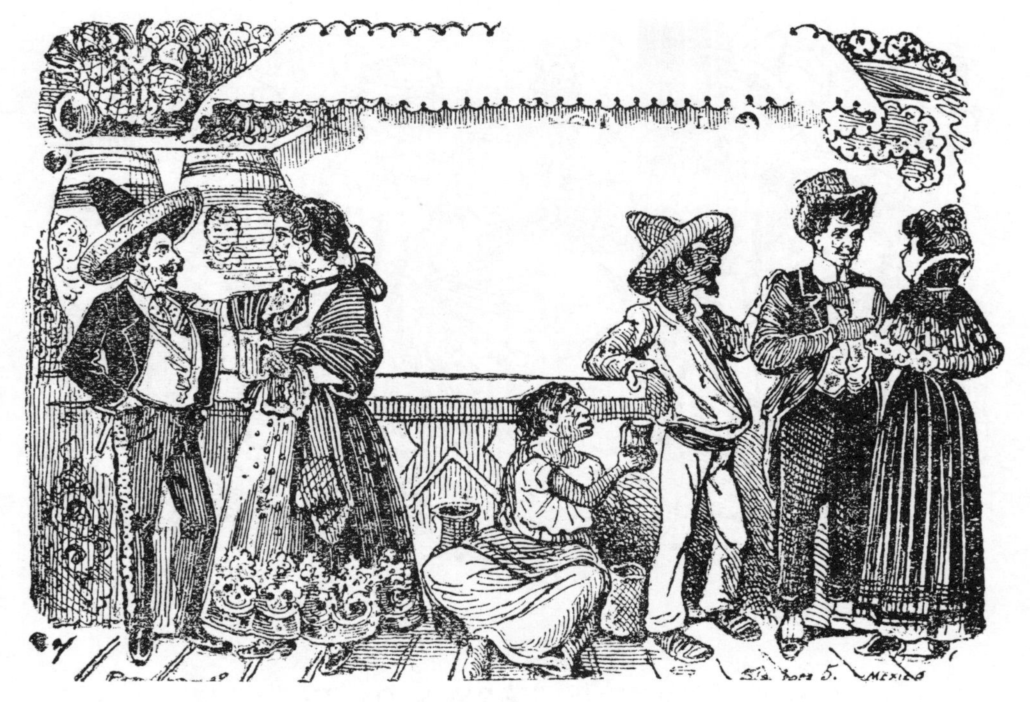

Corrido "EL MERO SAN LUNES"

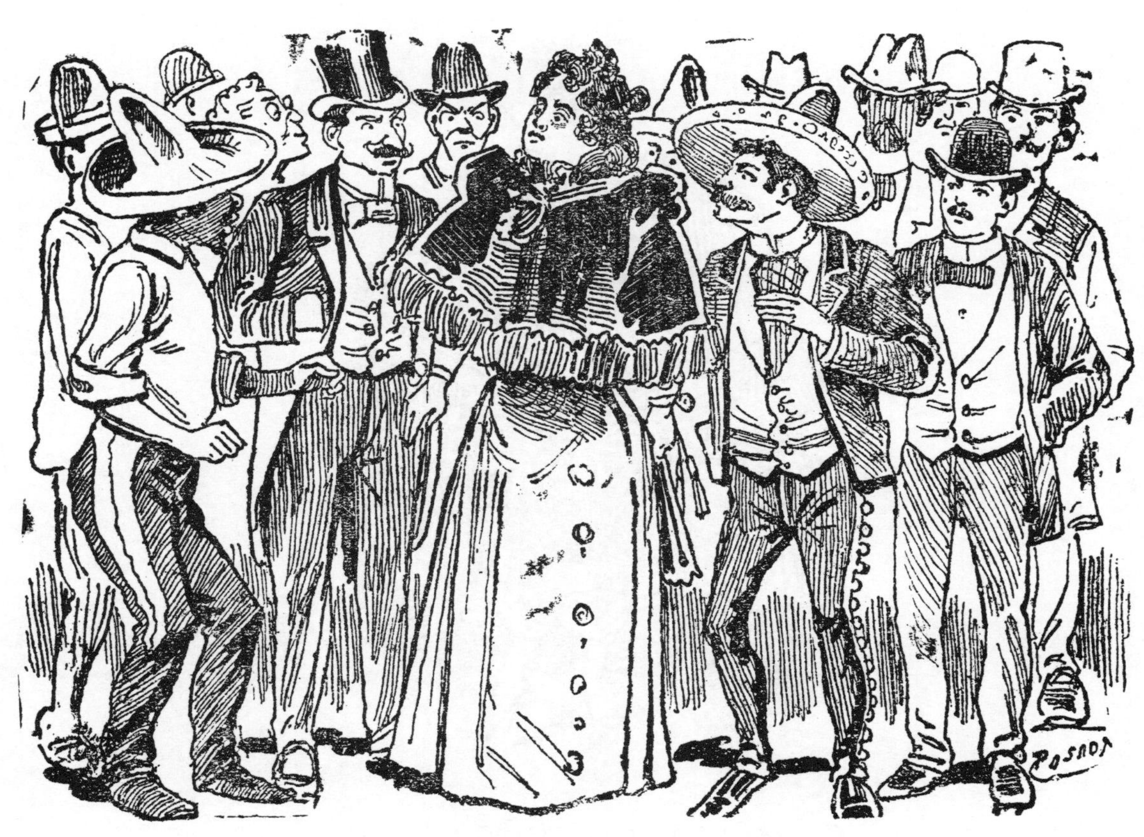

Corrido "LA MUJER DE 100 MARIDOS"

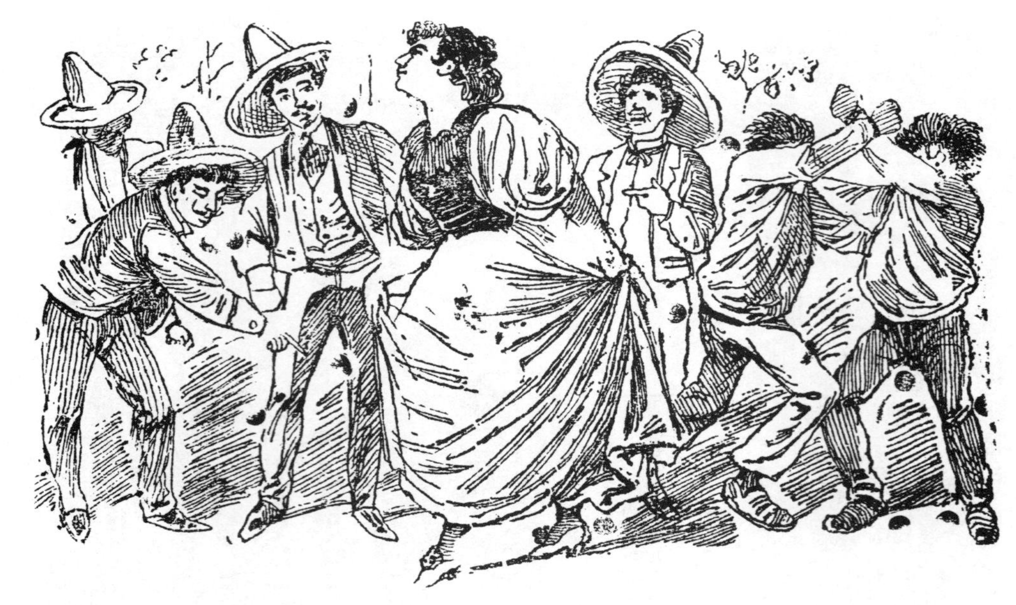

Corrido "NUEVOS VERSOS DE ELVIRA"

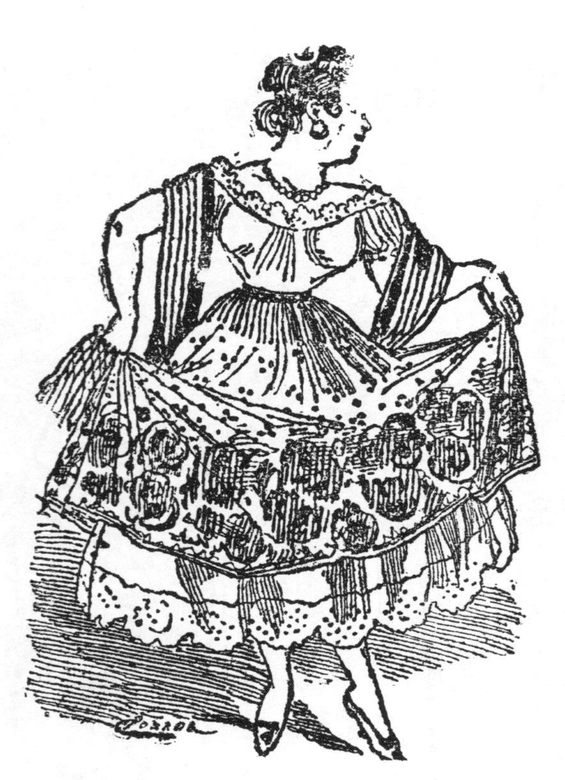

Corrido "LA CHINA POBLANA"

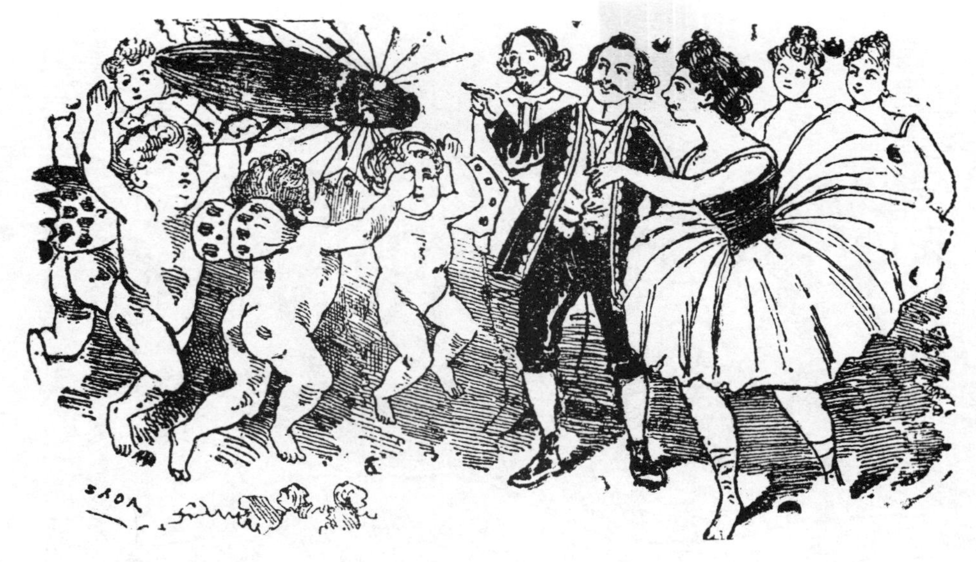

Corrido "EL COCUYO"

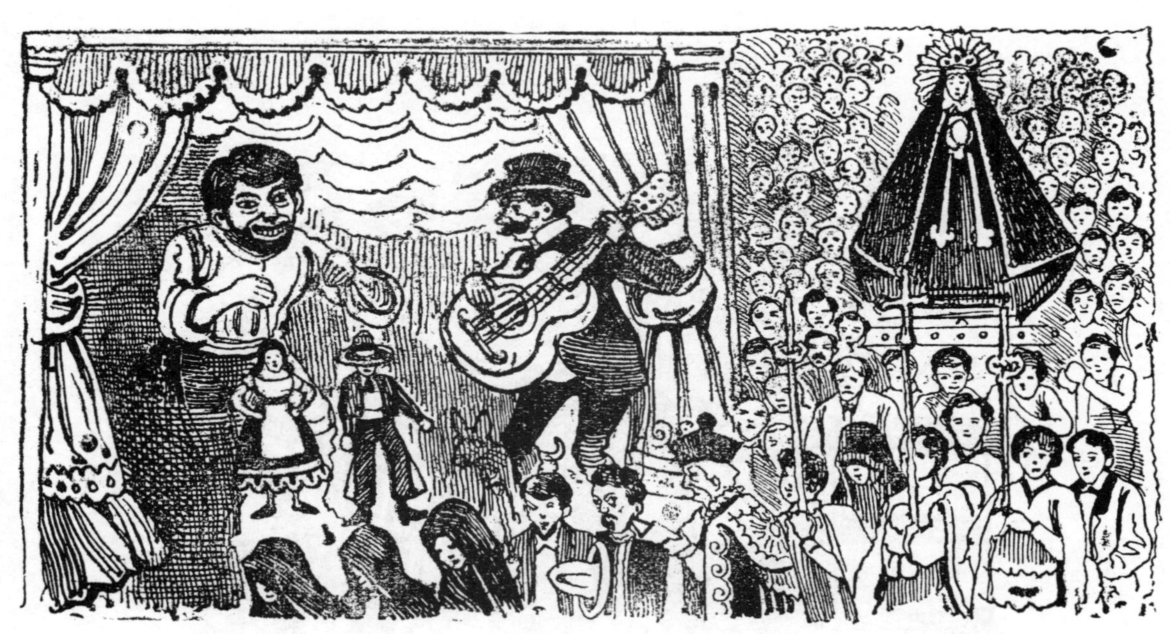

Són "EL TITIRITERO"

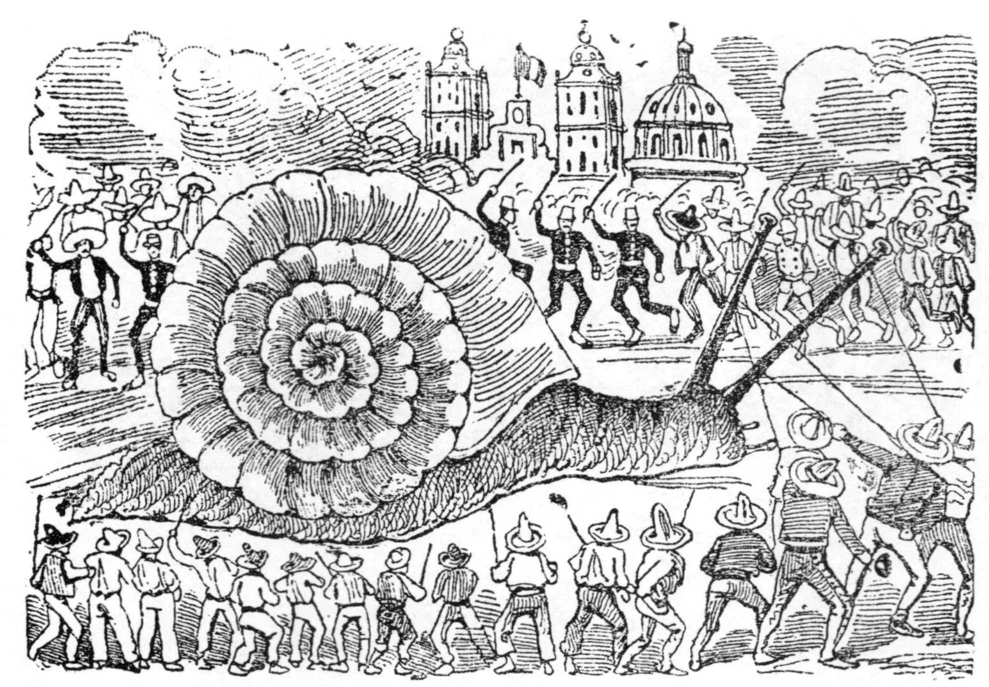

Corrido "EL CARACOL"

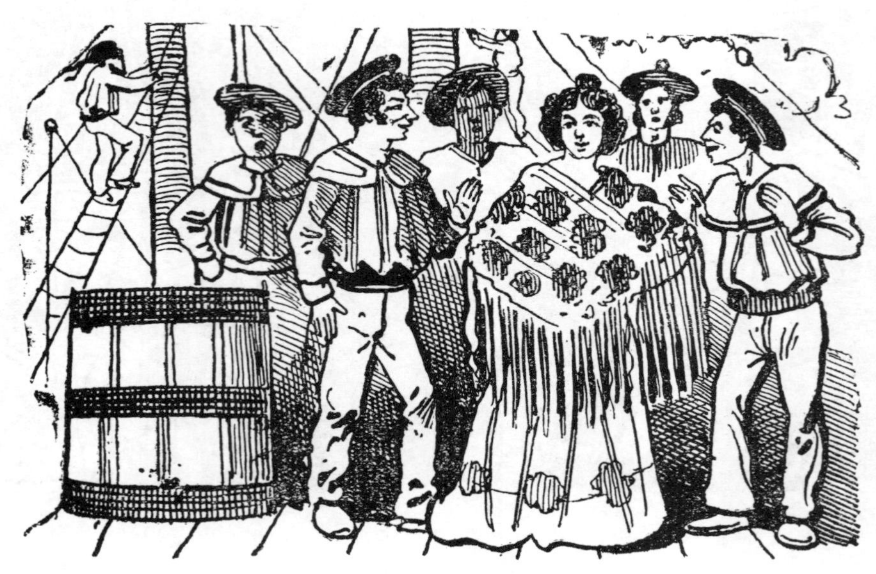

Corrido "LA MARINA"

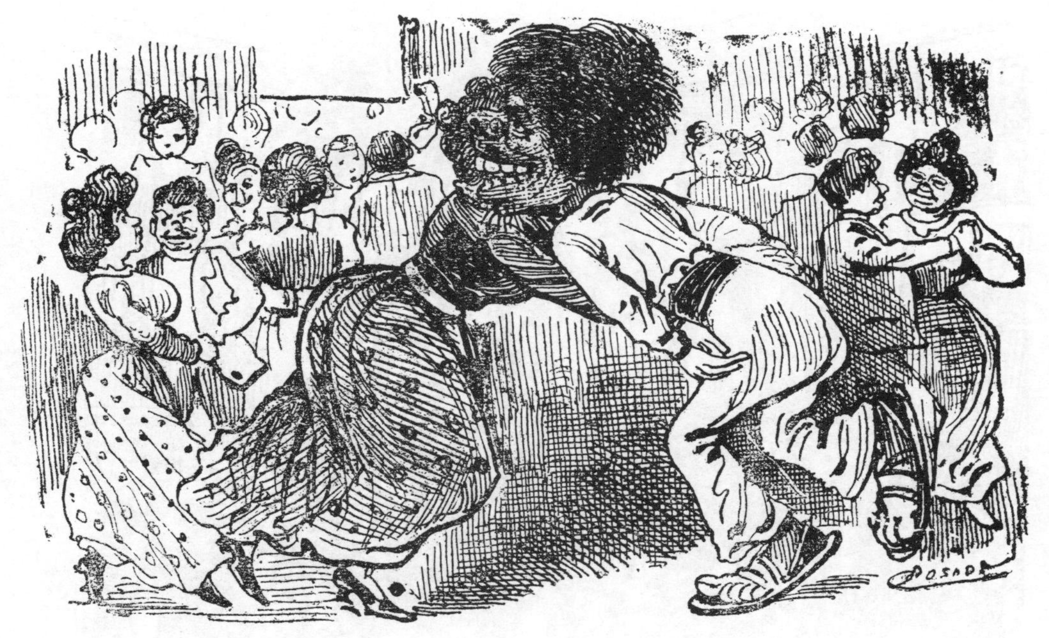

Corrido "LA DANZA DE LOS APUROS"

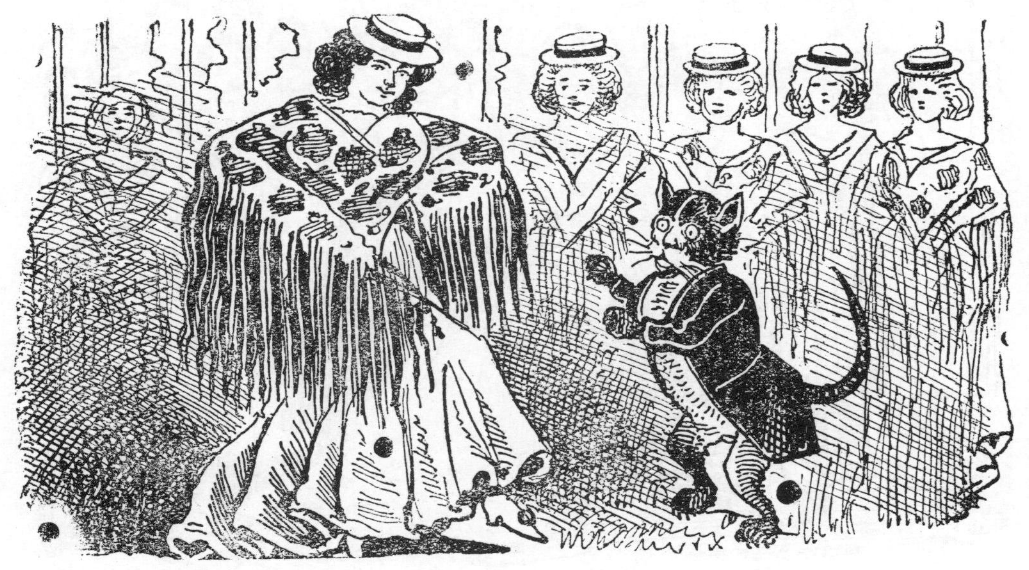

Tango "EL MORRONGO"

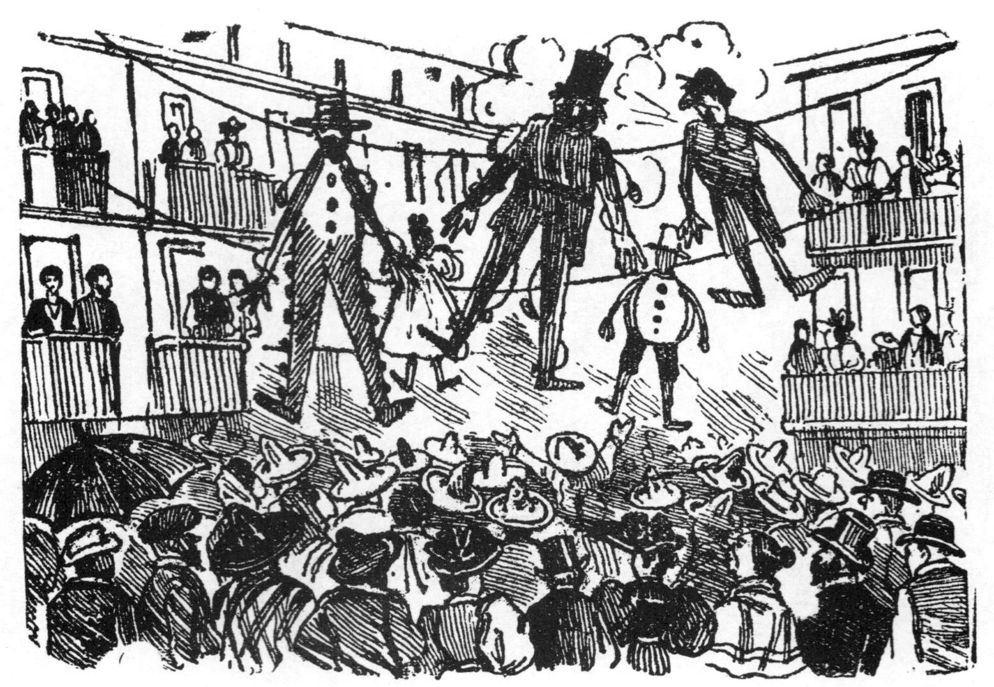

Corrido "LOS JUDAS"

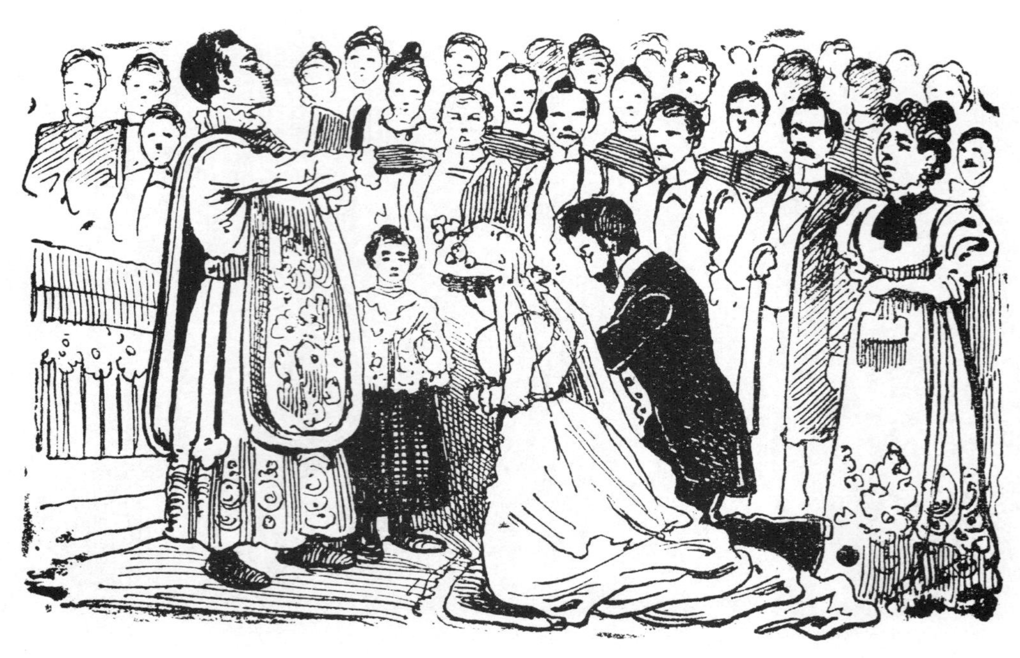

Corrido "TERRIBLES ABUSOS DE LOS PADRES"

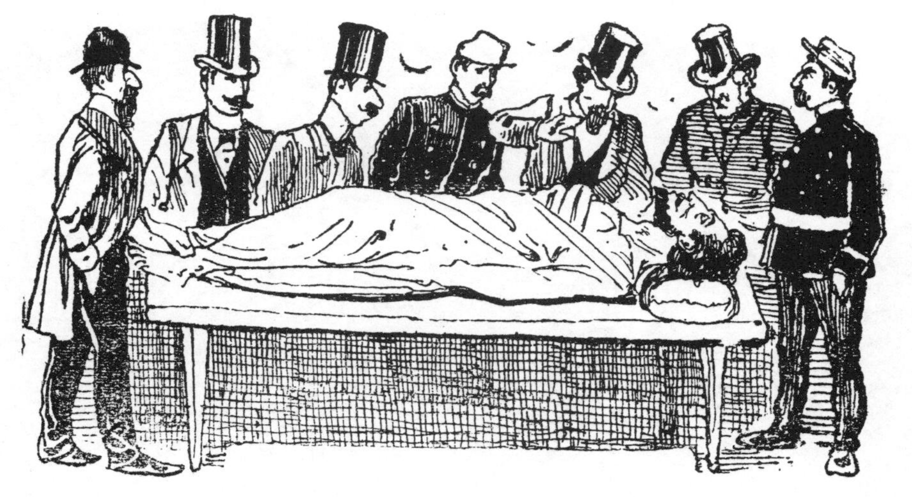

OPERACION QUIRURGICA

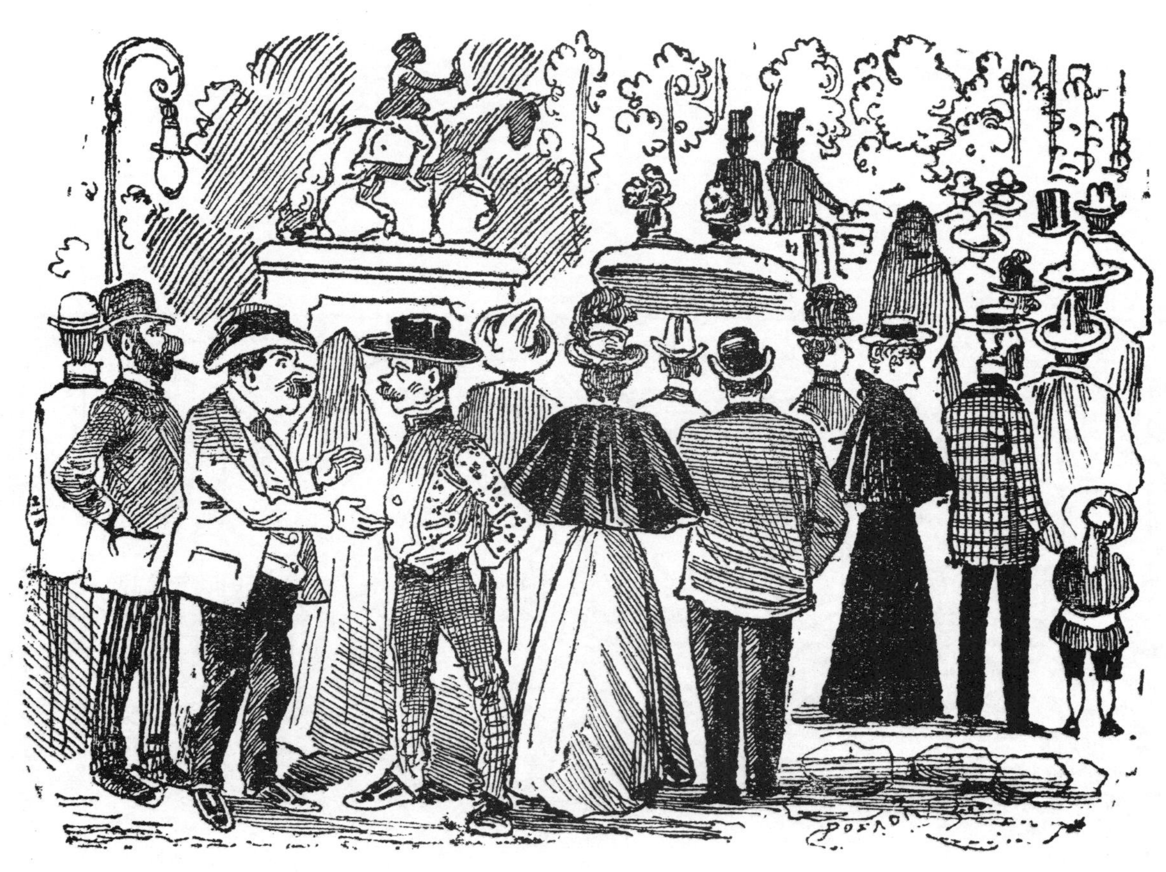

Corrido "EL PASEO DE LA REFORMA"

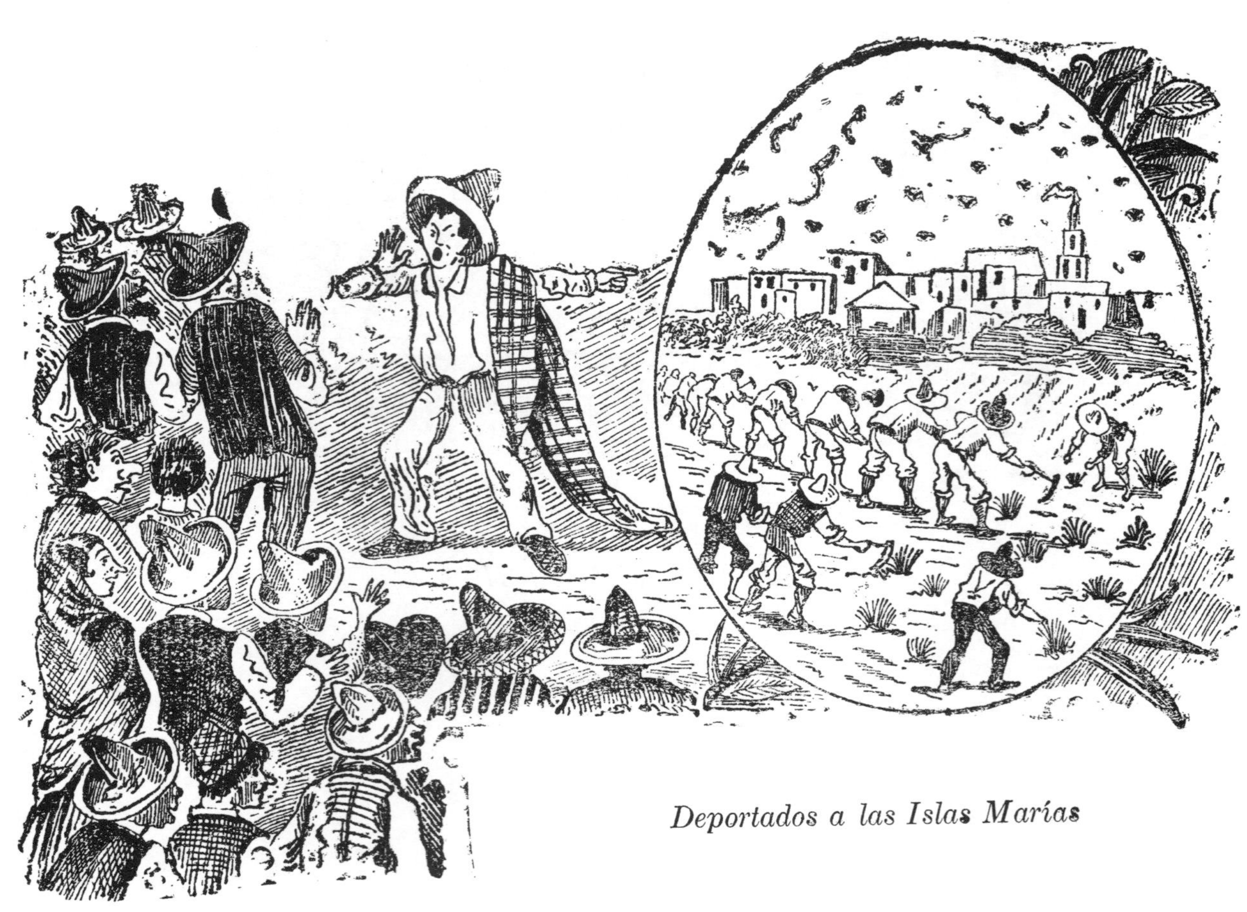

Deportados a las Islas Marías

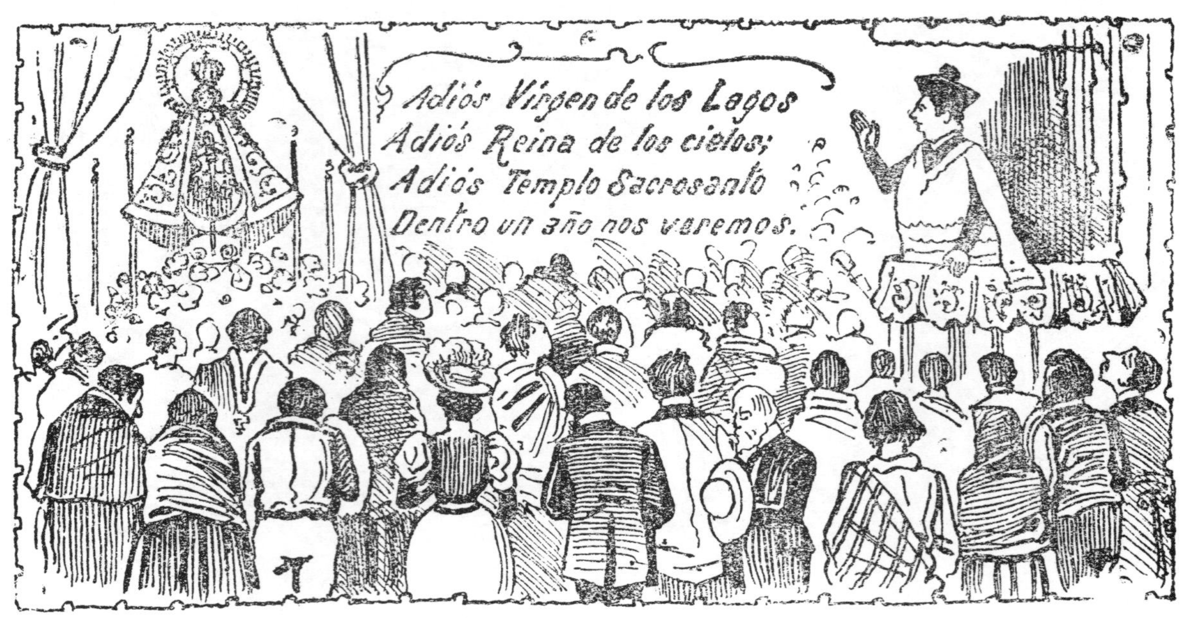

Despedimiento de Nuestra Señora de San Juan de los Lagos

Corrido

"HERACLIO BERNAL"

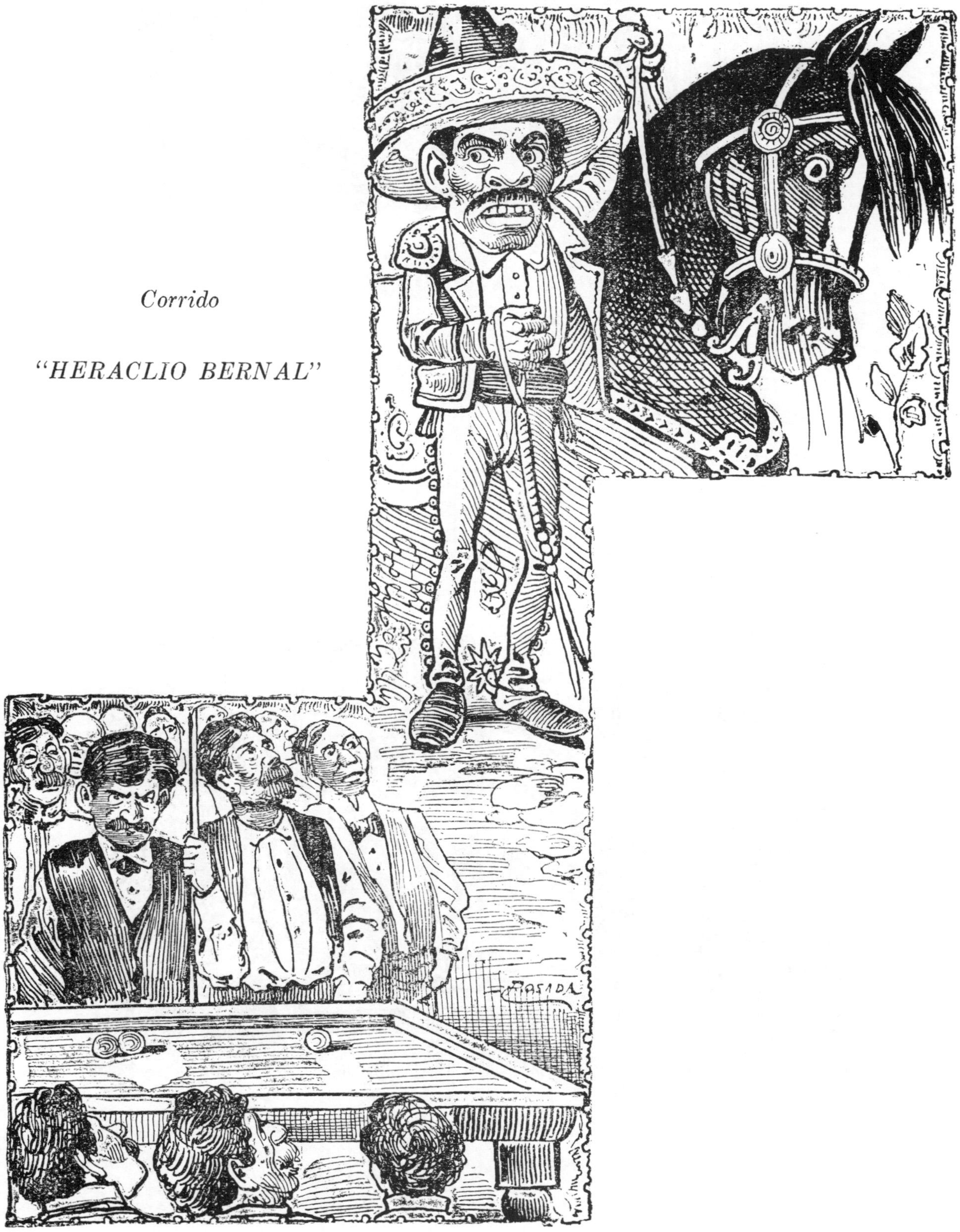

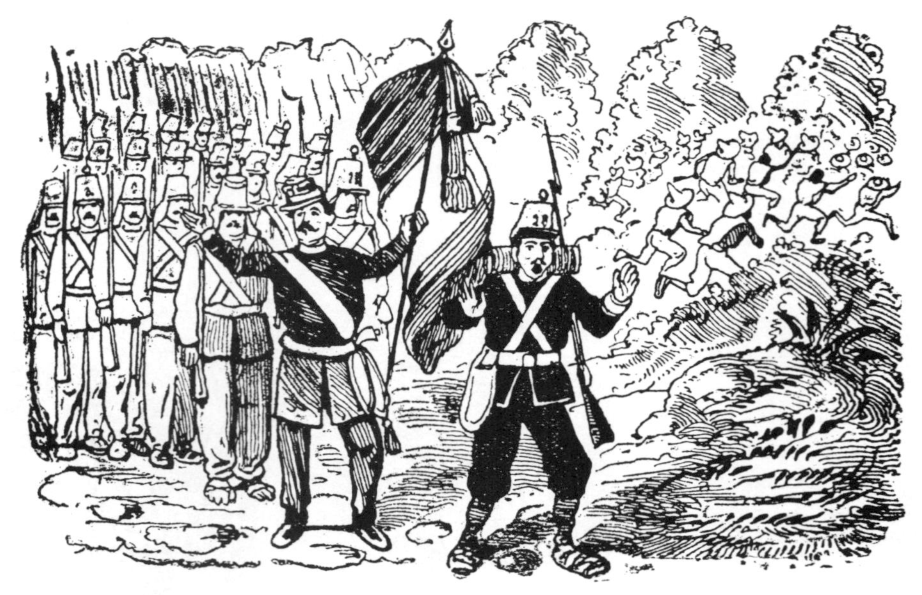

SOLDADOS FEDERALES

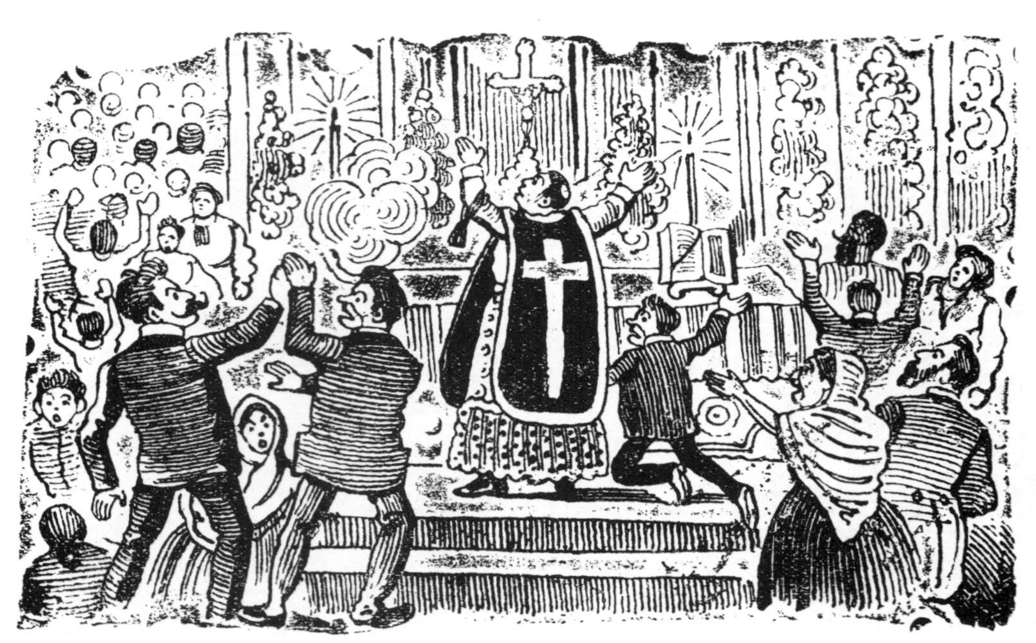

Ejemplo "ASESINATO DEL SEÑOR CURA"

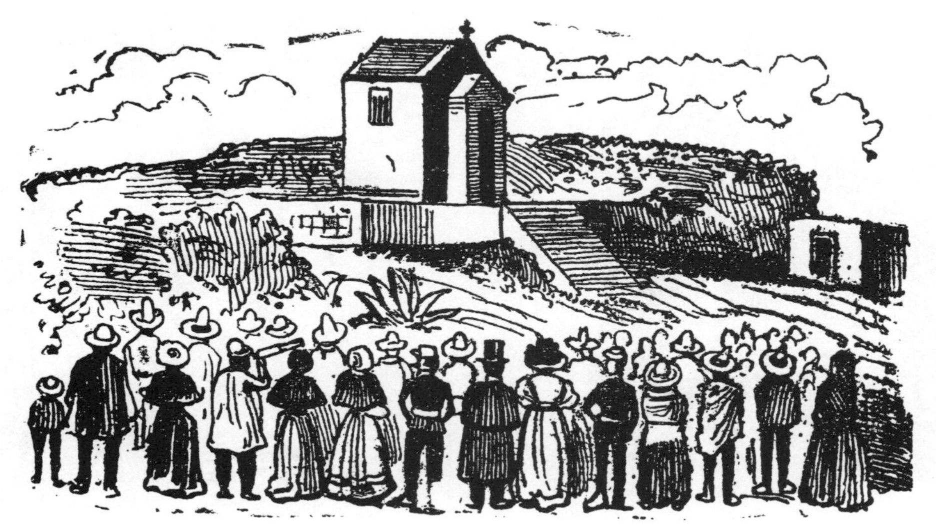

EL CERRO DE LAS CAMPANAS

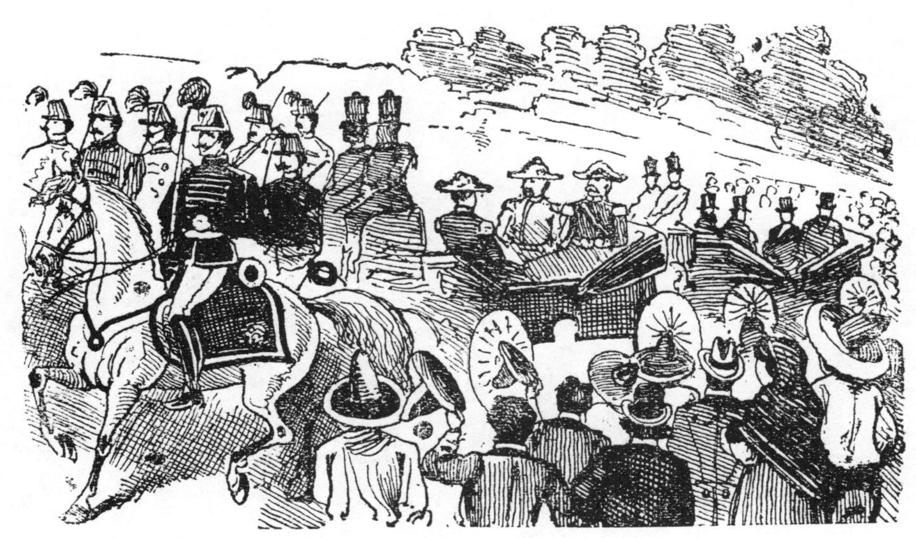

DON PORFIRIO DIAZ EN LAS FIESTAS PATRIAS

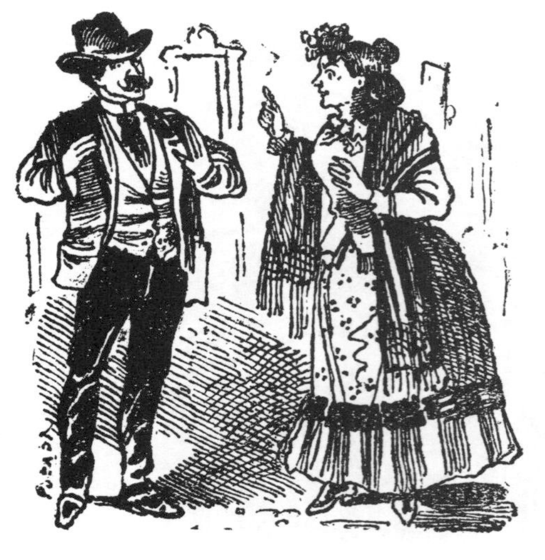

ESCENA DE CELOS

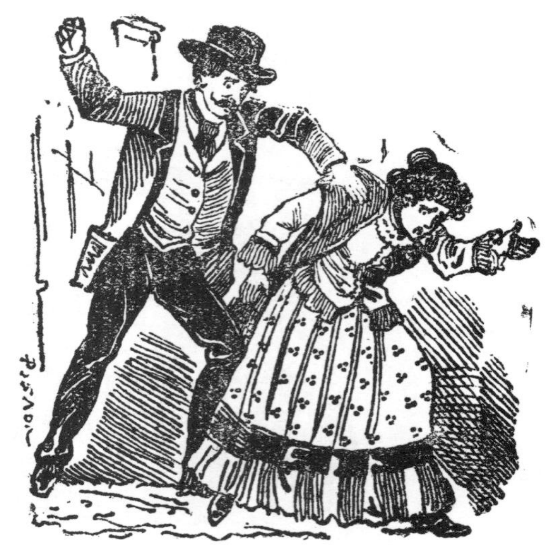

PRUEBA DE CARIÑO

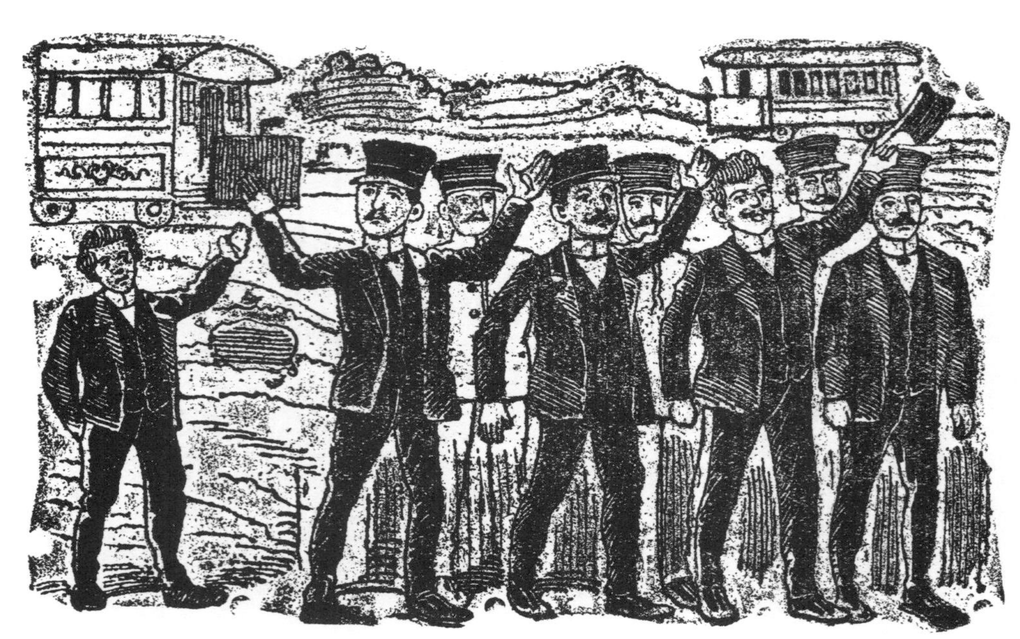

Corrido "LOS MOTORISTAS"

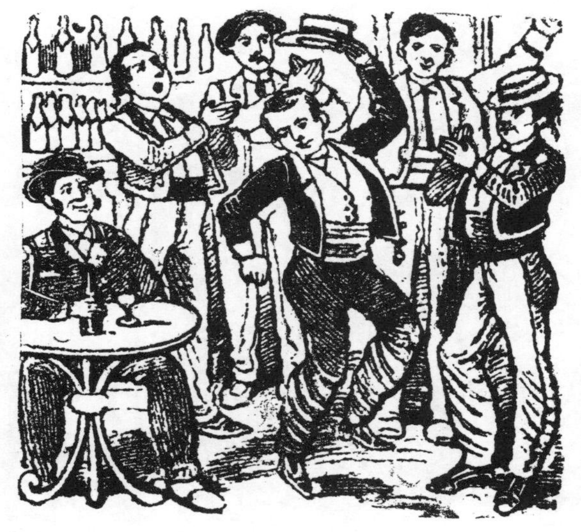

LA RUMBA

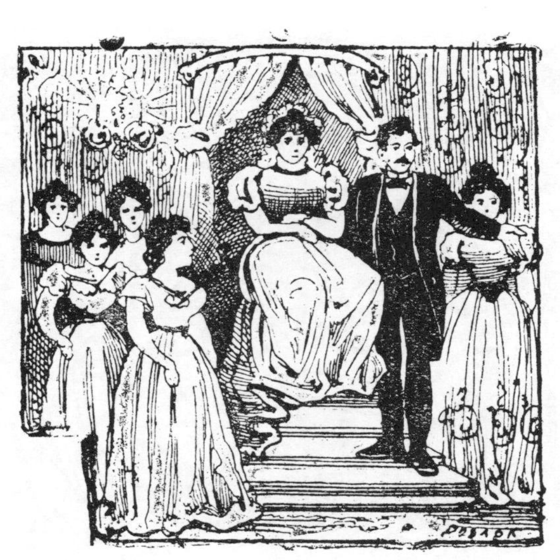

LOS DESPOSADOS

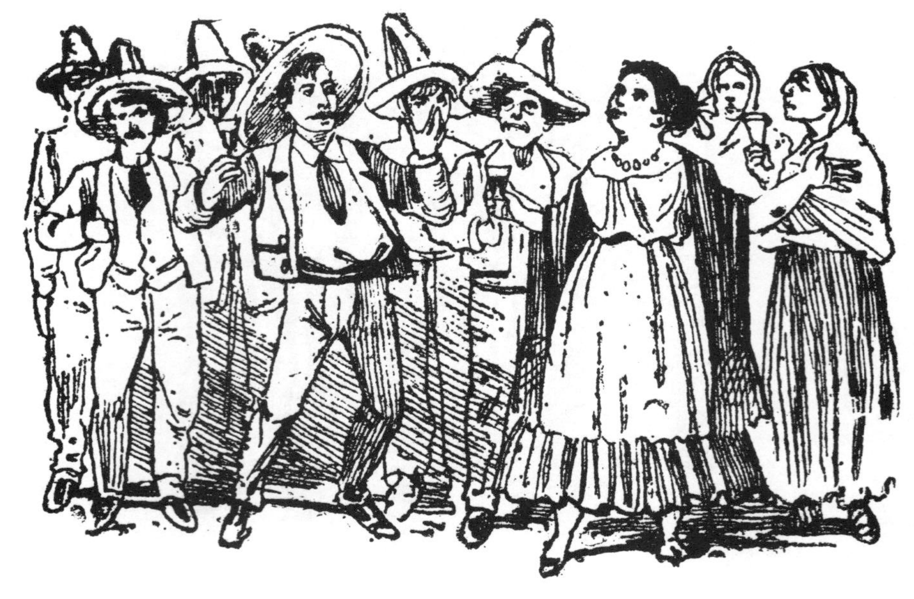

VERBENA EN SANTA ANITA

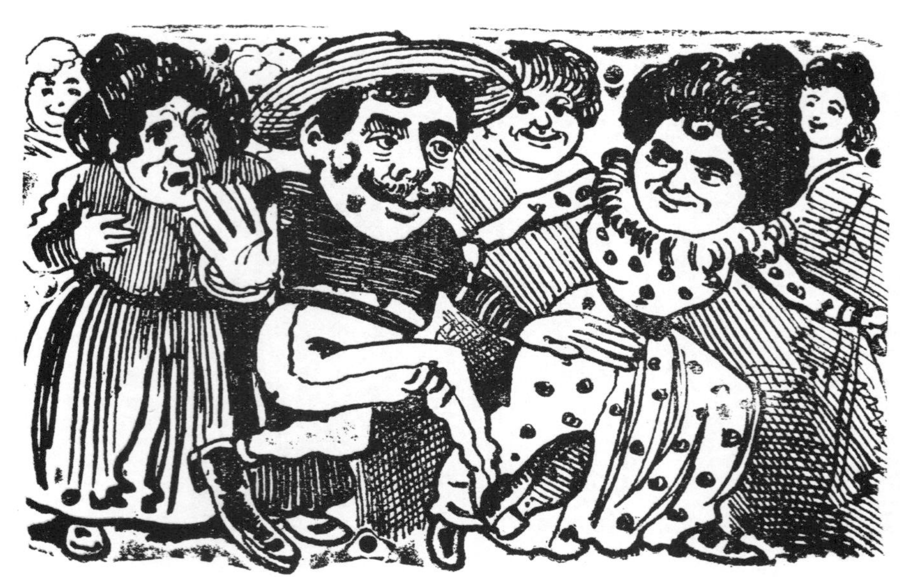

Danza "EL CANCAN"

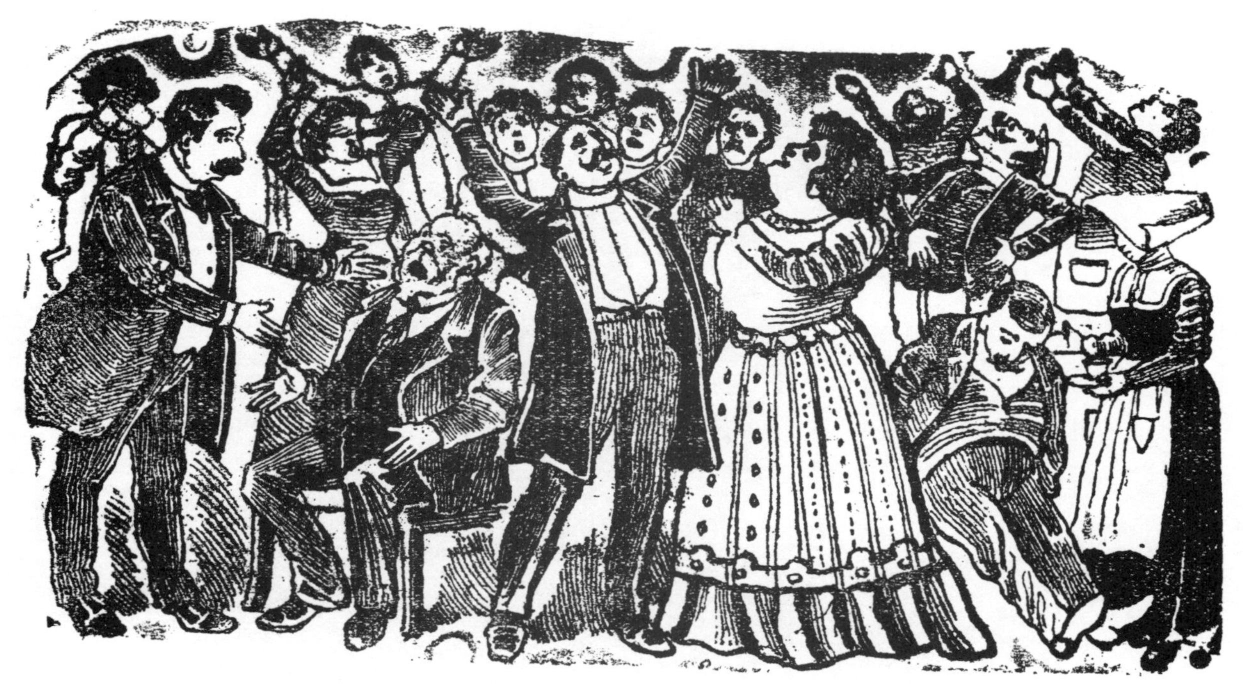

Corrido "EL FIN DEL MUNDO"

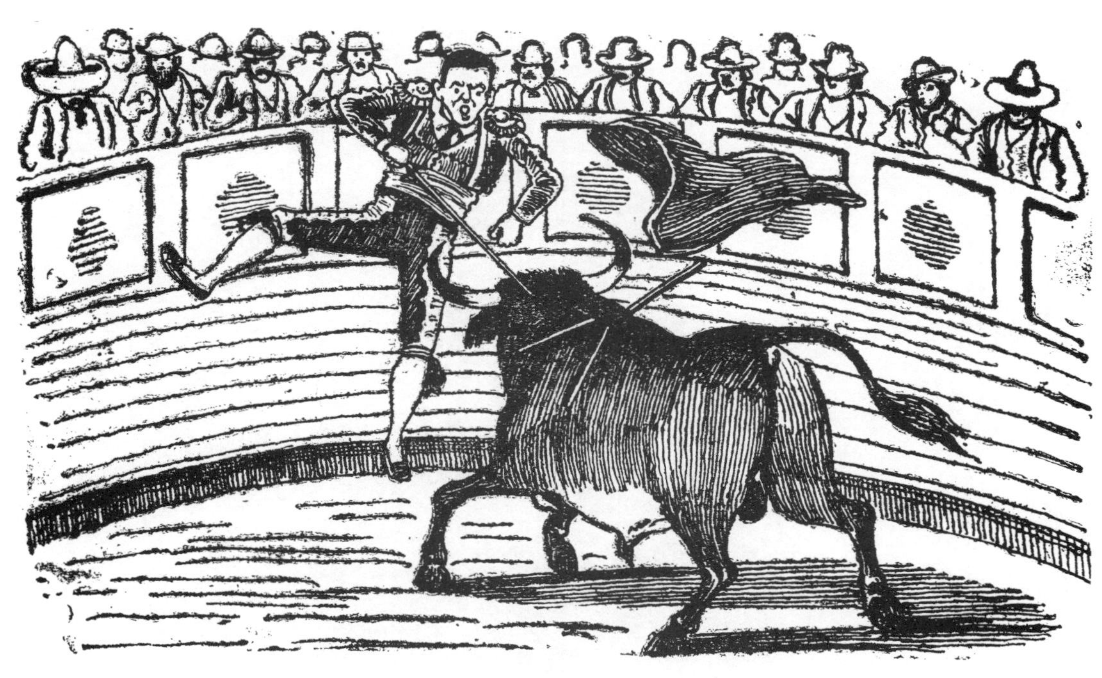

COGIDA Y MUERTE DE TIMOTEO RODRIGUEZ

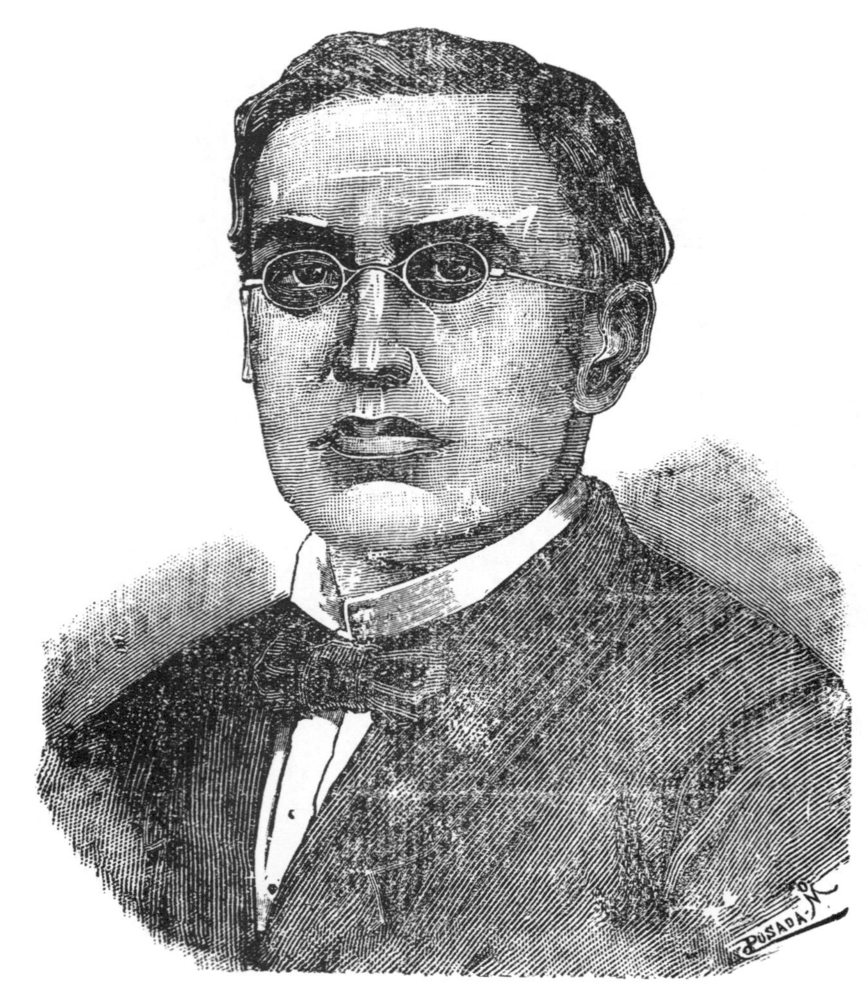

GENERAL IGNACIO ZARAGOZA

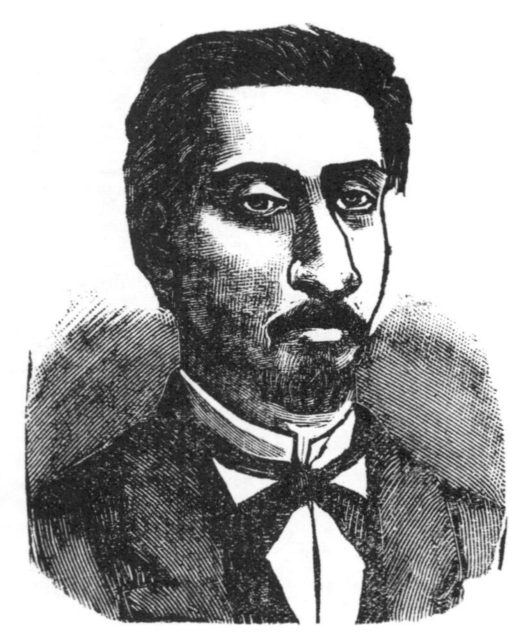

GENERAL DON MIGUEL NEGRETE

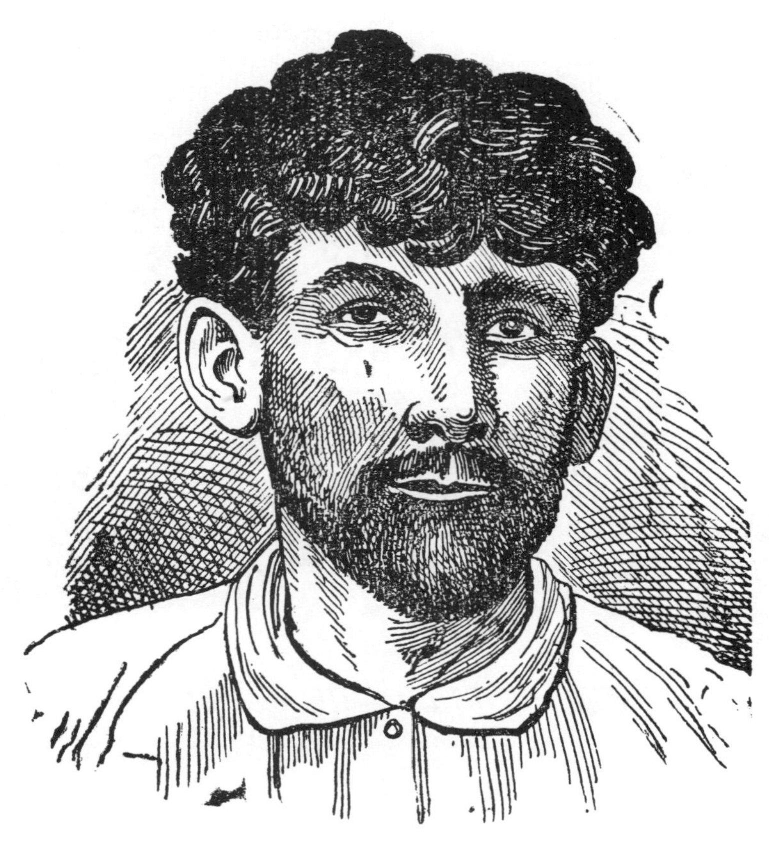

UN SENTENCIADO A MUERTE

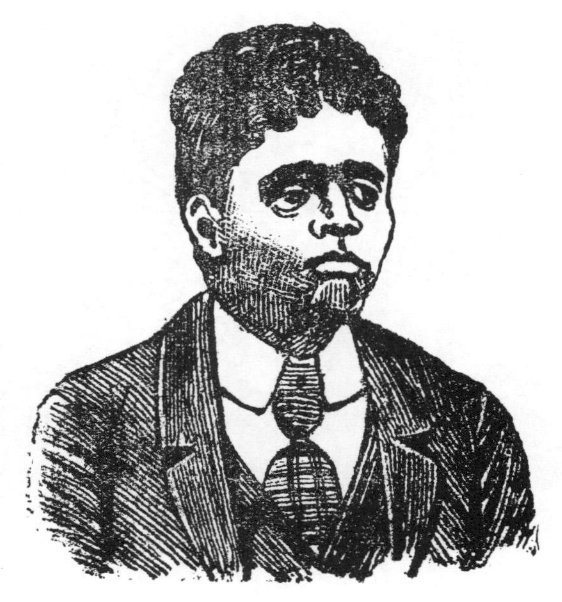

SU DEFENSOR

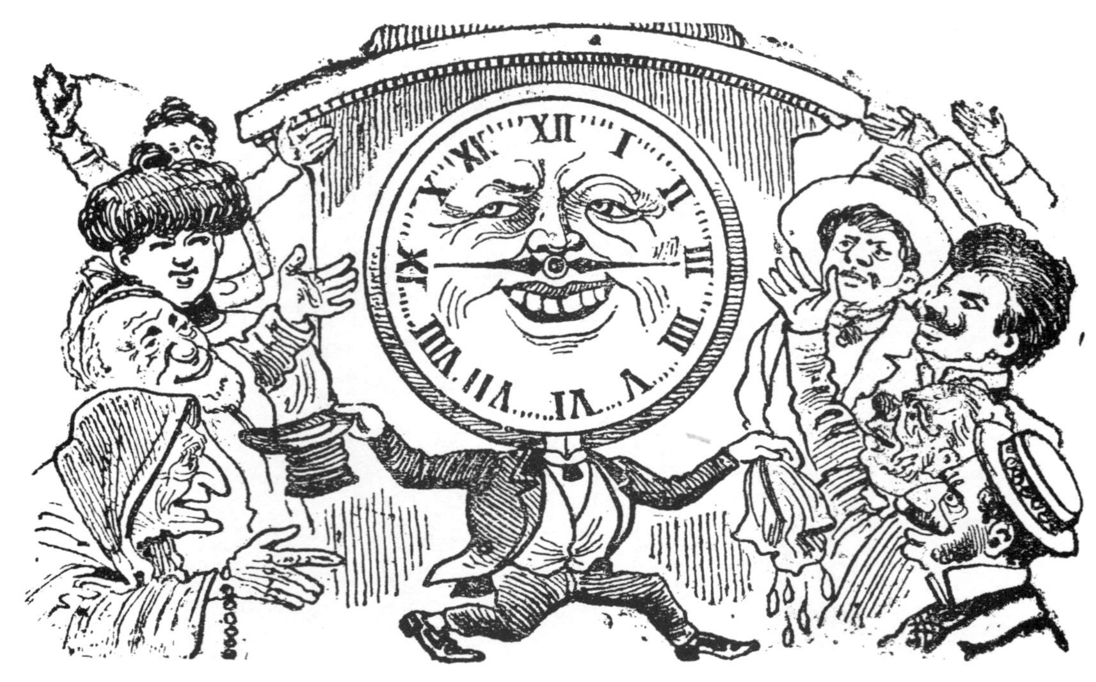

Corrido "EL RELOX DE CATEDRAL"

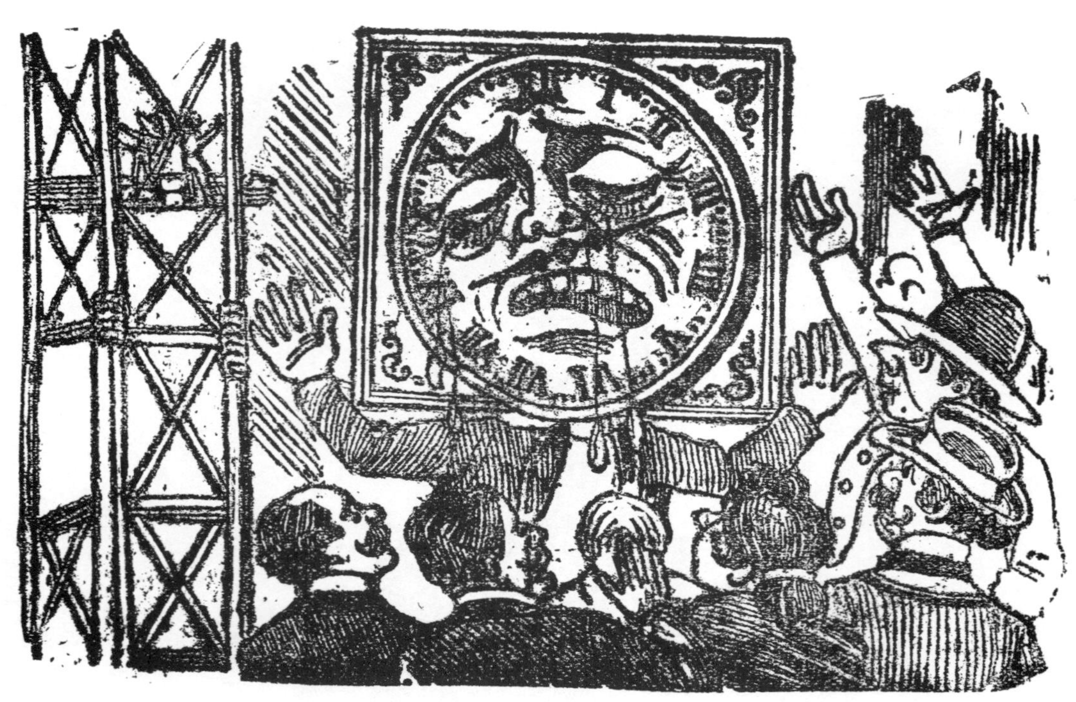

Corrido "EL RELOX DE CATEDRAL"

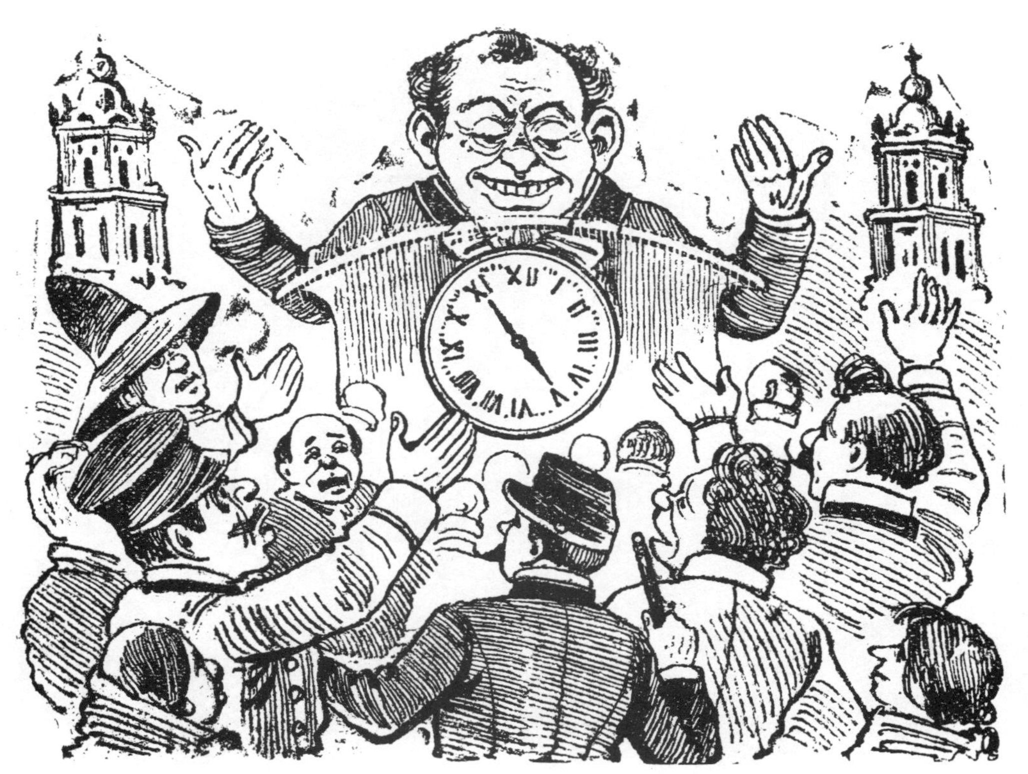

Corrido "EL RELOX DE CATEDRAL"

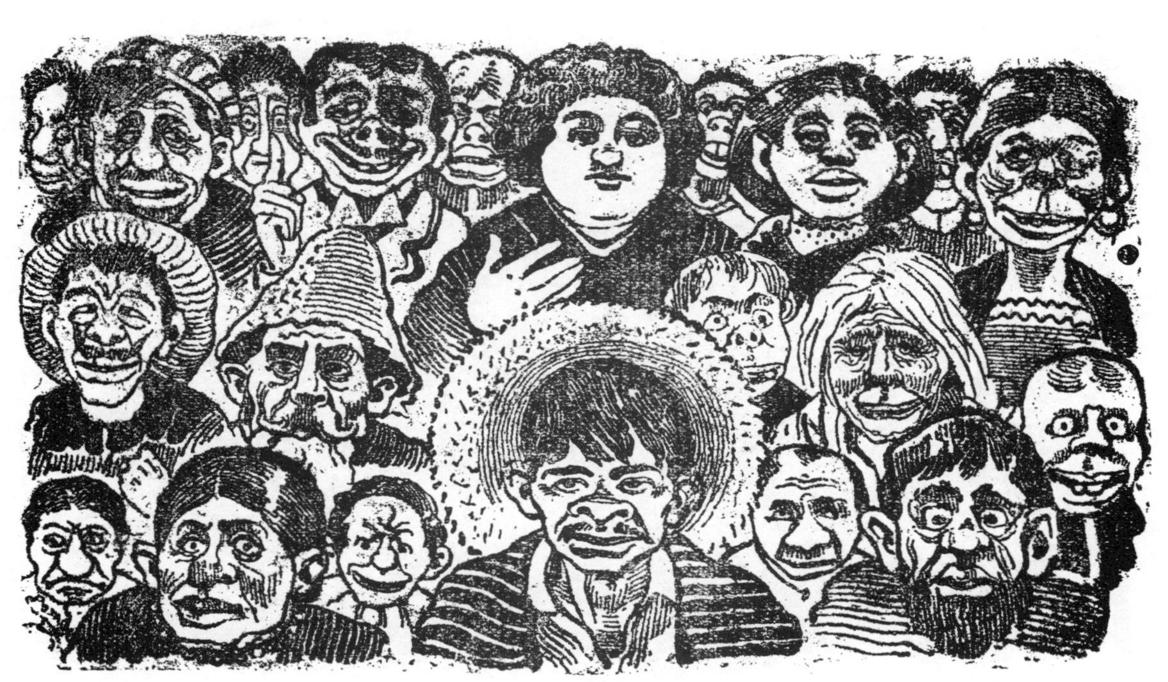

Corrido "DEPORTADOS AL VALLE NACIONAL"

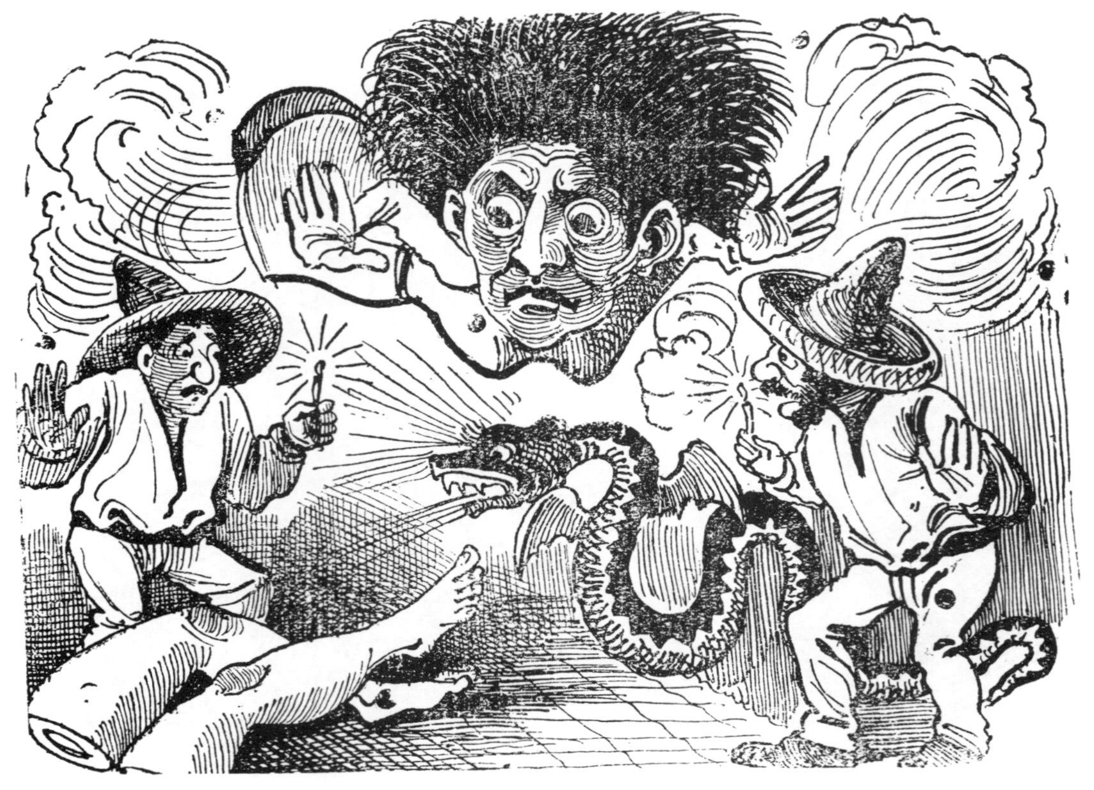

Ejemplo "UNA MUJER QUE SE CONVIERTE EN SERPIENTE"

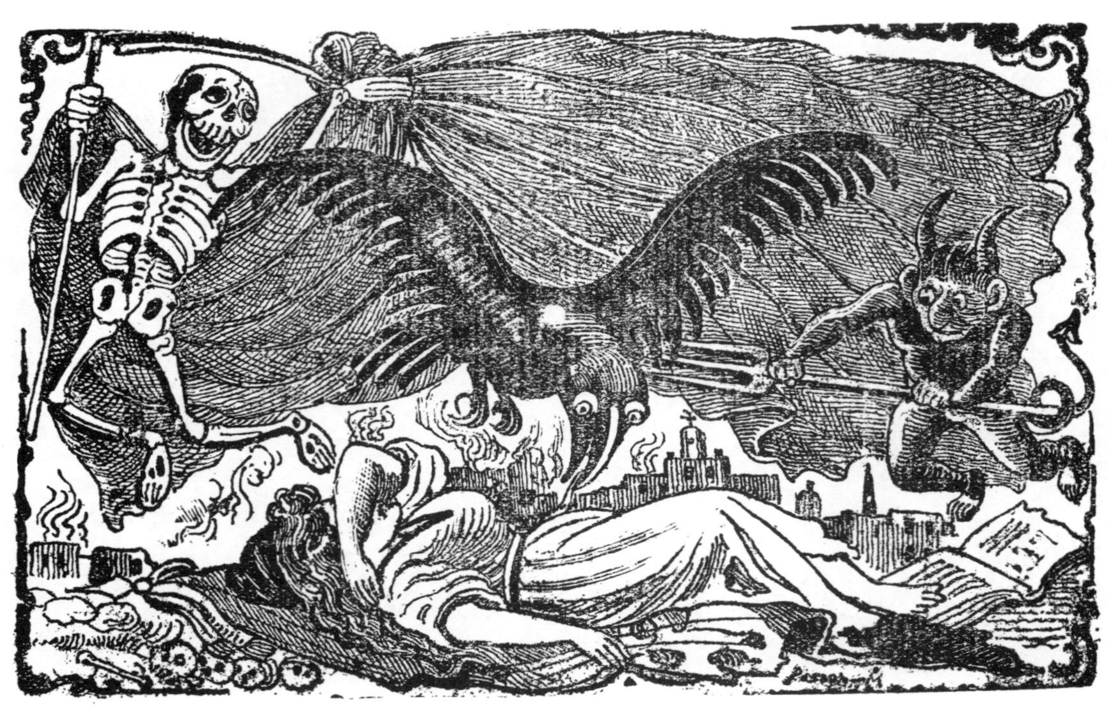

Ejemplo "LAS PLAGAS QUE AMENAZAN A MEXICO"

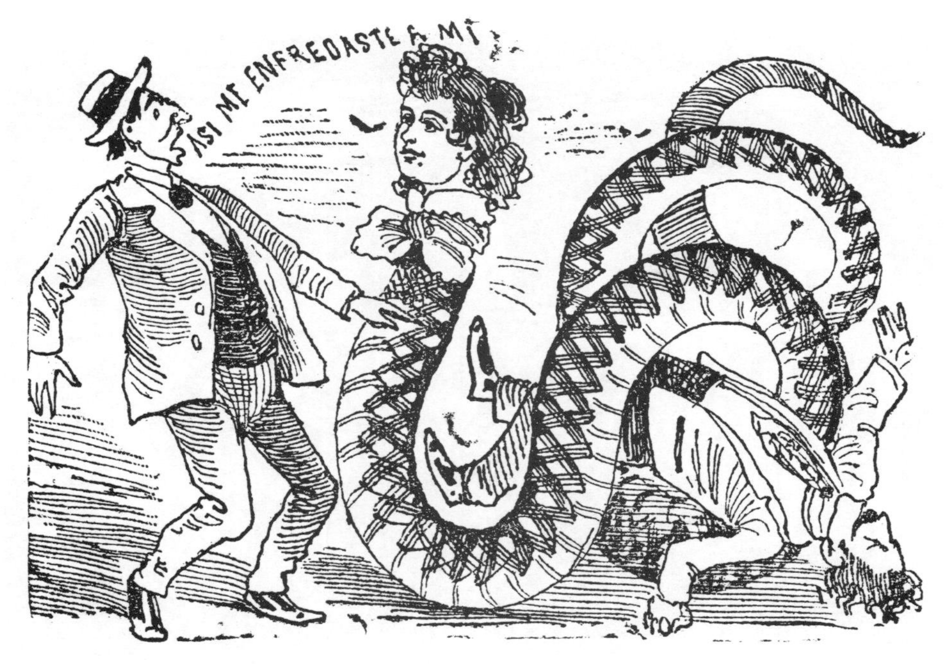

Corrido "LA MUJER CULEBRA"

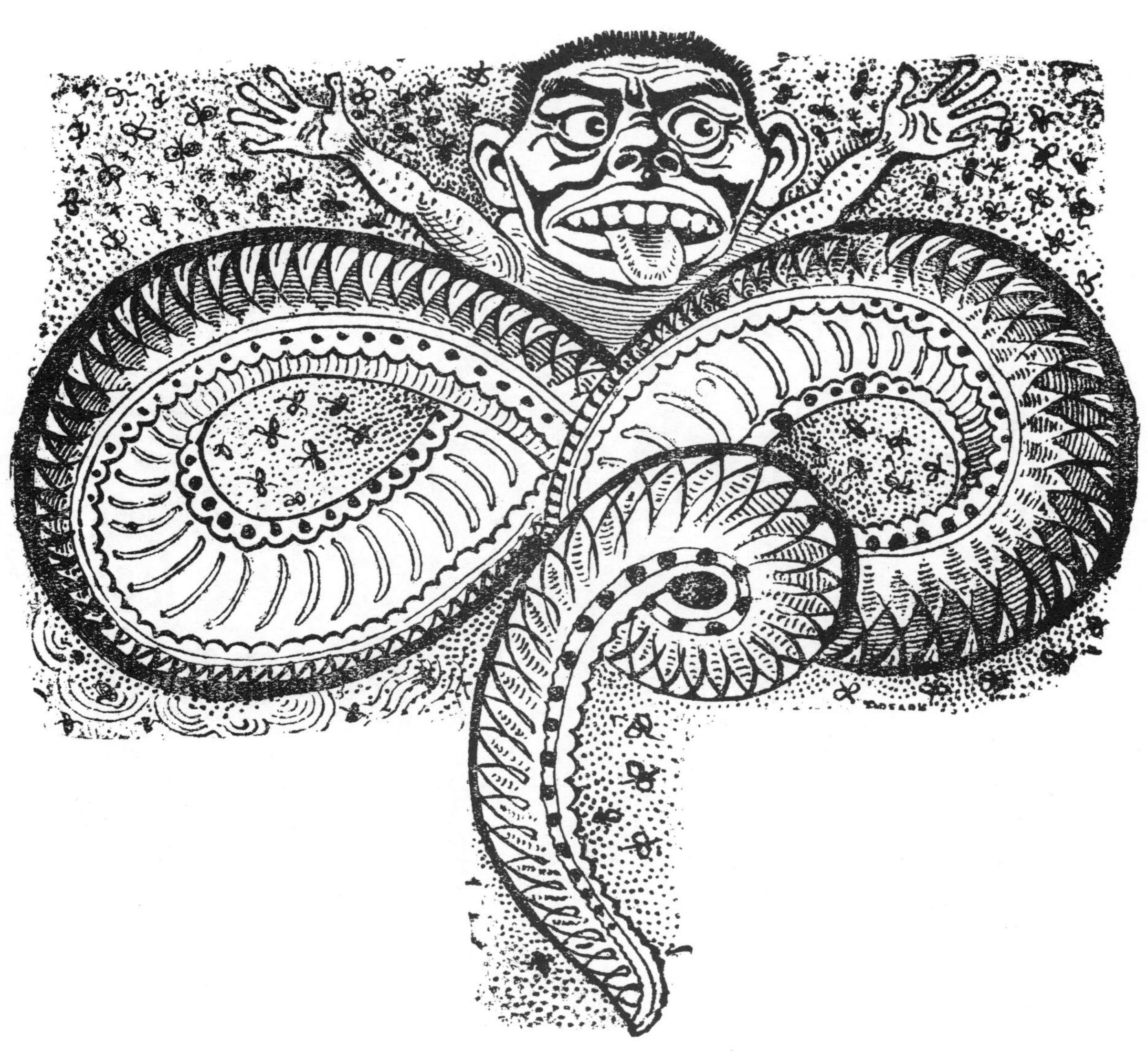

EL HOMBRE SIERPE

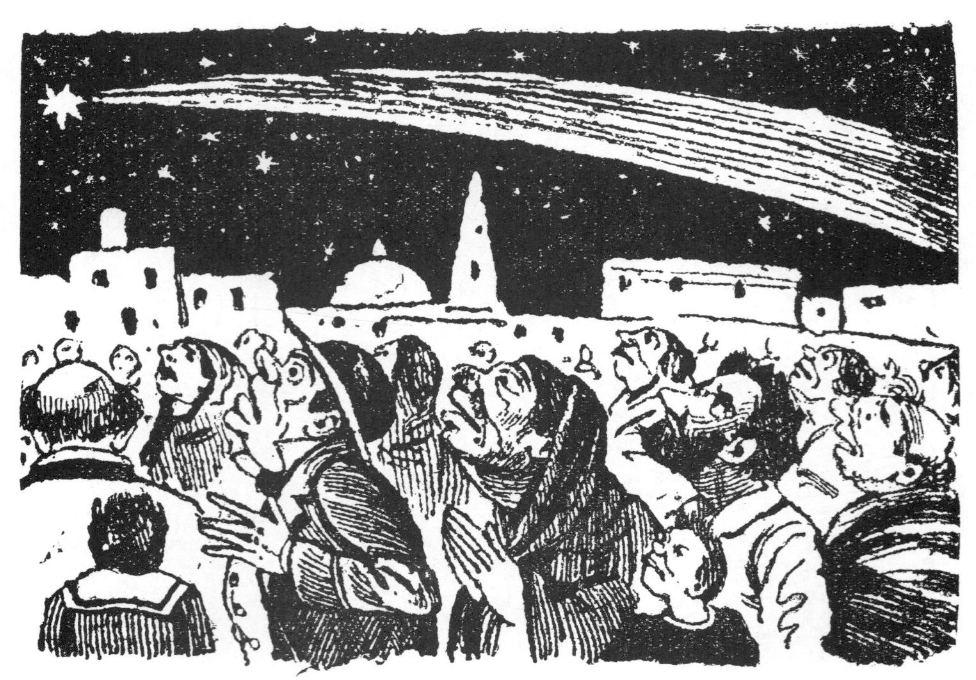

Corrido "EL COMETA DE 82"

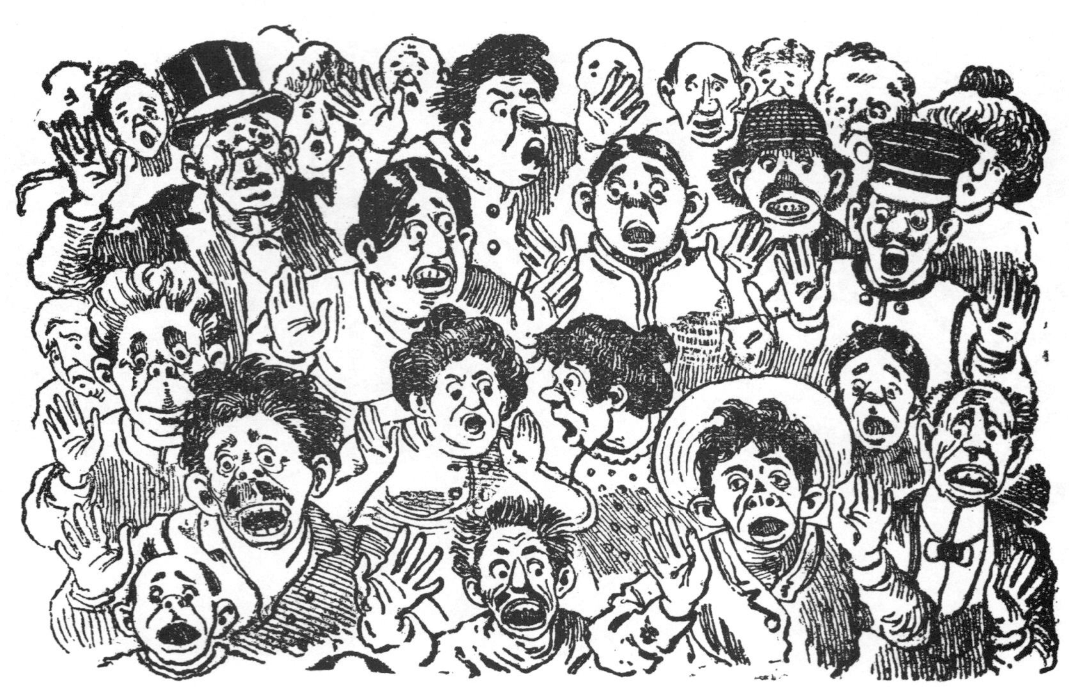

Corrido "EL COMETA DE 82"

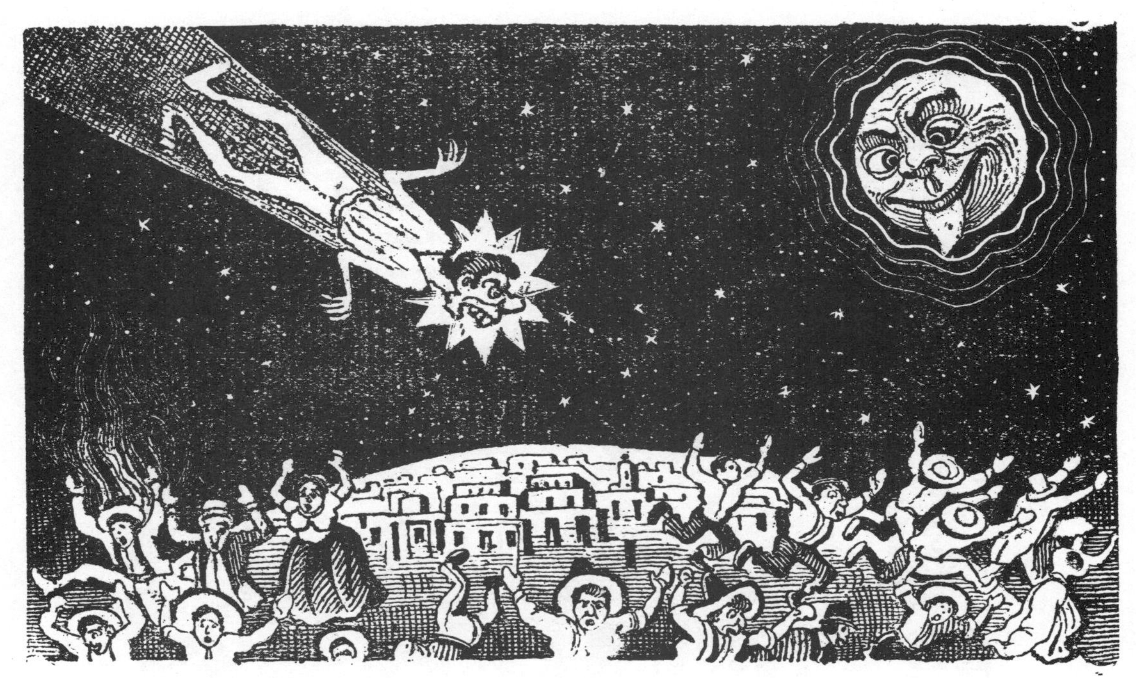

Corrido "EL FIN DEL MUNDO"

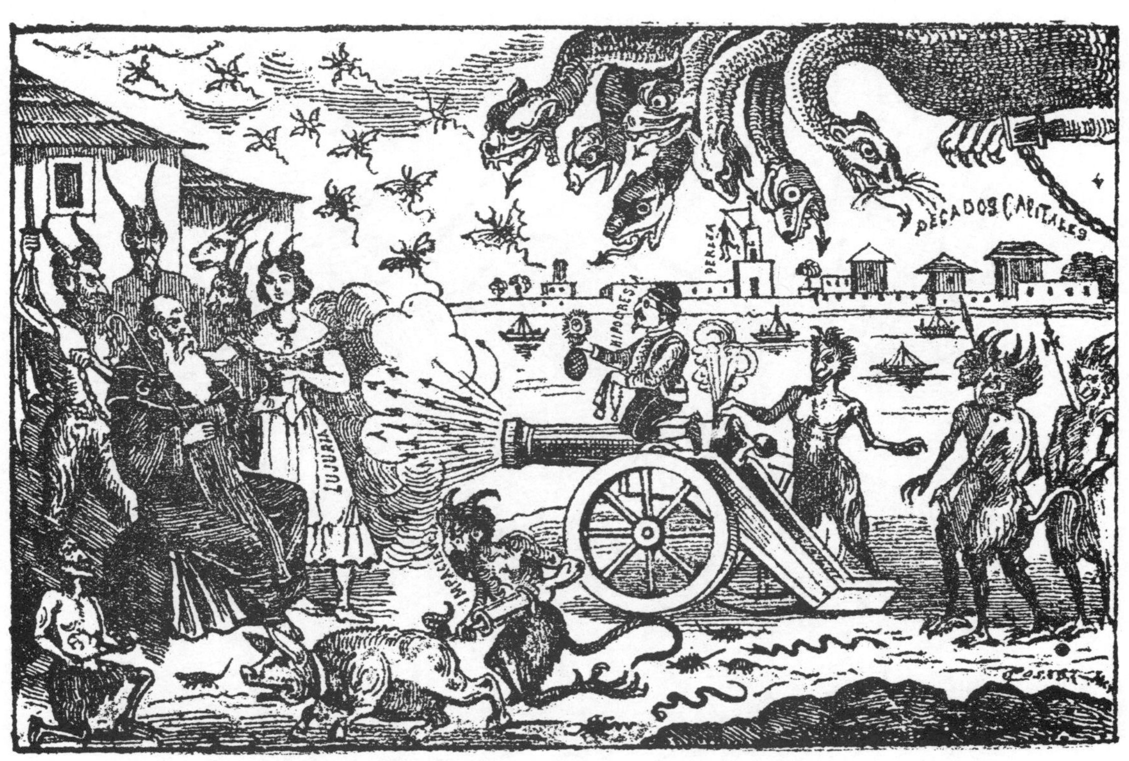

Ejemplo "LAS TENTACIONES DE SAN ANTONIO"

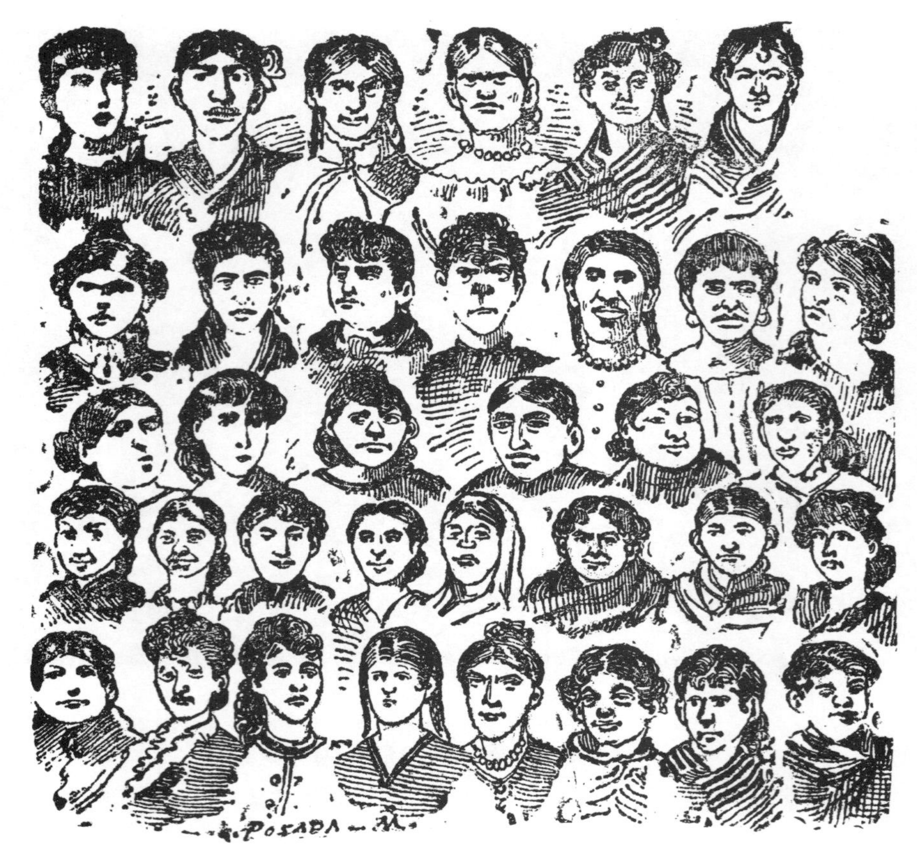

Corrido "DEPORTADOS AL VALLE NACIONAL"

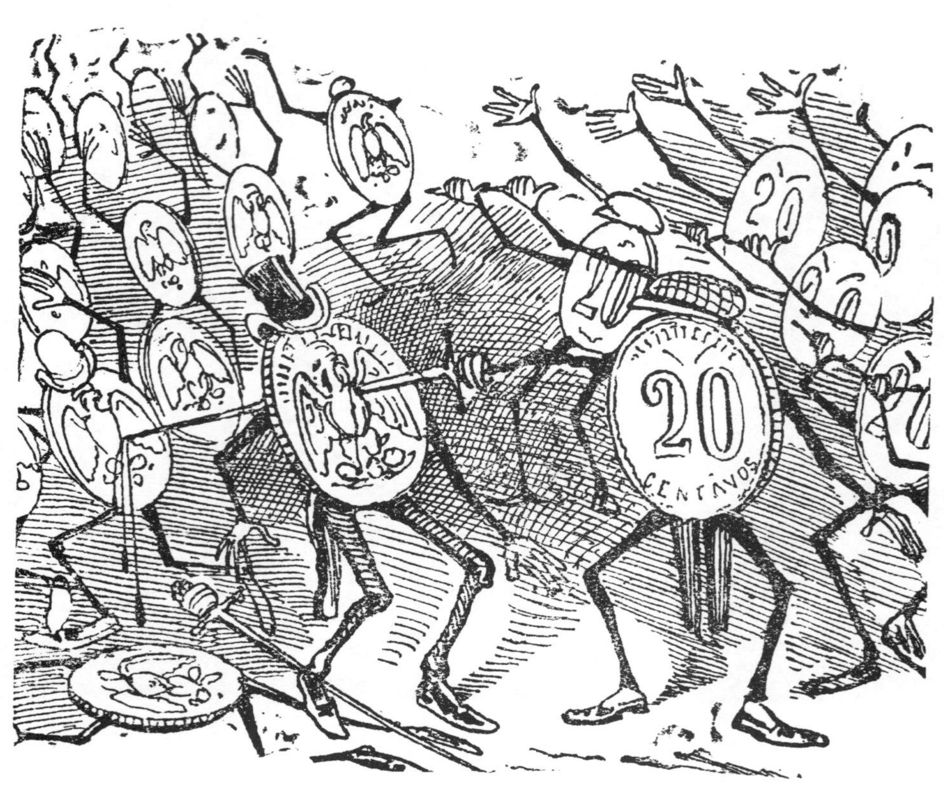

Corrido "EL TRIUNFO DE LAS DE A VEINTE"

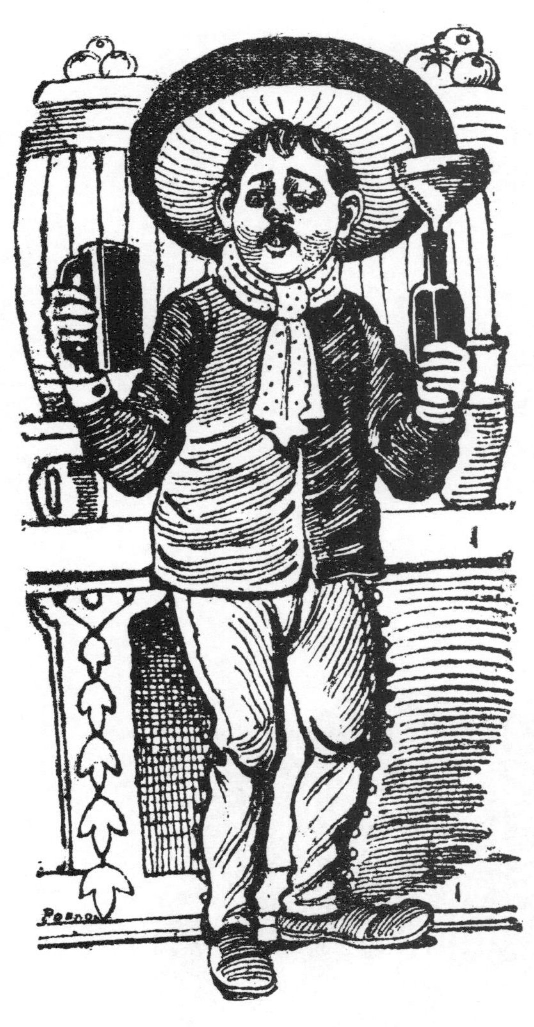

Corrido "EL MERO SAN LUNES"

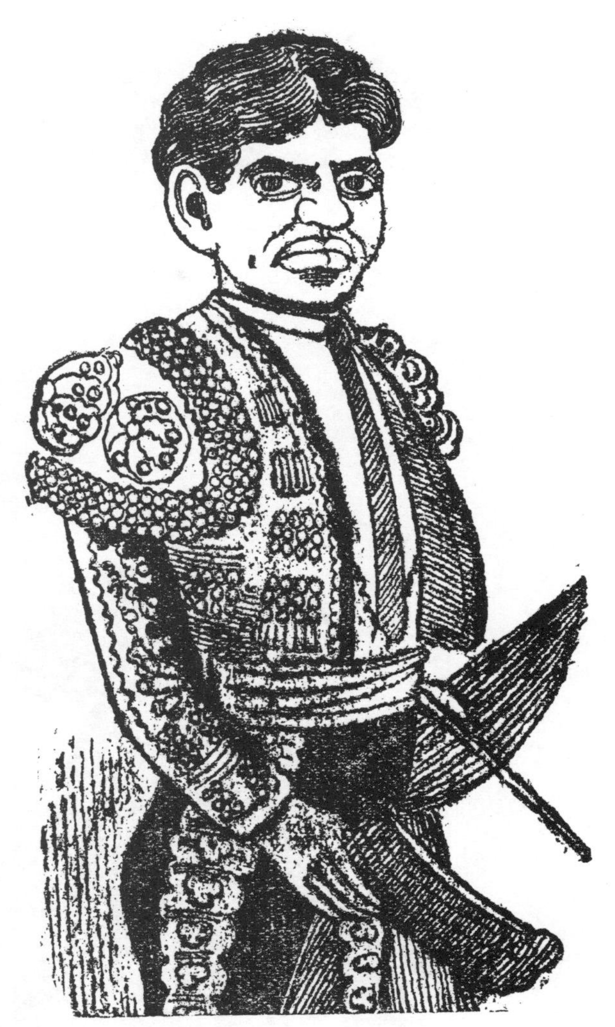

RODOLFO GAONA

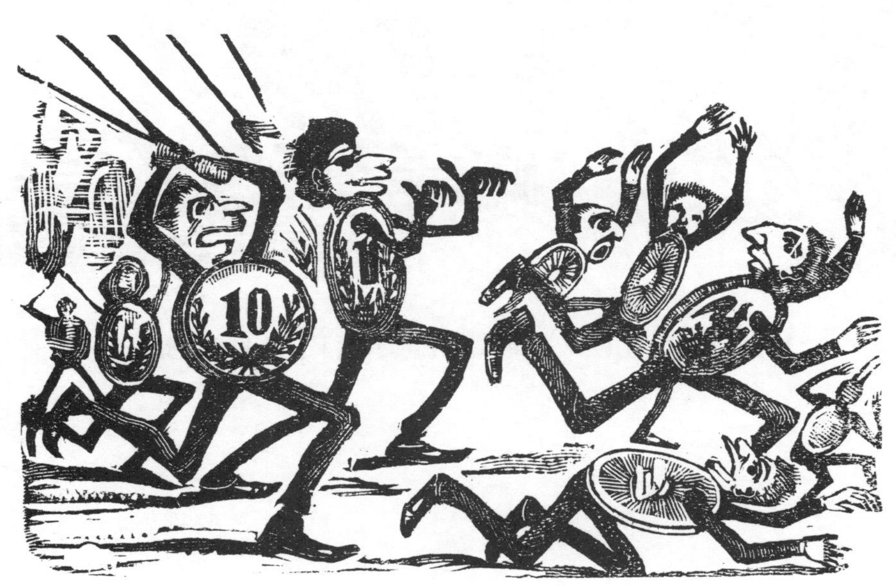

Corrido "DESPEDIDA DEL NIQUEL"

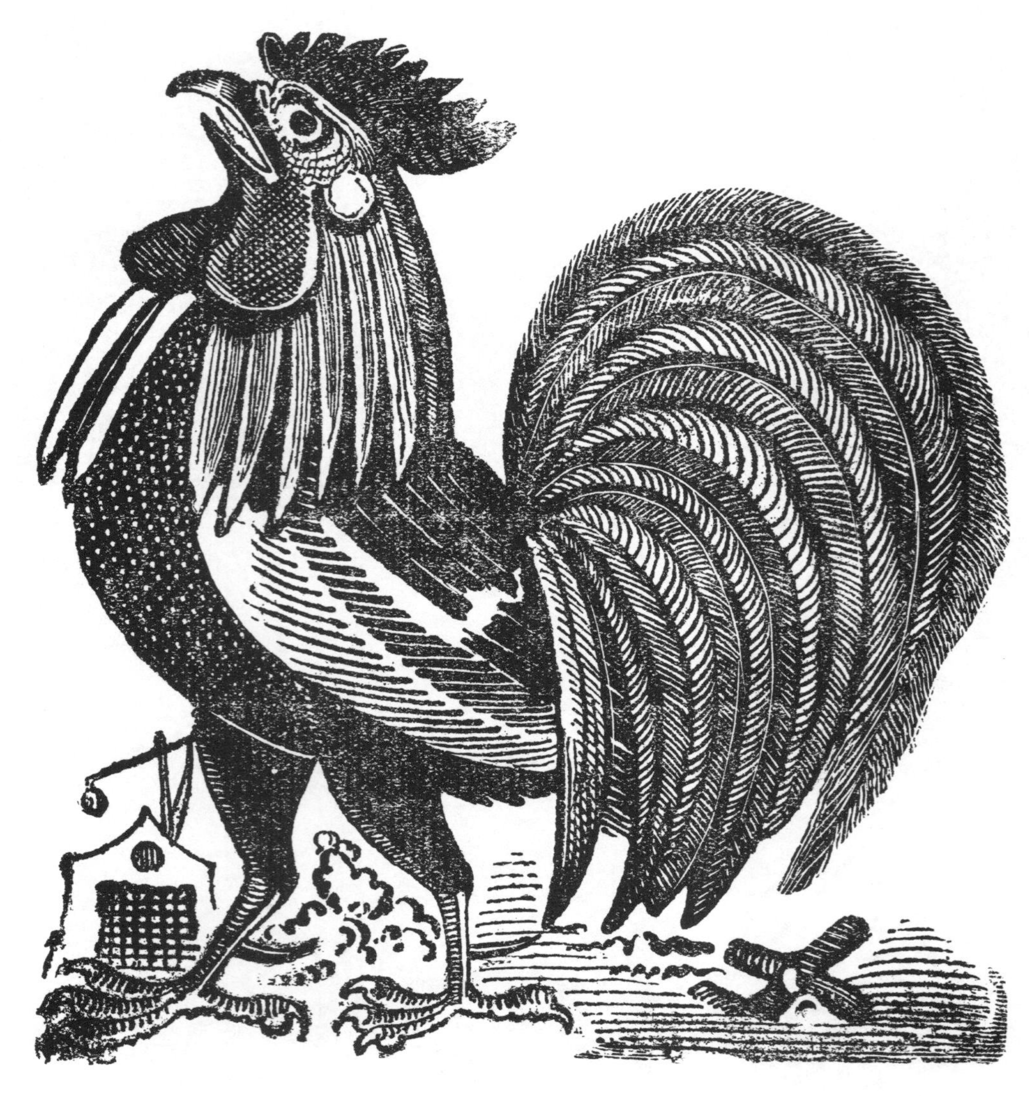

¡CON ESPOLON, CONTRA NAVAJA LIBRE!

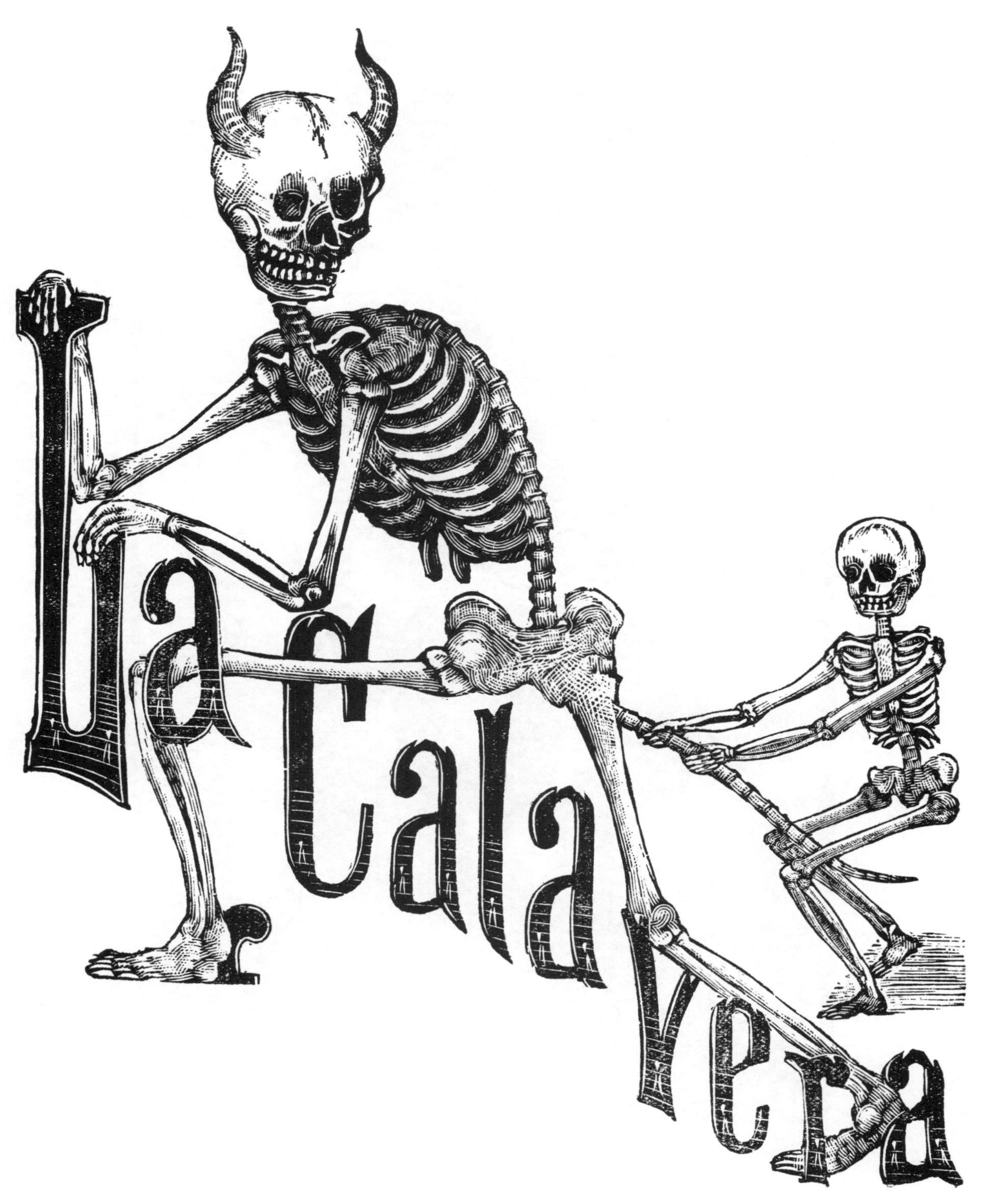
La Calavera

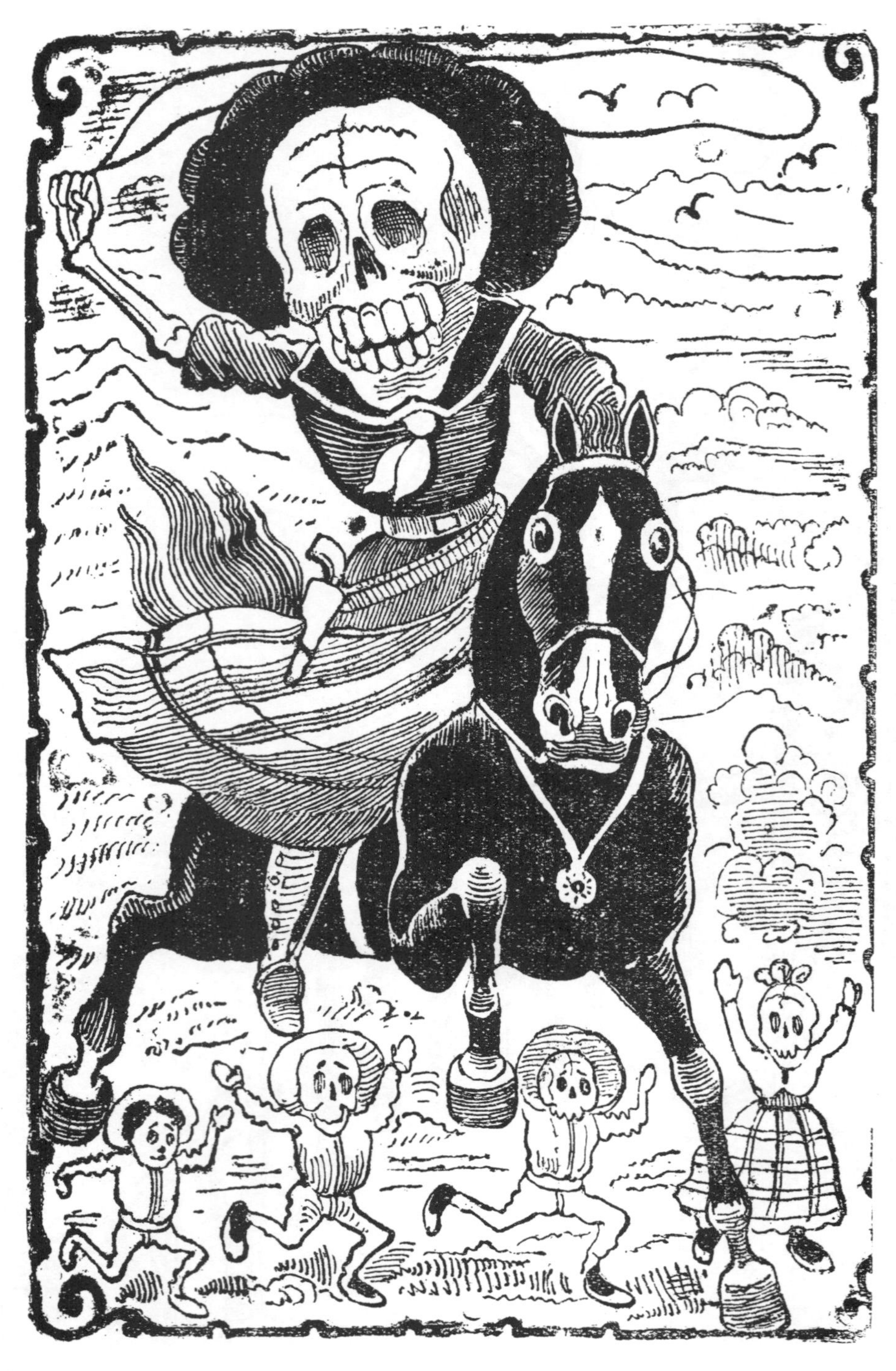

ÇALAVERA REVOLUCIONARIA

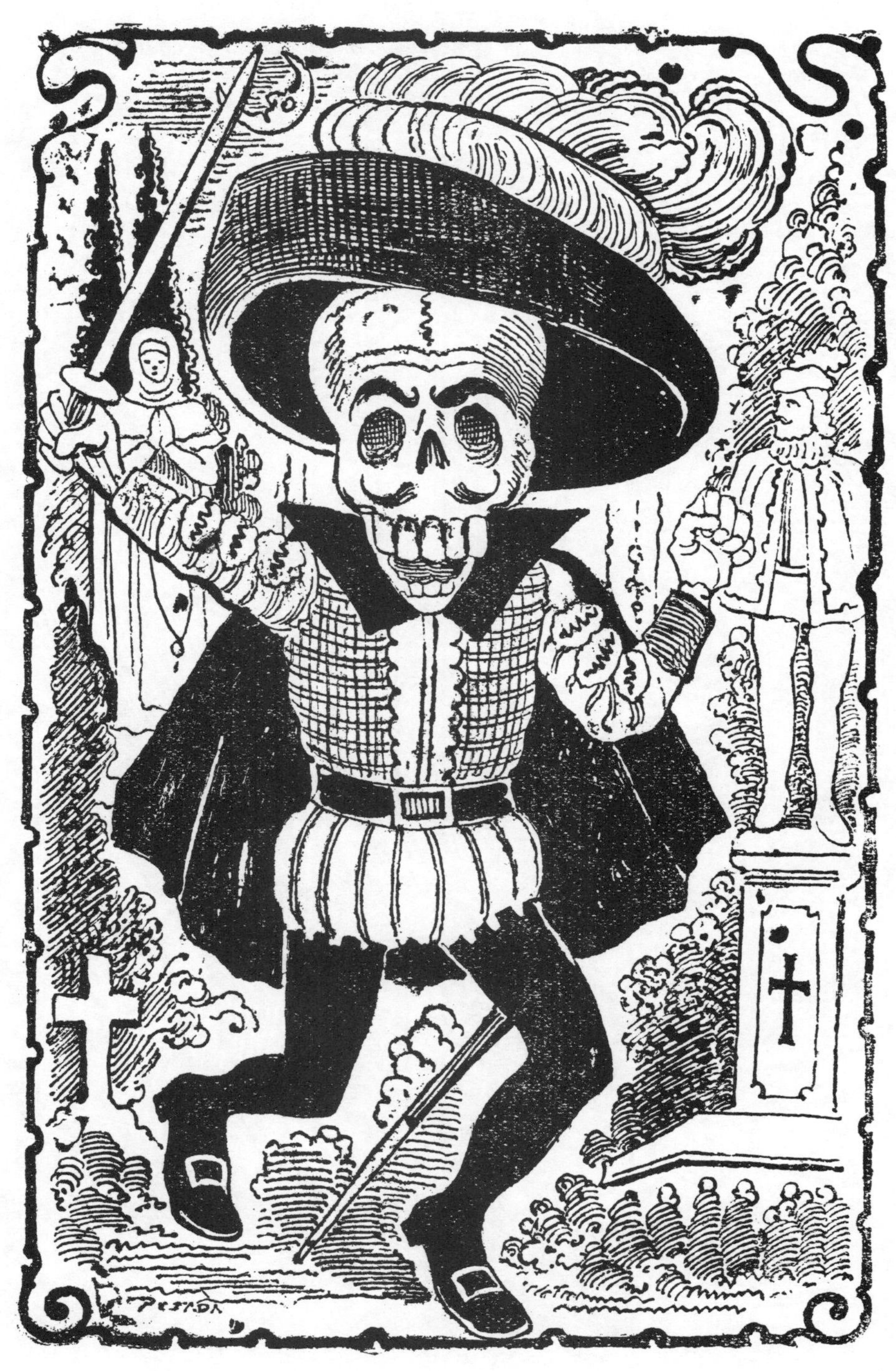

DON JUAN TENORIO

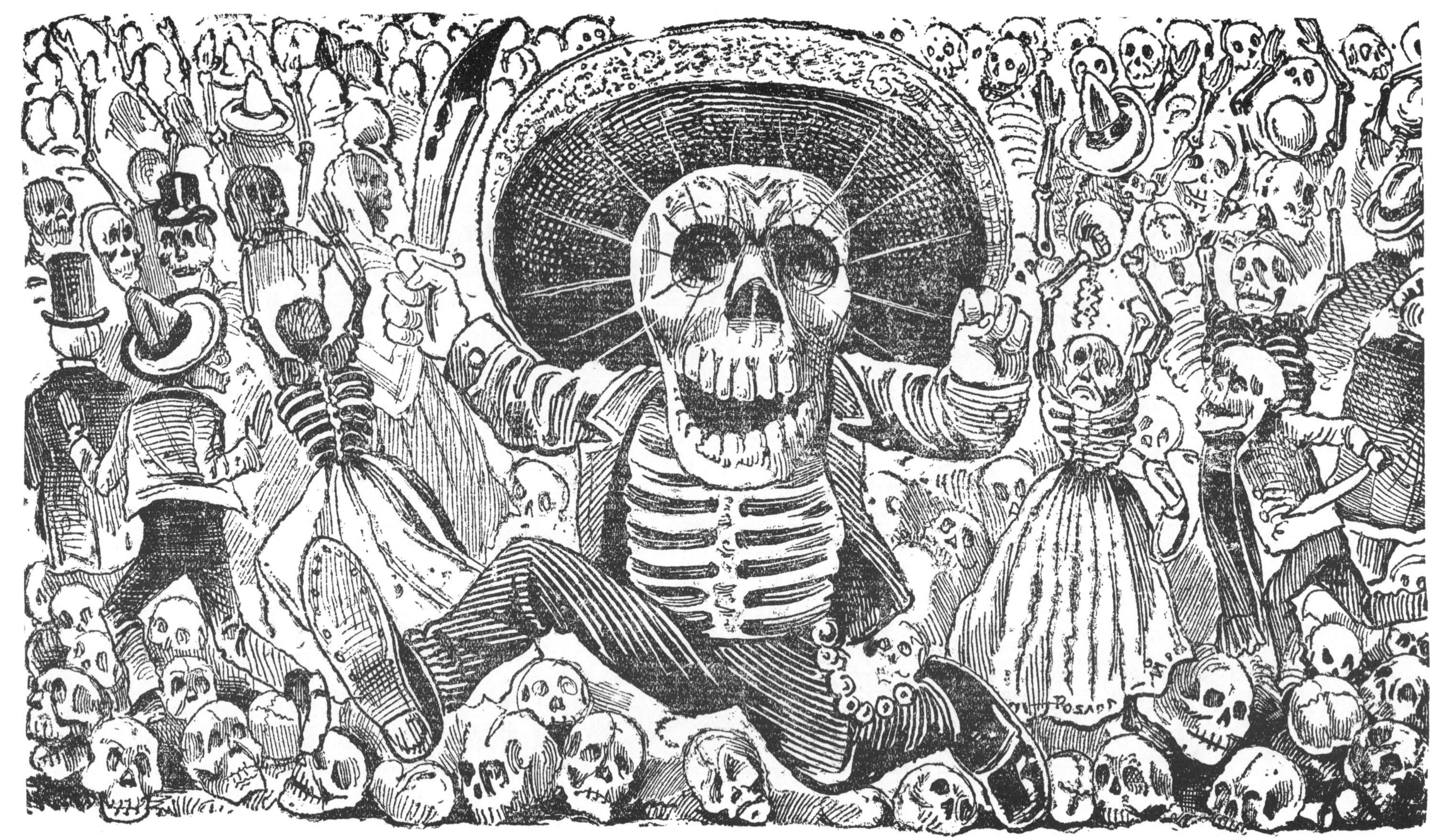

REBUMBIO DE CALAVERAS; ROTOS Y GARBANCERAS

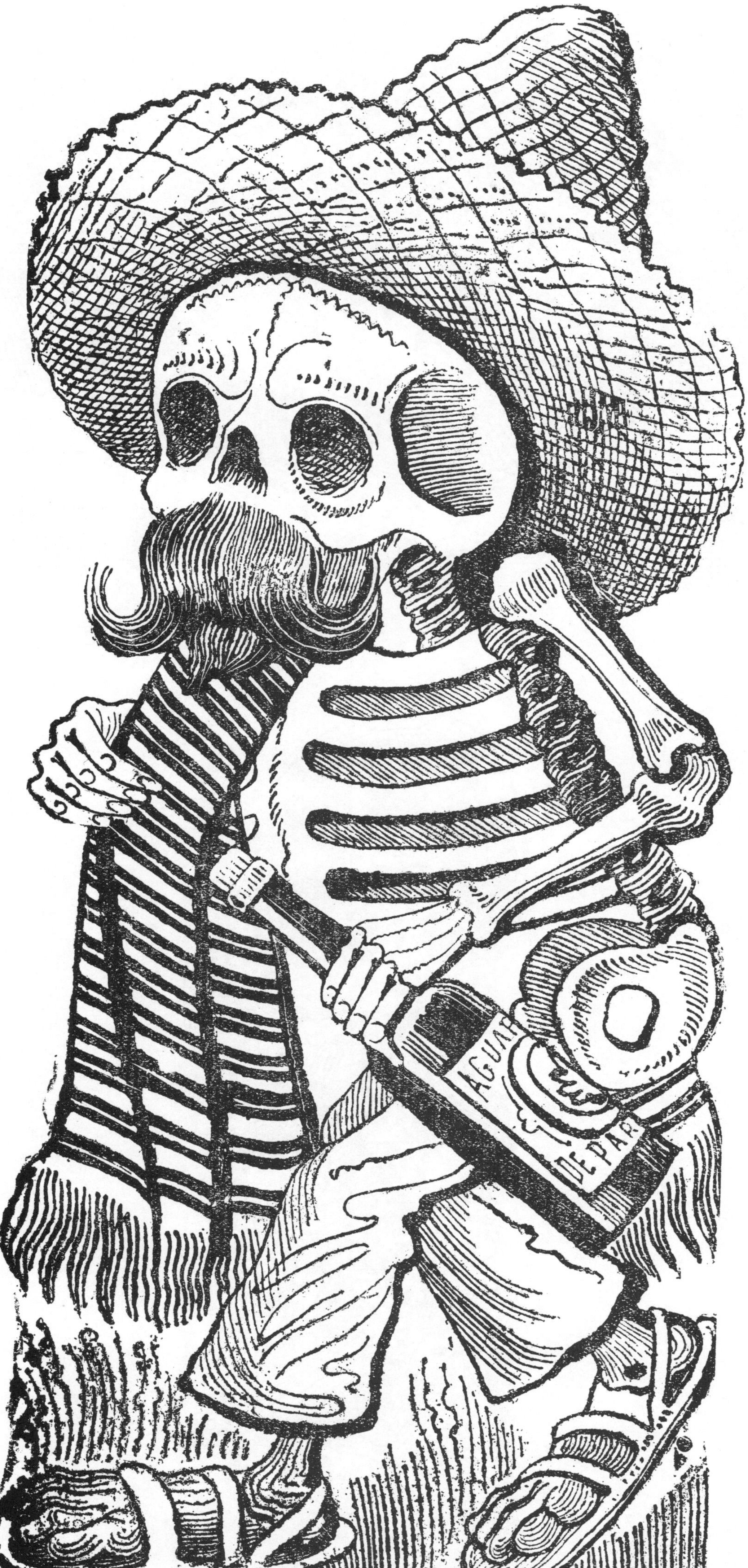

CALAVERA MADERISTA

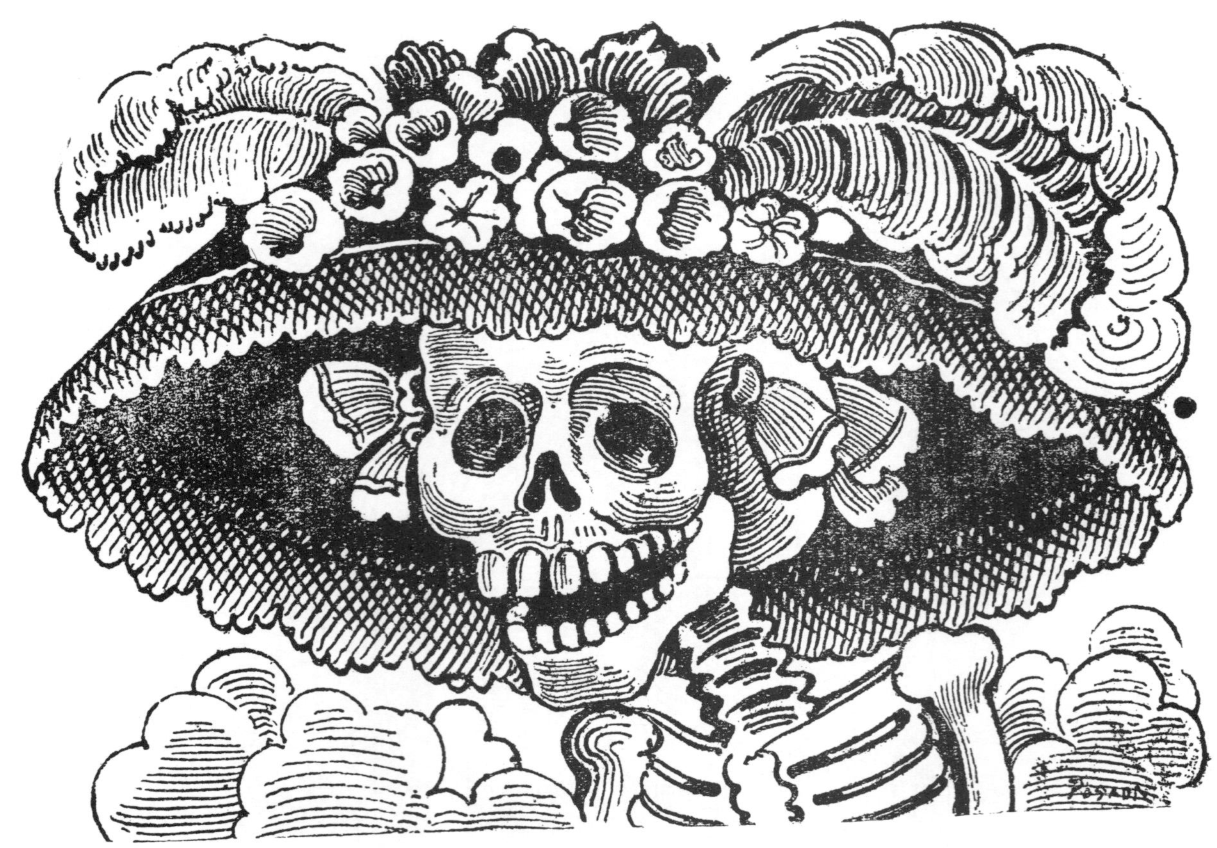

CALAVERA CATRINA

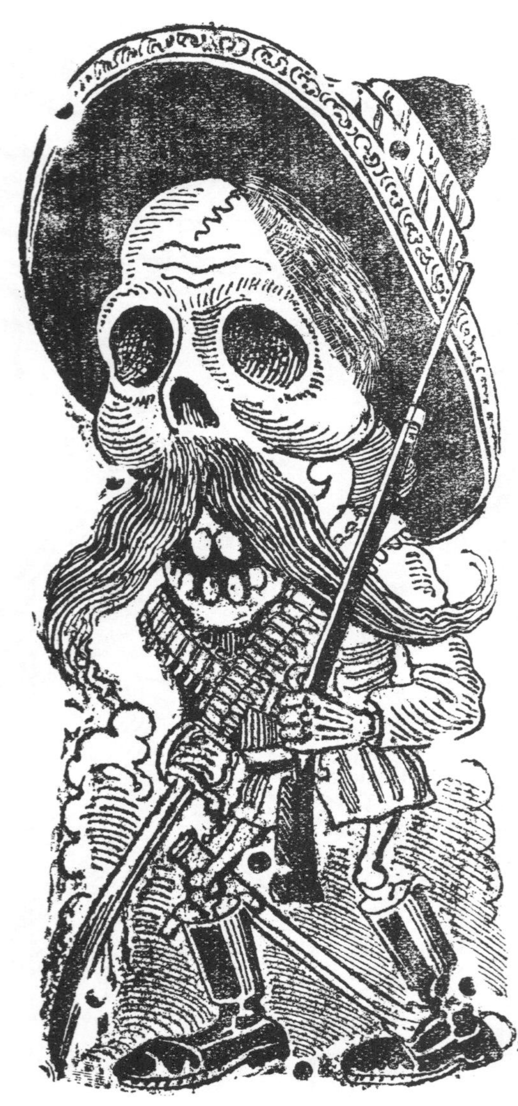

CALAVERA REVOLUCIONARIA

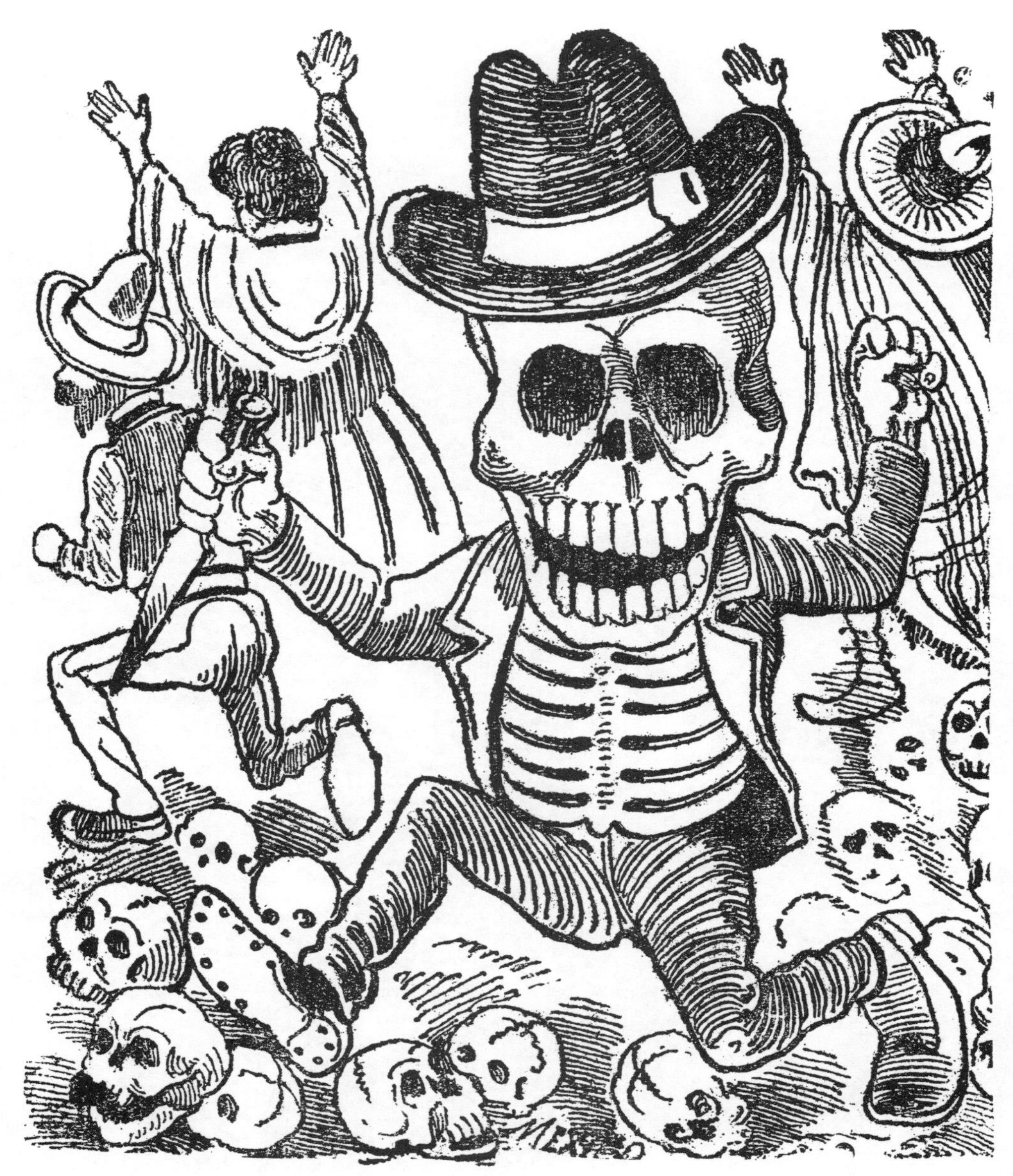

CALAVERA CRIMINAL

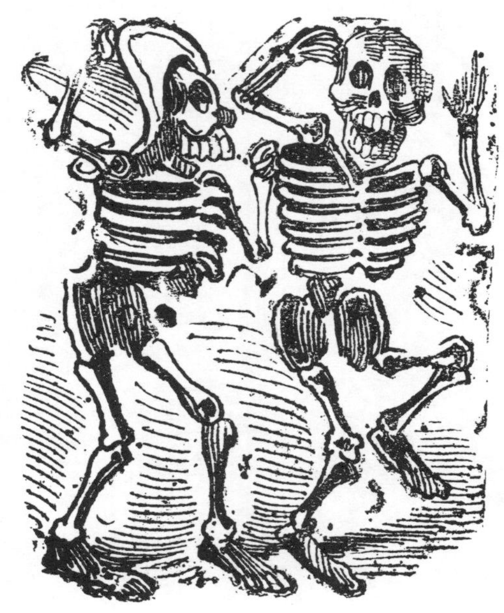

ALEGRES CON "DOÑA JUANITA"

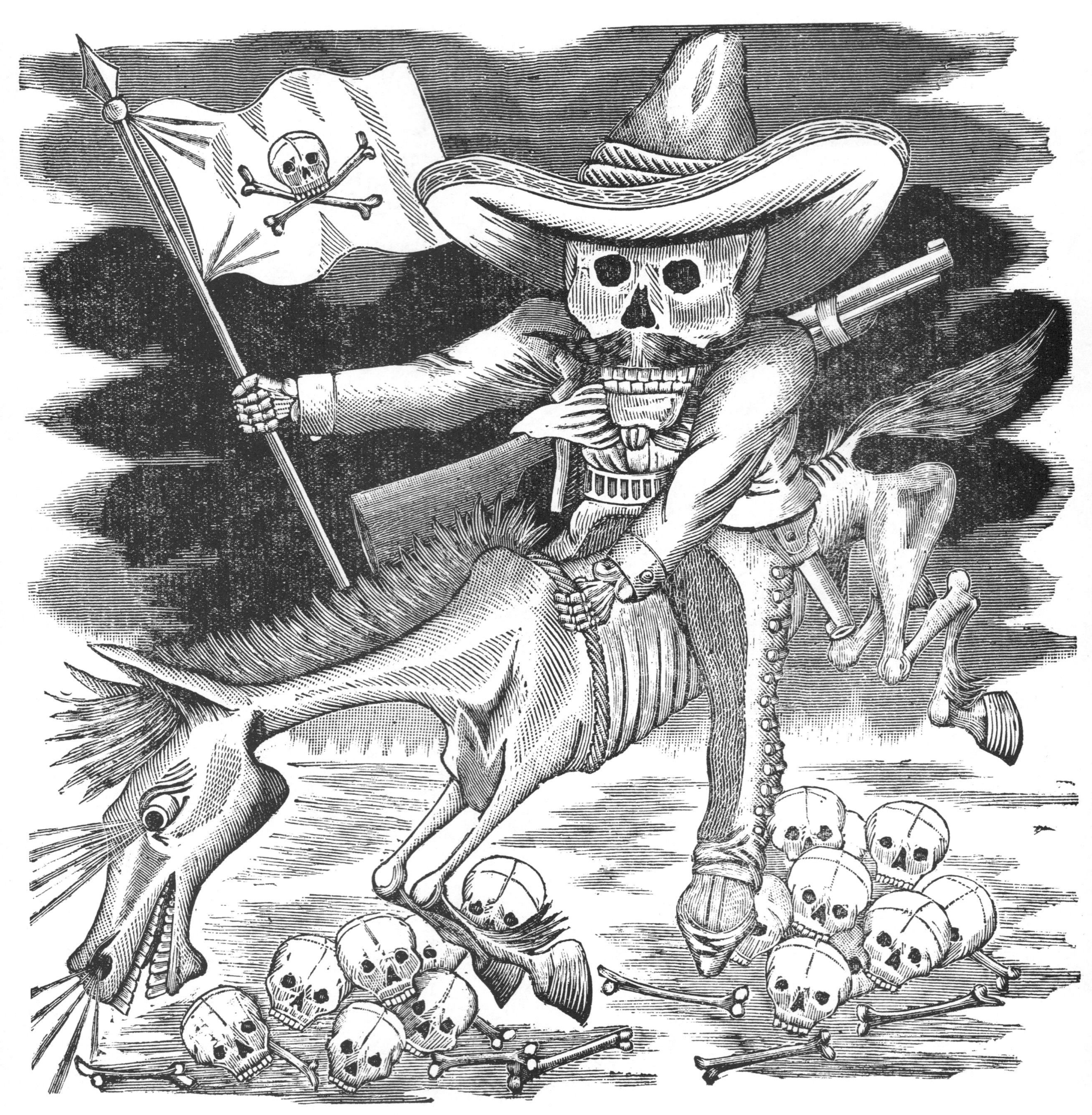

CALAVERA ZAPATISTA

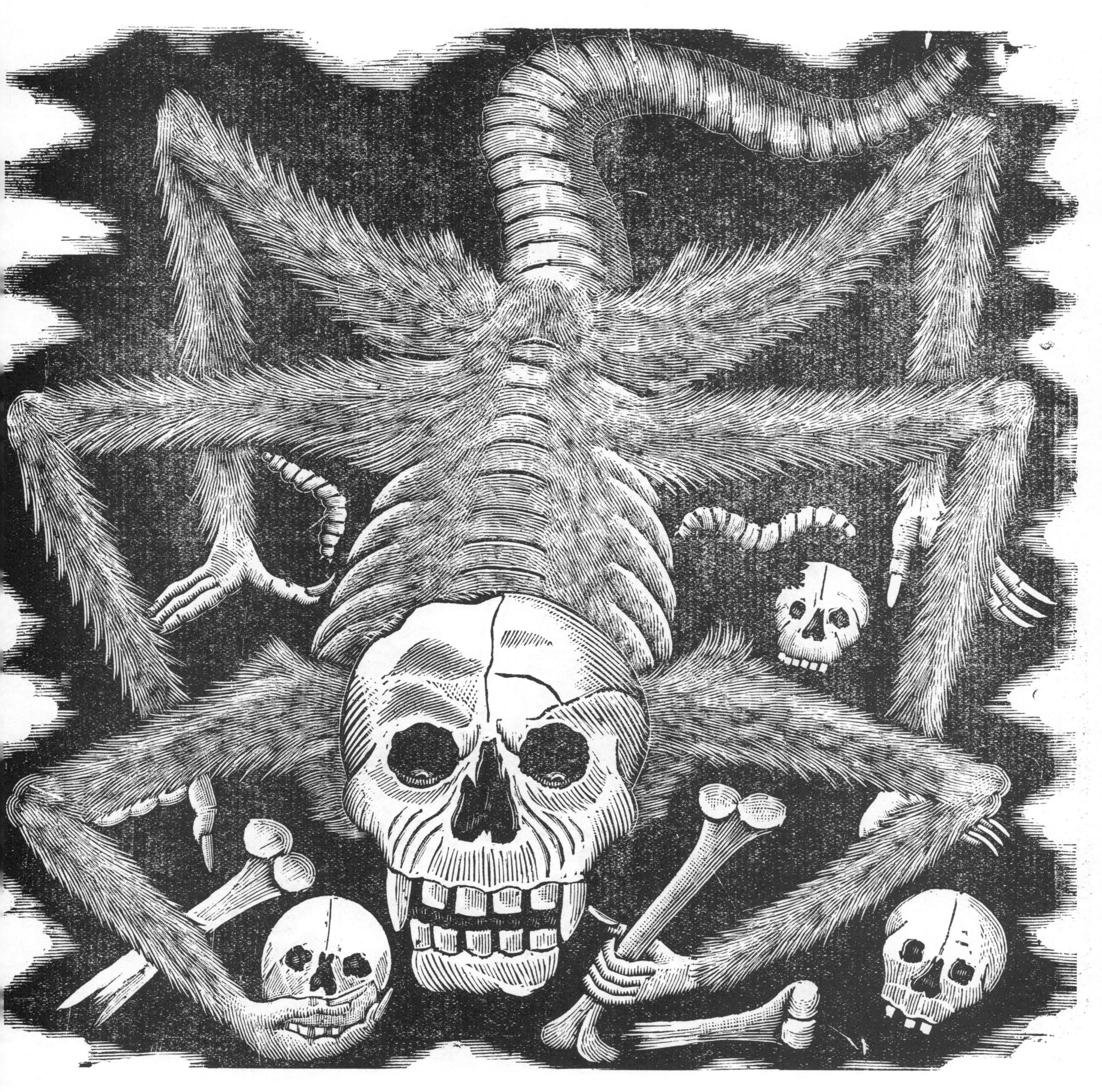

CALAVERA HUERTISTA

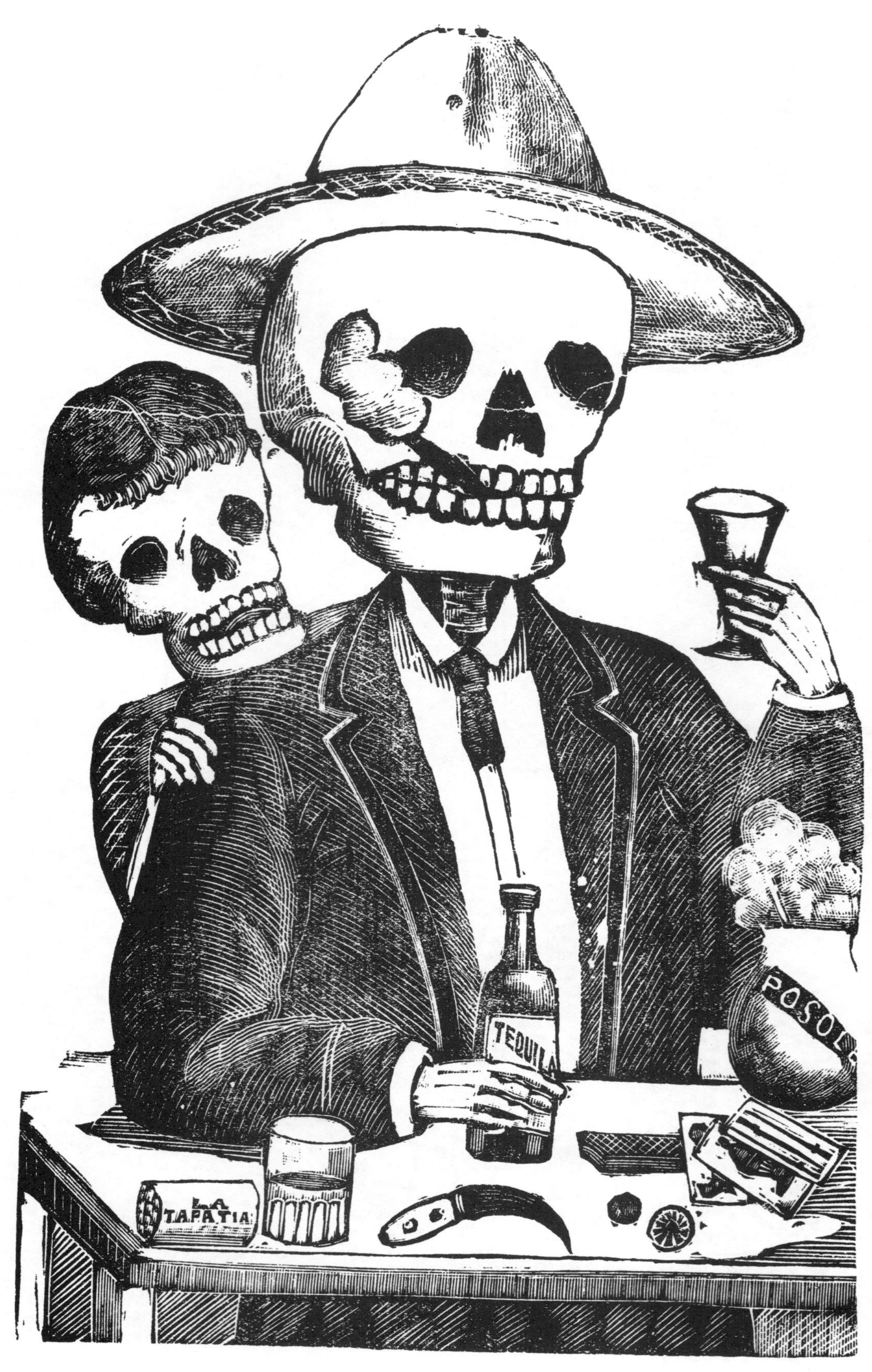

CALAVERA ALCOHOLICA

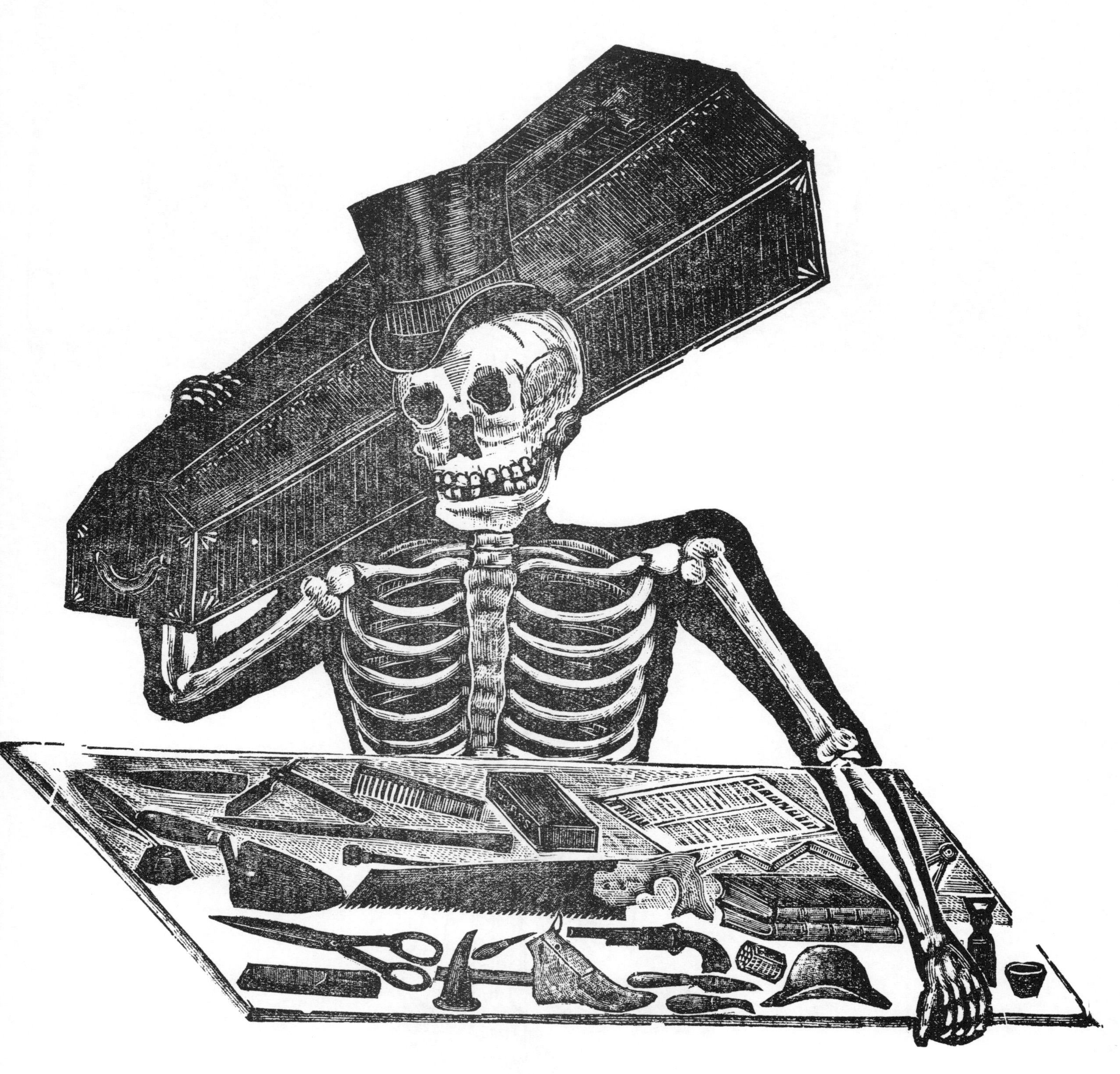

APRENDIZ DE TODO, OFICIAL DE NADA

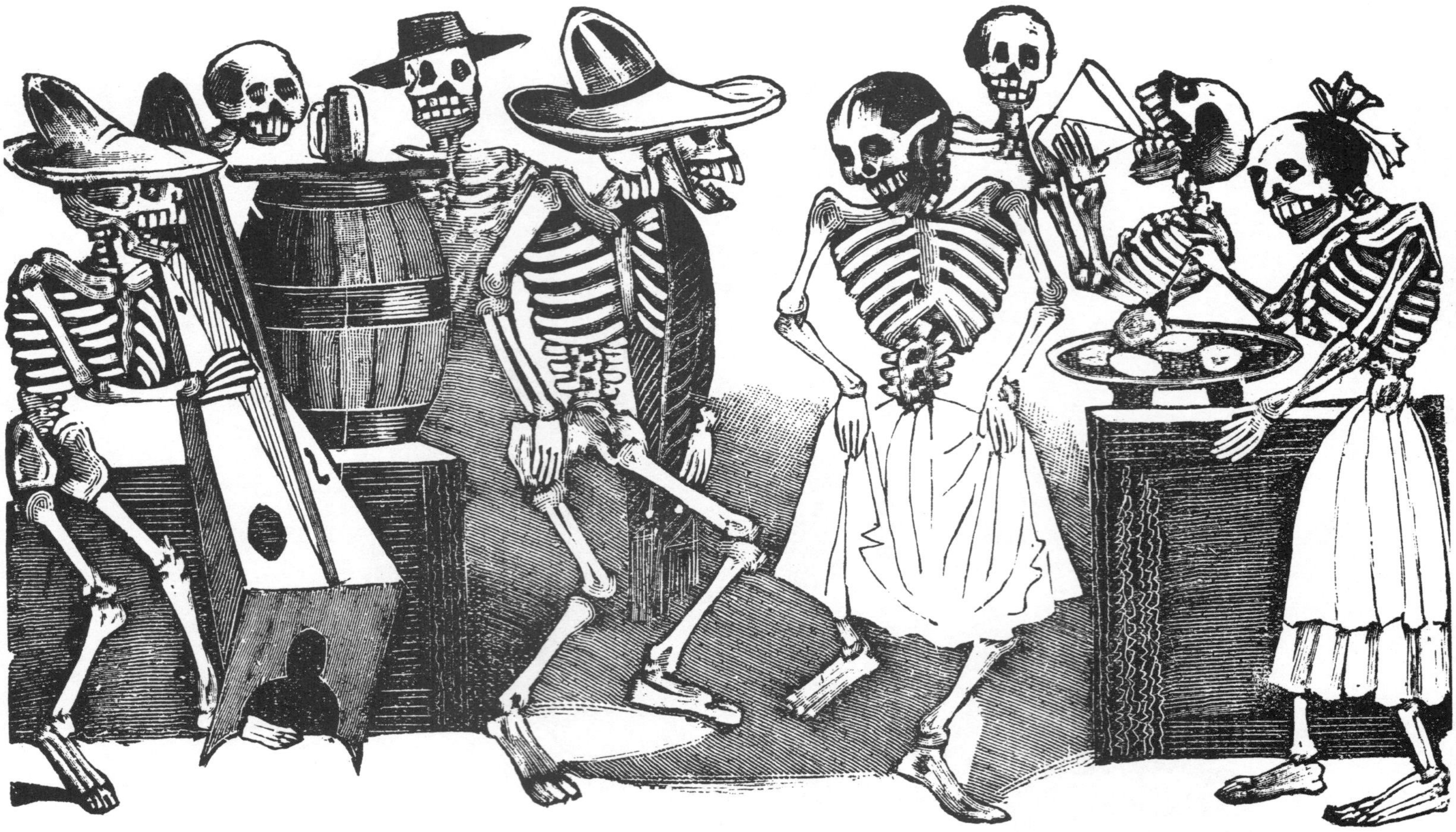

EL JARABE EN ULTRATUMBA

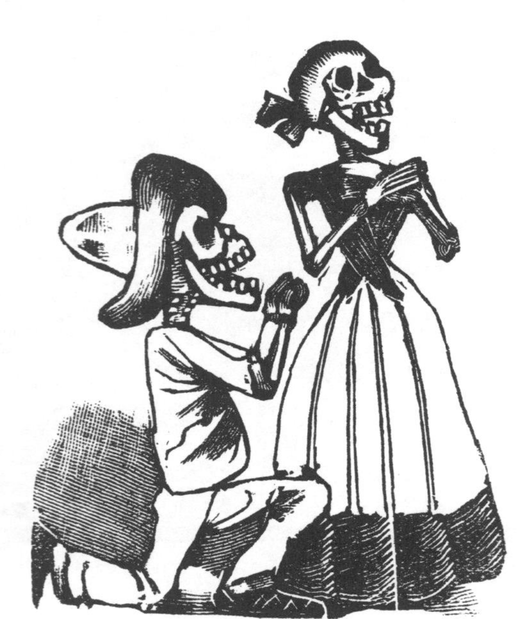

¡NI AQUI TE OLVIDARE! . . .

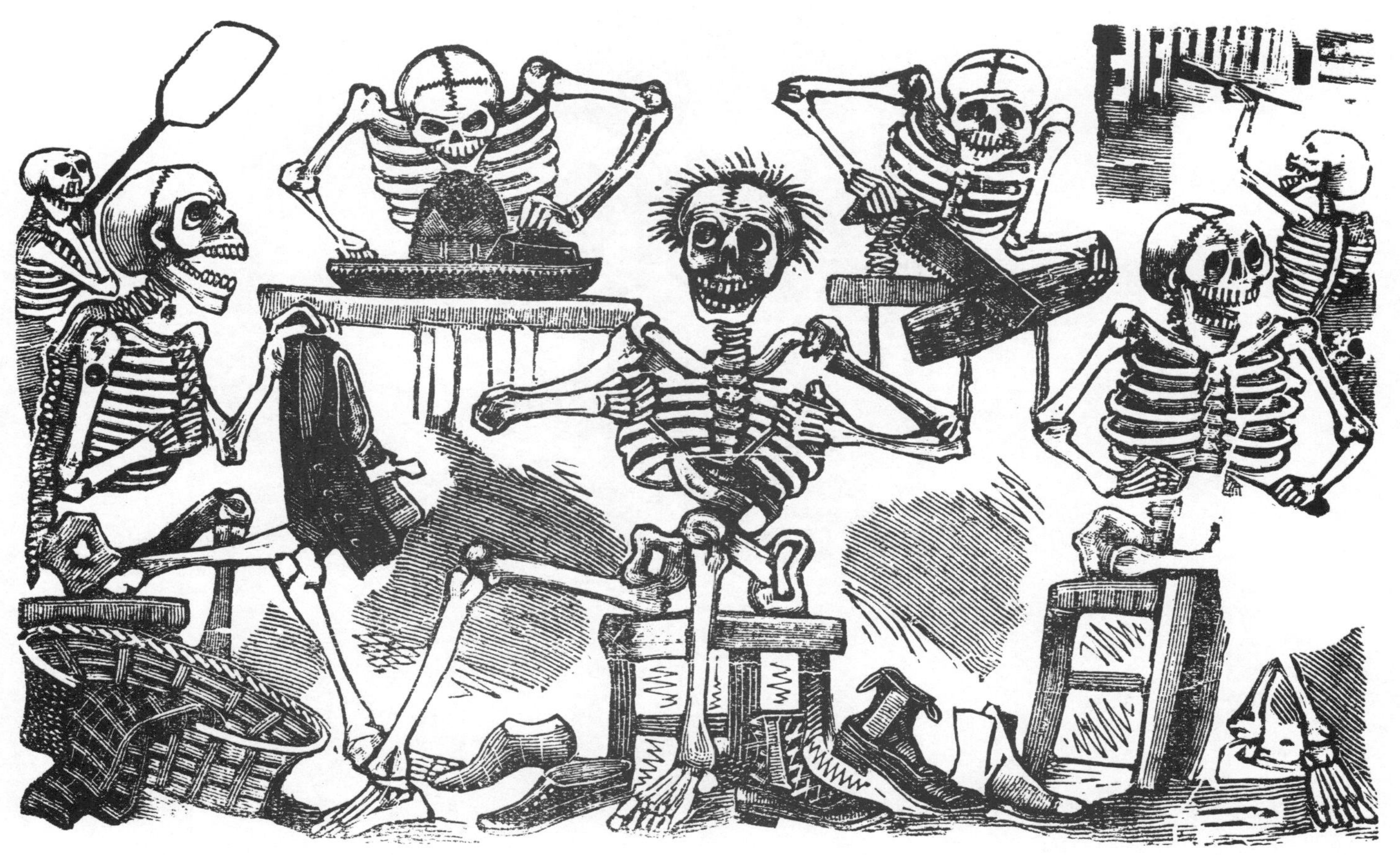

TODOS SE MUEVEN, TODOS TRABAJAN

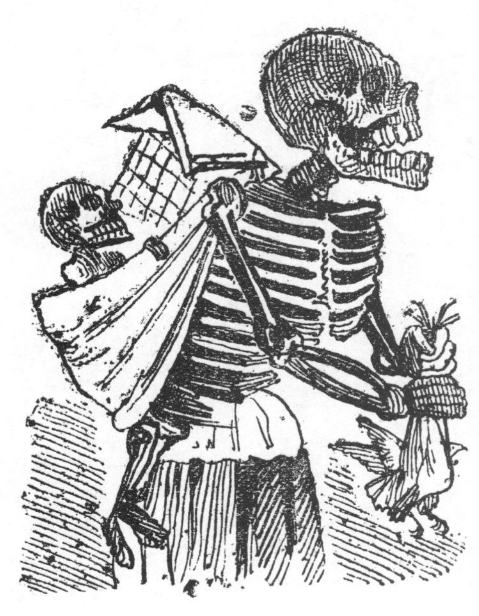

LA PATERA

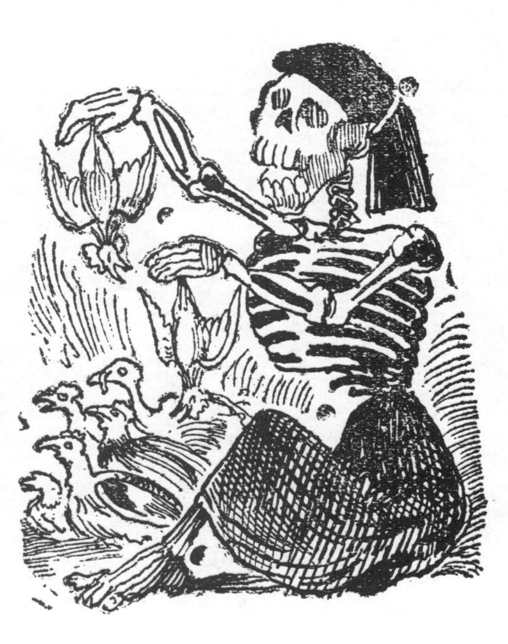

LA POLLERA

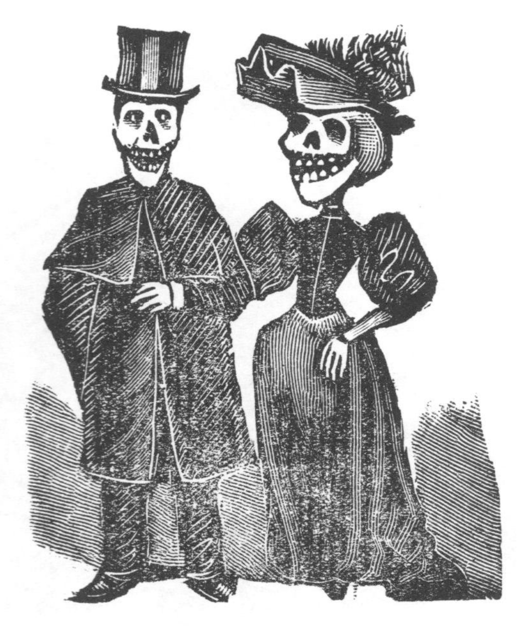

DON FERRUCO Y SU AMOR

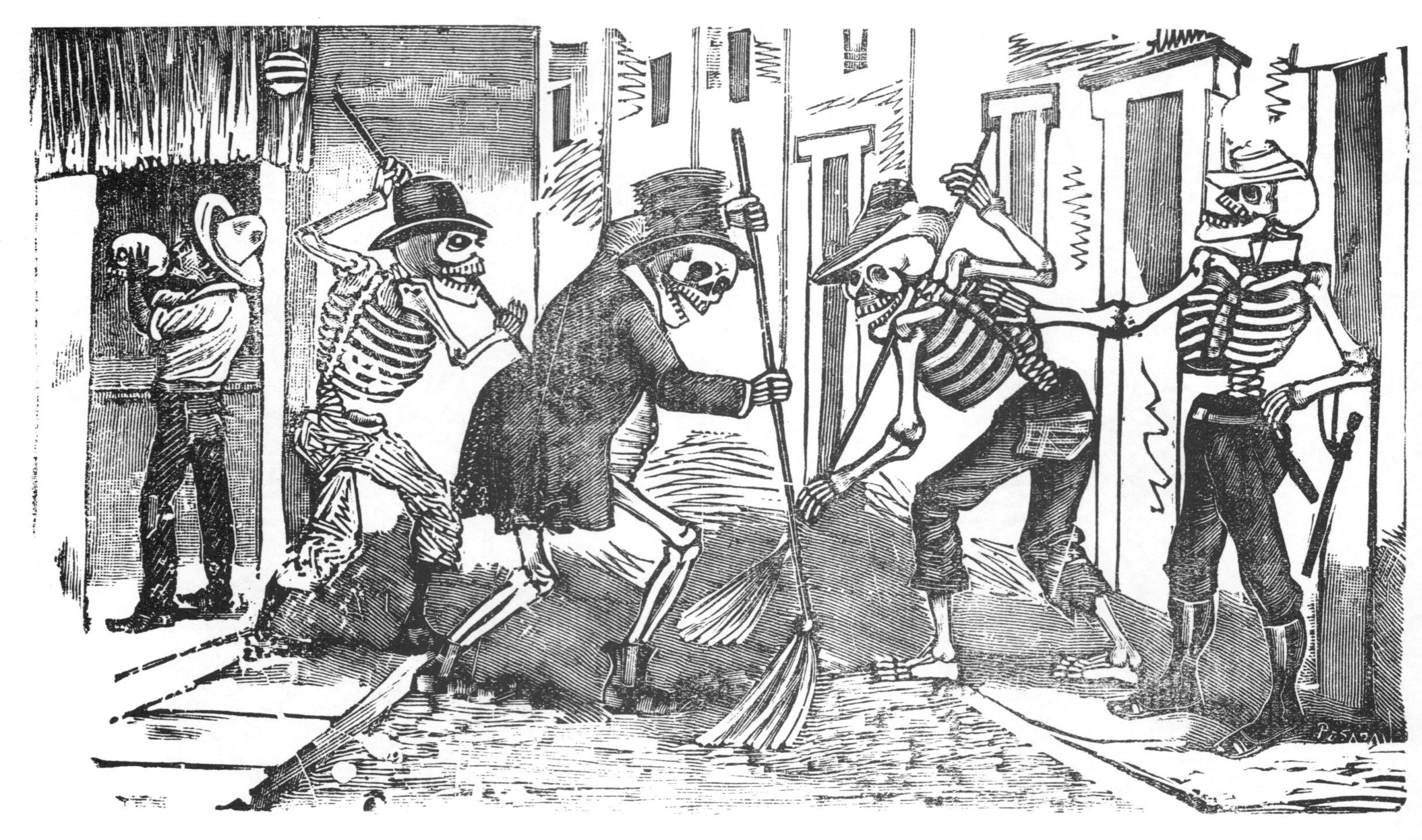

CALAVERAS "PATINANDO"

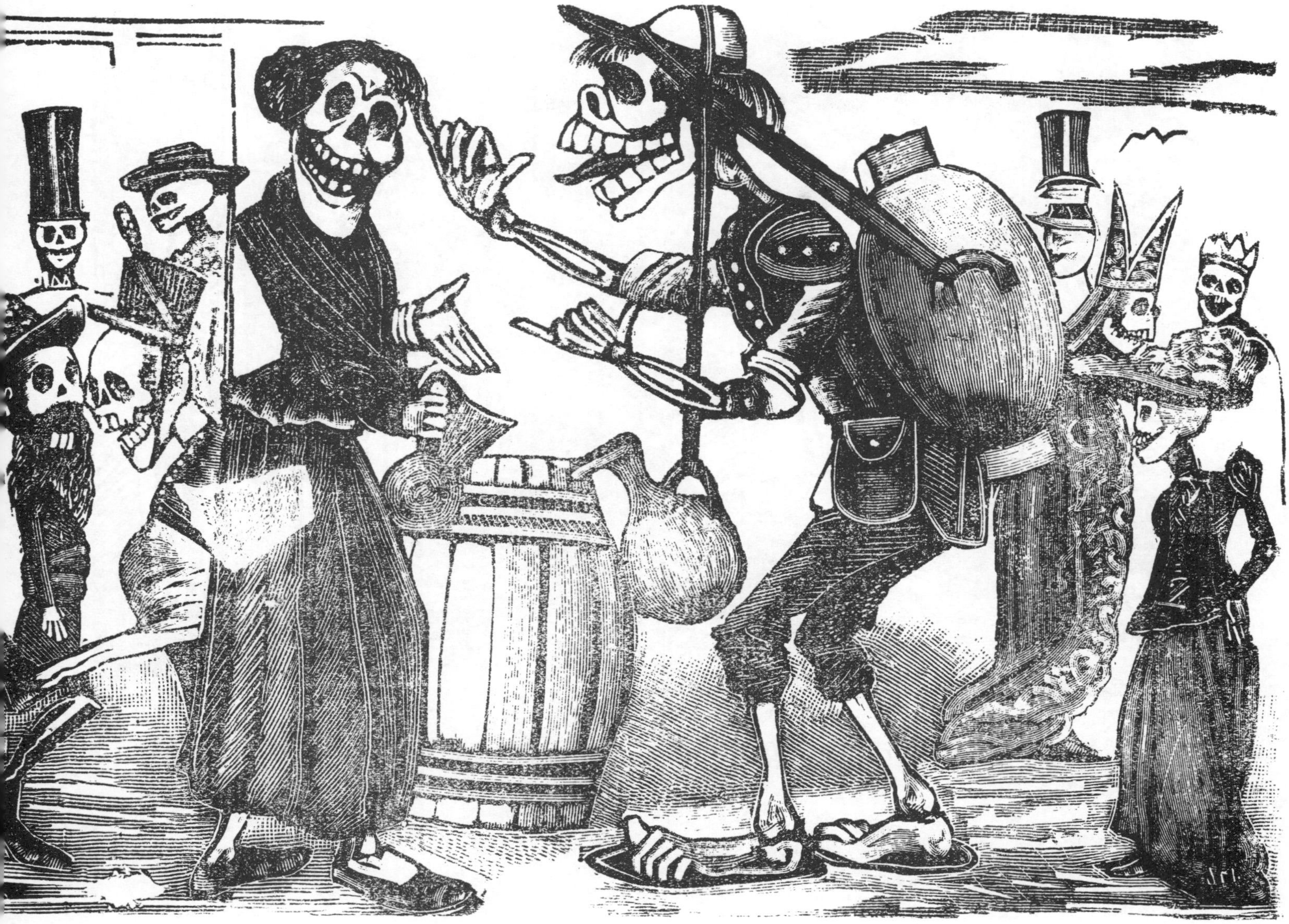

CHISPEANTE Y DIVERTIDA CALAVERA DE DOÑA TOMASA Y SIMON EL AGUADOR

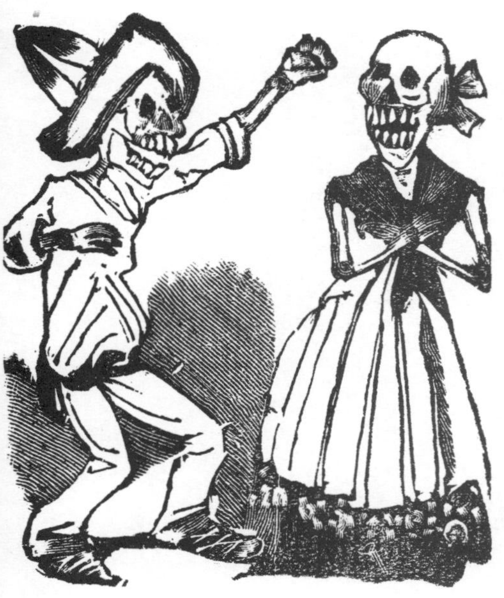

DIALOGO DE CALAVERAS

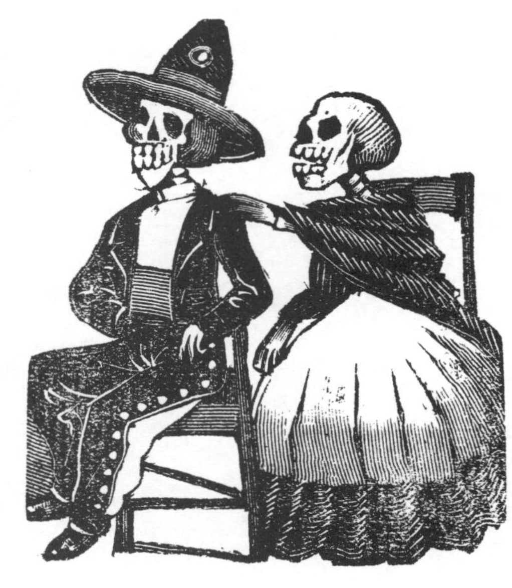

DIALOGO DE CALAVERAS

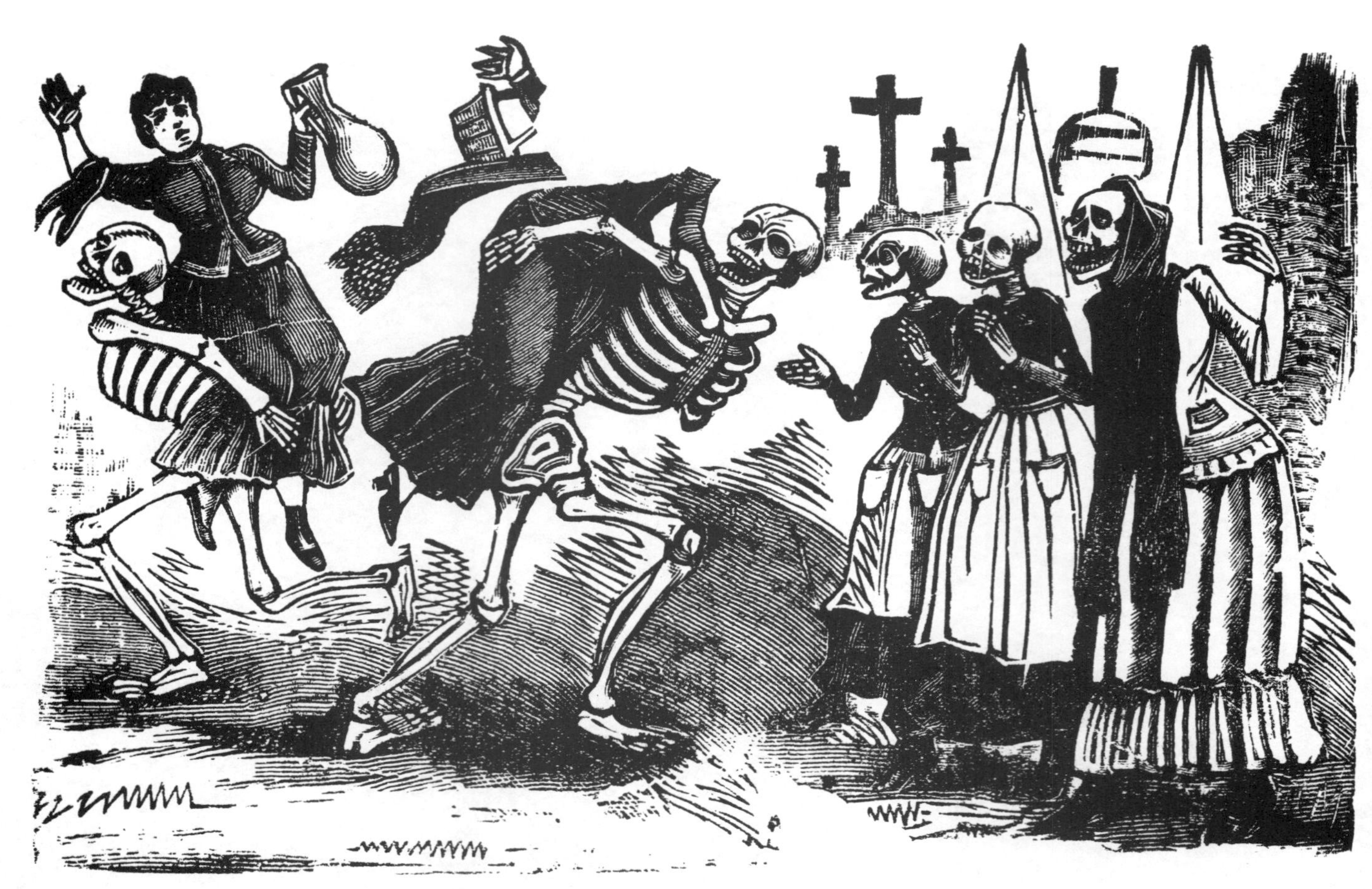

CALAVERAS DE GATAS Y GARBANCERAS

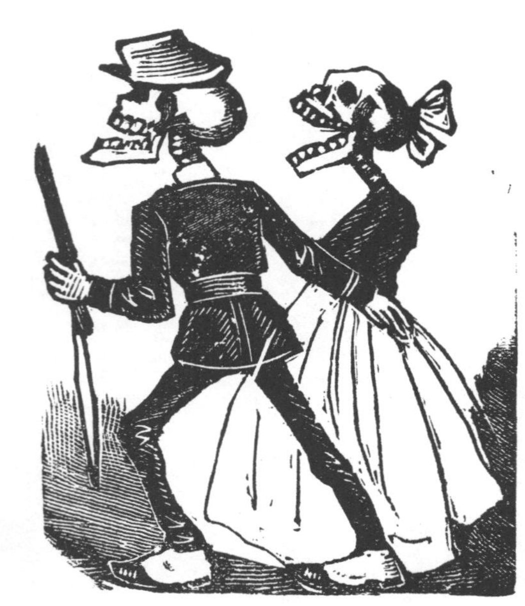

CALAVERA "LOS BUENOS VALEDORES"

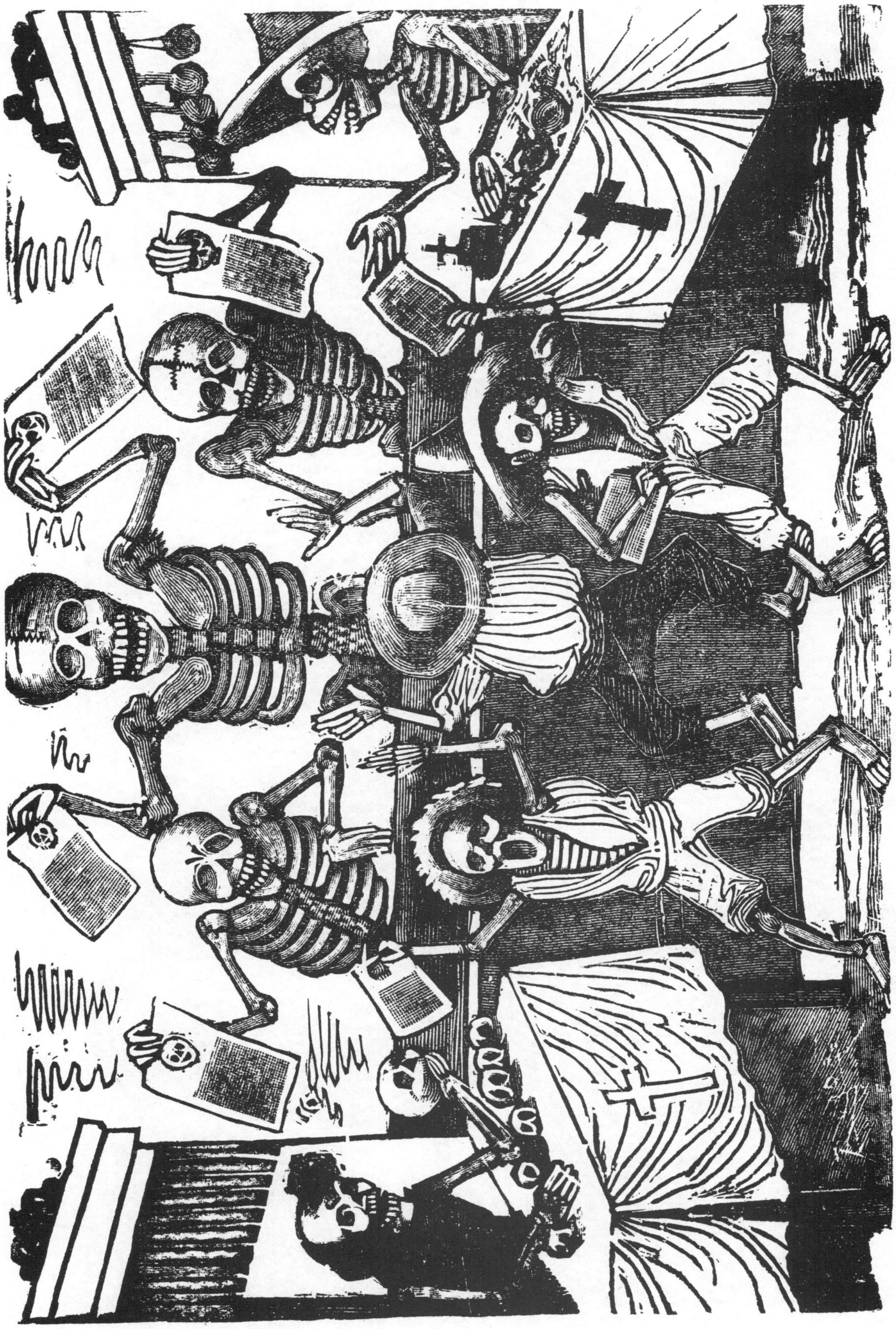

REVOLTILLO DE CALAVERAS DE MUCHACHOS PAPELEROS

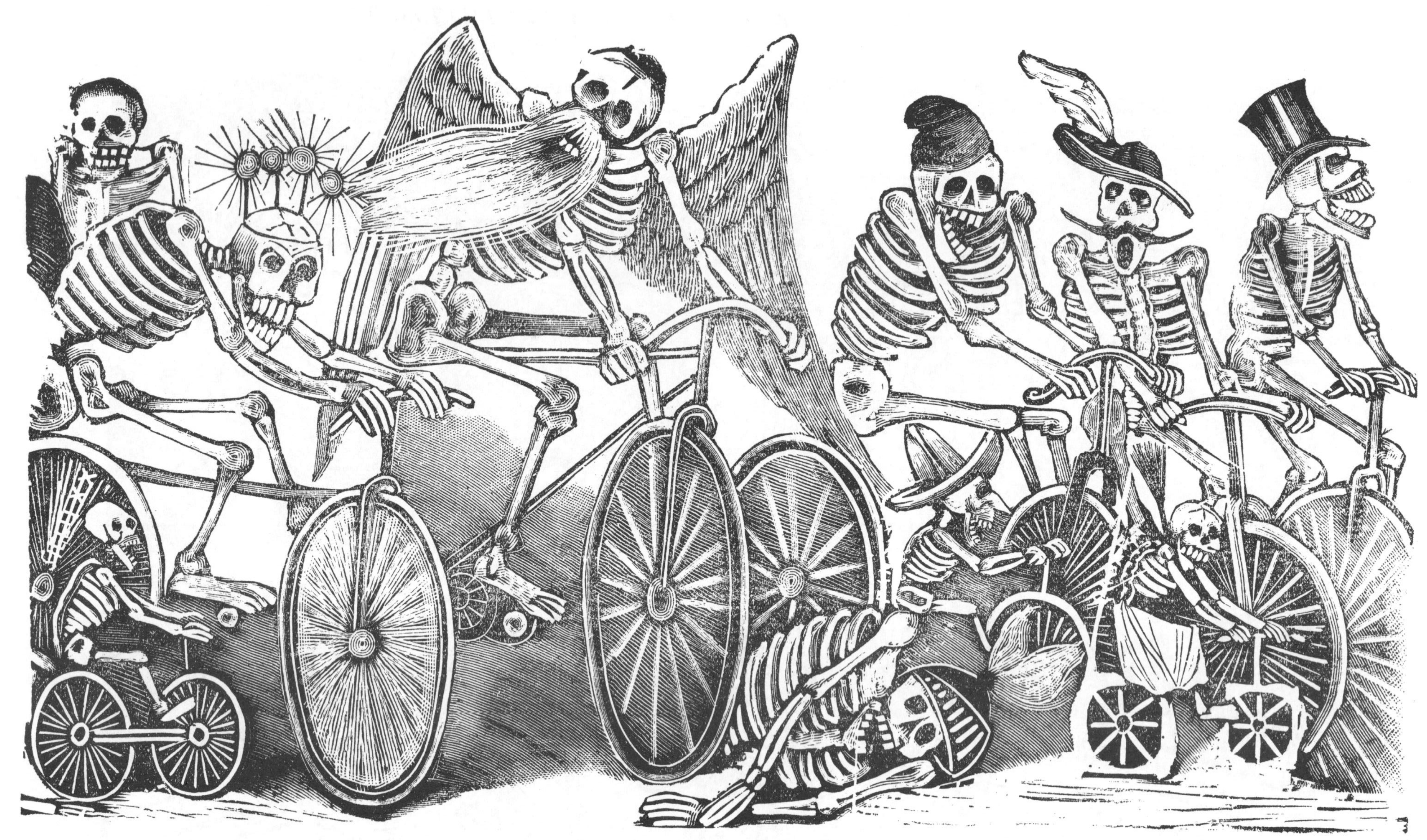

CALAVERA "LAS BICICLETAS"

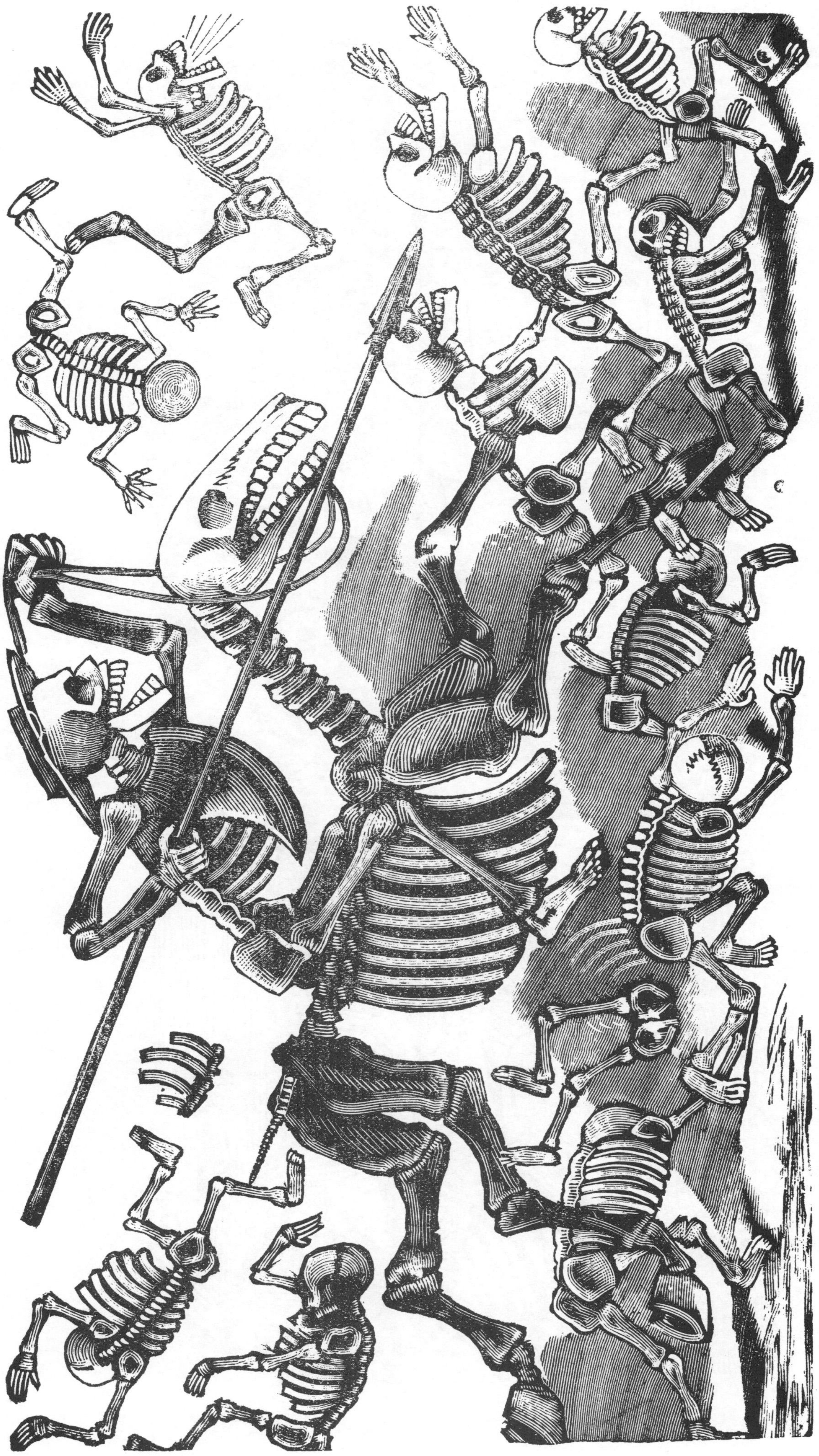

CALAVERA "DON QUIJOTE Y SANCHO PANZA"

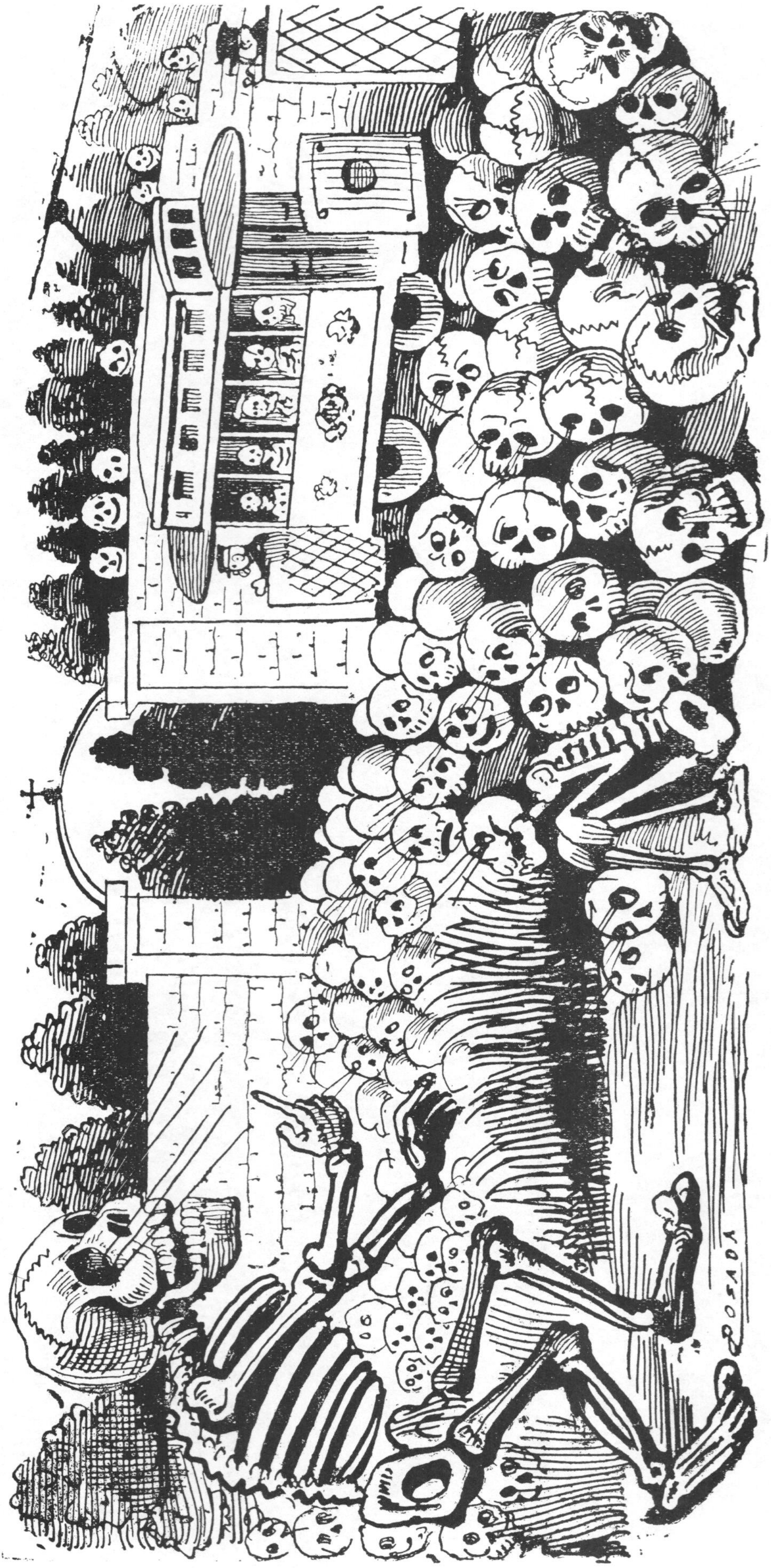

GRAN PANTEON DE CALAVERAS

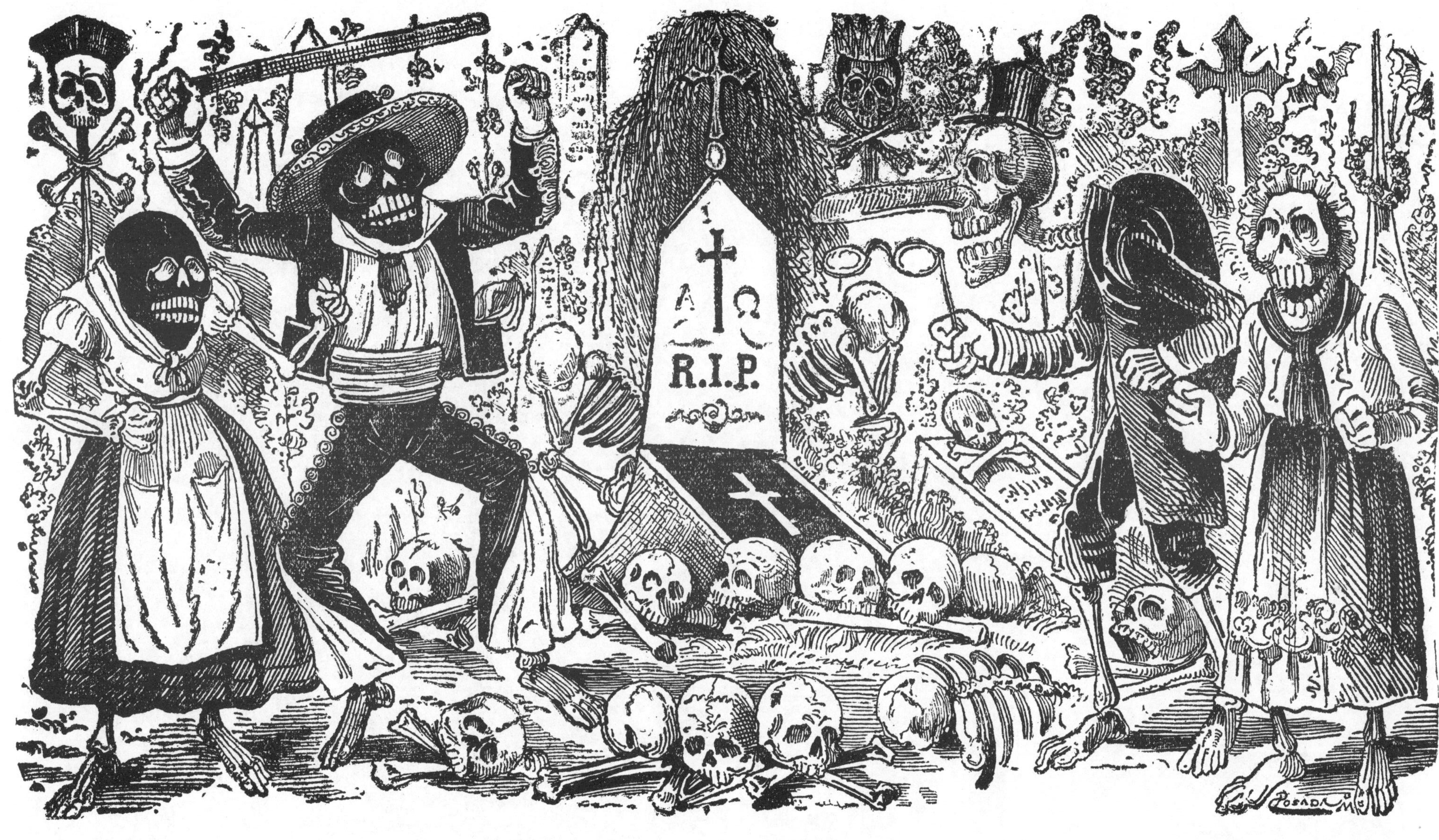

CALAVERA DE DON FOLIAS Y EL NEGRITO

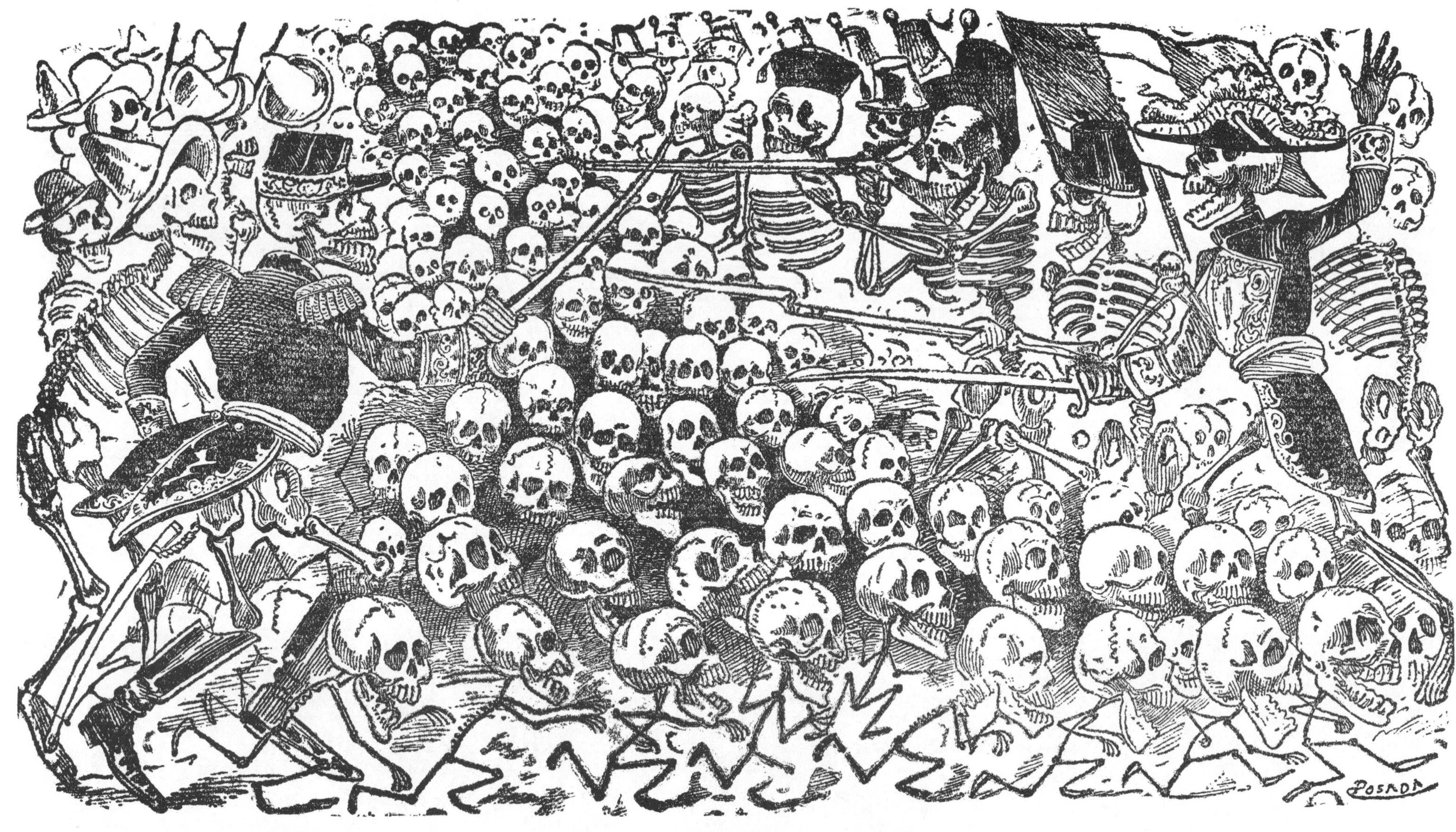

CALAVERA "GUERRA MUNDIAL"

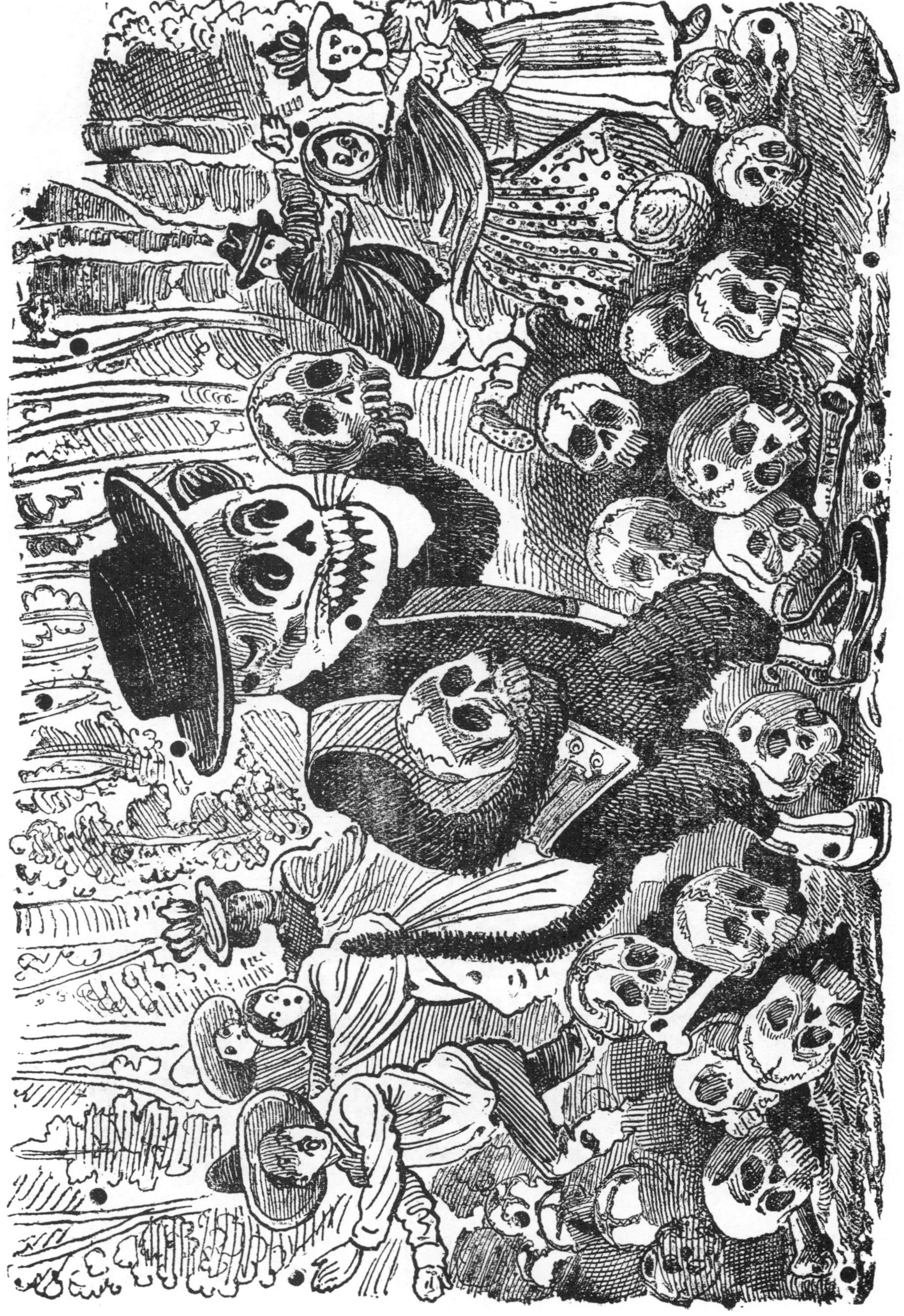

CALAVERA "EL MORRONGO"

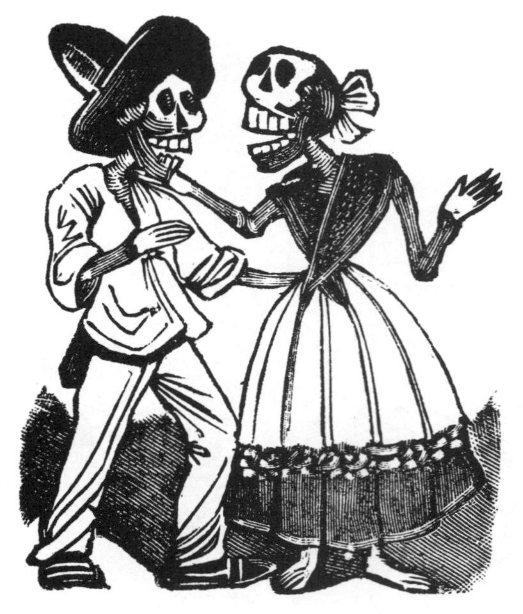
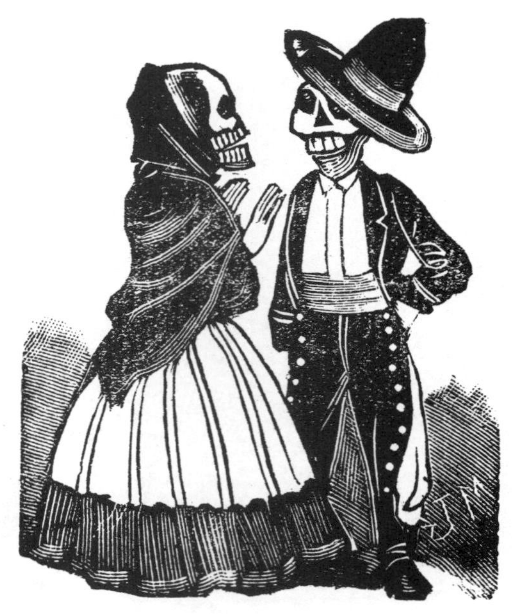

COLOQUIO DE BUENAS CALAVERAS

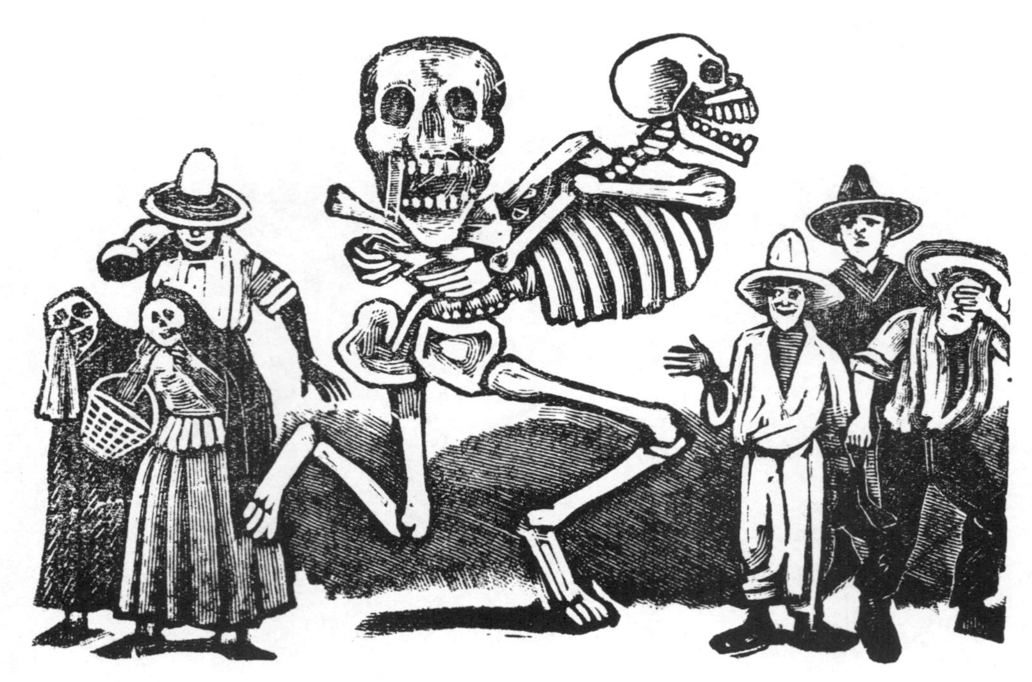

CALAVERA "SIGLO XX"

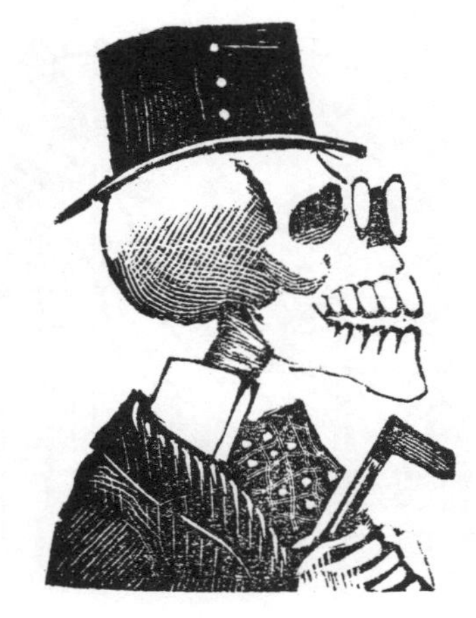

CALAVERA "LOS FIFIS"

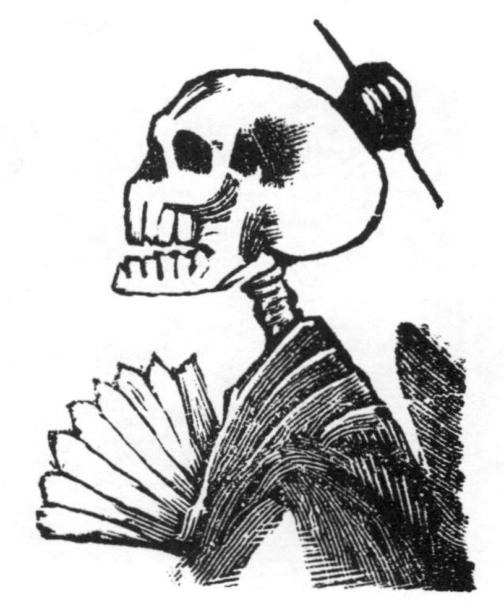

CALAVERA "LOS FIFIS"

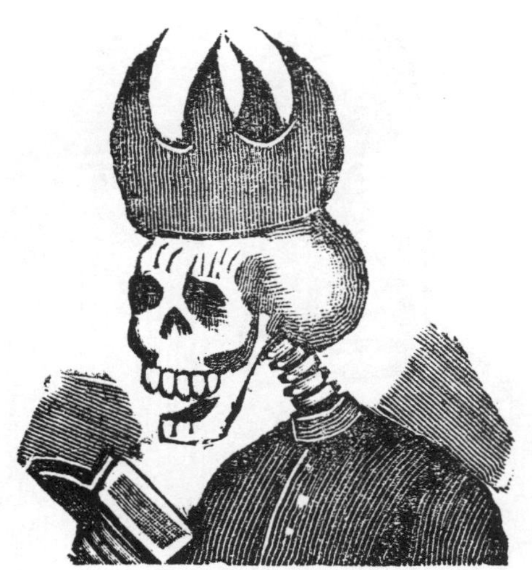

CALAVERA "CLERICAL"

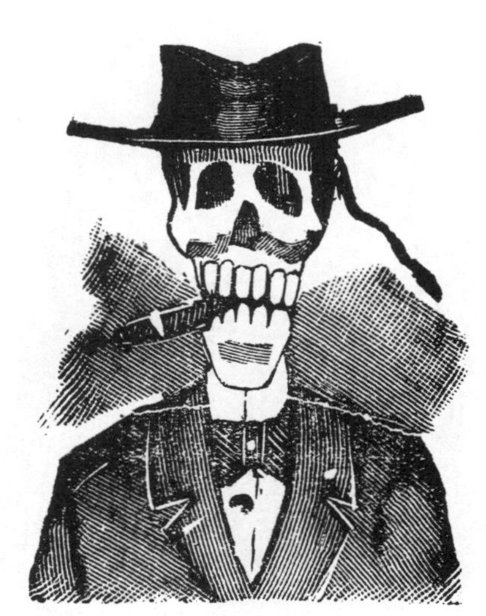

CALAVERA "PONCIANISTA"

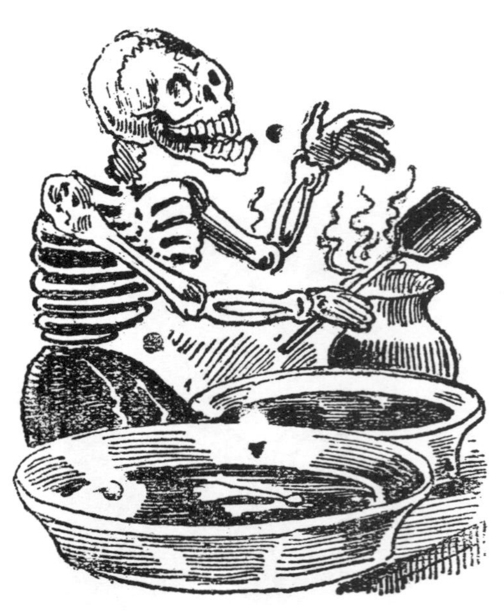

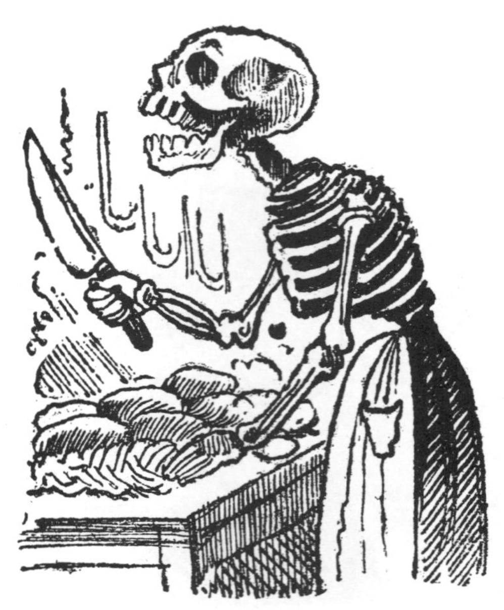

GRAN MOLE DE CALAVERAS

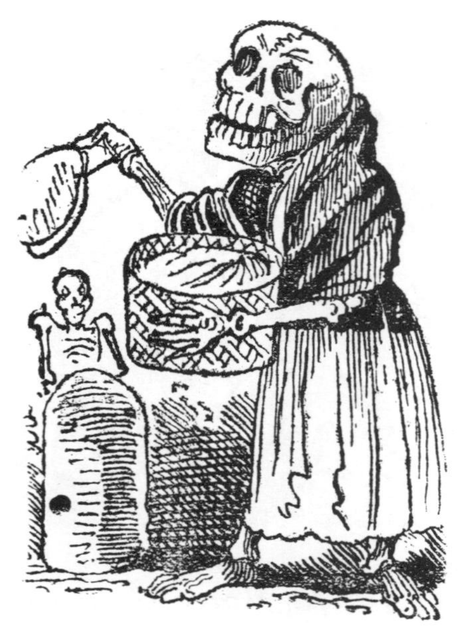

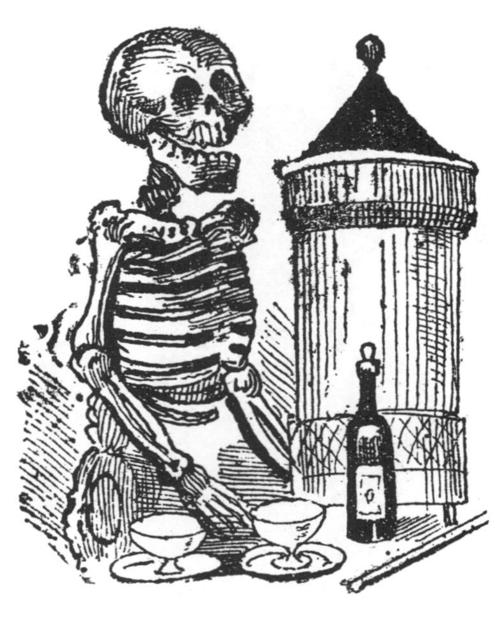

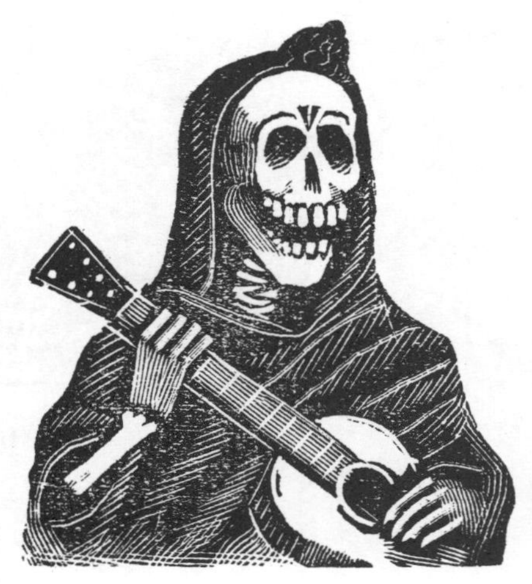

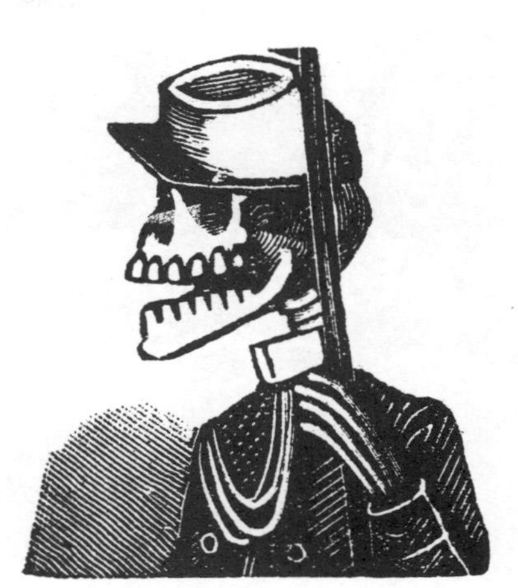

PANTEON DE CALAVERAS

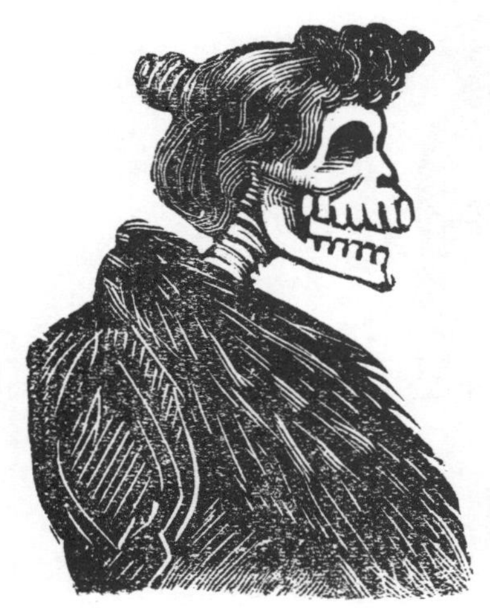

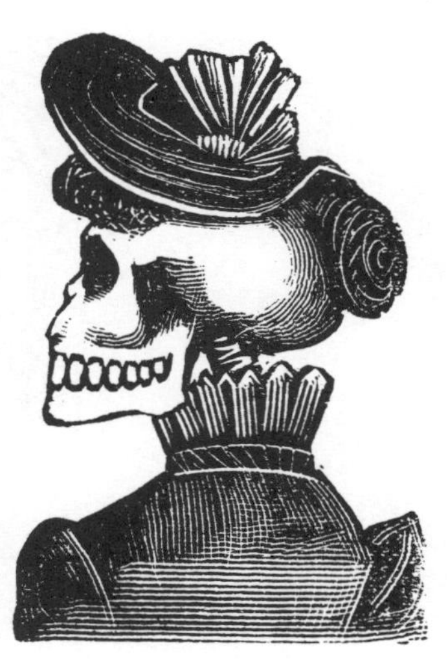

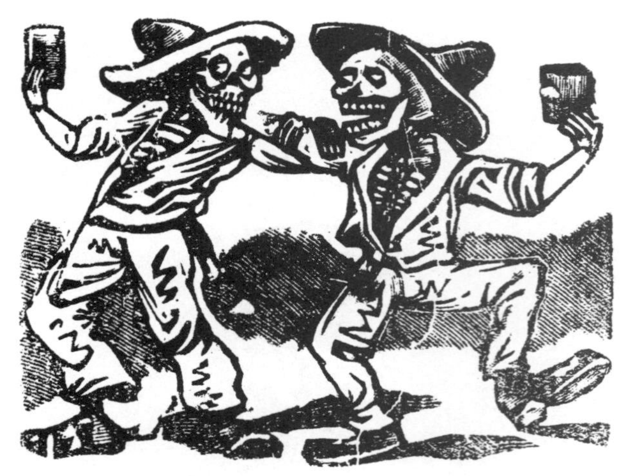
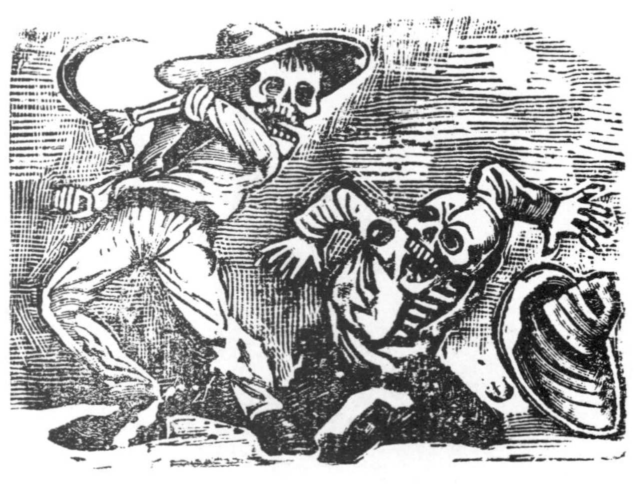

CALAVERA "LOS BUENOS VALEDORES"

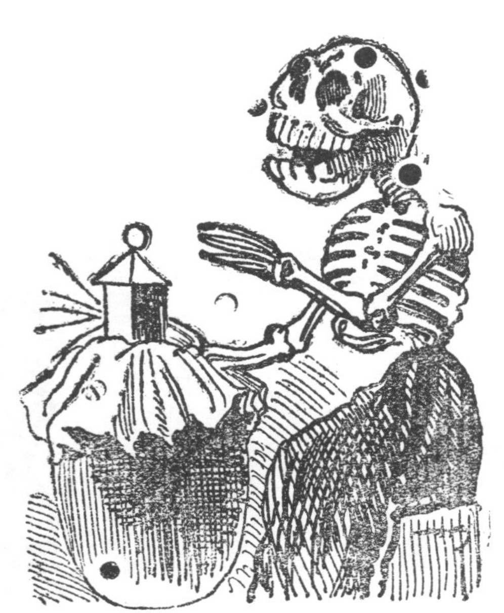

CALAVERA OAXAQUEÑA

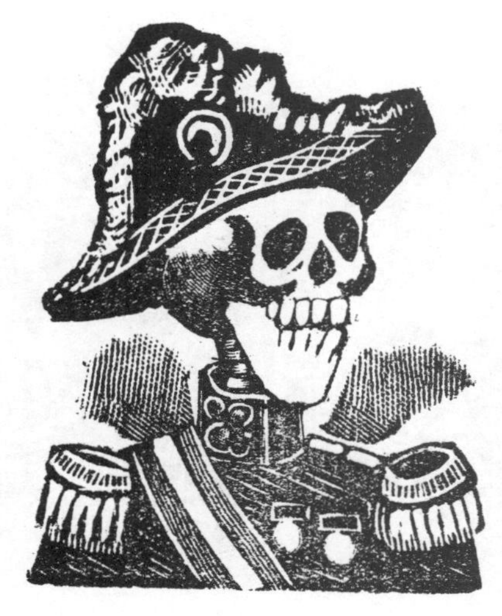

CALAVERA FEDERAL

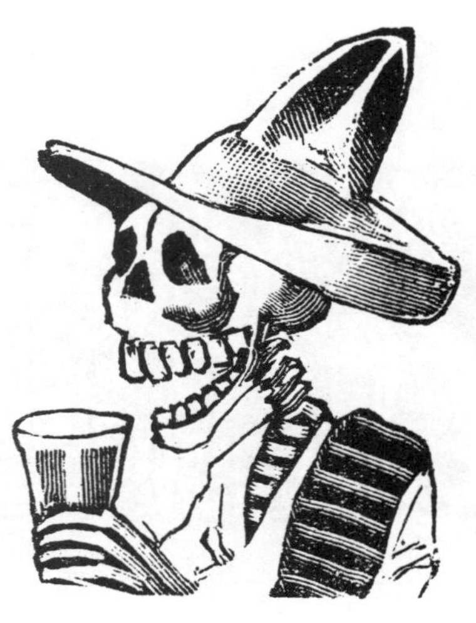

CALAVERA "BUENOS VALEDORES"

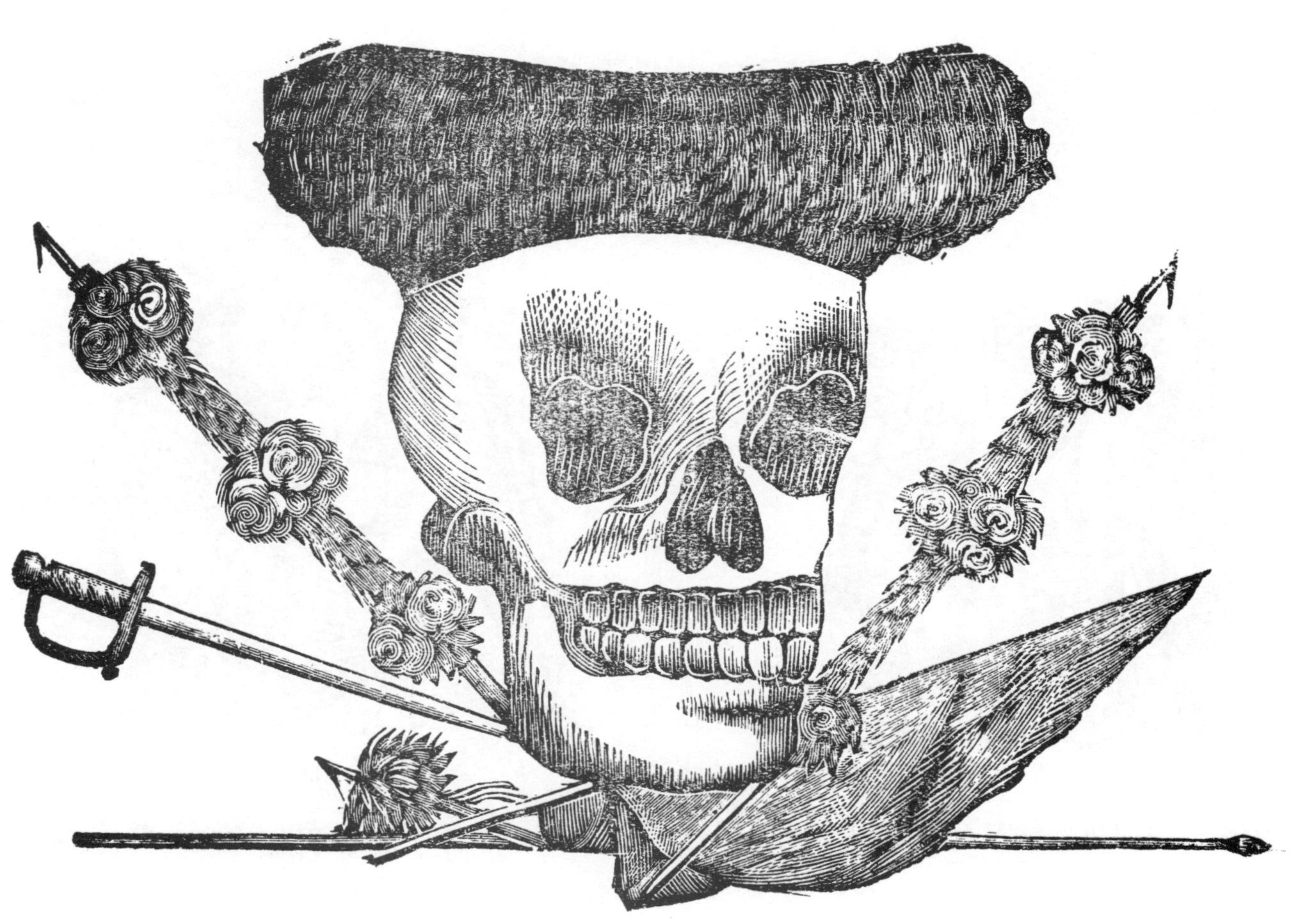

CALAVERA "PONCIANISTA"

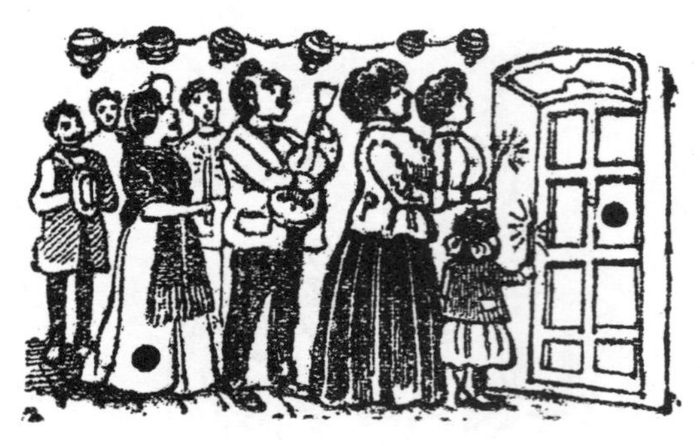

NOVENA DE POSADAS

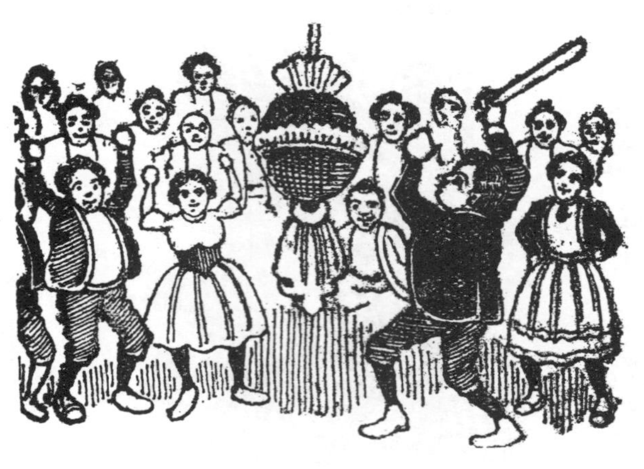

NOVENA DE POSADAS

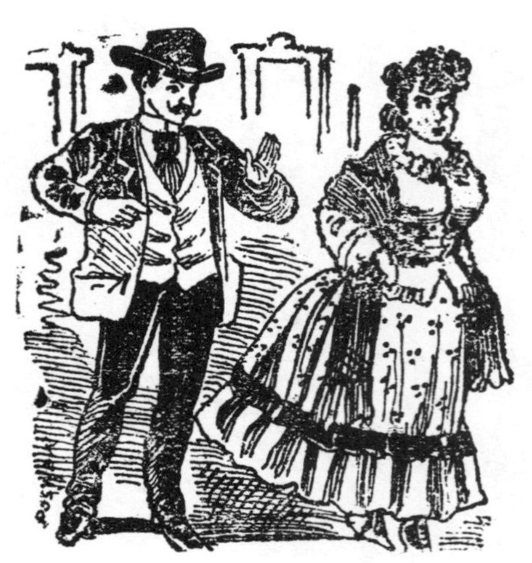

Canción "LA VERBENA MEXICANA"

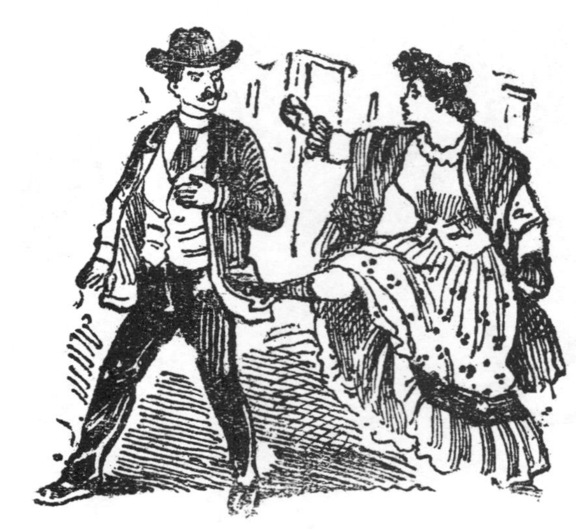

Canción "LA VERBENA MEXICANA"

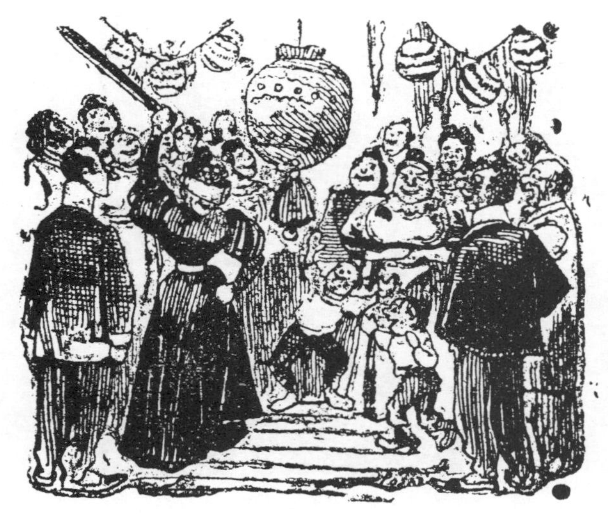

NOVENA DE POSADAS

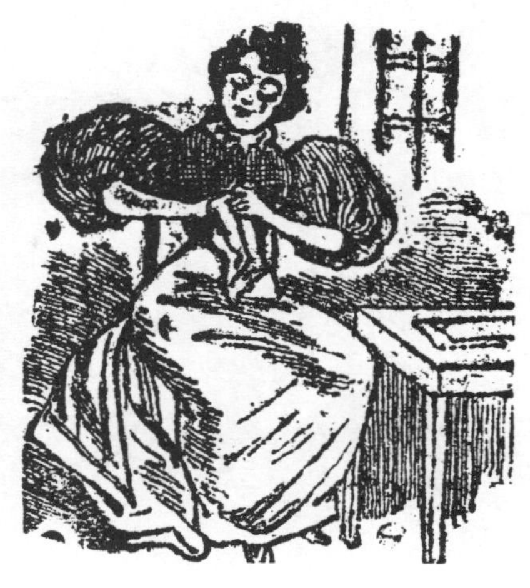

Cuaderno "LOS SUEÑOS"

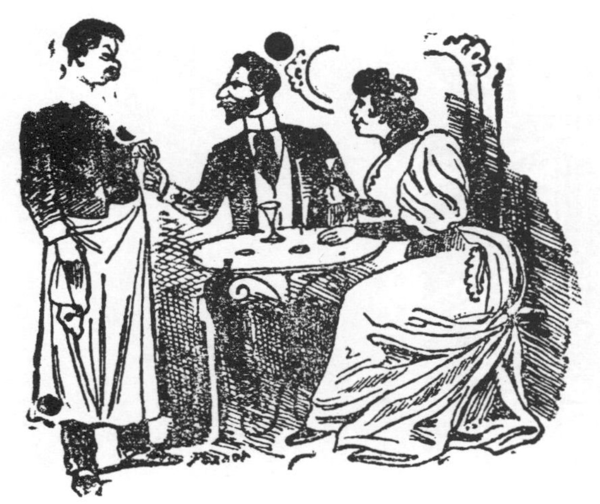

EN EL CABARET

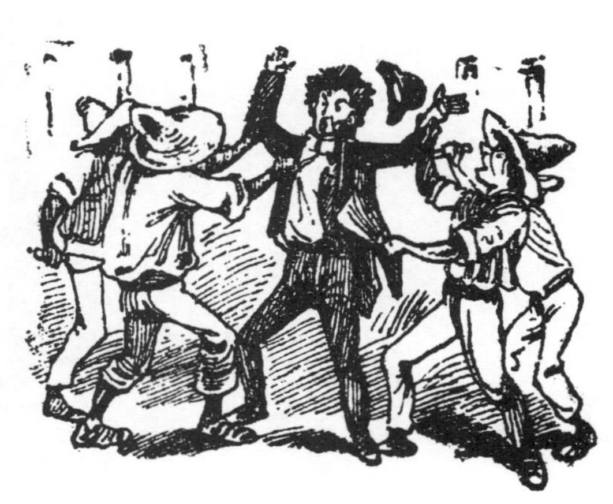

Corrido "EL ASALTO"

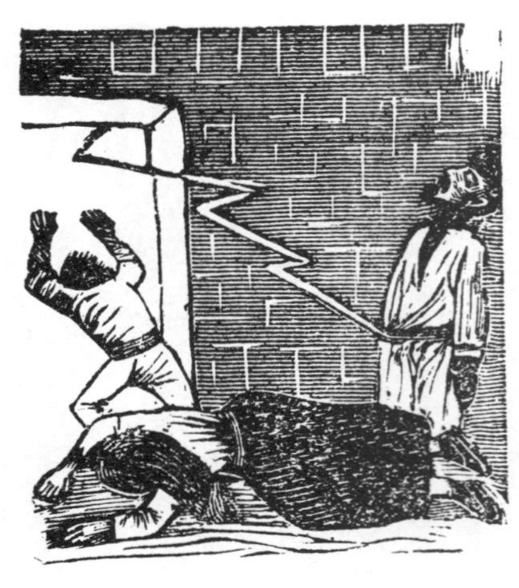

Ejemplo "BRUNO RAMIREZ"

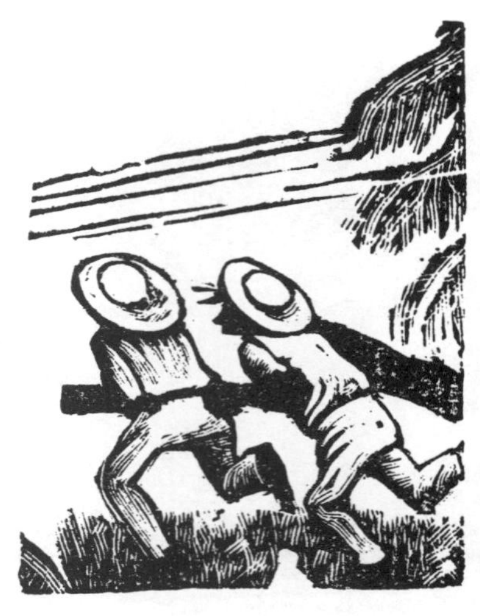

Corrido "EL DERRUMBE"

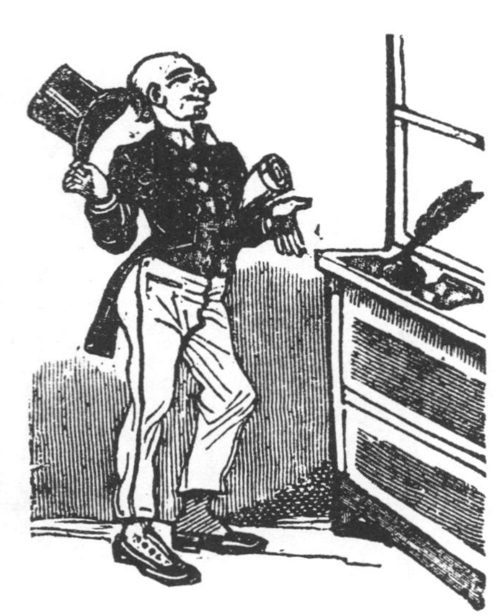

COLECCION "DON CHEPITO"

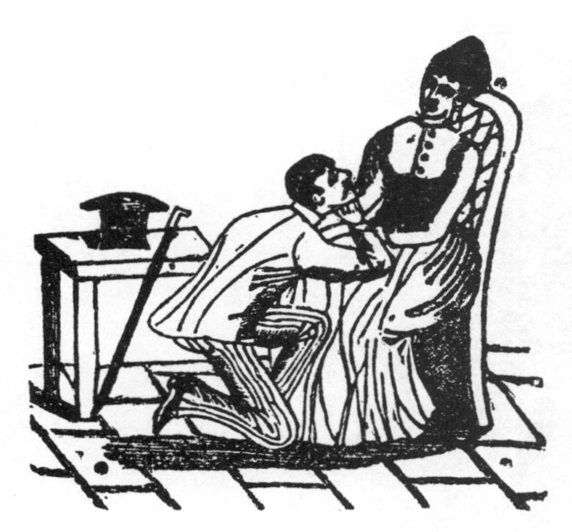

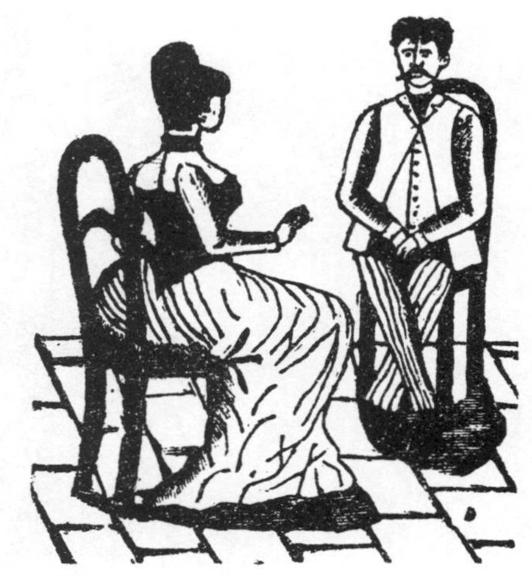

"ELENA, LA MUJER CONQUISTADORA"

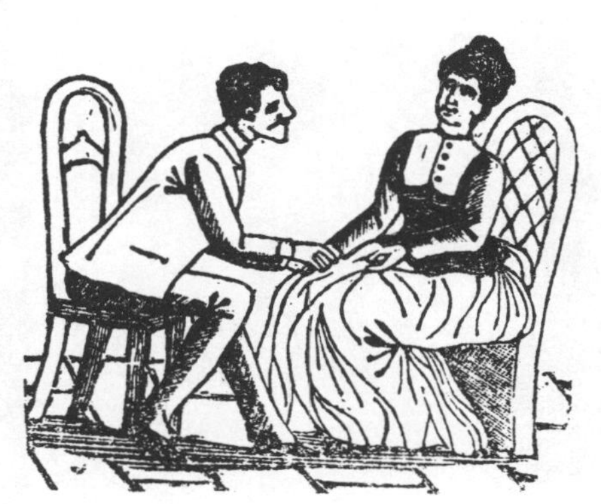

"ELENA, LA MUJER CONQUISTADORA"

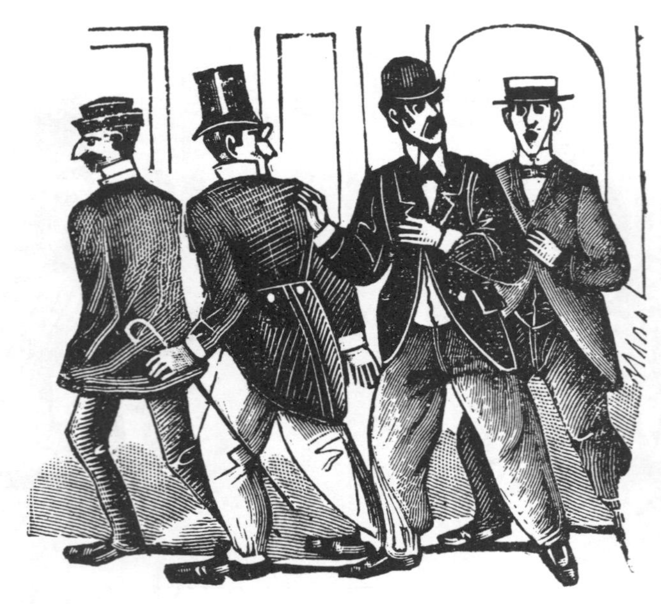

Corrido "LOS LAGARTIJOS"

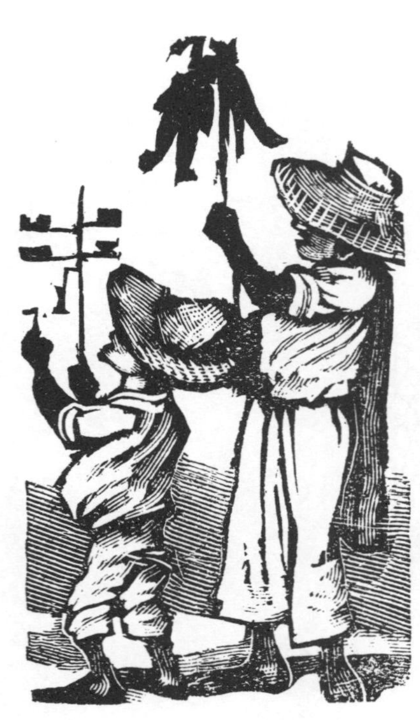

Corrido "LA MATRACA"

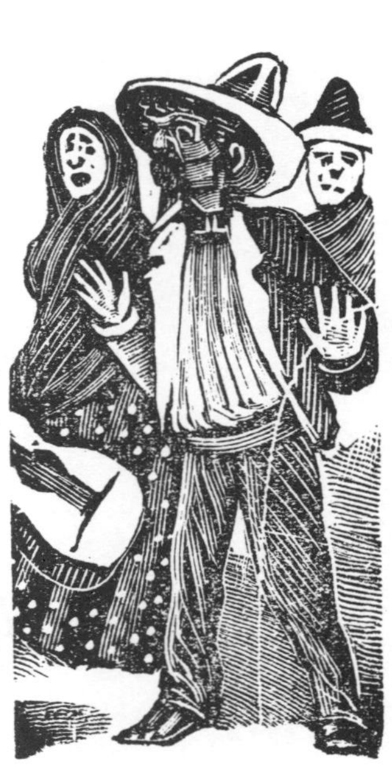

Versos "EL CANCIONERO"

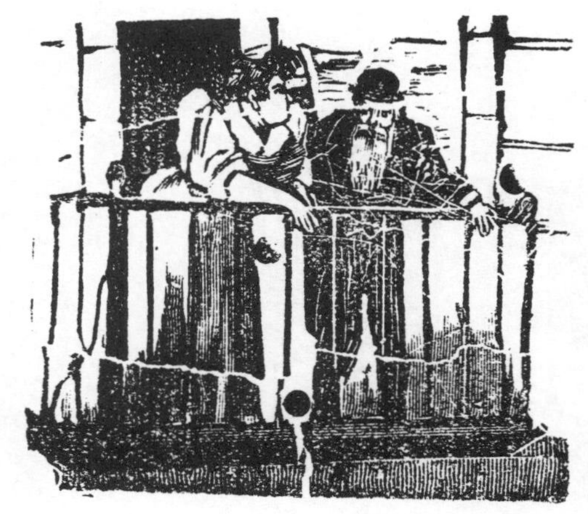

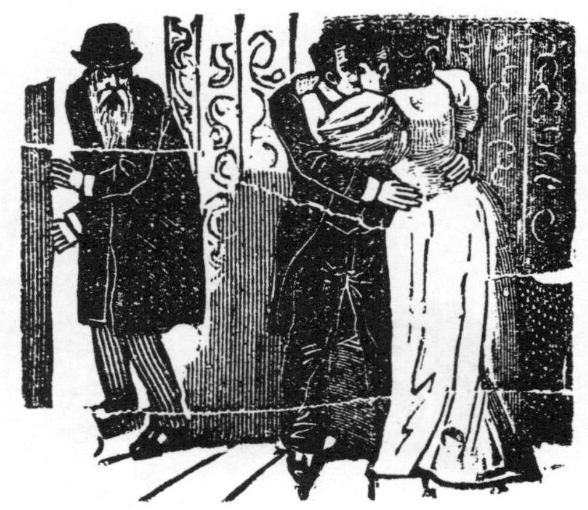

Canción "DESPUES DEL BAILE"

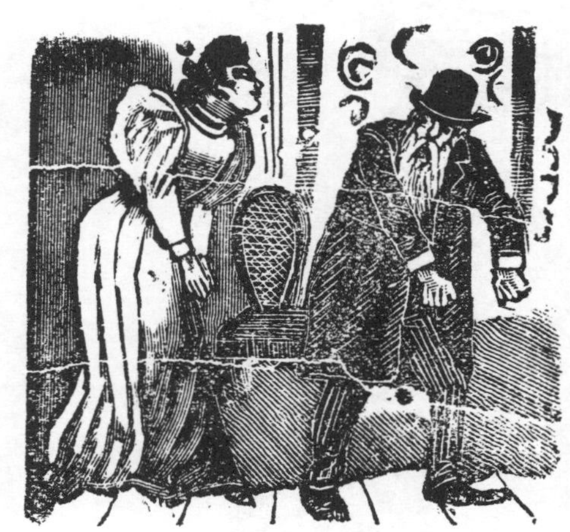

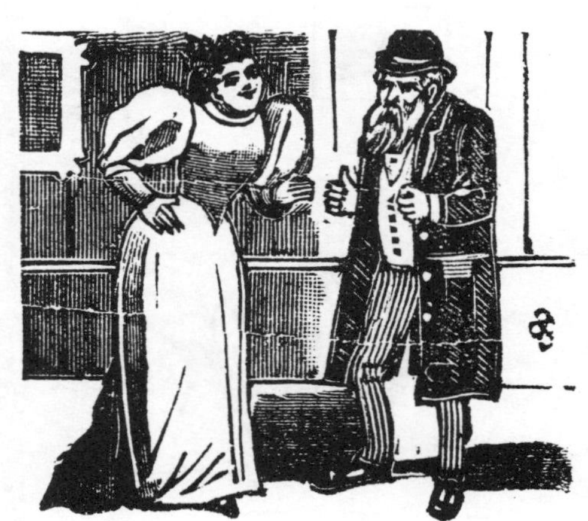

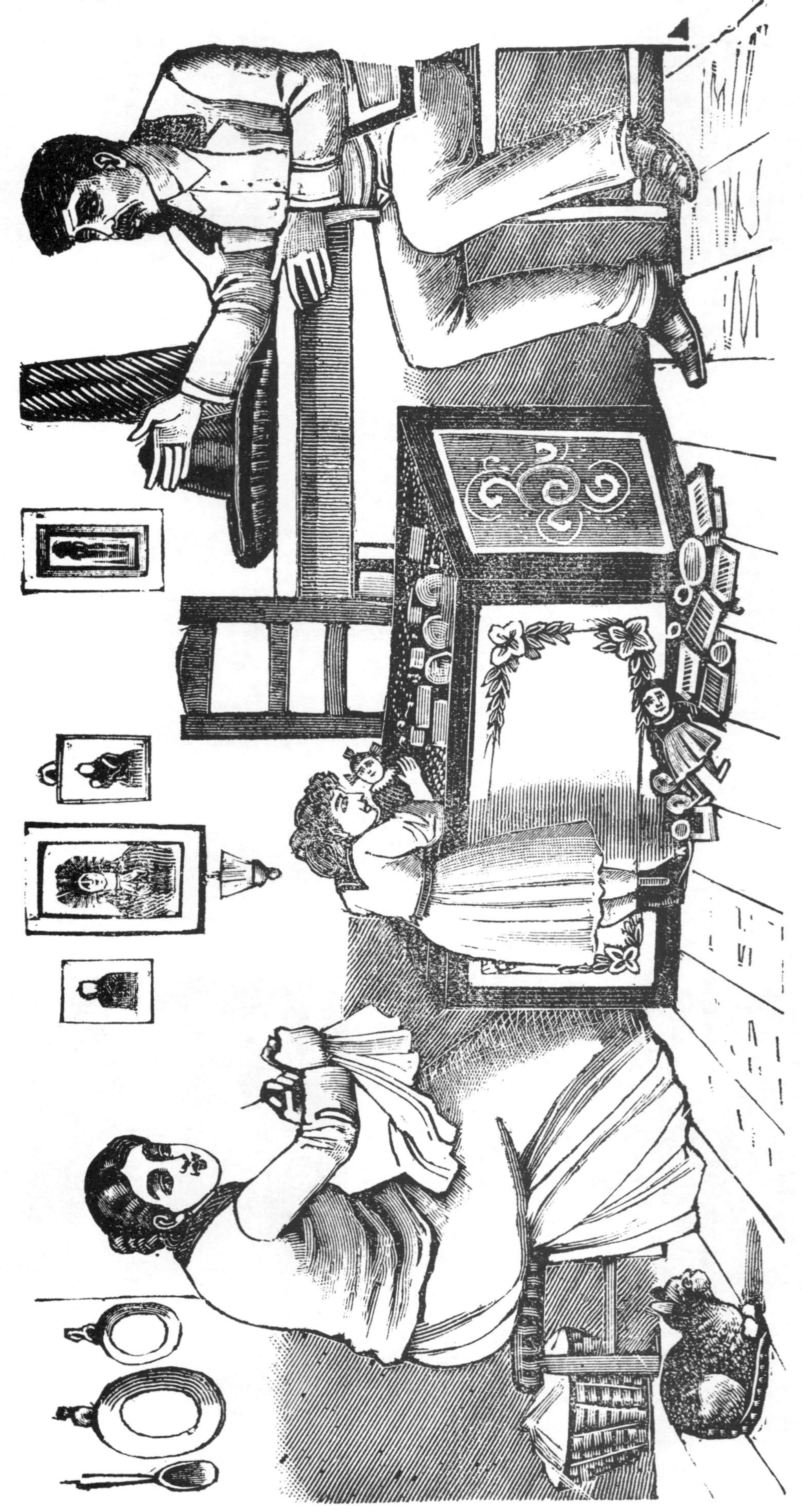

EL VENDEDOR DE JUGUETES

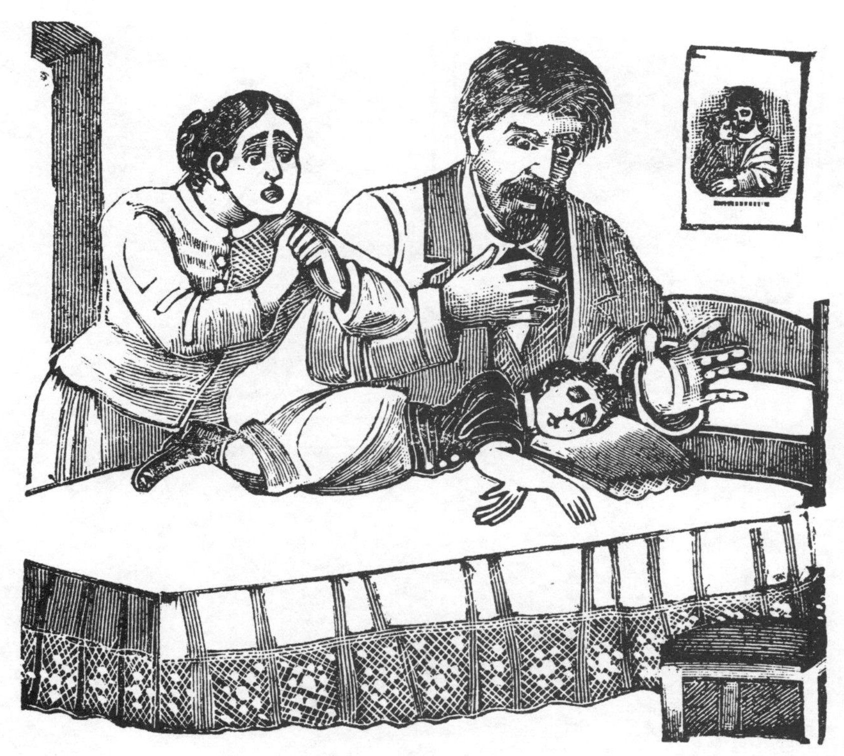

Cuento "LA NOCHEBUENA"

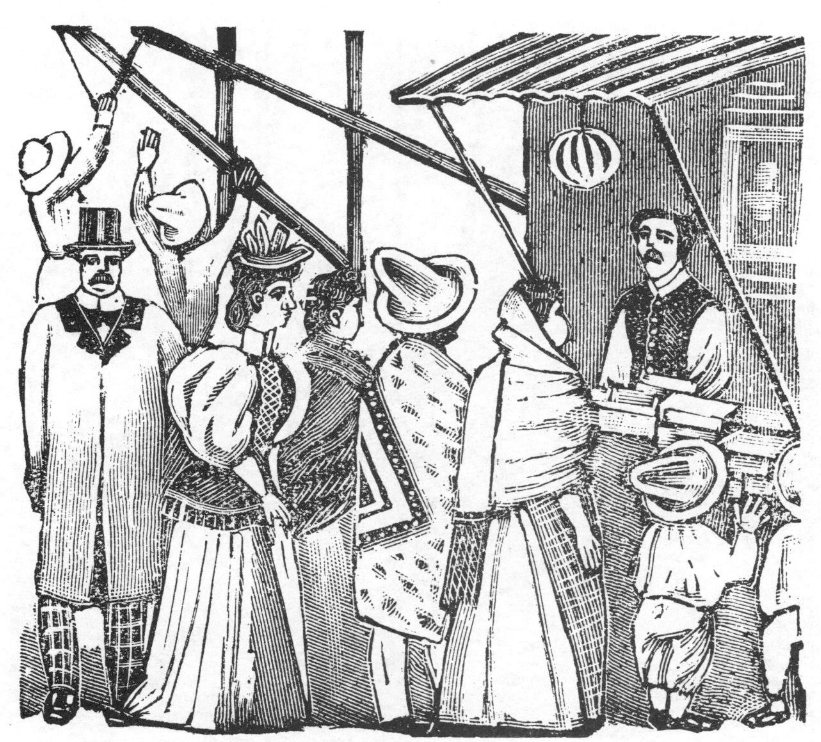

Cuento "LA NOCHEBUENA"

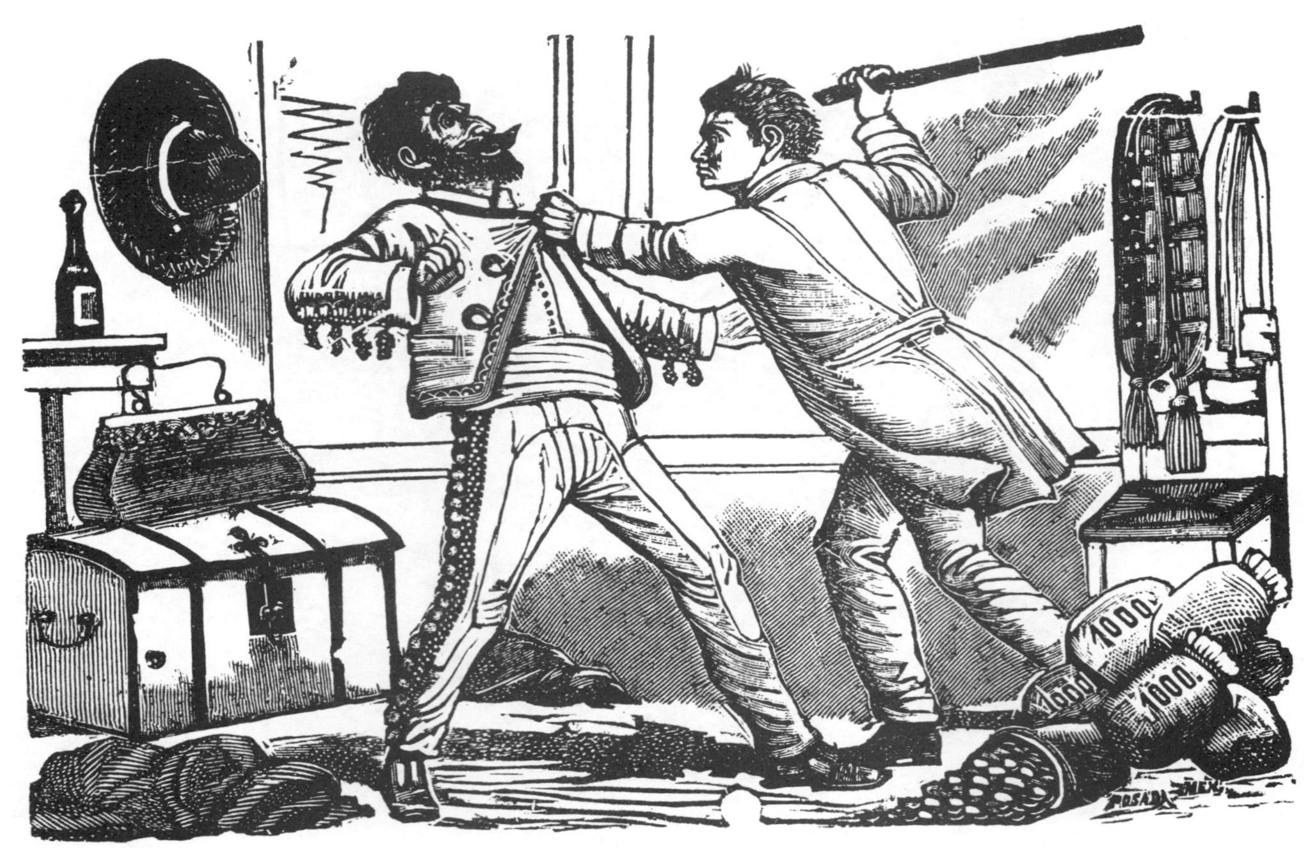

Ejemplo "EL RICO HACENDADO"

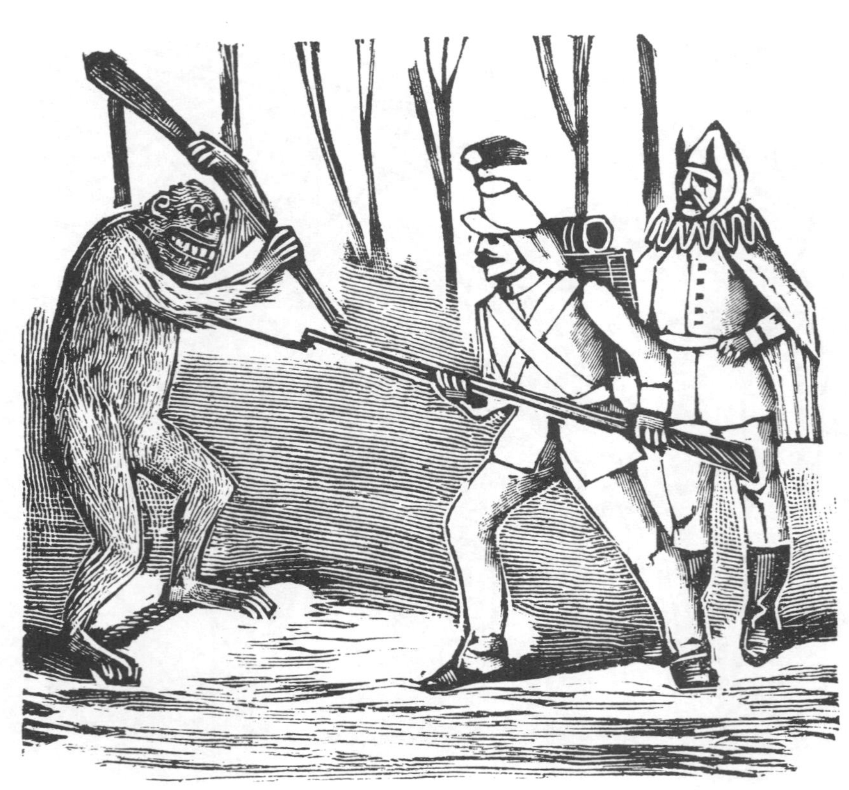

Cuento "JUAN SOLDADO"

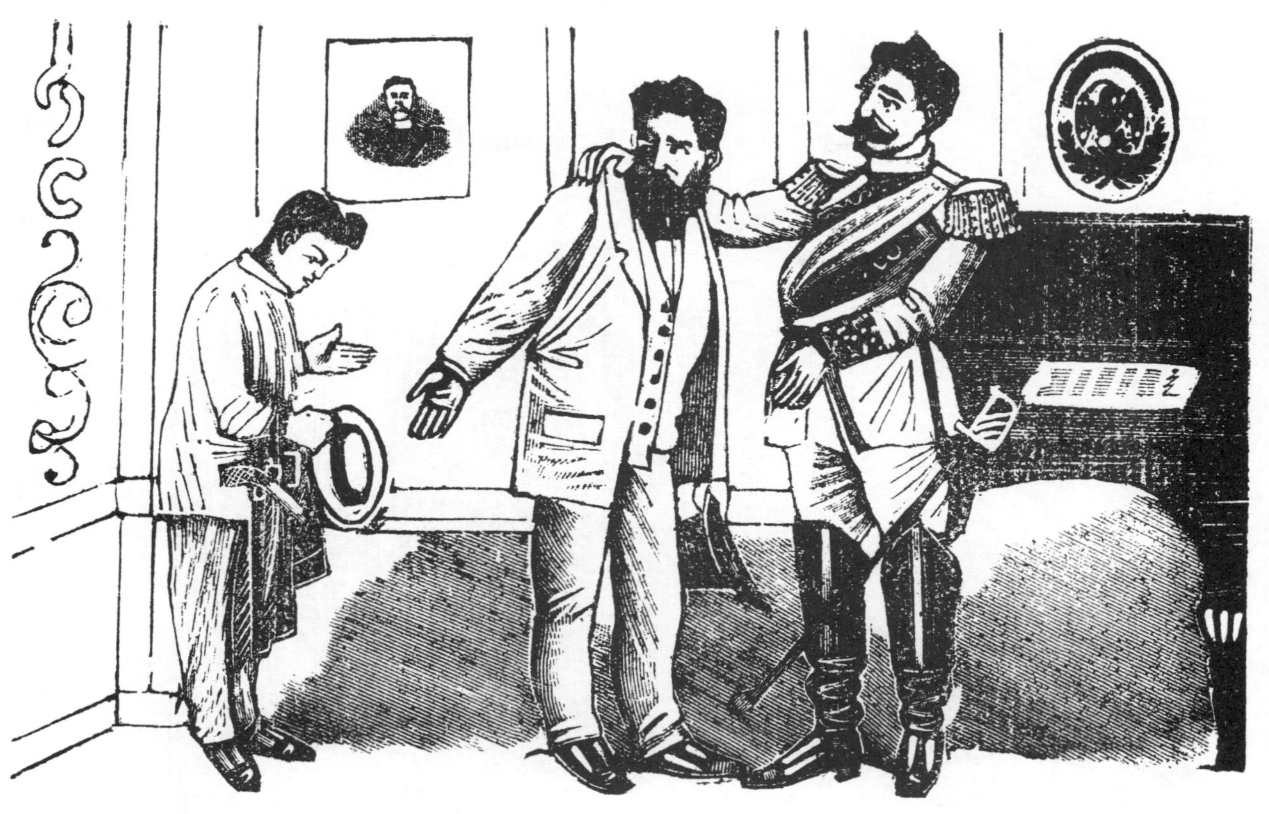

Cuento "EL HIJO DEL BATALLON"

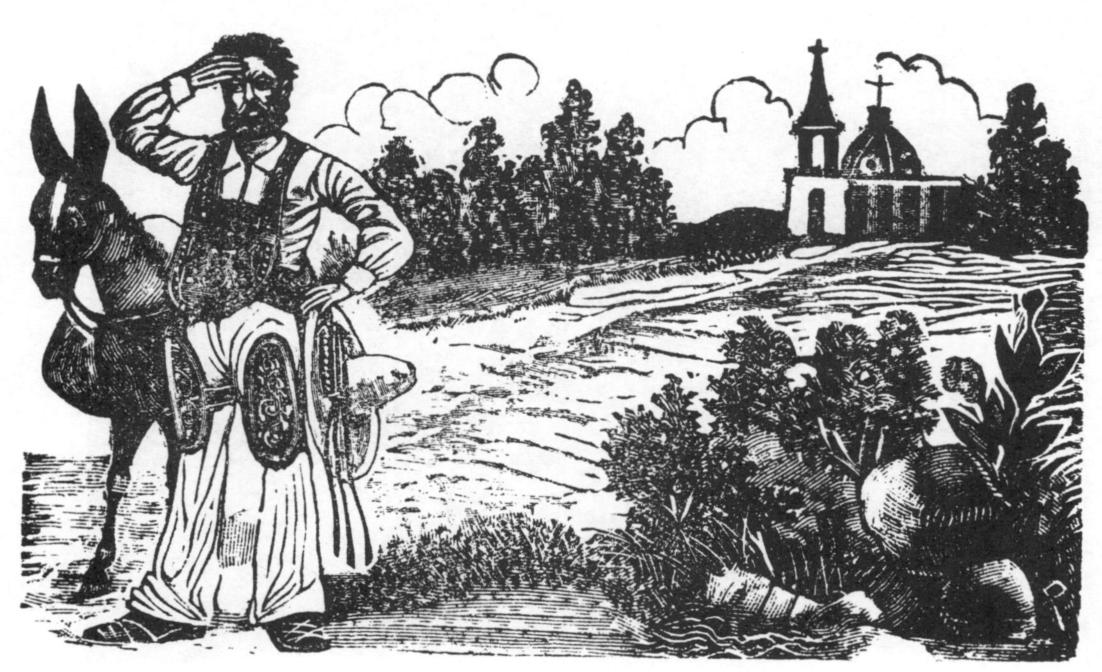

Són "EL ARRIERO"

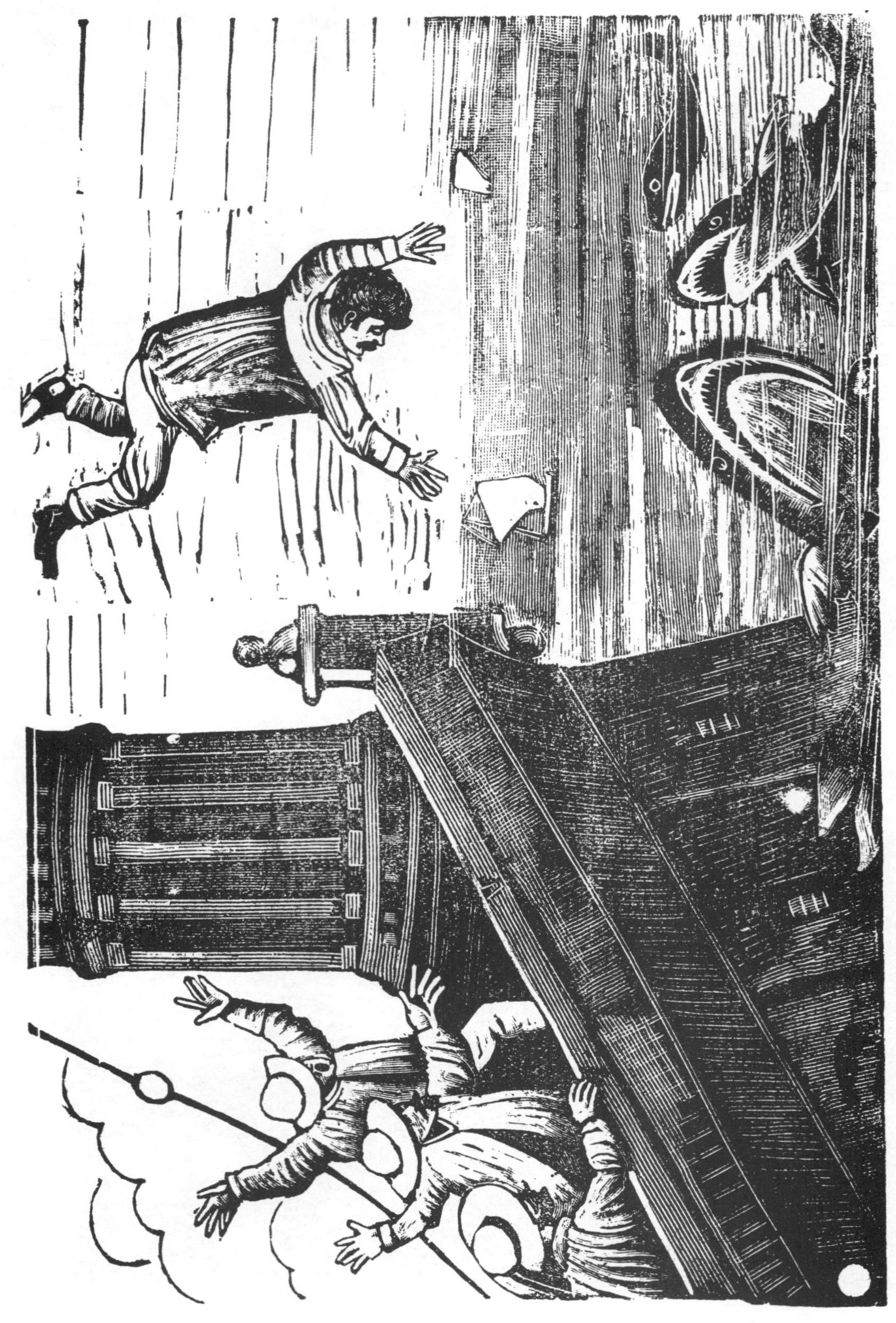

Corrido "SAN JUAN DE ULUA"

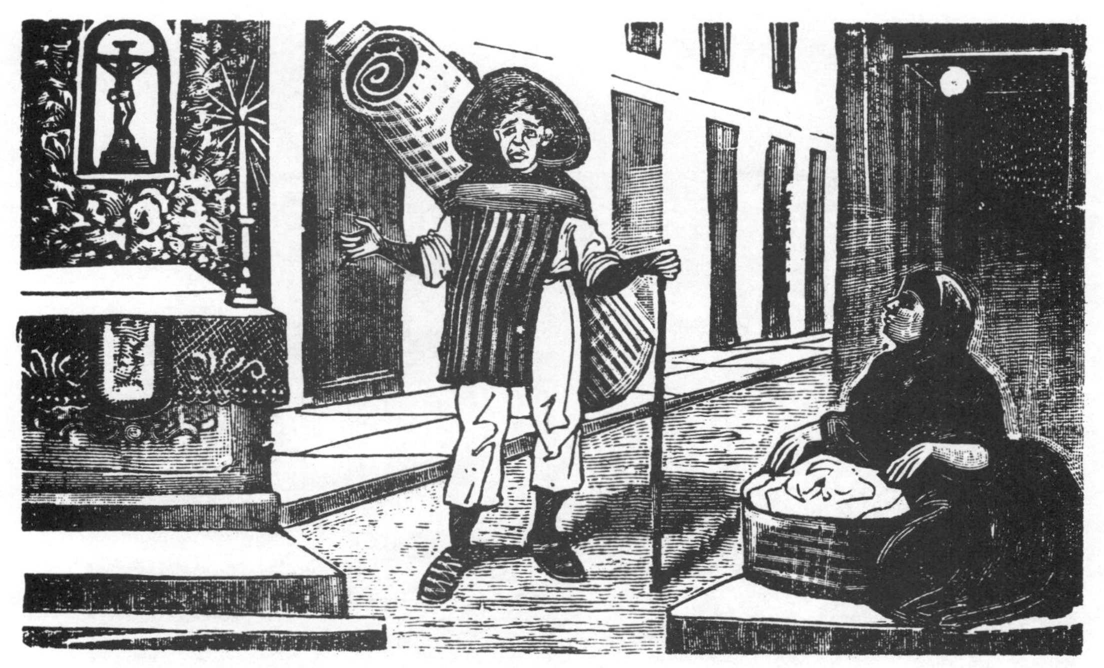

Són "EL PETATERO"

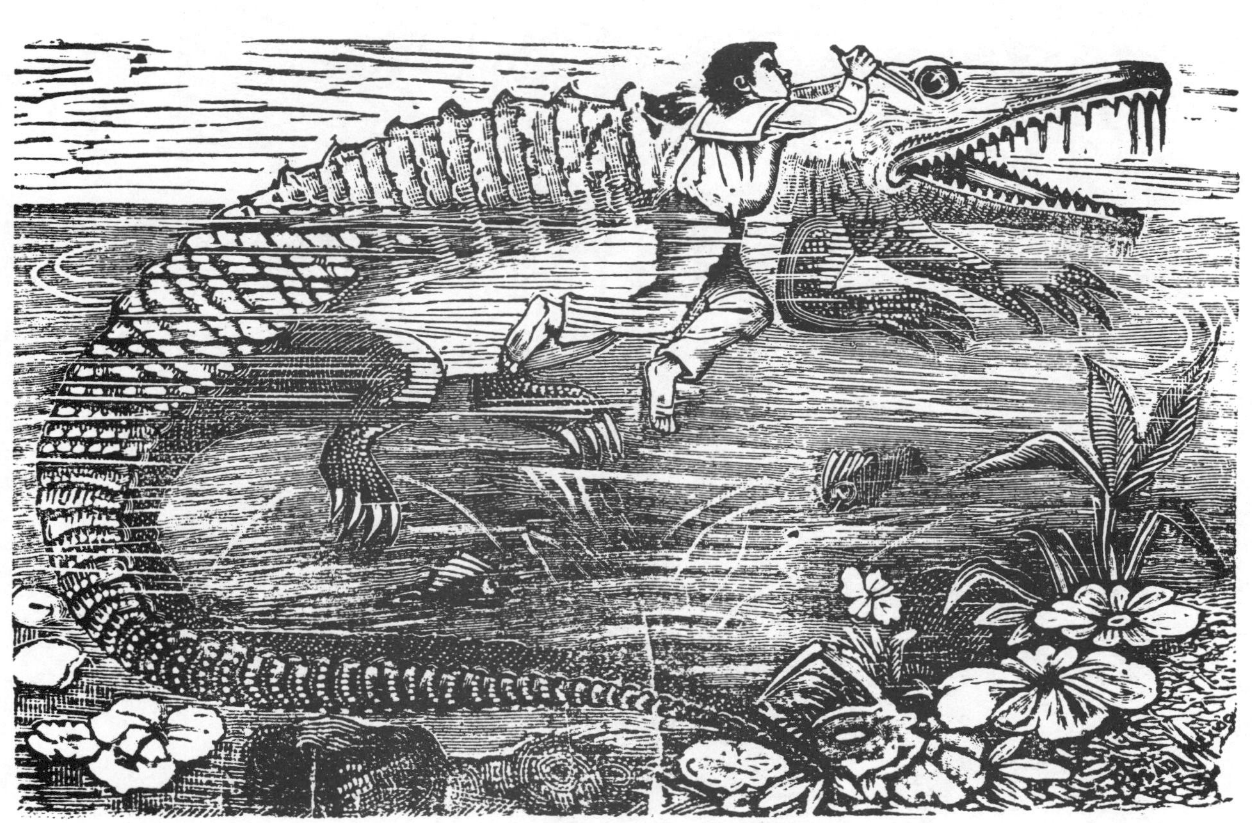

Cuento "EL NIÑO ENCANTADO"

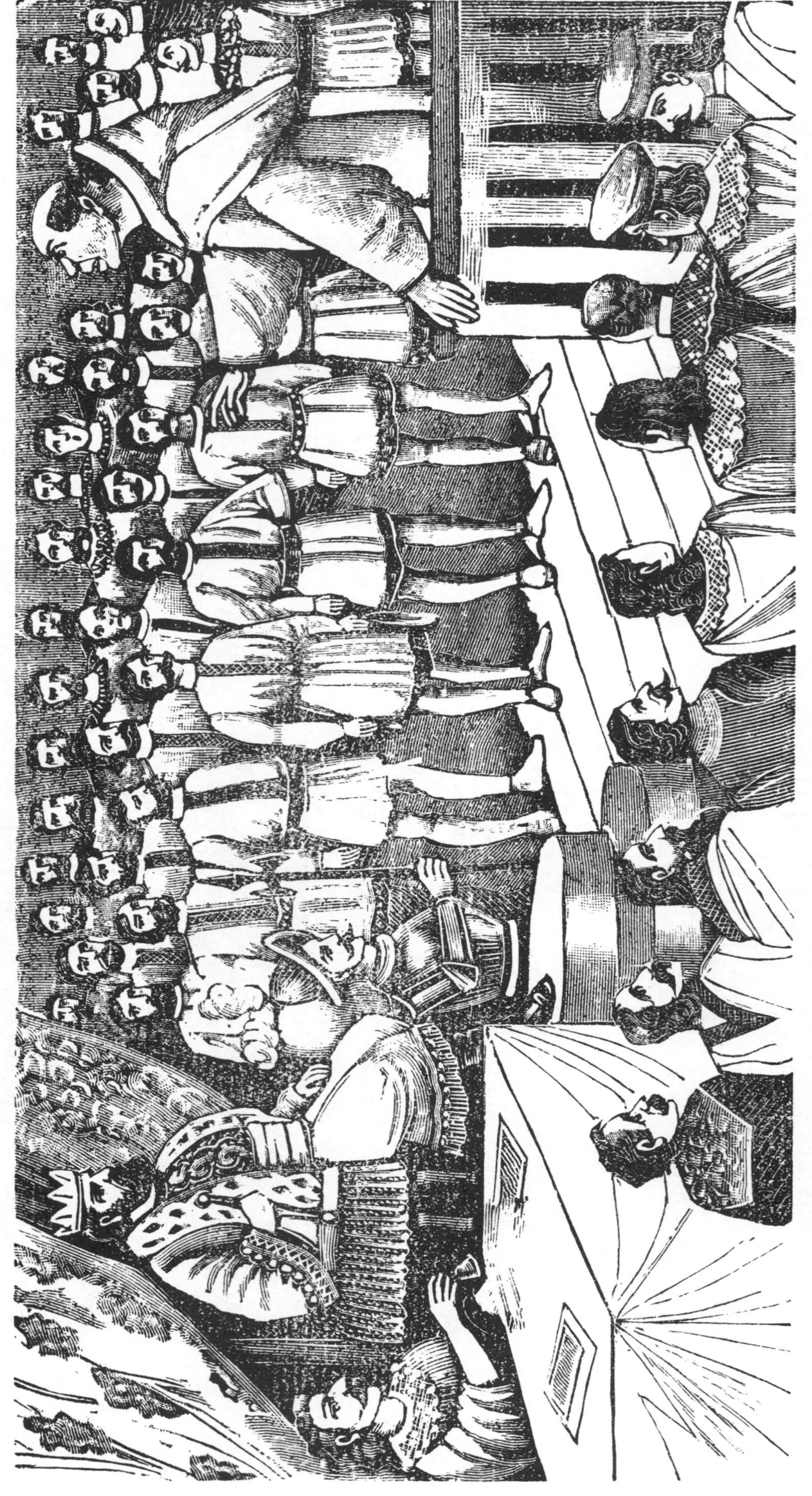

Cuento "EL LEGO SABIO"

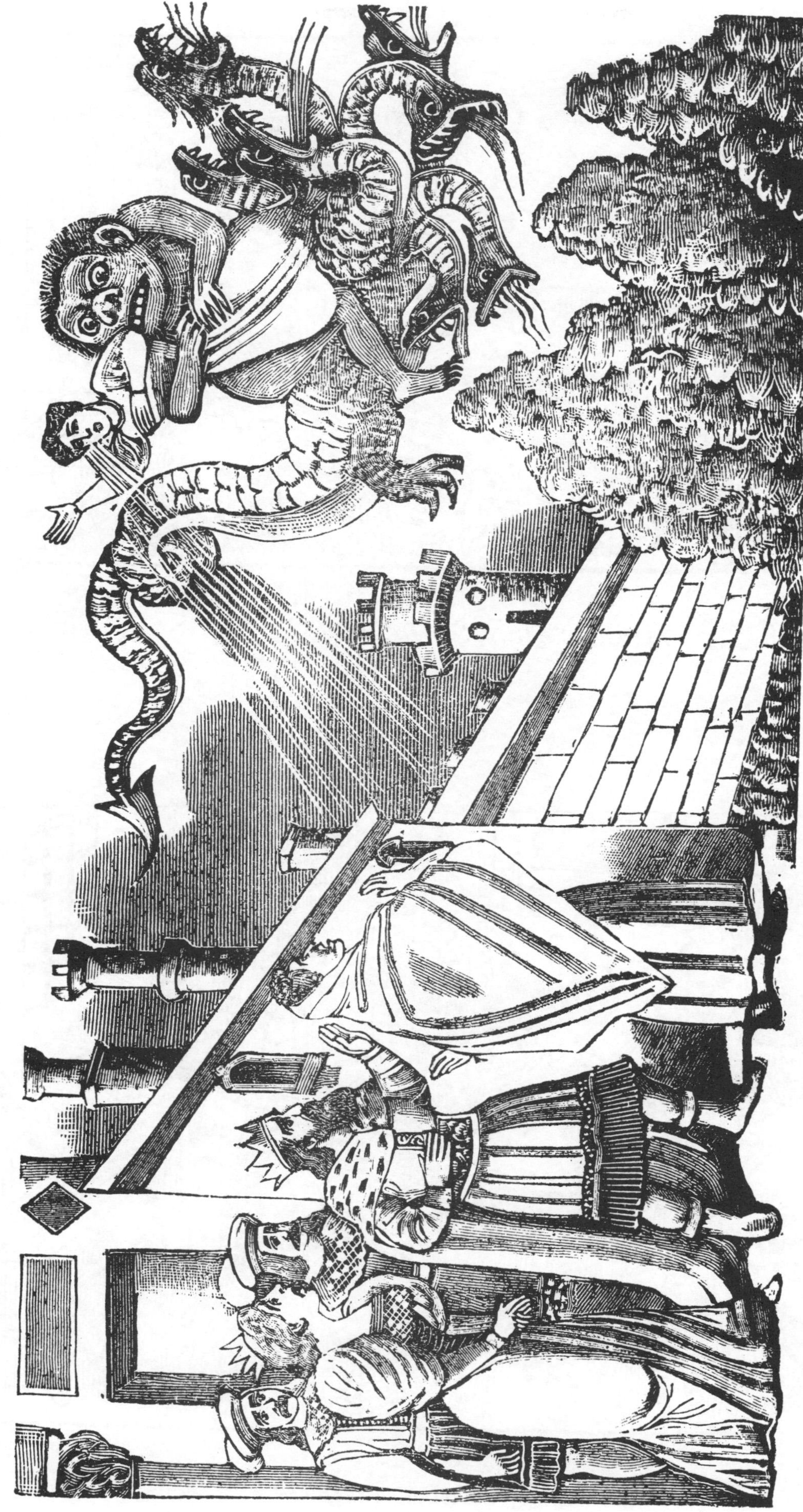

Cuento "LA NIÑA DE LOS OJOS DE LUZ"

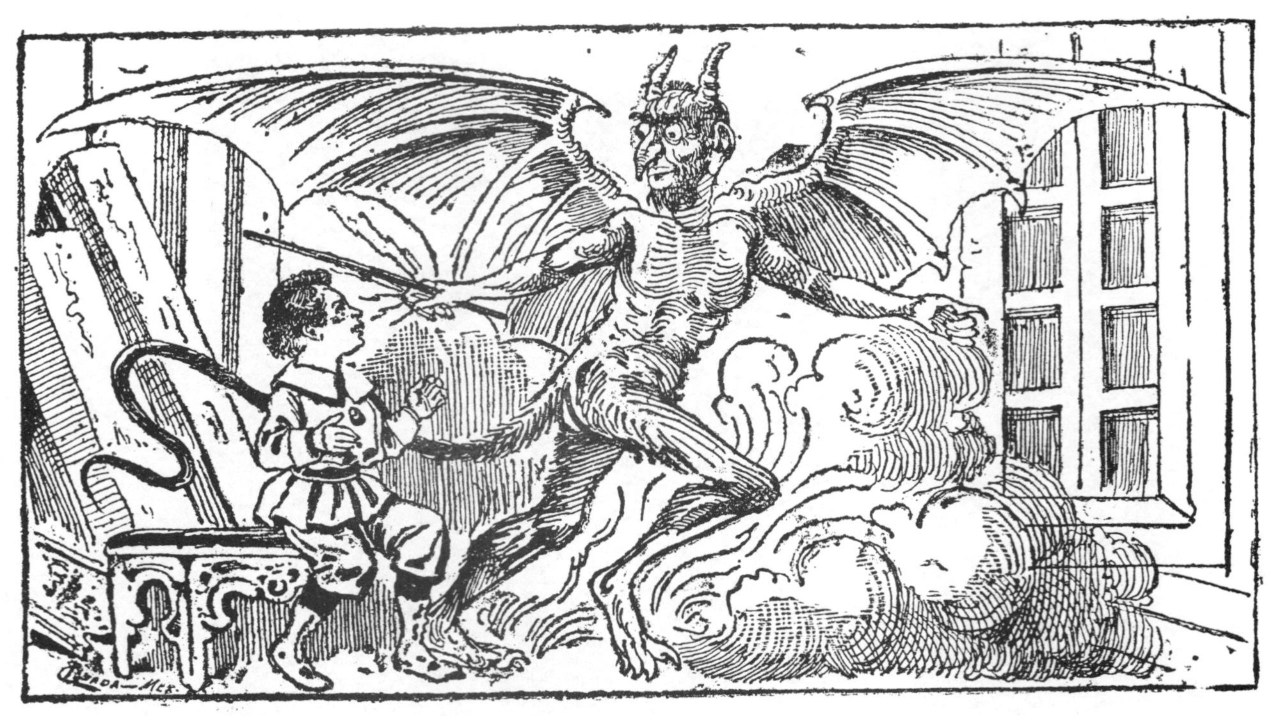

Cuento *"EL NIÑO DE DULCE"*

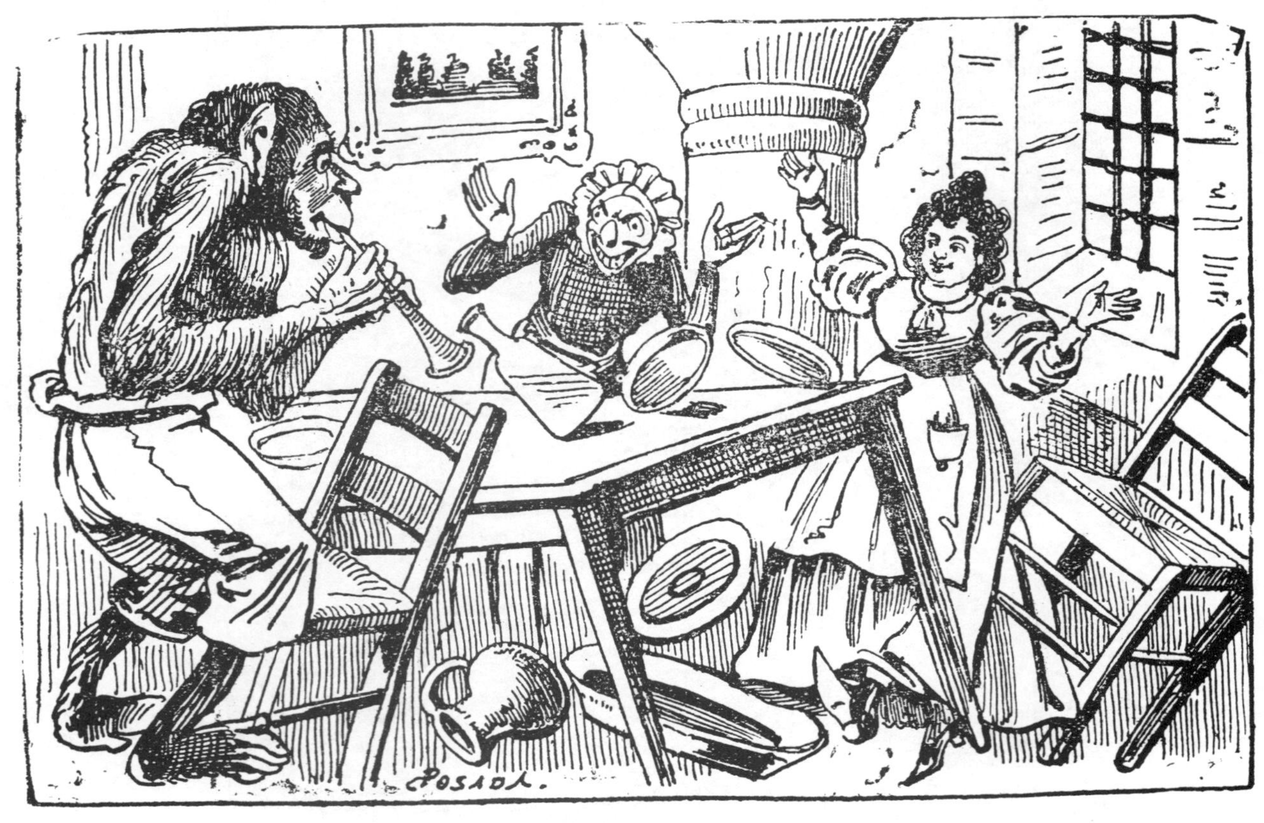

Cuento *"BARBA AZUL"*

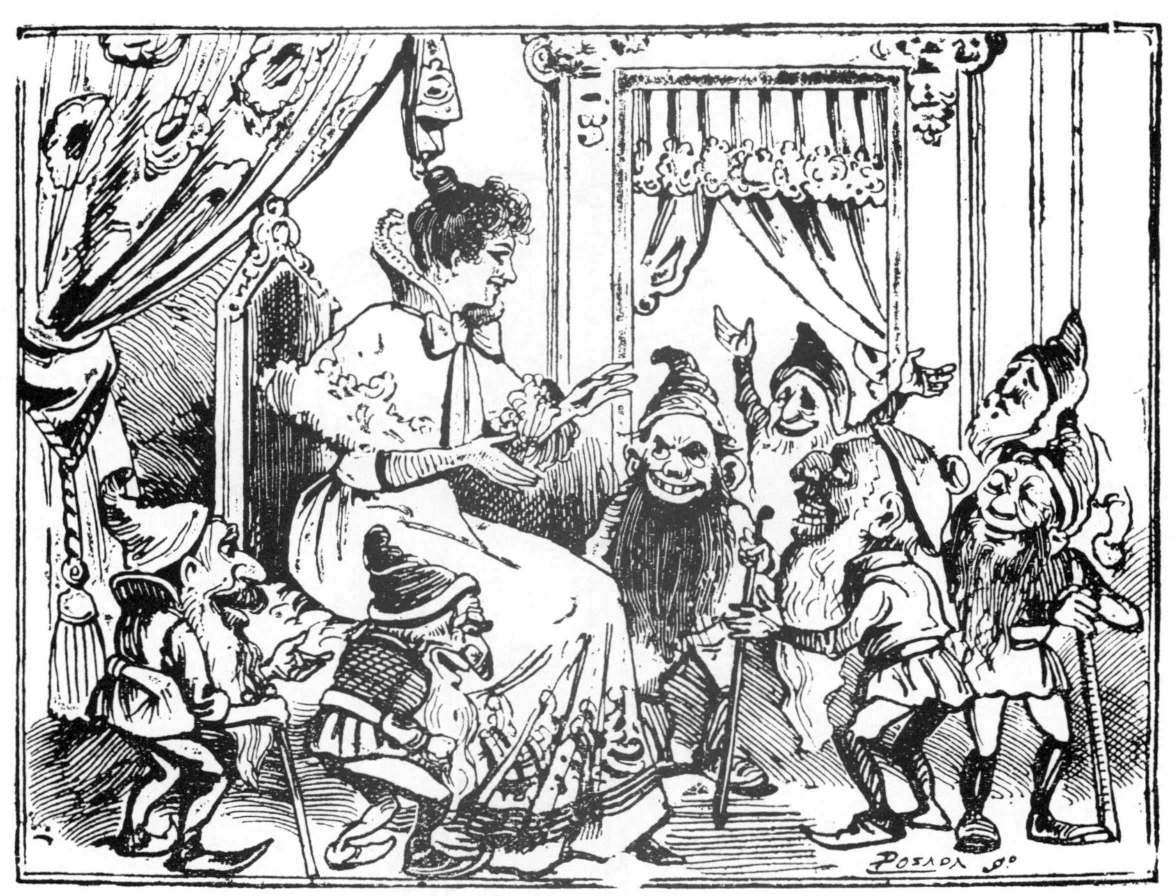

Cuento "BLANCA NIEVE Y LOS SIETE ENANOS"

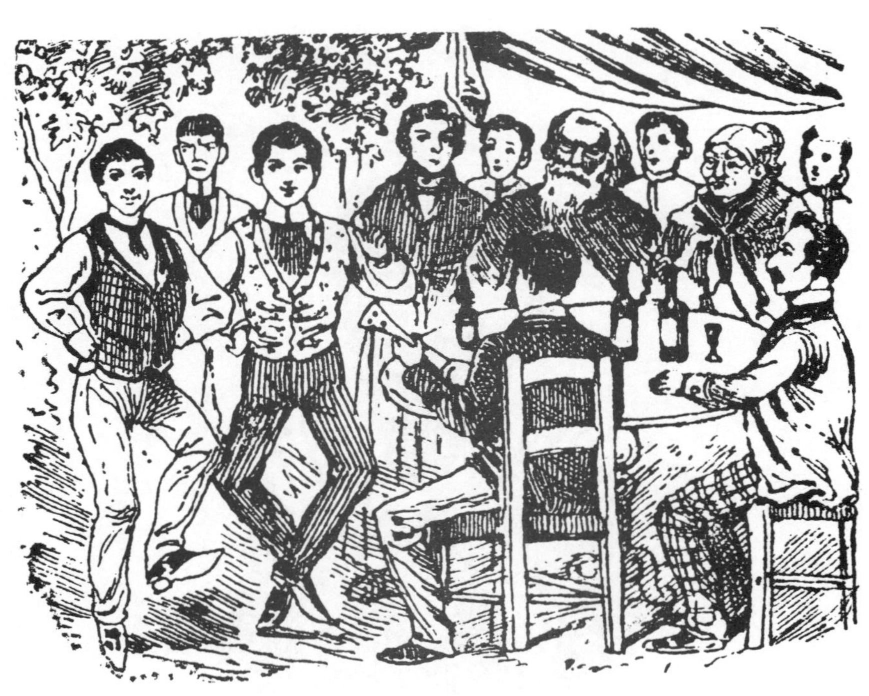

DIA DE CAMPO

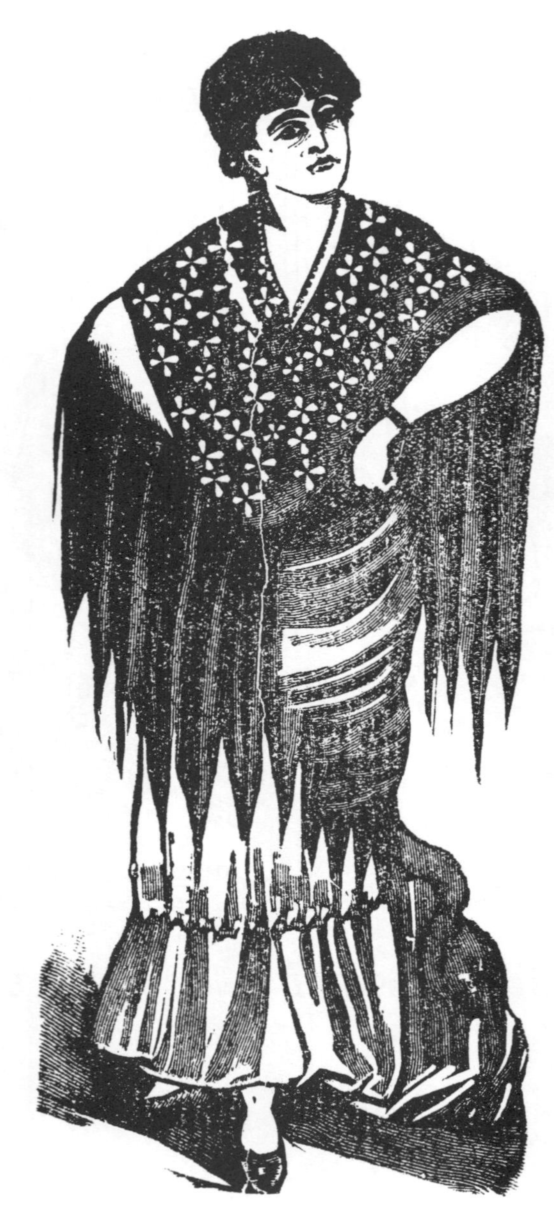

Canción "LA GITANA"

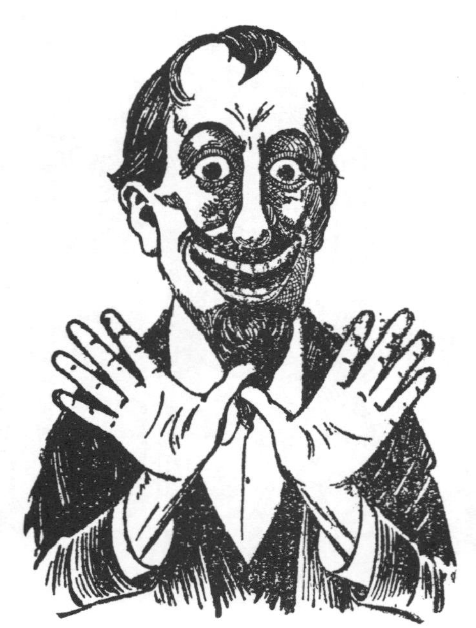

EL PRESTIDIGITADOR

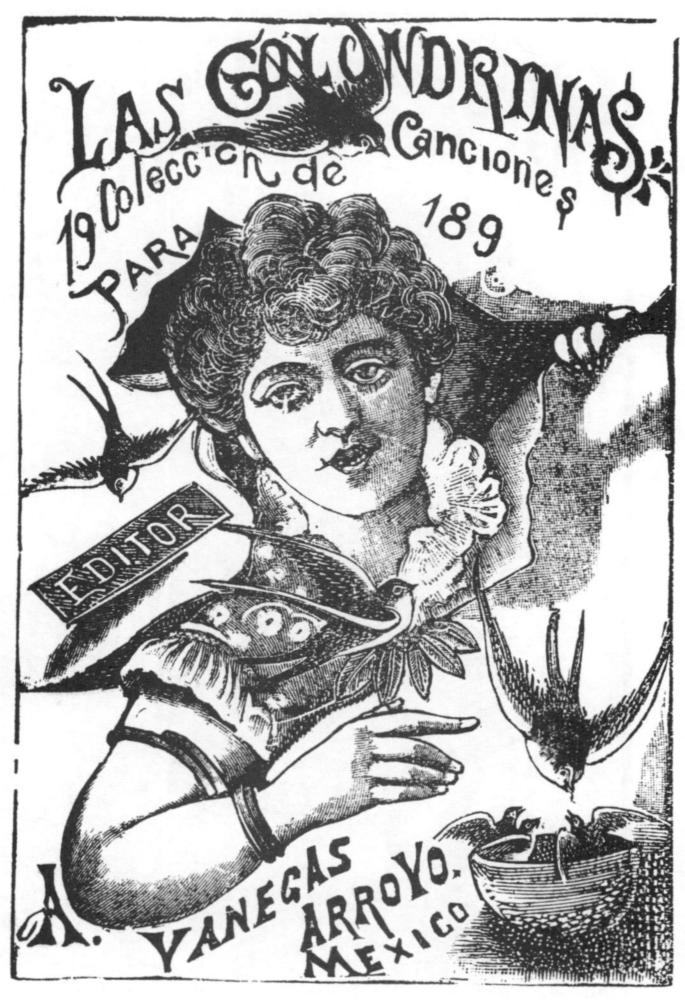
LAS GOLONDRINAS
Colección de Canciones
19
PARA
189
EDITOR
A. VANEGAS ARROYO.
MEXICO

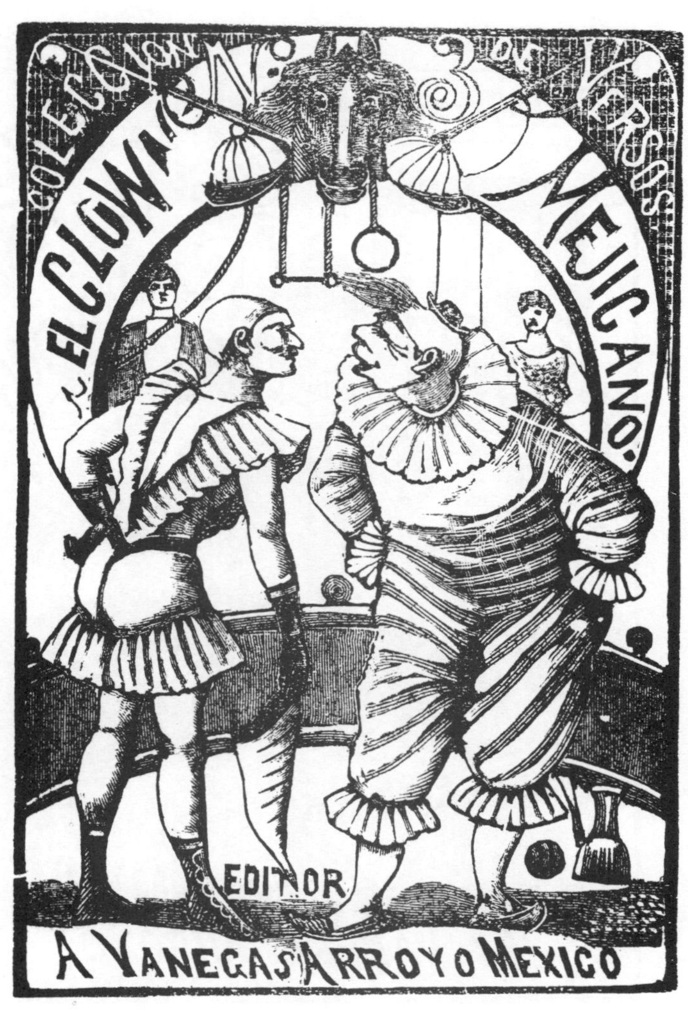
COLECCION
3
VERSOS
EL CLOWN MEJICANO.
EDITOR
A VANEGAS ARROYO MEXICO

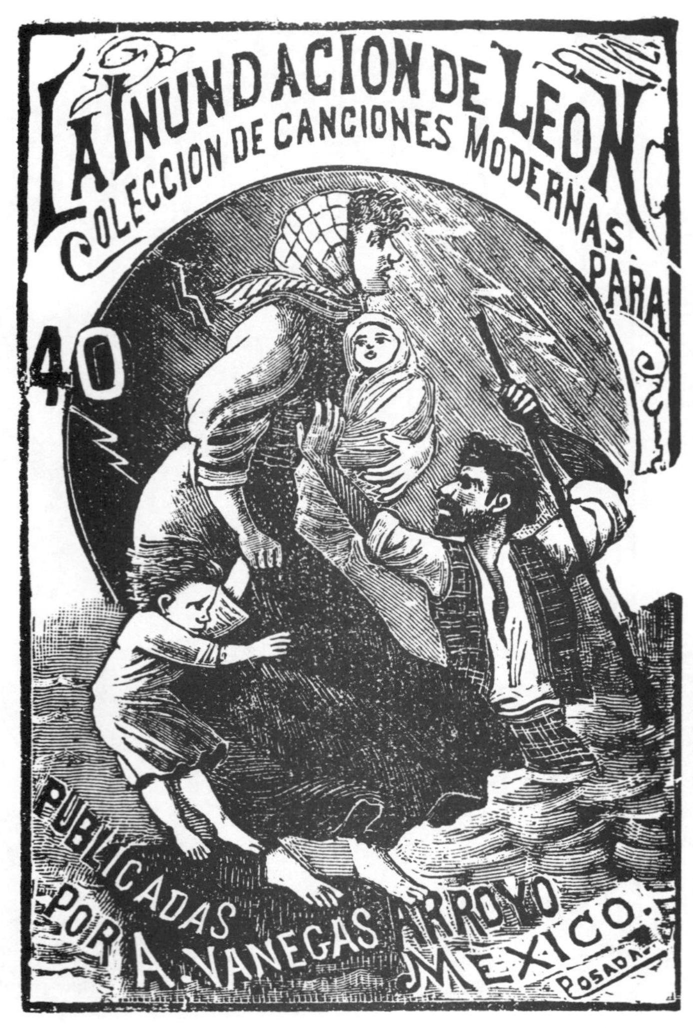
LA INUNDACION DE LEON
COLECCION DE CANCIONES MODERNAS
PARA
40
PUBLICADAS
POR A. VANEGAS ARROYO
MEXICO.
POSADA

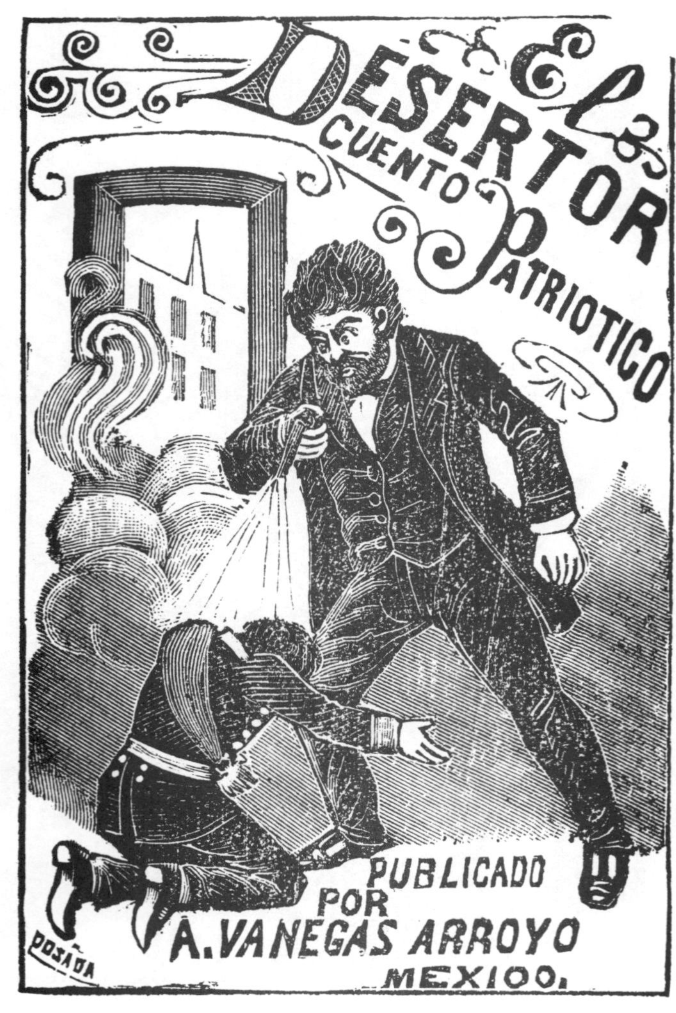
EL DESERTOR
CUENTO PATRIOTICO
PUBLICADO
POR
A. VANEGAS ARROYO
MEXICO.
POSADA

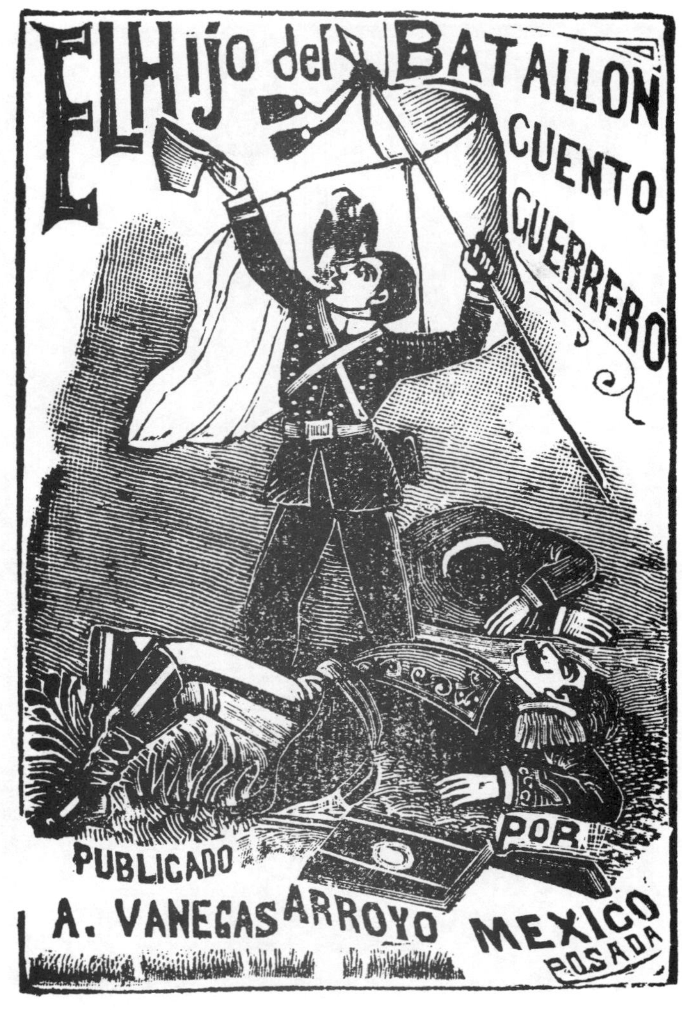
El Hijo del Batallon
Cuento Guerrero
Publicado por
A. Vanegas Arroyo Mexico
Posada

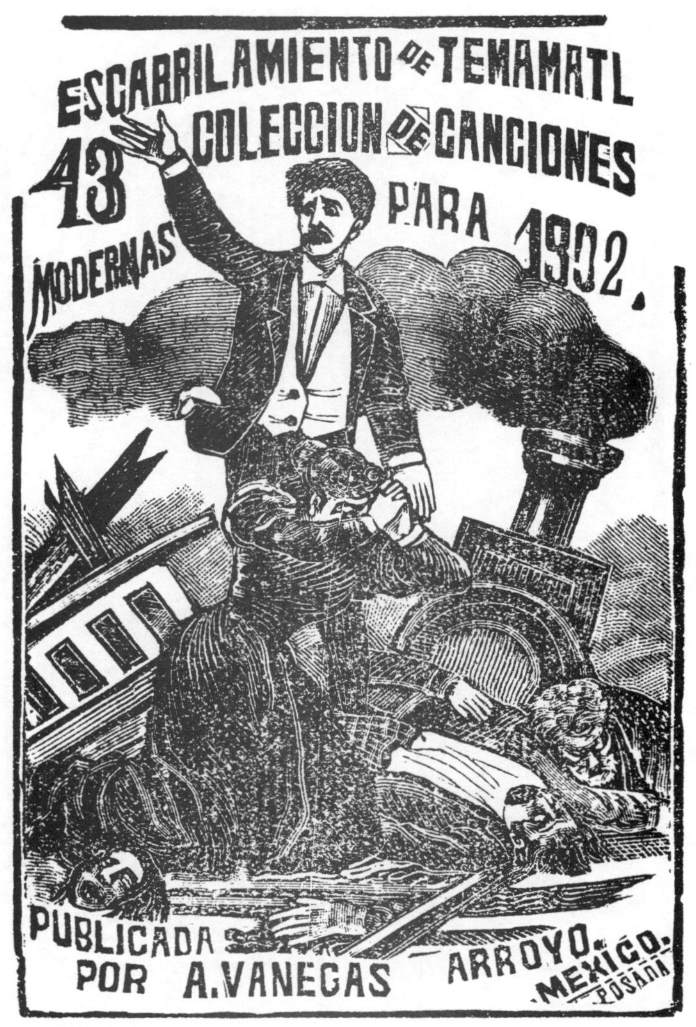
Escarrilamiento de Temamatl
43 Coleccion de Canciones
Modernas para 1902.
Publicada por A. Vanegas Arroyo.
Mexico.
Posada

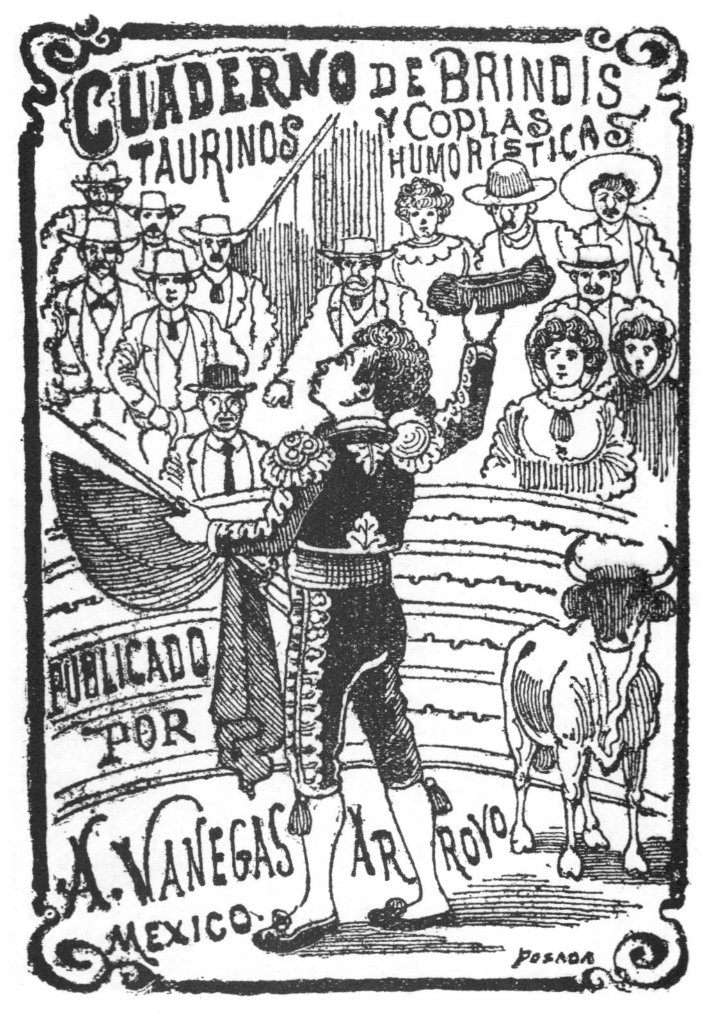
CUADERNO DE BRINDIS
TAURINOS Y COPLAS HUMORISTICAS
PUBLICADO
POR
A. VANEGAS ARROYO
MEXICO
POSADA

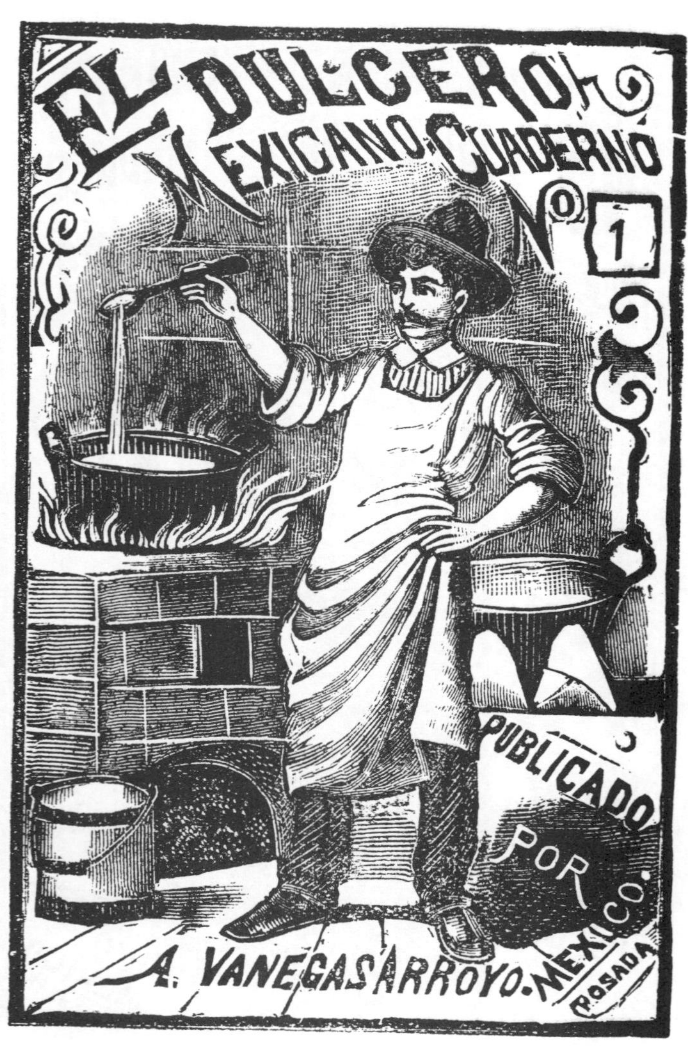
EL DULCERO MEXICANO. CUADERNO
Nº 1
PUBLICADO
POR
A. VANEGAS ARROYO. MEXICO.
POSADA

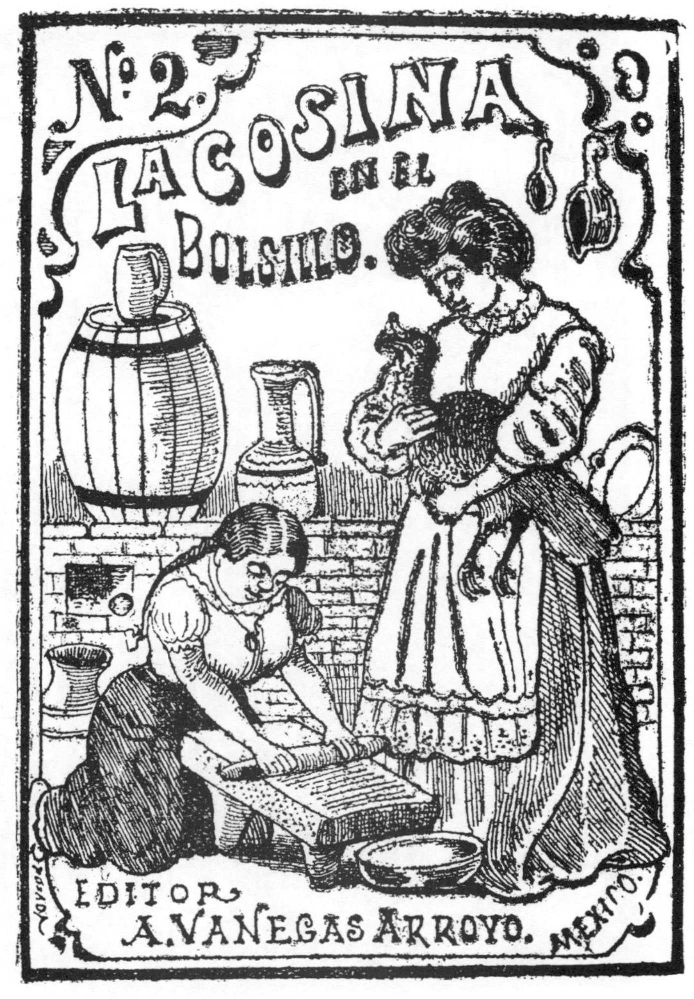
Nº 2.
LA COSINA
EN EL
BOLSILLO.
EDITOR
A. VANEGAS ARROYO.
MEXICO.

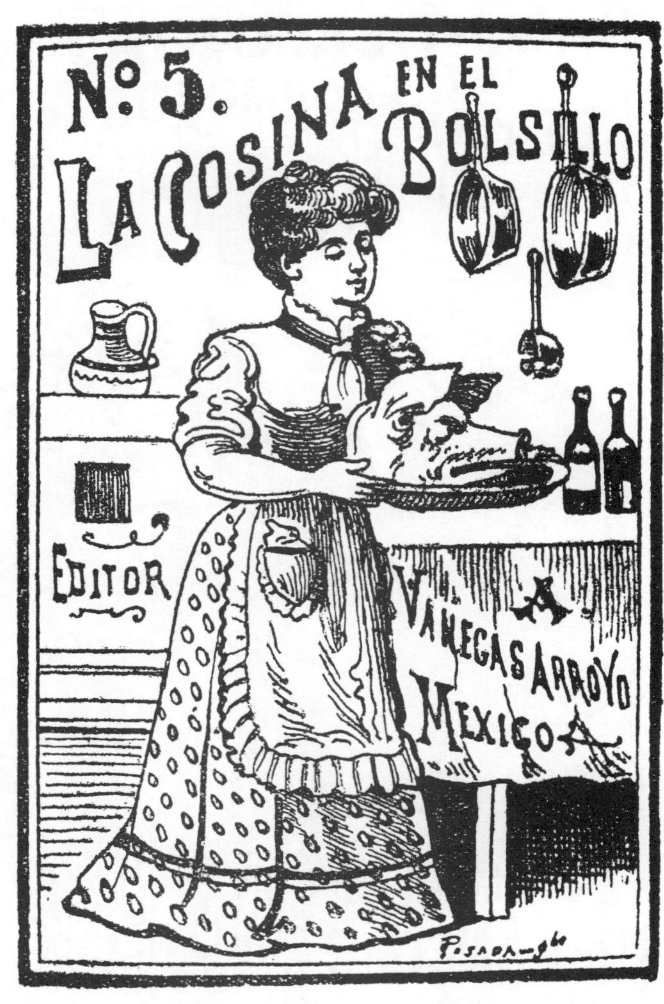
Nº 5.
LA COSINA EN EL
BOLSILLO
EDITOR
A
VANEGAS ARROYO
MEXICO

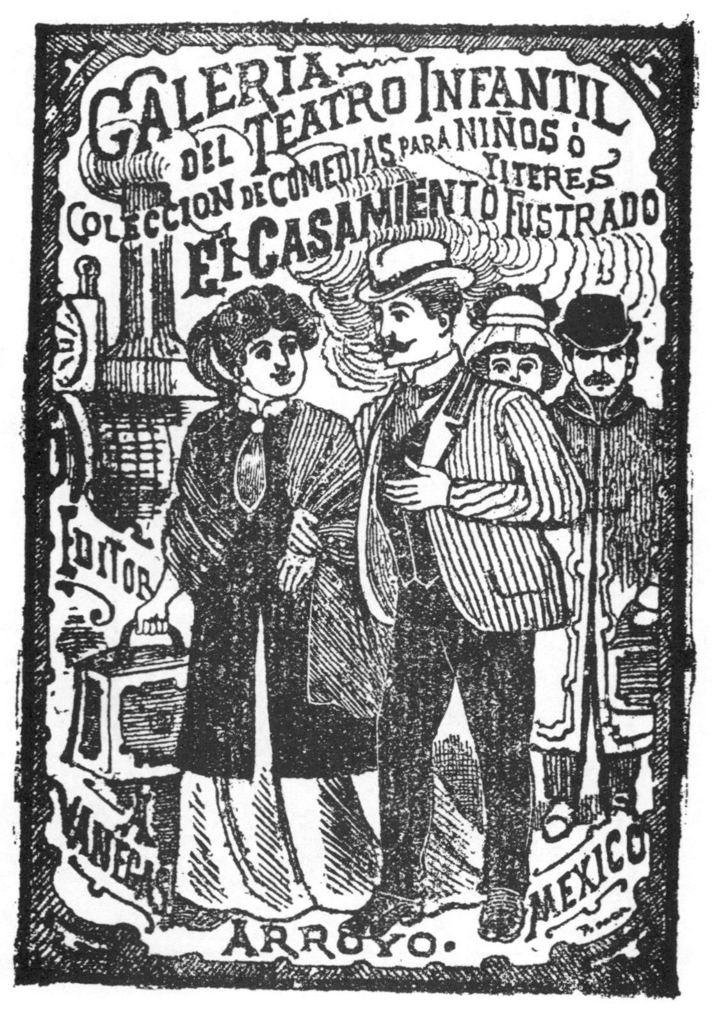
GALERIA DEL TEATRO INFANTIL
COLECCION DE COMEDIAS PARA NIÑOS Ó TITERES
EL CASAMIENTO FUSTRADO
EDITOR
A. VANEGAS ARROYO.
MEXICO

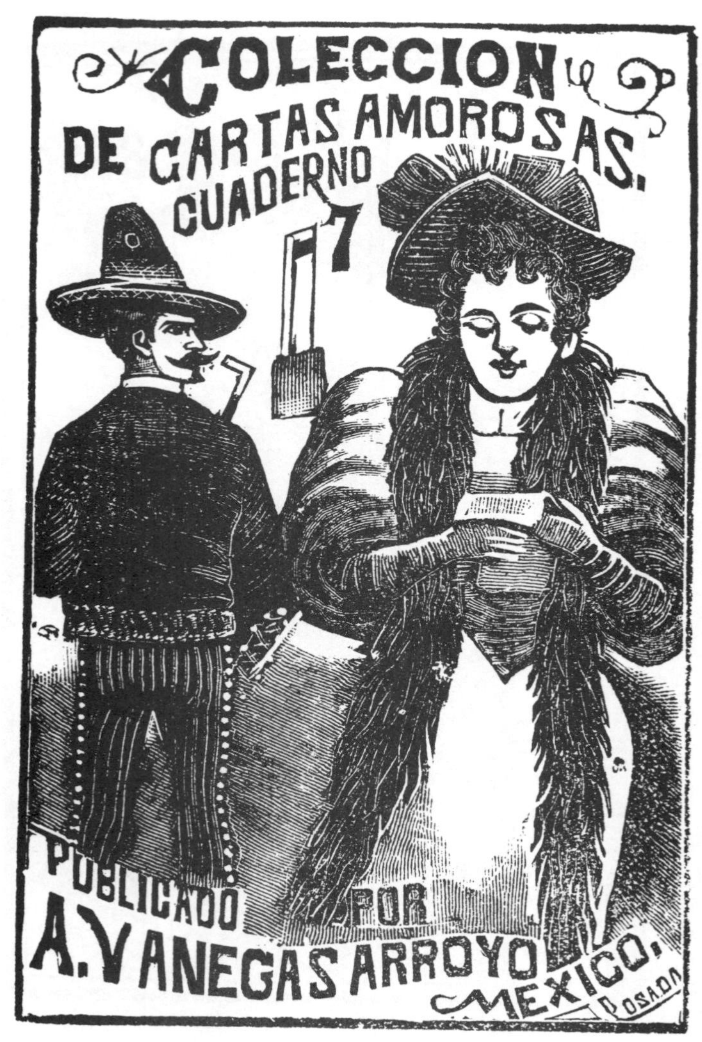
COLECCION
DE CARTAS AMOROSAS.
CUADERNO
7
PUBLICADO POR
A. VANEGAS ARROYO
MEXICO.
POSADA

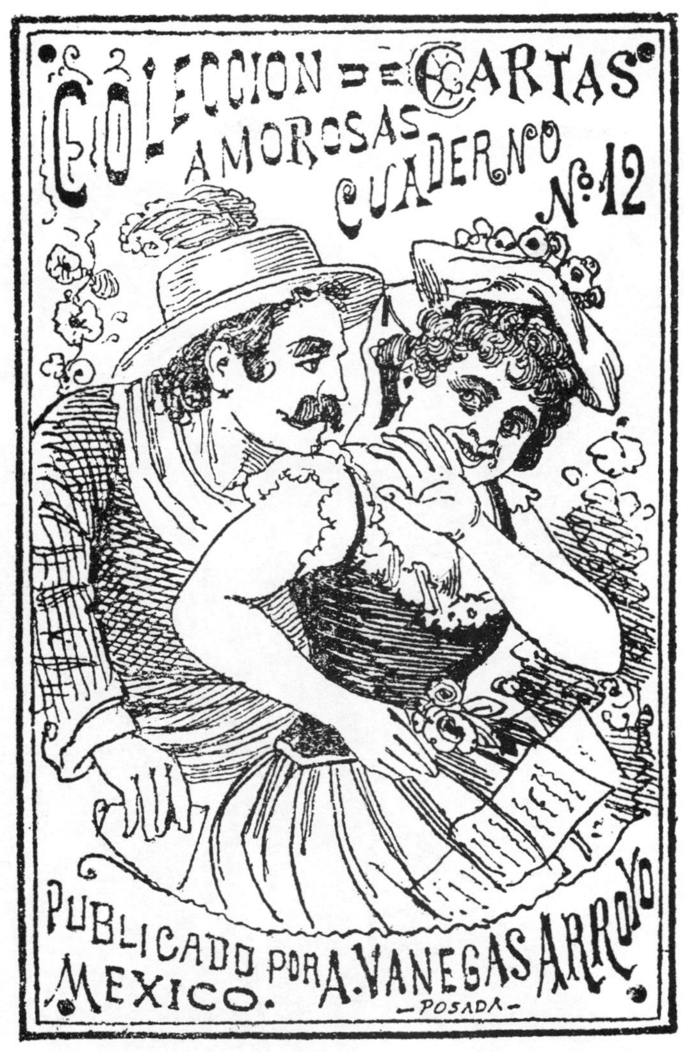
COLECCION DE CARTAS
AMOROSAS
CUADERNO
No. 12
PUBLICADO POR A. VANEGAS ARROYO
MEXICO.
POSADA

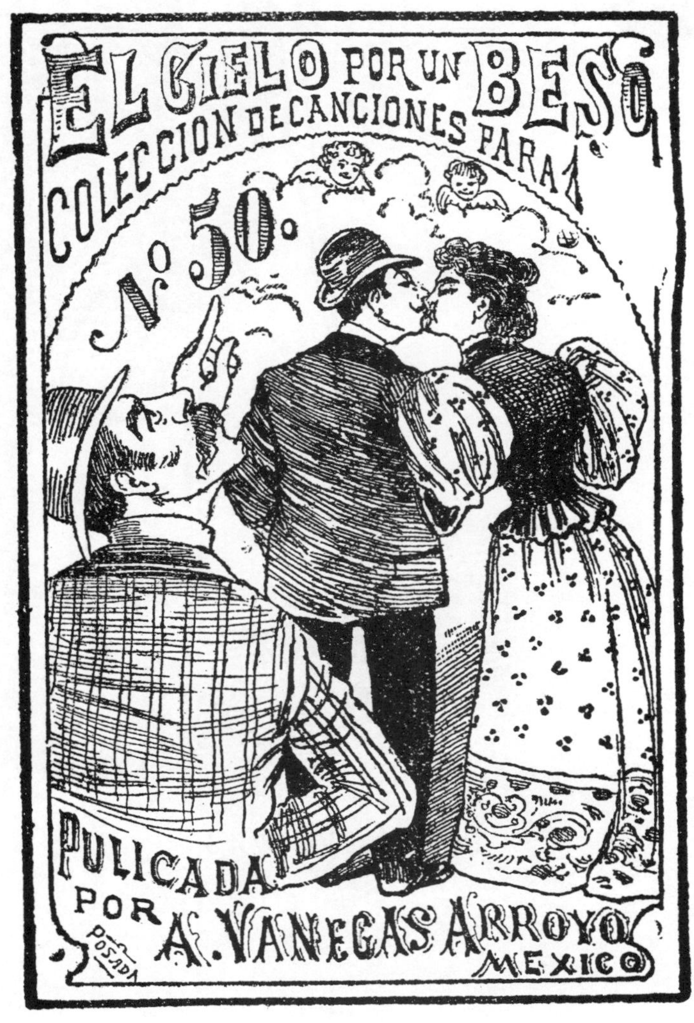
EL CIELO POR UN BESO
COLECCION DE CANCIONES PARA 1
No. 50.
PULICADA
POR A. VANEGAS ARROYO
MEXICO
POSADA

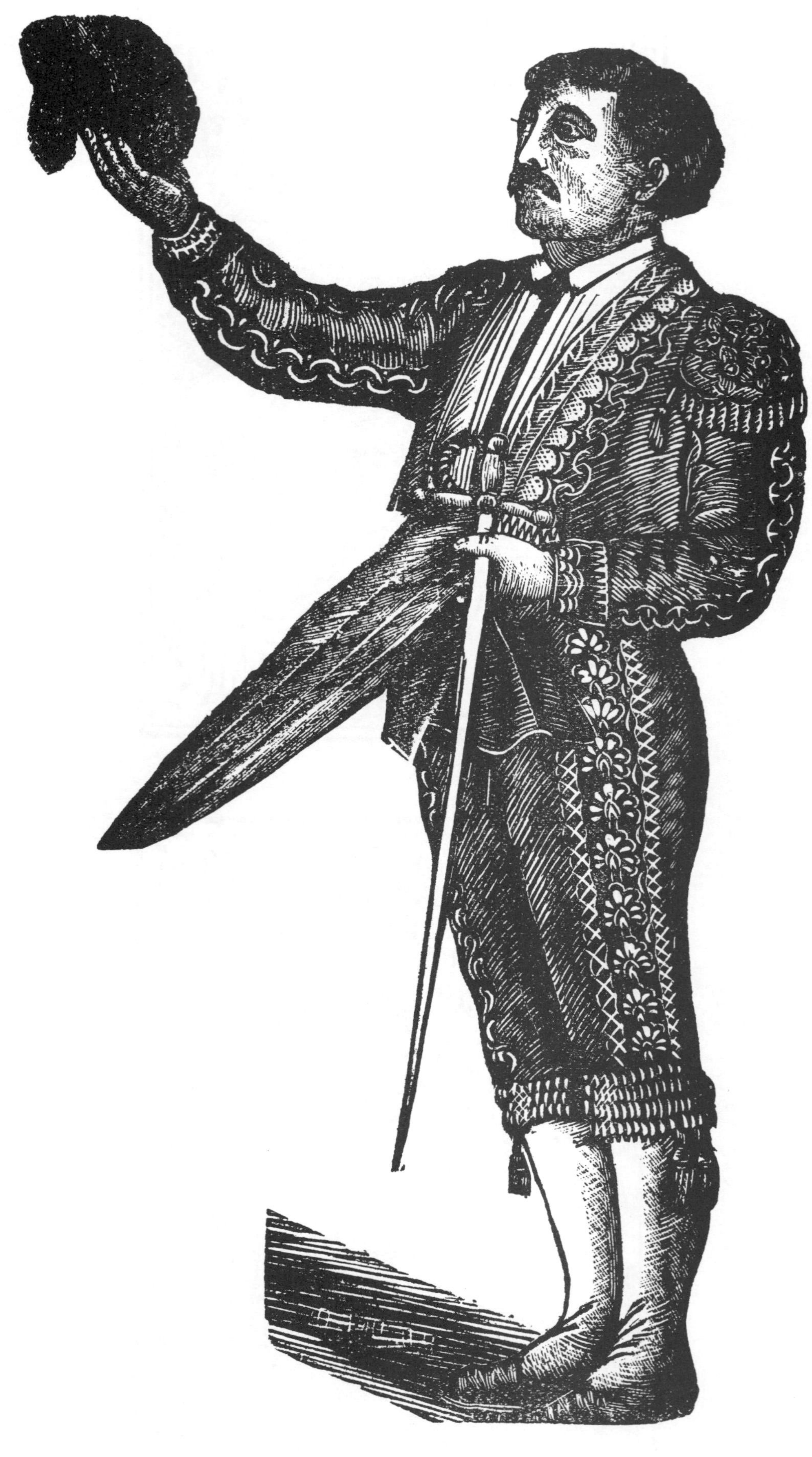

PONCIANO DIAZ

INDICE

UN LIBRO DE ARTISTA, LA LEYENDA Y NOTAS ACLARATORIAS

AN ARTIST'S BOOK, THE POSADA LEGEND, AND EXPLANATORY NOTES

By Mercurio López Casillas

En el México emanado de la Revolución Mexicana se publicaron libros póstumos sobre los artistas Saturnino Herrán (1929), Abraham Ángel (1924) y José Guadalupe Posada (1930). De los tres, el último fue un gran acontecimiento porque presentó de manera amplia, en formato grande, bien impreso y encuadernado, un libro con la obra de un grabador popular. La edición fue impresa con las matrices originales pero fuera de su contexto original, esto es, sin la historia correspondiente a cada ilustración grabada. Los encargos que el editor Antonio Vanegas Arroyo solicitó a Posada se publicaron como piezas independientes, por lo que cada imagen adquirió una dimensión particular que motivó decenas de interpretaciones, las cuales poco y nada tenían que ver con la petición original del editor y la idea del ilustrador.

La editora del libro, Frances Toor de origen norteamericano, a quien sus amigos llamaban con cariño "Paca Torres", no pensó en publicar un libro de arte, su idea más bien se centraba en "una antología para artistas"; sin embargo, el resultado rebasó todas las expectativas. Ella idealizó a Posada como un opositor al gobierno de Porfirio Díaz, como un caricaturista de *El Ahuizote* y *El Hijo del Ahuizote*, aunque el grabador nunca participó en estas publicaciones. Esta postura la llevó al extremo Diego Rivera, cuando lo retrató así:

> Mano de obrero, armada de un buril de acero, hirió el metal ayudado por el ácido corrosivo para arrojar los apóstrofes más agudos contra los explotadores. / Precursor de Flores Magón, Zapata y Santanón; guerrero de hojas volantes y heróicos periódicos de oposición [...] combatiente tenaz, burlón y feroz [...] seguramente, ninguna burguesía ha tenido tan mala suerte como la mexicana, por haber tenido como relator justiciero de sus modos, acciones y andanzas, al grabador genial e incomparable Guadalupe Posada.

Lo cierto es que el grabador no fue un radical, su postura ideológica siempre estuvo a expensas del editor en turno. De los impresores para los que trabajó Posada, más de uno se pronunció a favor de Díaz y contra la Revolución. Por otra parte, debido a que la biografía de Posada arroja poco a poco nueva información, hasta ahora sabemos que Frances Toor dio algunos datos biográficos equivocados. Señala que nació en 1851 pero fue en 1852, que en León dirigió una escuela pero en realidad

In the years following the Mexican Revolution, three books were published posthumously on the work of artists Saturnino Herrán (1929), Abraham Ángel (1924), and José Guadalupe Posada (1930). Of the three, the book on Posada was particularly important because it offered an ample selection of the engraver's work in a large format, carefully printed and bound. The images were printed from the original plates but presented out of their original context, that is, without the stories to which they belonged. The illustrations commissioned from Posada by publisher Antonio Vanegas Arroyo were presented as independent pieces, each image thereby acquiring a special dimension that has generated dozens of interpretations, most of which have little or nothing to do with the original commissions of the publisher or the ideas of the illustrator.

It was not the intention of the American editor Frances Toor, known affectionately to her friends as "Paca Torres," to publish an art book. Her idea was rather that of "an anthology for artists," but the result surpassed all expectations. She idealized Posada as an opponent of the government of Porfirio Díaz, as a caricaturist for *El Ahuizote* and *El Hijo del Ahuizote*, though the engraver never in fact contributed to these publications. Diego Rivera carried this view to its limit in his portrayal of Posada:

> A worker's hand, armed with a steel graver, cut into the metal, with the aid of corrosive acid, to hurl the sharpest invectives at the exploiters; precursor of Flores Magón, Zapata and Santañón; a daring skirmisher with broadsides and heroic opposition periodicals. [...] a tenacious, mocking and ferocious combatant; [...] Surely no bourgeoisie has had such bad luck as the Mexican in having had so just a portrayer of their customs, actions and doings, as the genial and incomparable, Guadalupe Posada.

The truth is that the engraver was no radical; his ideological positions were tailored to the demands of his successive publishers. Several of those for whom Posada worked declared themselves in favor of Díaz and against the Revolution. As the details of Posada's biography are gradually being filled in, we now know that Frances Toor was mistaken on several counts. Posada was born in 1852, not in 1851, as she declared; in León he was not in charge of a school, but only

sólo se hizo cargo de la clase de litografía en una secundaria, y que trabajó allí hasta 1887, pero su último recibo de pago data de 1889. También afirma que no procreó hijos con su esposa María de Jesús Vela, pero el único hijo del grabador se llamó Juan Sabino Posada Vela.

No obstante que Posada trabajó para decenas de imprentas, talleres, editores, periódicos, revistas y particulares, la *Monografía* sólo compendia su colaboración para uno de tantos: Vanegas Arroyo. El grabador no les vendió a todos sus clientes el derecho de reproducir sus imágenes, sino que les entregó la matriz original, por lo que la reproducción, título y tiraje dependía del editor.

Posada no fue el único grabador popular que trabajó para Vanegas Arroyo, Manuel Manilla y otros grabadores anónimos también le entregaron sus clichés; por lo tanto, a la hora de confeccionar la *Monografía*, se "colaron" los grabados de Manilla: *La calavera* (300, p. 155), *La calavera alcohólica* (311, p. 164), *Aprendiz de todo oficial de nada* (312, p. 165), *Calavera poncianista* (352, p. 183) y *Ponciano Díaz* (406, p. 208); así como los anónimos *Calavera zapatista* (309, p. 162), *Calavera huertista* (310, p. 163) y otros más (95, p. 52; 96, p. 52; 136, p. 72; 137, p. 72; 138, p. 73; 155, p. 81; 364 a 366, p. 187 y 391, p. 200).

Diecisiete años después de la muerte de Posada, se publicó la *Monografía* y en ella se pueden apreciar por lo menos 27 grabados que fueron utilizados miles y miles de veces, hasta que las placas se fracturaron o quedaron incompletas, como *El ejemplo Norberta Reyes* (105, p. 57), partido en diez fragmentos. El editor, siendo propietario de las placas, les hizo algunos cambios según sus necesidades; así, la *Calavera "las bicicletas"* (326, p. 172) fue recortada y modificada –originalmente esta imagen ilustró *La calavera de los periodistas*, donde cada ciclista representaba una publicación periódica de finales del siglo XIX–. En cinco casos, dos grabados sueltos provienen de una matriz original, a saber: 67 (p. 35) y 94 (p. 51), provienen de *Balacera en la calle de San Hipólito*; 70 y 71 (p. 37) provienen de *Manifestaciones antirreeleccionistas*; 120 (p. 64) y 368 (p. 188) provienen de *La semana santa en México*; 78 (p. 42) y 369 (p. 188) provienen de *Versos de Lino matadas;* y 133 (p. 70) y 145 (p. 76) provienen de *Simona revoltosa y hocicona*. Los recortes de las placas obedecían a dos razones: realizar un impreso de menor formato y utilizar un solo fragmento de la ilustración original según se requiriera.

Después de localizar más de la tercera parte de los grabados en impresos de época, descubrimos que sólo una cuarta parte conserva el título apegado a la idea original solicitada por el editor e interpretada por el ilustrador. Por consiguiente, todos los nombres de las obras se deben tomar con reserva. He aquí diversas muestras dedicadas a personajes: *"Los artilleros"* (5, p. 3): *Pascual Orozco en campaña*; *"Ataque a México"* (6, p. 3): *El sueño de Emiliano Zapata*; *Corrido "Macario Romero"* (17, p. 9): *De la vida de Santanón*; *Revolucionarios* (42, p. 14): *Corrido de Heraclio Bernal*; *Amador Salazar* (33, p. 18): *D. Emiliano*

of a lithography class in a secondary school; and his last pay slip shows that he worked there until 1889, not 1887. Toor also affirmed that Posada had no children with his wife María de Jesús Vela, but the name of the engraver's only son was Juan Sabino Posada Vela.

Although Posada worked for dozens of printing establishments, workshops, publishers, newspapers, magazines, and private clients, the *Monografía* reflected only his collaboration with one of them: Vanegas Arroyo. The engraver did not sell the rights to reproduce his images to all his clients; he simply delivered the original matrix to them, the reproduction, title, and number of impressions depending on the individual publisher.

Posada was not the only popular engraver to work for Vanegas Arroyo. Manuel Manilla and other anonymous engravers also submitted plates to him, so that when the *Monografía* was being prepared, several engravings by Manilla also sneaked in: *La calavera* (300, p. 155), *La calavera alcohólica* (311, p. 164), *Aprendiz de todo oficial de nada* (312, p. 165), *Calavera poncianista* (352, p. 183), and *Ponciano Díaz* (406, p. 208), as well as the anonymous *Calavera zapatista* (309, p. 162), *Calavera huertista* (310, p. 163), and others (95, p. 52; 96, p. 52; 136, p. 72; 137, p. 72; 138, p. 73; 155, p. 81; 364 a 366, p. 187, and 391, p. 200).

Published seventeen years after Posada's death, the *Monografía* includes at least twenty-seven engravings that were used thousands and thousands of times, until the plates fractured or chipped. One example is *El ejemplo Norberta Reyes* (105, p. 57), which broke into ten pieces. As the owner of the matrices, the publisher reused them as he saw fit. Thus, the *Calavera "Las bicicletas"* (326, p. 172) was cut back and modified. Originally this image illustrated *La calavera de los periodistas*, in which each cyclist represented a late-nineteenth-century periodical publication. In five cases, two individual prints are derived from a single original matrix: 67 (p. 35) and 94 (p. 51) come from *Balacera en la calle de San Hipólito*; 70 and 71 (p. 37) from *Manifestaciones antirreeleccionistas*; 120 (p. 64) and 368 (p. 188) from *La semana santa en México*; 78 (p. 42) and 369 (p. 188) from *Versos de Lino matadas*; and 133 (p. 70) and 145 (p. 76) from *Simona revoltosa y hocicona*. The plates were broken up for one of two reasons: either to produce a smaller print or because only a part of the original illustration was needed.

After having located more than a third of the engravings in printed matter of the period, we discovered that only a fourth part of these retained the titles they were given when originally commissioned by the publisher and interpreted by the illustrator. All of the titles, therefore, should be taken with reservations. The following are some images of historical figures that appear in engravings with two different titles: *"Los artilleros"* (5, p. 3): *Pascual Orozco en campaña*; *"Ataque a México"* (6, p. 3): *El sueño de Emiliano Zapata*; *Corrido "Macario Romero"* (17, p. 9): *De la vida de Santanón*; *Revolucionarios* (42, p. 14): *Corrido de Heraclio Bernal*; *Amador Salazar*

Zapata; Revolucionario (35, p. 19): *Francisco Villa en prisión; Genovevo de la O* (34, p. 19): *D. Emiliano Zapata*; *Corrido "La coronela"* (40, p. 22): *Esperanza Chavarría corneta en el ejército maderista*; *Corrido "Macario Romero"* (42, p. 23): *El malvado Ignacio Parra*; *Corrido "Macario Romero"* (44, p. 24): *El famoso caballo de batalla de Emiliano Zapata*; *Ejemplo "Un hijo que mata a la autora de sus días"* (81, p. 43): *El asesino de Leandra Martínez por su hermano Manuel*; *Ejemplo "Josefina Lara"* (102, p. 55): *Cenobia la niña calumniadora*; *Corrido "El cólera"* (132, p. 70): *Muerte de Aurelio Caballero por vómito*; *Corrido "Un asalto en Tepito"* (194, p. 101): *El linchamiento de Arnulfo Arroyo*; *Corrido "Eleuterio Mirafuentes"* (206, p. 107): *Ejemplo "Ramón Hernández envenena a sus padres"*; y *Operación quirúrgica* (206, p. 135): *Cadáver de Arnulfo Arroyo.*

La *Monografía* fue publicada por la revista *Mexican Folkways* y los Talleres Gráficos de la Nación, y los editores fueron Frances Toor, Pablo O'Higgins y Blas Vanegas Arroyo. En ellos recayó la responsabilidad de los títulos, pero ¿por qué los cambiaron? Desde la época en que vivía Posada el editor reciclaba las imágenes y, por ejemplo, un grabado como el *Fusilamiento* (21, p. 12) funcionó para, por lo menos, cuatro ajusticiados: Rosalío Millán (1905), Florencio Morales (1907), Arnulfo Villegas (1908) y Jesús Negrete (1910); es decir, reutilizaba las placas según lo requiriera, situación que era común en el grabado popular desde la época novohispana. Cuando los editores de la *Monografía* se enfrentaron con un acervo de cientos de clichés y decenas de miles de impresos, les resultó más fácil y práctico inventar que cotejar la información.

En el caso de las calaveras los nombres originales ayudan a entender mejor las estampas, tenemos: *Gran mole de calaveras* (304, p. 108): *Doña Antonia la carnicera*; *Calavera oaxaqueña* (348, p. 182): *Doña Paz la tamalera*; *Panteón de calaveras* (343, p. 181): *Fina pa' cantar una canción*; *Panteón de calaveras* (345, p. 181): *Fue en vestir viciosa*; *Panteón de calaveras* (346, p. 181): *Era una preciosa güerita*; *Calavera catrina* (305, p. 160): *Empolvada garbancera.*

La última calavera es un caso emblemático, porque una garbancera era una mujer pobre, una empleada doméstica pretenciosa y ridícula. Sin embargo al cambiarle el nombre por Catrina, los editores también le modificaron la condición social, elevándola hasta representar a una mujer rica y elegante.

Antigua Calle de la Canoa, Centro Histórico de la Ciudad de México, otoño de 2012

(33, p 18): *D. Emiliano Zapata; Revolucionario* (35, p. 19): *Francisco Villa en prisión; Genovevo de la O* (34, p. 19): *D. Emiliano Zapata*; *Corrido "La coronela"* (40, p. 22): *Esperanza Chavarría corneta en el ejército maderista*; *Corrido "Macario Romero"* (42, p. 23): *El malvado Ignacio Parra*; *Corrido "Macario Romero"* (44, p. 24): *El famoso caballo de batalla de Emiliano Zapata*; *Ejemplo "Un hijo que mata a la autora de sus días"* (81, p. 43): *El asesino de Leandra Martínez por su hermano Manuel*; *Ejemplo "Josefina Lara"* (102, p. 55): *Cenobia la niña calumniadora*; *Corrido "El cólera"* (132, p. 70): *Muerte de Aurelio Caballero por vómito*; *Corrido "Un asalto en Tepito"* (194, p. 101): *El linchamiento de Arnulfo Arroyo*; *Corrido "Eleuterio Mirafuentes"* (206, p. 107): *Ejemplo "Ramón Hernández envenena a sus padres"*; and *Operación quirúrgica* (206, p. 135): *Cadáver de Arnulfo Arroyo.*

Edited by Frances Toor, Pablo O'Higgins, and Blas Vanegas Arroyo, the *Monografía* was published by the magazine *Mexican Folkways* and the Talleres Gráficos de la Nación. The editors were responsible for the titles, but why did they change them? Even during Posada's lifetime, his publishers recycled his images, and an engraving such as *Fusilamiento* (21, p. 12), for example, was used to illustrate at least four executions by firing squad: those of Rosalío Millán (1905), Florencio Morales (1907), Arnulfo Villegas (1908), and Jesús Negrete (1910). In other words, plates were reused as they were needed, as had been common practice in the popular press since colonial times. When the editors of the *Monografía* found themselves facing a stock of hundreds of plates and tens of thousands of prints, it was easier and more practical to invent than to compare and categorize.

In the case of the *calaveras*, or skeleton caricatures, the original titles sometimes help to understand the images: *Gran mole de calaveras* (304, p. 108): *Doña Antonia la carnicera*; *Calavera oaxaqueña* (348, p. 182): *Doña Paz la tamalera*; *Panteón de calaveras* (343, p. 181): *Fina pa' cantar una canción*; *Panteón de calaveras* (345, p. 181): *Fue en vestir viciosa*; *Panteón de calaveras* (346, p. 181): *Era una preciosa güerita*; and *Calavera catrina* (305, p. 160): *Empolvada garbancera.*

The last *calavera* is an emblematic case, since the term *gabancera* refers to a poor domestic employee who puts on ridiculous and pretentious airs. By changing the term to *catrina*, the editors also transformed the figure's social condition, raising her to the status of a rich and elegant woman of the town.

Calle de la Canoa (now Donceles)
Historic Center of Mexico City, Autumn 2012

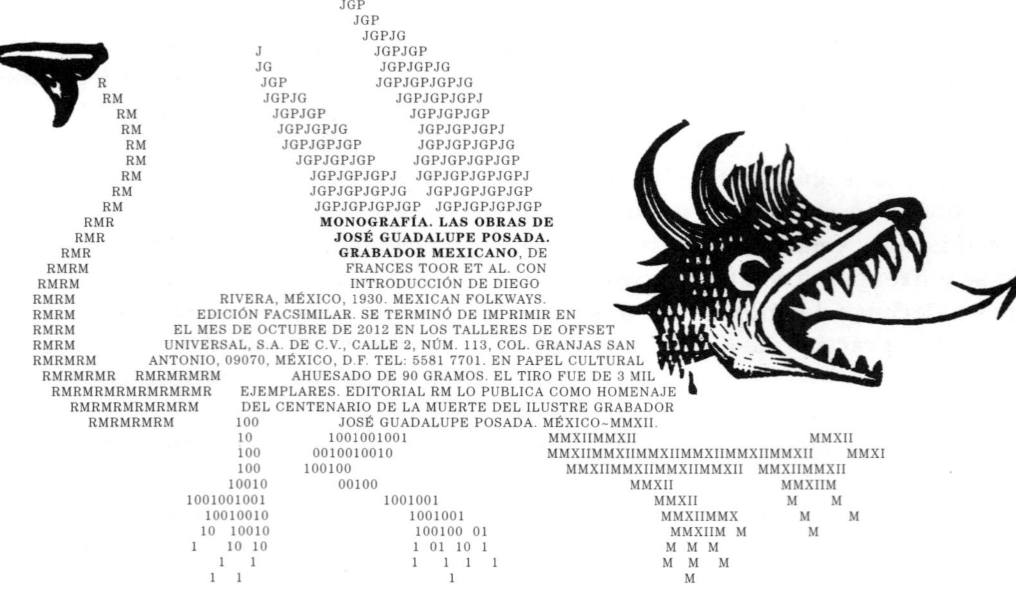

MONOGRAFÍA. LAS OBRAS DE JOSÉ GUADALUPE POSADA. GRABADOR MEXICANO, DE FRANCES TOOR ET AL. CON INTRODUCCIÓN DE DIEGO RIVERA, MÉXICO, 1930. MEXICAN FOLKWAYS. EDICIÓN FACSIMILAR. SE TERMINÓ DE IMPRIMIR EN EL MES DE OCTUBRE DE 2012 EN LOS TALLERES DE OFFSET UNIVERSAL, S.A. DE C.V., CALLE 2, NÚM. 113, COL. GRANJAS SAN ANTONIO, 09070, MÉXICO, D.F. TEL: 5581 7701. EN PAPEL CULTURAL AHUESADO DE 90 GRAMOS. EL TIRO FUE DE 3 MIL EJEMPLARES. EDITORIAL RM LO PUBLICA COMO HOMENAJE DEL CENTENARIO DE LA MUERTE DEL ILUSTRE GRABADOR JOSÉ GUADALUPE POSADA. MÉXICO~MMXII.